马衡文存

MAHENG WENCUN

清华大学国学研究院 主编

方遥 选编

江苏人民出版社

图书在版编目(CIP)数据

马衡文存/清华大学国学研究院主编;方遥选编
. —南京:江苏人民出版社,2020.3
 (清华国学书系)
 ISBN 978-7-214-24501-4

 Ⅰ.①马… Ⅱ.①清… ②方… Ⅲ.①马衡(1881-
1955)—纪念文集 Ⅳ.①K825.81-53

 中国版本图书馆 CIP 数据核字(2019)第 292295 号

书　　　名	马衡文存
主　　　编	清华大学国学研究院
选　　　编	方　遥
责 任 编 辑	史雪莲
装 帧 设 计	姜　嵩
出 版 发 行	江苏人民出版社
出版社地址	南京市湖南路 1 号 A 楼,邮编:210009
出版社网址	http://www.jspph.com
照　　　排	江苏凤凰制版有限公司
印　　　刷	江苏凤凰新华印务集团有限公司
开　　　本	652 毫米×960 毫米　1/16
印　　　张	33　插页 2
字　　　数	433 千字
版　　　次	2020 年 6 月第 1 版　2020 年 6 月第 1 次印刷
标 准 书 号	ISBN 978-7-214-24501-4
定　　　价	98.00 元

(江苏人民出版社图书凡印装错误可向承印厂调换)

故宫前期

马衡少年

20 世纪 20 年代于杭州

北大早期

故宫后期

马衡晚年

总　序

晚近以来,怀旧的心理在悄悄积聚,而有关民国史的各种著作,也渐次成为热门的读物。——此间很重要的一个原因,当然是在蓦然回望时发现:那尽管是个国步艰难的年代,却由于新旧、中西的激荡,也由于爱国、救世的热望,更由于文化传承的尚未中断,所以在文化上并不是空白,其创造的成果反而相当丰富,既涌现了制订规则的大师,也为后来的发展开辟了路径。

此外还应当看到,这种油然而生的怀旧情愫,又并非只意味着"向后看"。正如斯维特兰娜·博伊姆在《怀旧的未来》中所说:"怀旧不永远是关于过去的;怀旧可能是回顾性的,但是也可能是前瞻性的。"——由此也就启发了我们:在中华文明正走向伟大复兴、正祈望再造辉煌的当下,这种对过往史料的重新整理,和对过往历程的从头叙述,都典型地展现了坚定向前的民族意志。

正是在这样的背景下,本院早期既昙花一现、又光华四射的历程,就越发引起了世人的瞩目。简直令人惊异的是,一个仅存在过四年的学府,竟能拥有像梁启超、王国维、陈寅恪、赵元任、李济、吴宓这样的导师,拥有像梁漱溟、林志钧、马衡、钢和泰及赵万里、浦江清、蒋善国这样的教师,乃至拥有像王力、姜亮夫、陆侃如、姚名达、谢国桢、吴其昌、高亨、刘盼遂、徐中舒这样的学生……而且，无论是遭逢外乱还是内耗，这个如流星般闪过的学府，以及它的一位导师为另一位导师所写的、如今已是斑驳残损的碑文内容——"独立之精神，自由之思想"，都在激励后学们去保持操守、护持文化和求索真理，就算不必把这一切全都看成神话，但它们至少也是不可多得的佳话吧？

可惜在相形之下，虽说是久负如此盛名，但外间对本院历史的了解，总体说来还是远远不够的，尤其对其各位导师、其他教师和众多弟子的总体成就，更是缺少全面深入的把握。缘此，本院自恢复的那一天起，便大规模地启动了"院史工程"，冀能在深入研究的基础上，最终以每人一卷的形式，和盘托出院友们的著作精选，以作为永久性的追思缅怀，同时也对本院早期的学术成就，进行一次总体性的壮观检阅。

就此的具体设想是，这样的一项"院史工程"，将会对如下四组接续的梯队，进行总览性的整理研究：其一，本院久负盛名的导师，他们无论道德还是文章，都将长久地垂范于学界；其二，曾以各种形式协助过上述导师、后来也卓然成家的早期教师，此一群体以往较少为外间所知；其三，数量更为庞大、很多都成为学界中坚的国学院弟子，他们更属于本院的骄傲；其四，等上述工作完成以后，如果我们行有余力，还将涉及某些曾经追随在梁、王、陈周围的广义上的学生，以及后来在清华完成教育、并为国学研究做出突出贡献的其他学者。

这就是本套"清华国学书系"的由来！尽管旷日持久、工程浩大、卷帙浩繁，但本院的老师和博士后们，却不敢有丝毫的懈怠，而如今分批编出的这些"文存"，以及印在其前的各篇专门导论，也都凝聚了他们的辛劳和心血。此外，本套丛书的编辑，也得到了多方的鼎力支持；而各位院友的亲朋、故旧和弟子，也都无私地提供了珍贵的素材，这让我们长久地铭感在心。

为了最终完成这项任务，我们还在不停地努力着。因为我们深知，只有把每位院友的学术成就，全都搜集整理出来献给公众，本院的早期风貌才会更加逼真地再现，而其间的很多已被遗忘的经验，也才有可能有助于我们乃至后人,去一步一步地重塑昔日之辉煌。在这个意义上,这套书不仅会有很高的学术史价值,也会是一块永久性的群英纪念碑。——形象一点地说,我们现在每完成了一本书,都是在为这块丰碑增添石材,而等全部的石块都叠立在一起,它们就会以一格格的浮雕形式,在美丽的清华园里,竖立起一堵厚重的"国学墙",供同学们来此兴高采烈地指认:你看这是哪一位大师,那又是哪一位前贤……

我们还憧憬着:待到全部文稿杀青的时候,在这堵作为学术圣地的"国学墙"之前,历史的时间就会浓缩为文化的空间,而眼下正熙熙攘攘的学人们,心灵上也就多了一个安顿休憩之处。——当然也正因为那样,如此一个令人入定与出神的所在,也就必会是恢复不久的清华国学院的重新出发之处,是我们通过紧张而激越的思考,去再造"中国文化之现代形态"的地方。

清华大学国学研究院
2012 年 3 月 16 日

凡　例

一、本《文存》除个别零散题跋外，尽量全面搜辑马衡已刊未刊之文稿、论著，分"金石学""考古学""篆刻书法""金石题跋""书序""杂文"六部分，以展示马衡的研究领域、学术成就与社会贡献。

二、本《文存》所录文字尽量取自最初发表之刊物，并注明发表、转载、修订等情况。

三、本《文存》尽量保持原文格式，但为兼顾现代阅读习惯与格式规范，对部分行文格式略做调整。原文中尾注等注释一律改为脚注。

四、原文中因书写错误、排印错误等造成的明显讹字、脱字、衍字，一律径直改正而不出校记。对于时代因素或作者语言习惯造成的特殊用字，如"哪里"作"那里"等，皆保存原貌。

五、原文无标点或仅有简单句读者，一律改为新式标点。原文标点不当或与现代通行标点使用规范不符者，则对其做部分改动。

六、本《文存》采用简体横排形式，在个别特殊情况下，如无对应简体字或因原文所述内容要求须以其他字体形式出现者，为求表达忠实准确，仍沿用原字体。

目　录

导言　马衡先生生平学术　1

金石学

中国金石学概要　85

中国之铜器时代　168

戈戟之研究　173

石鼓为秦刻石考　178

从实验上窥见汉石经之一斑　185

石经词解　194

汉石经概述　202

魏石经概述　214

汉石经《易》用梁丘本证　218

汉石经《鲁诗》校文　221

宋范祖禹书《古文孝经》石刻校释　224

石刻　232

历代度量衡之制　243

《隋书·律历志》十五等尺　250

新嘉量考释 257

中国书籍制度变迁之研究 266

记汉"居延笔" 278

汉代的木简 283

汉永光二年文书考释 286

汉兵物簿记略 288

金石杂记 292

考古学

新郑古物出土调查记 299

调查河南孟津县出土古器报告书 304

参观朝鲜古物报告 307

燕下都考古调查及发掘计划 312

南京朝天宫发现之古迹 314

本校筹备考古学系之计画 317

考古与迷信 321

篆刻书法

谈刻印 329

中国印信的问题 341

论汉碑书体 343

中国书法何以被视为美术品 345

金石题跋

汉延寿宫铜镫跋 353

北魏虎符跋 354

明安国藏拓猎石碣跋 356

汉三老赵宽碑跋 358

汉司徒袁安碑跋　*361*

汉司空袁敞碑跋　*362*

汉袁敞碑跋　*365*

晋荀岳墓志跋　*367*

北魏恒农太守寇臻墓志跋　*369*

北魏卢奴令姚纂墓志跋　*371*

魏故持节督幽豫二州诸军事冠军将军豫州刺史乐陵王元君墓志铭跋　*372*

魏张满墓志跋　*373*

东魏华山王元鸷墓志铭跋　*375*

魏徐州刺史吴郡王萧正表墓铭跋　*376*

汉熹平石经《周易》残字跋　*378*

汉熹平石经《论语·尧曰篇》残字跋　*381*

魏正始石经《尚书·多士》及《春秋》文公残石跋　*384*

晁公武刻《古文尚书》残石跋　*385*

壁画考语跋　*386*

魏李相海造像碑跋　*388*

保定莲花池六幢考跋　*390*

九十人造象碑跋　*392*

大代宕昌公晖福寺碑跋　*393*

记古师龚父器　*394*

周代镇海鑑跋　*395*

跋唐玄宗投紫盖仙洞告文铜简　*396*

新权衡跋　*398*

新嘉量跋　*399*

潒仓平斛跋　*400*

汉代五鹿充墓出土刺绣残片跋　*402*

书序

石鼓为秦刻石考序　*405*

金文编序　407

古器物书目序　409

石刻名汇序　411

顾氏金石舆地丛书序　412

河朔访古新录序　413

集拓新出汉魏石经残字序　415

毓庆宫藏汉铜印序　417

避暑山庄藏汉铜印序　418

古玉印汇序　420

古鉴斋藏印序　422

赠桥川时雄印谱并序　423

封泥存真序　424

西行日记序　426

重修大足县志序　428

文献论丛·沈兼士先生纪念刊序　430

汉石经征序　431

杂文

三千年前的龟甲和兽骨　435

我所知道的王静安先生　440

中国字体之变迁　443

故宫博物院参加美展会之书画　448

国立北平故宫博物院概况　451

故宫影印《书谱》释文校记　455

为广西石刻展览会进一言　457

抗战期间故宫文物之保管　458

附录　马衡先生年谱简编　465

导言　马衡先生生平学术

马衡(1881—1955),谱名裕荘,字叔平,号凡将斋主人,别署无咎,浙江鄞县人。著名金石学家、考古学家、篆刻书法家、收藏家。曾任北京大学史学系教授、北大研究所国学门导师兼考古学研究室主任、北大考古学会主席、北大图书部主任、清华国学研究院特别讲师、西泠印社社长、故宫博物院院长、北京文物整理委员会主任委员等职。马衡生活在新旧思想文化激烈碰撞而又相互交融的时代,既继承了传统的金石、考据之学,又开拓了我国新兴的考古学,可谓近现代学术转折时期承上启下的代表性学者之一。可是,由于其为人谦和低调,不立门户,不涉政治,所治之学又较为专门、冷僻,与20世纪流行的各种时髦热闹的思想、主义较少瓜葛,使得其人其学不容易为社会大众所了解和注意。时至今日,一般民众包括不少学者或曾听闻过马衡的大名,但对其具体的生平事迹恐怕就不甚了解,至于其研究内容、艺术创作以及学术贡献更是知之甚少。这不能不说是一件憾事。加之我国现代学术发展至今大致已经历了百年的历程,在许多问题上不免陷入一种模式化的思路之中,抑或一味追逐各种新奇炫目的理论而遗忘了学术的本根。未来的学术研究若欲求得进一步发展,在埋头赶路的同时,更需要不断地回到起点进行反思与审视。而马衡那一辈学者所从事的研究工作不妨视为现代国学研究的一个起点，其中包含了各种或正或反的经验。因此，本书在搜集、选编马衡各领域重要论著的基础上，略述其生平行事与学术成就，以期较为全面地展示、表彰其人格学问、道德文章，也为今后的国学研究提供一些可资利用的知识材料与思想资源。

一 马衡生平事略

1881年6月20日，即清光绪七年农历五月二十四日，马衡出生于江苏吴县县衙内宅，祖籍浙江宁波鄞县东乡盛垫桥。相传，盛垫桥马家祖上乃汉代伏波将军马援之后，原居河南开封府，世亘业儒。后因北宋末年战乱南渡避难，迁居浙江临安，不久又隐迹于明州鄞县。明代永乐、宣德年间，其中的一支子昌公自鄞县塔峙鄹迁至邑东盛垫桥，入赘盛家，并定居于此，遂成为该族始祖。三世祖颐庵公曾官至兵部尚书。[1] 后家道中落，至马衡父亲马海曙时家里已穷得片瓦皆无，一度只能寄居在盛垫桥马氏祠堂里。

马海曙，生于清道光六年(1826)，族名有木，字薇香，号渔珊。少时或曾读过一些书，但未能进学，十五岁便到当地米行当学徒，后跟随同乡商人到扬州经商。咸丰元年(1851)，太平天国运动爆发，两年后攻占扬州。马海曙避居城外仙女镇，因有经营才能，替清军筹集粮饷有功，遂得到重用，令以县丞投效，正式步入仕途。后又檄募团丁防守扬州，跟随张国梁转战有功，擢知县[2]，赏戴蓝翎，加品顶戴，寻赏花翎，加知府衔，以直隶州知州用。同治六年(1867)，分发江苏任用。后授金坛知县，调补宝山知县，历署吴县、丹徒、元和等县，兼理长洲县事，以知府用，加三品衔，并诰授朝议大夫，其父母、祖父母亦皆有诰封，可谓光宗耀祖，重振门庭。马海曙虽非科举出身，居官却颇有政声，两江总督刘坤一曾谓其熟习洋

---

[1] 参见石绍祺纂修《鄞东盛垫桥马氏宗谱》，民国十八年存德堂木活字本。
[2] 一说马海曙为捐班出身。参见包天笑《钏影楼回忆录·县府考》，中国大百科全书出版社2009年版，第95页。

务,可供差遣,①又称赞他"和平笃实,为政不事威严,临民如对子弟。其于地方应修水利,日夜孜孜不遗余力"②,特以循吏保荐。

马海曙先后娶妻三房,共育有九子,除三子、八子早夭外,尚有长子马裕藩、二子马裕藻、四子马衡、五子马鑑、六子马权、七子马准、九子马廉。由于马衡与马裕藻③、马鑑④、马准⑤、马廉⑥兄弟五人后来皆在北京大学、燕京大学等著名学府任教,学术上各有造诣,可谓一门俊彦,故时人有"一门五马""五马行空"之誉。

1886 年,马海曙延请叶瀚在家中设馆,教授马家子弟。马氏兄弟不仅跟随其学习"四书五经"等儒家经典,马衡还特别向其请教金石、书法、篆刻之学。叶瀚当时年仅 27 岁,刚从日本留学归国,既精通旧学,又了

---

① [清]刘坤一:《刘坤一奏疏》卷十八《议覆陈宝琛条奏洋务情形折》,岳麓书社 2013 年版,第732 页。
② [清]刘坤一:《刘坤一奏疏》卷二十一《特举循吏折》,第 835 页。
③ 马裕藻(1878—1945),字幼渔,著名文字音韵学家。早年留学日本,先后就读于早稻田大学、东京帝国大学,并向章太炎问学。回国后,先在宁波、嘉兴、杭州等地中学执教,曾任浙江省教育司视学、浙江省立第一中学校长,后进入北京大学,任北大国文系教授、系主任、研究所国学门导师、校评议会评议员。曾于 1913 年与朱希祖、鲁迅、许寿裳、钱稻孙等人在"读音统一会"上提出"注音字母"方案,并获得通过,成为我国第一套汉字注音方案,后由北洋政府颁布施行。1919 年,又与周作人、朱希祖、刘复、钱玄同、胡适等人在"国语统一筹备会"上提出新式标点符号方案,并提请教育部颁行,成为我国第一套法定的新式标点符号。
④ 马鑑(1883—1959),谱名裕荋,字季明,一字寅生,早年任教于北平协和医学院,后留学美国,获哥伦比亚大学硕士学位。回国后出任燕京大学国文系教授、系主任。后受聘于香港大学,担任中文系教授。香港沦陷后返回内地,再次出任四川成都燕京大学国文系教授、系主任、文学院院长。抗战胜利后重返香港,继续担任香港大学中文系教授、系主任,兼任《星岛日报》的《民风》双周刊主编,为香港的文学和中文教育作出了重要贡献。
⑤ 马准(1886—1943),谱名裕潆,字绳甫,号本立、星楼,早年曾在京师图书馆工作,后任教于北京大学,教授文字学和目录学。其又以民间风俗研究见长,曾在北大研究所国学门下设的歌谣研究会和风俗调查会工作,与钱南扬、顾颉刚、冯贞群、谢云声、刘万章等人实地调查,采集"梁祝"故事。1927 年应顾颉刚之邀,南下广州中山大学,负责图书馆工作,并继续民俗文化研究。其还热衷佛学,自号"太玄居士",曾一度出家为僧。
⑥ 马廉(1889—1935),谱名裕菏,字隅卿,曾任北京孔德学校总务长、北京大学教授、中法大学教授,继鲁迅之后在北大讲授"中国小说史"课程。其受王国维、鲁迅等人影响,潜心于明清小说戏曲研究,孜孜不倦地搜集、整理古代小说、戏曲、弹词、鼓词、俚曲、宝卷等作品,著有《中国小说史》《录鬼簿新校注》《曲录补正》《鄞居访书录》《不登大雅文库书目》《千晋斋砖录》《劳久笔记》《隅卿杂抄》等。其又是著名的藏书家,共有藏书九百二十八种,五千三百八十六册,多小说、戏曲方面的珍本、孤本,去世后经魏建功、赵万里等人整理,为北京大学图书馆购得,辟为专室收藏。

解新学,还与梁启超、汪康年等维新党人相友善,主张教育救国,变法图强。早年的这段学习经历想必对马衡日后的兴趣志向和学术研究产生了深刻的影响,规划了最初的人生方向。

1895 年,马海曙病逝于宝山知县任上。马衡随即同家人迁出县衙,扶灵回到故乡宁波新建的马衙街宅邸。1899 年,马衡与五弟马鑑一同参加科举考试,双双考取秀才。但二人并未继续参加乡试,而是选择报考上海的南洋公学,并顺利进入南洋公学中院预科二班就读。当时,南洋公学分为师范院、外院、中院与上院四院,中院相当于中学,开设国文、外文、算学、史地、博物、理化、法制、经济、体操等课程,学制为五年,其中中院三年,高等预科两年,且规定须修完高等预科才能毕业,目的在于为上院提供生源。1901 年 1 月,马衡在就读三个学期后便从南洋公学退学,此后一直在家自学。至于马衡中途退学的具体原因,目前已不可确考,学者一般认为是因为其岳父叶澄衷去世,叶家面临分产问题,故需要马衡尽快回家与叶薇卿完婚,并继承一份家族产业。

当年马海曙任宝山知县时,因在宁波旅沪同乡会"四明公所"兼任要职,结识了多位旅沪宁波籍工商业者,其中便包括著名的"五金大王"叶澄衷[①]。1893 年,经同乡富商朱葆三居中牵线,马、叶两家联姻。据说,

---

[①] 叶澄衷(1840—1899),原名叶成忠,浙江宁波庄市人,近代著名民族资本家,宁波商帮领袖,被誉为"火油大亨""五金大王"。其出身贫寒,幼年丧父,被迫辍学,11 岁便到油坊帮工,14 岁到上海一家杂货店当学徒,后又自驾舢板在黄浦江中摆渡,并向外轮兜售吃食杂货。由于其头脑灵活,为人诚信,略通英语,在劳勃生等外商的帮助下开始经营五金生意,并由此发家,在上海虹口开设了第一家华人五金行"顺记五金洋杂货店",后不断扩大经营范围,并与美孚石油公司合作,为其在中国代销火油,取得了美孚产品的独家经销权,陆续在上海、南京、杭州、汉口、苏州、宁波、温州、镇江、芜湖、天津等商埠开设了新顺记、南顺记、义昌顺记、北顺记等十八家分号,积累了巨额资本。其后又涉足金融、地产、纺织、运输、煤铁等行业,创办或与人合办了燮昌火柴厂、纶华缫丝厂、鸿安轮船、树德地产等企业,并在上海、杭州、镇海、芜湖、湖州等地遍设票号、钱庄,鼎盛时达到一百零八家,还参与创办了中国人自办的第一家银行中国通商银行,并出任首任总董。此外,叶澄衷还是著名的慈善家,热心公益事业,在家乡及上海设立了树德堂、忠孝堂、叶氏义庄、叶氏义塾、牛痘局、救火会、怀德堂、崇义会、广益会等各种慈善救济机构,并多次出资赈济浙江、山东、河南、直隶等省灾情,受到朝廷嘉奖。其病重时念及少时失学之痛,捐资兴办了上海第一所私立新式学校澄衷蒙学堂,后来培养出胡适、李四光、竺可桢、陆俨少、李达三、钱君匋等一大批著名人士。

当时马海曙领着马衡、马鉴、马权三人到叶家提亲,由叶澄衷亲自相中了马衡,将次女叶薇卿许配与他。二人后于1902年完婚,先后生育了十个子女①。婚后,马衡从宁波搬入上海叶家的花园洋房,并担任叶氏企业董事,年薪六千银圆外加红利,可谓衣食无忧,生活优渥。这不仅使马衡可以安心从事他所钟爱的金石篆刻之学,也为其日后的收藏事业奠定了坚实的物质基础。马衡所任董事之职虽更多只是挂名的意义,并不需要负责企业的日常运营,但他有时亦会参与一些公司的管理活动,如参加董事会议,出席社交应酬,代表公司到各地的分号视察,了解企业的经营管理状况,从而锻炼、提高了马衡的待人处事与行政管理能力,为其日后胜任其他管理职务准备了必要的素质与条件。那时,叶家还兴建了上海最大的跑马场"江湾跑马厅",马衡经常去那里练习马术,从而锻炼了身体,大大改善了原先羸弱的体质。而马衡的夫人叶薇卿作为富家的千金小姐,从小娇生惯养,颐指气使,不免性格比较强悍,脾气亦不太佳。据马衡之子马文冲回忆,其母亲"发起脾气来,会六亲不认,有时候可以骂上三四个小时,还经常乱扔乱砸"②,马、叶两家无人敢撄其锋,大抵是苏格拉底之妻一流的人物,而马衡则对其处处谦让,不知这于马衡的性格与事业是否亦称得上是一种另类的成就。

虽然身处十里洋场、灯红酒绿之中,但马衡内心对此并不热衷,其最喜爱的仍是金石、篆刻、书法等学问,并广集金石、书画、古籍、碑帖等,逐渐在上海、江浙的文人雅士圈子里小有名气。正是在这一时期,马衡结识了著名篆刻家吴昌硕、吴隐、丁辅之、王福庵、叶铭等人,并参与西泠印社的筹建工作,成为西泠印社的早期社员。创社之初,由于经费缺乏,社内物品和活动经费多来自社员和赞助人的捐助,而马衡便是其中一位积极捐助者。据记载,其于1910年曾一次性捐助大洋五十圆,另有磐式茶几四张、靠背一字椅八张、大方几桌一张、圆桌面一张等物品,为早期西

① 马衡的十个子女分别为长子马太龙、次子马彦祥、三子马寿黎、四子马文冲、长女马珍、次女马琼、三女马晶、四女马瑛、五女马璟、六女马瑜。
② 俞建伟、沈松平:《马衡传》,上海教育出版社2007年版,第15页。

泠印社的建设贡献了重要力量。① 同时,马衡还取司马相如作《凡将篇》之意,将自己的书斋命名为"凡将斋",并请吴昌硕题写匾额,得到欣然应允。吴昌硕时年六十二岁,马衡年仅二十五岁,由此可见吴氏对于后学晚辈"笃学嗜古"精神的嘉勉。② 而马衡对此匾亦十分珍视,与其相伴终生,后由其子马彦祥捐献给北京故宫博物院。

在上海当了十五年寓公之后,马衡仍不认为这就是他所期望和追求的生活,而此时他的人生正迎来另一个重大的转折。1917 年,时任总统的黎元洪下令,将国史馆并入北京大学,在北大附设国史编纂处,由校长蔡元培兼任国史编纂处主任。由于处内人手缺乏,当时身为北大国文系教授的马裕藻念及马衡始终有志学术,便将其推荐给蔡元培,并获认可。听闻这一消息,马衡立即舍弃了公司董事之职和上海优越的生活,不顾其妻劝阻,只身来到北京,寄居在马裕藻家中。待工作逐步安定下来之后,才在北京购置房屋,将一家接到北京居住。初到北大,马衡受聘为国史编纂处征集员,寻又兼任体育教员,教授马术。由于当时北洋政府经常拖欠教师薪水,马衡一家的生活常常要靠上海的妻舅汇款支援。据其子马文冲回忆,尽管搬到北京后生活水平有所下降,但马衡的心情显然好了不少。"父亲在上海时经常督促兄弟们背书,背不出来就罚跪,到北京来了,父亲的脾气好了很多,'改罚为奖了,谁背出来就奖一盒牛奶糖'。"③

后来,马衡在金石学等方面的学术能力逐渐得到众人的了解与认可,先后被聘为北大国文系、史学系讲师,史学系教授,讲授金石学课程,并兼任北大研究所国学门导师、考古学研究室主任、考古学会主席,以及清华国学研究院特别讲师等职。1923 年,马衡又兼任北京大学图书部古

① 参见王幼敏《马衡与西泠印社》,《故宫博物院院刊》2008 年第 3 期。
② 吴昌硕在所题"凡将斋"匾后附跋曰:"《凡将篇》,汉司马相如作,七言无复字,与史游《急就篇》同。《艺文类聚》《蜀都赋》注引之。叔平仁兄以名其斋,其笃学嗜古深矣。书竟,为赘数语。乙巳秋季吴俊卿昌硕。"
③ 王恺:《马衡:儿子眼中的故宫博物院院长》,《三联生活周刊》2005 年第 38 期。

物美术品主任,1929年任北大图书部主任。其上任后大力整顿馆事,邀请武昌文华大学图书馆专科高年级学生帮助整理积压的西文书籍,以杜威分类法编订西文书目,并公布新拟定的《图书馆借书规则》,整顿读者借阅混乱的状况,还组织出版了《北大图书部月刊》,成为北大图书馆历史上第一次出版的月刊。1928年,北伐军占领北京,南京国民政府随后决定实行大学区制,将北大等北京国立九校改组为中华大学,后又改称北平大学,隶属于北平大学区。在此期间,北大文学院被划入北平大学文学院,张凤举任院长,马衡曾短暂出任史学系主任。但因当时北大学生强烈反对这一拆分北大的改革措施,罢课护校抗议,使教学活动陷入停顿,马衡实际上并未履职。此外,马衡还与蔡元培、李石曾、沈尹默、马裕藻、钱玄同等人一同创办了北京孔德学校,并担任常务董事,负责筹划学校经费、制定办学方针等事。

在北大任教期间,由于相似的学术志趣与研究内容,以及谦恭随和的性格,马衡与不少著名学者之间有着密切的交往,建立了深厚的友谊。例如,出于对金石、考古等学问的共同喜好,马衡很早便与罗振玉、王国维结识,到北京后交往日密,特别是与王国维之间保持了近三十年的交情。1917年底,蔡元培就任北大校长后不久,听闻王国维由日返沪任教,便欲通过马衡邀请其到北大担任文科教授,但遭王国维婉拒。1920年底,蔡元培又委托马衡与王国维联系,邀请其担任北大文科函授教授,而王国维则以身体、杂务、家累等理由推辞。他在复马衡信中说道:"来书述及大学函授之约,孟劬南来亦转述令兄雅意,惟近体稍屡,而沪事又复烦颐,是以一时尚不得暇晷,俟南方诸家书略整顿后再北上,略酬诸君雅意耳。"①其又就此事致书罗振玉,表示:"马叔翁及大学雅意,与公相劝勉之厚,敢不敬承。惟旅沪日久,与各处关系甚多,经手未了之件与日俱增,儿辈学业多在南方,维亦有怀土之意,以迁地为畏事。前年已与马叔

---

① 谢维扬、房鑫亮主编:《王国维全集》第 15 卷《致马衡》,浙江教育出版社、广东教育出版社2010年版,第 800—801 页。

翁面言,而近岁与外界关系较前尤多,更觉难以摆脱。仍希将此情形转告叔翁为荷。"①1922 年初,北大研究所国学门成立,马衡再次盛情邀请王国维担任国学门通讯导师,去函言及"大学同人望先生之来若大旱之望云雨,乃频年敦请,未蒙俯允。同人深以为憾。今春设立研究所国学门,拟广求海内外学者指导研究。校长蔡子民先生思欲重申前请,乞先生之匡助,……想先生以提倡学术为己任,必能乐从所请",又谓:"大学新设研究所国学门,请叔蕴先生为导师,昨已得其许可。……好在研究所导师不在讲授,研究问题尽可通信。为先生计,固无所不便;为中国学术计,尤当额手称庆者也。"②王国维经过反复考虑,终为马衡与北大的诚意所打动,允就国学门通讯导师之职。1922 年 7 月底,马衡委托友人张嘉甫向王国维转呈书信及北大导师薪金二百元。王国维几经推辞后收下薪金,复信马衡致谢,询问"研究科有章程否,研究生若干人,其研究事项想由诸生自行认定",并表示其"于经、小学及秦汉以上事(就所知者)或能略备诸生顾问;至平生愿学事项,力有未暇者尚有数种,甚冀有人为之,异日当写出以备采择耳"。③ 此后不久,王国维又致书马衡,告知其已为研究所国学门拟就研究题目四条,并建议北大开设满、蒙、藏文讲座及东方古国文字学课程,资助派遣有志于此并有史学根底的研究生赴法、德等国学习深造。④

1924 年 8 月,《北京大学日刊》登载《研究所国学门考古学会保存大宫山古迹宣言》一文,揭露清室侵占、毁坏大宫山古迹以图建筑园寝的行为。文中不仅直呼溥仪之名,且有"乃亡清遗孽,既擅将历代相传之古器物,据为己有;甚且押售外人,罔恤舆论"⑤等语。王国维阅后大为光火,讥讽考古学会诸君"不智""不仁""无勇",愤而辞去国学门导师之职,并

① 谢维扬、房鑫亮主编:《王国维全集》第 15 卷《致罗振玉》,第 515 页。
② 马奔腾辑注:《王国维未刊来往书信集》,清华大学出版社 2010 年版,第 147—148 页。
③ 谢维扬、房鑫亮主编:《王国维全集》第 15 卷《致马衡》,第 807 页。
④ 参见谢维扬、房鑫亮主编《王国维全集》第 15 卷《致马衡》,第 808 页。
⑤《北京大学日刊》第 1514 号,1924 年 8 月 9 日出版。

索还前交《国学季刊》拟发表之文，彻底与北大决裂。① 尽管经历了这样不愉快的事件，但王国维与马衡之间的私人友谊并未因此断绝。1924 年10 月，冯玉祥发动北京政变，要求修改清室优待条件，逼迫逊帝溥仪迁出宫禁，并成立"办理清室善后委员会"，将宫内物品封存清点。为此，王国维向马衡求助，表示"委员会检查南书房时，弟有如意四柄，（上并有姓名。）朝冠、披肩、朝裙各一件，同官中亦多有之，闻被封在一小屋内"②，希望其代为交涉归还。1925 年 9 月，马衡自洛阳考察归来后，将新近所得汉魏石经残石拓本近七十种及卣文影印本一纸赠予王国维研究。王国维感激非常，去信表示"百朋之锡，何以加之，敬谢敬谢。……此次所得残石至六七十片之多，可谓大观，然非兄亲往，恐亦不能运至此也。汉石经中，其一块有'阳'字及'骃'字者，乃《小雅》《采薇》《出车》二篇之文。（魏石经中似尚有《无逸》残字，不止'民命'一石，尚未细检。）弟才阅一过，仅能知此，想兄必已考出也。小字隶书究系何物，兄已考出否？"③1926 年 8 月，王国维在《图书馆学季刊》中读到马衡所作《中国书籍制度变迁之研究》后，主动提供一则材料供其参考补充。马衡随即复信表示感谢，谓："日前得手书，承示《墨庄漫录》所记。缝缋法岁久断绝，即难次序。其法为先订后写，与后来之线装书不同。嘱为补入拙著，至感至佩！拙著中尚有应行修改者否？并乞赐教为幸。"④直到 1927 年初，王国维仍与马衡通信并会面，讨论金石、度量衡等问题，"畅谈至快"⑤。由此可见二人之间的学术交往始终未曾间断。

　　1927 年 6 月王国维自沉昆明湖后，马衡以"殷南"之名在《国学月报》上发表《我所知道的王静安先生》一文，悼念好友之丧，并为其死因辩白。在他看来，王国维之所以选择自杀，并非为了殉清守节，而是由于"思想

---

① 参见谢维扬、房鑫亮主编《王国维全集》第 15 卷《致沈兼士马衡》，第 859—862 页。

② 谢维扬、房鑫亮主编：《王国维全集》第 15 卷《致马衡》，第 818 页。

③ 谢维扬、房鑫亮主编：《王国维全集》第 15 卷《致马衡》，第 821—822 页。

④ 马奔腾辑注：《王国维未刊来往书信集》，第 161 页。

⑤ 谢维扬、房鑫亮主编：《王国维全集》第 15 卷《致马衡》，第 838 页。此札原系于 1927 年 3 月初，但据王、马二人往来书信，所作时间当在 2 月 16—26 日之间。

的冲突与精神的苦闷","既有长子之丧,又遭挚友之绝,愤世嫉俗,而有今日之自杀"①。马衡特别从学术角度进行分析,指出王国维治学"能不为纲常名教所囿,集合许多事实,以客观的态度判断之",故"他的辫子是形式的,而精神上却没有辫子",且其研究学问"常常循环的更换",所以"他是思想不受束缚而且生怕受束缚的人,不应该不发觉他一时的错误"②。惟其长期生活于守旧的环境之中,"既然发觉,而又为环境所压迫,不能轻易变更,这就是他隐痛所在。一到时机危迫的时候,就除死别无他法"③。鉴于马衡的学术水平与声望,清华学校应陈寅恪等人之请,聘马衡为国学研究院特别讲师,以接替王国维原先担任的金石学课程。④王国维去世两年后,清华国学研究院停办,国学院师生集资募款为其在校园内建造了一座"海宁王静安先生纪念碑"。纪念碑由陈寅恪撰文,林志钧书丹,马衡篆额,梁思成拟式,皆为一时之选。

此外,马衡对王国维书稿著作的刊印出版也十分关注,协助出力不小。1921年底,王国维欲印行其抄录校订的敦煌出唐写本《切韵》残卷三种,马衡得知后便于大学同人中牵头集资,交由中华书局付印,共印五百部,并于次年1月出版。1923年底,《观堂集林》印成出版,亦由马衡介绍在北大销售。王国维去世后,马衡又将其遗著《三字石经考》抄录一份,以备日后整理出版。是书卷首有马衡题跋曰:"《三字石经考》,为亡友海宁王静安先生遗著。一碑图、二经文异同、三古文、四附录。录《隶释》所

---

① 马衡:《我所知道的王静安先生》,《国学月报》1927年第2卷第8—10期合刊。
② 马衡:《我所知道的王静安先生》,《国学月报》1927年第2卷第8—10期合刊。
③ 马衡:《我所知道的王静安先生》,《国学月报》1927年第2卷第8—10期合刊。
④ 据蓝文徵回忆,自王国维去世后,梁启超次年亦辞回天津养病,陈寅恪为发展国学研究院计,遂请校方聘章太炎、罗振玉、陈垣三人为导师,马衡为特别讲师。校方一一致聘,章、罗、陈均推辞不就,惟马衡应聘。校方以国学大师数少而难请,又不愿降格聘人,遂经评议会决议,国学院至明年暑假停办。(见蓝文徵《清华大学国学研究院始末》,夏晓红、吴令华编《清华同学与学术薪传》,生活·读书·新知三联书店2009年版,第389页。)钱玄同在1927年9月20日的日记中则写道:"劭来电话谓男女师无问题,清华不成。盖王公死后,一年以前彼之薪俸非给他家属不可,故虽太炎先生且不能请,鄙人更无论矣!讲师,则王之课已定由叔平担任,故无望矣!"(见杨天石主编《钱玄同日记》,北京大学出版社2014年版,第695页。)

录魏石经图,乃未竟之稿。先生归道山后,衡录副藏之,暇当为之整理增订,授之梓人。忆自十二年秋,衡得石经残石,先生亦于是时来京,乃相与摩挲审辨,有所发明,则彼此奔走相告,四年以来未尝或辍,而今已矣。无复质疑问难之人矣。读此遗编,倍增怅惘。"[1]观之令人动容。

马衡与性情直率放达、善谈谐,而又精通音韵、文字之学的钱玄同也十分投缘,相契甚深。二人经常在一起吃饭聊天,交流学术,讨论大学与孔德学校之事。1922年4月,马衡撰成得意之作《石鼓为秦刻石考》。一日晚间,其与马裕藻、钱玄同、单不庵等人在沈士远家中聚餐,席间以新撰之文出示众人。钱玄同读后大为赞赏,表示"引证极确,断制极精,自有石鼓考以来,未有若斯之精当者也。我以为石鼓之考证得此,可以作为定论"[2],可谓知音之言。

马衡与钱玄同的共同好友周作人曾在《知堂回想录》中记录了马、钱二人交往过程中发生的几则小故事,颇为传神地表现了二人的性格特点与亲密关系:

> 有一次玄同与我转托黎劭西去找齐白石刻印,因为黎齐有特别关系,刻印可以便宜,只要一块半钱一个字,叔平听见了这个消息,便特地坐汽车到孔德学校宿舍里去找玄同,郑重的对他说:"你有钱尽有可花的地方,为什么要去送给齐白石?"他自己也会刻印,但似乎是仿汉的一派,在北京的印人经他许可的只有王福庵和寿石工。……他又喜欢喝酒,玄同前去谈天留着吃饭的时候,常劝客人同喝,玄同本来也会喝酒,只因血压高怕敢多吃,所以曾经写过一张"酒誓",留在我这里,因为他写了同文的两张,一张是给我的,却不知道是什么缘故,都寄到这里来了。原来系用九行行七字的急就觚自制的红格纸所写,其文曰:"我从中华民国二十二年七月二日起,当天发誓,绝对戒酒,即对于马凡将周苦雨二氏,亦不敷衍矣。恐后

---

① 故宫博物院编:《马衡 诗抄·佚文卷》,紫禁城出版社2005年版,第162页。
② 杨天石主编:《钱玄同日记》,第404页。

无凭,立此存照。钱龟竞十。"下盖朱文方印曰龟竞,十字甚粗笨,则是花押也。给我的一纸文字相同,唯周苦雨的名字排在前面而已。看了这写给"凡将斋"的酒誓,也可以想见主人是个有风趣的人了。他于赏鉴古物也很有工夫,有一年正月逛厂甸,我和玄同叔平大家适值会在一起,又见黎子鹤张凤举一同走来,子鹤拿出新得来的"酱油青田"的印章,十分得意的给他看,他将石头拿得远的一看,(因为有点眼花了)不客气的说道:"西贝,西贝!"意思是说"假"的。玄同后来时常学他的做法,这也是可以表现他的一种性格。①

1937年"七七事变"后,钱玄同由于身体原因无法随校南迁,被迫滞留北平,与马衡等大部分旧友相分离。其间,由于音讯不畅,钱氏曾被误传死讯,勾起了身在后方的马衡的思念之情,遂作《怀钱玄同》:"忆昔论交东板桥,而今离索感无聊。氏为疑古惊流俗,堂号群言久寂寥。卖饼生涯应不恶,填膺悲愤料难消。西窗梦境分明记,莫信髯苏儋耳谣"②,追忆了二人之间的交往,寄托了对故人与往事的深切怀念。1939年1月,钱玄同于沦陷中的北平病逝。马衡听闻这一消息后,又作《钱玄同挽词》悼之曰:"一夕宣南陨巨星,卅年知己痛凋零。乱离未许书频寄,感契翻疑梦有灵。谁复怀铅问奇字,从今卖饼胜遗经。遥怜黯淡风霾里,薤露歌残不忍听。"③可见二人之间隐藏在日常的幽默打趣背后的深厚情谊。

此外,马衡与北大著名的"三沈"亦长期共事,交情颇深。"三沈",即沈士远、沈尹默、沈兼士三兄弟,虽出生于陕西汉阴,但祖籍浙江吴兴,也可算是马衡的同乡。沈士远曾任北京大学教授、校庶务部主任兼评议会评议员、燕京大学教授,后投身政界。中华人民共和国成立后,被聘为故宫博物院编纂委员、档案馆主任,再次与马衡共事。沈尹默早年赴日本留学,回国后曾任北京大学、燕京大学、中法大学、北京女子师范大学等

---

① 周作人:《知堂回想录·二马之余》,北京十月文艺出版社2013年版,第468—469页。
② 故宫博物院编:《马衡 诗抄·佚文卷》,第23页。
③ 故宫博物院编:《马衡 诗抄·佚文卷》,第34页。

校国文系教授,孔德学校常务董事会主席,河北省政府委员兼教育厅厅长,北平大学校长等职。其在河北省教育厅厅长任上时,马衡曾与之商议将河北作为北大考古学会的考古基地,遂促成了后来河北易县燕下都遗址的考古发掘工作。沈尹默擅长书法,曾受蔡元培委托,与马衡等人主持北京大学书法研究会,开我国现代高等学府重视书法教育与书法研究之先河。其在 30 年代又受聘为故宫博物院古物馆专门委员,负责鉴别晋唐以来的法书名迹。二人战时皆居重庆,马衡曾作《再用寺字韵答尹默》,盛赞其书学、书艺与自由独立之精神:"君家居近隆福寺,我昔谒君君论字。订交忽逾二十年,君书成家与众异。河发昆仑江起岷,穷原竟委谈闾闾。碗平掌虚肘自起,兔起鹘落豪能驯。二王妙迹垂千载,临模兼有神貌在。榜书冥想薛嗣通,俗札犹嗤徐季海。古人怀艺作公卿,促迫常教心胆惊。韦阁遭逢帝王世,何如君之自由享令名。"①

沈兼士早年随二哥沈尹默一同留学日本,并从章太炎问学。回国后执教于各大学,曾任北京大学国史编纂处编纂员、国文系教授、文学院院长,厦门大学国文系主任、教授兼国学研究院主任,清华大学、中法大学、辅仁大学等校国文系教授,辅仁大学文学院院长兼文科研究所主任、代理校长等职。抗战胜利后,被国民政府教育部任命为平津区教育复员辅导委员会主任委员,兼任清理战时文物损失委员会平津区代表,负责接收包括故宫博物院在内的平津地区文化教育机构。在"三沈"中,马衡与沈兼士的关系最为亲近。沈兼士精于语言、文字及文献档案之学,在探讨、总结传统训诂学理论方面作出了重要贡献,被誉为"第一个从文字发展的角度来研究汉字从而提出新见解的学者"②。马衡担任北大研究所国学门导师兼考古学会主席时,沈兼士任国学门主任兼考古学会常务干事,二人在工作上密切配合,学术上互相促进。1924 年底,沈兼士担任清室善后委员会委员,负责点查、接收故宫文物,并筹备博物院成立事宜。

---

① 故宫博物院编:《马衡 诗抄·佚文卷》,第 36—37 页。
② 刘又辛:《沈兼士先生文字训诂研究述评》,葛信益、朱家溍编《沈兼士先生诞生一百周年纪念论文集》,紫禁城出版社 1990 年版,第 53 页。

次年,又与马衡等人被清室善后委员会推举为故宫博物院临时理事会理事,实际行使管理职责。故宫博物院成立后,沈兼士历任故宫博物院管理委员会干事、故宫博物院理事,并任图书馆副馆长,主持下属的文献部。1929年2月,文献部升格为文献馆,沈氏出任文献馆副馆长,1934年又担任馆长,直至病故。在此期间,他慧眼识珠,积极抢救、整理、编辑、出版、研究清宫档案文献,实为我国现代档案文献学的开创者和先驱者之一。沈兼士去世后,马衡曾为故宫博物院文献馆所编《文献论丛·沈兼士先生纪念刊》作序,指出"故宫所藏清代档案,浩如烟海,昔人以断烂朝报视之,罔知珍惜,毁弃散佚者,不可胜计。迨本院成立,沈兼士先生主持图书馆之文献部,始加以整理",并表彰其"治事谨严,用力精勤,以事业为重","劳心殚力,督率馆员,从事清厘,复编订整理档案规则,以为分类编目之准绳。自是昔日杂沓散乱者,悉以类相从,分别部居,蔚为研究清代政治典章制度之珍贵史料,对于学术界之贡献,殊非浅鲜"。①

作为北京大学研究所国学门考古学科的主要创建者与领导者,马衡亦在搜集、考察、发掘、保护古物古迹等方面做了大量有益的工作,为北大考古学的建立与发展作出了重要贡献。1923年6月,马衡赴洛阳汉魏太学遗址考察新近出土的汉石经残碑。9月,赴河南调查新郑、孟津两县出土古物,带回古物的拓片、照片多种,并购回出土铜器九十余种,六百三十余件。1924年8月,马衡至洛阳北邙山调查出土古物,为北大购得一些车器,并发现了两千年前的布。1925年7月,马衡又赴洛阳考察,购回汉魏石经残石数十种。10月,受日方之邀,赴朝鲜参观乐浪郡汉墓发掘及出土古物情况。此外,在马衡的领导下,北大考古学会还对京西大宫山大觉寺明代古迹、甘肃敦煌古迹,以及北京碧云寺古冢、圆明园、文源阁等处遗址进行了调查和保护,并积极筹划安阳殷墟与洛阳太学的考古发掘工作。

---

① 国立北平故宫博物院文献馆编:《文献论丛·沈兼士先生纪念刊·序》,国立北平故宫博物院1948年出版。

　　1929年11月,马衡偕傅振伦、常惠对河北易县燕下都遗址进行实地调查。次年4月,北大考古学会与古物保管委员会、北平研究院联合组建燕下都考古团,以马衡为团长,正式对燕下都故城北郊的老姆台遗址进行发掘。这是北大考古学会自成立以来开展的最大一次考古活动,亦是第一次真正意义上的考古发掘,历时月余,共获得各类文物二百零一袋又二十六木箱。为了保证发掘工作的顺利进行,马衡事先做了较为细致的准备工作,并与团员约法三章:"一、出土古物不得遗失或损坏;二、农民出售古物,由团收买,个人不得私购;三、团员不得饮酒,每周轮流休息,七日改善伙食时,仅准饮用土产麦酒——'甘渣'。"①

　　孰料由于此前孙殿英率部武装盗掘清东陵案发时,马衡由古董商处得到消息,最早站出来举发此事,向社会各界通报,呼吁政府严惩盗墓首犯孙殿英,并且以考古学家的身份亲自出庭作证,鉴定赃物,因而遭到孙殿英的记恨。事后孙殿英不但未受惩罚,反而因中原大战之机,受到阎锡山的拉拢利用,欲出任北平卫戍司令,扬言要通缉马衡,进行报复。而此时正在进行的燕下都发掘活动则遭到大批易县本地居民的激烈反对,他们还成立所谓易县文化古物保存会进行抵制。且当地的治安状况十分恶劣,据考古团成员常惠回忆,"同人日间赴台工作,夜住于练台村董姓家中,县政府派马巡数名随时保护,然作工月余每夕必闻枪声,夜不安枕,抢案日有所闻"②。5月29日晚,距离发掘地七里远的城角村又发生抢案,事主因枪击受伤。相传此等皆系孙殿英唆使,一时气氛十分紧张。团员们深恐有人利用地痞暴动滋事,制造事端,危及马衡的人身安全,乃劝其回避,并决议暂停发掘工作,迁入城内居住。马衡因此不得不放弃这次难得的考古机会,在友人的协助下潜出北平,先是化名"无咎",避居天津,随即乘坐海船,由胡适亲自护送至上海。同时,北平的燕下都考古团委员会亦来电,命令发掘工作停止,考古团全体成员遂于6月16日乘

① 傅振伦:《马衡先生传》,《傅振伦文录类选》,学苑出版社1994年版,第595页。
② 常惠:《易县燕下都考古团发掘报告》,《国立北平研究院院务汇报》1930年第1卷第3期。

车返回北平,燕下都第一期考古工作至此宣告结束。

回到上海后,马衡曾转道杭州小住近三个月,与故友旧交联络切磋,积极参加西泠印社的各种活动。1927 年末,西泠印社首任社长吴昌硕去世,后经创社元老王福庵等人荐举,马衡继任为第二任社长,在北平遥领社职。西泠印社作为文人雅士自发组织成立的艺术社团,其早期在组织制度与文献记载方面尚不完善,因而关于马衡担任社长的具体时间与次序存在多种不同说法,难以确证,①但马衡为西泠印社的维持、发展所作的贡献则是众所公认的。譬如 1928 年,宋美龄到杭州游览,看中了西泠印社所在地孤山,提议将孤山改为中山公园。丁辅之等人闻讯后,立刻致信马衡求援,商议如何保全印社。由于马衡此时正任职于刚刚成立的古物保管委员会,便拟以古物保护为名,申请在西泠印社设立分会。恰逢 1929 年杭州举办第一届西湖博览会,孤山的西泠印社、俞楼、广化寺等处被辟为西湖博览会的卫生馆,前后历时半年之久,争取了不少时间。待西湖博览会一结束,马衡旋即在西泠印社挂起"全国古物保管委员会浙江分会"的牌子,后又经过多方协商交涉,最终使西泠印社的社址得以保留。此外,马衡对于西泠印社同人亦多有关照、提携之功,希望借助自己在学界、政界的资源与地位来提升西泠印社在更大范围和更高层次的影响力。如马衡在担任故宫博物院的管理工作之后,便举荐王福庵、唐源邺、方介堪等印社社员参与故宫的钤拓、编审等工作,并且聘请王福庵、方介堪等人为故宫博物院专门委员,从而在故宫与西泠印社之间搭起联系的桥梁,使得西泠印社及其社员的艺术成就为更多人所知晓。

---

① 如有学者认为,马衡于 1927 年或 1930 年继任西泠印社第二任社长。有学者则认为,西泠印社的第二任社长应为哈少甫,马衡乃第三任社长,且继任时间当在 1934 年哈少甫逝世之后。又有学者认为,自首任社长吴昌硕去世后,因世事纷乱,西泠印社的社长职位长期虚悬。马衡虽然广受印社同人的尊敬,也被一些社员称为"社长",但这一称呼或非仅指职务,或许只是一种尊称而已。直到 1947 年补行西泠印社建社 40 周年纪念会时,马衡方才正式接任社长。参见林如《马衡对西泠印社历史发展的影响》,《西泠印社》第 29 辑,西泠印社出版社 2011 年版,第 12—13 页;王佩智《题襟遗韵》第二十六章《吴昌硕之后的社长存疑》,西泠印社出版社 2014 年版,第 214—218 页。

　　若说马衡一生最著名的头衔,自然非"故宫博物院院长"莫属。论起马衡与故宫之间的因缘,最早可追溯到 1924 年。是年 10 月,冯玉祥发动北京政变,将逊帝溥仪驱逐出宫,同时成立"办理清室善后委员会"接管故宫。马衡与沈兼士、陈垣、马裕藻、钱玄同、徐炳昶、顾颉刚等北大研究所国学门同事一同受聘于清室善后委员会,参与清宫物品的点查、接收工作。1925 年 9 月,清室善后委员会决议组建故宫博物院,同时成立故宫博物院临时董事会与临时理事会,由临时理事会"执行全院事务"①,具体行使管理职责,马衡被推举为临时理事会理事。10 月 10 日,故宫博物院正式成立。

　　次年 3 月,段祺瑞执政府制造了"三一八惨案",并指责徐谦、李大钊、李石曾、易培基、顾兆熊等人"假借共产学说,啸聚群众,屡肇事端",乃此次游行请愿的幕后主使,命令"京外一体严拿,尽法惩办,用儆效尤"。② 当时主持院务的理事长李石曾和常务理事易培基皆遭诬陷通缉,不得不出走避难,故宫博物院遂陷入群龙无首的状态。为此,故宫博物院董事会和理事会召开联席会议,举荐董事卢永祥与庄蕴宽两人为院务维持员,接替李石曾主持院务。由于卢永祥不在北京,实际维持院务的只有庄蕴宽一人。在职期间,庄蕴宽恪尽职守,不仅在拒绝执政府拨款的情况下,通过私人银行贷款的方式,解决了院中经费短缺的问题,而且通过多方斡旋,化解了直鲁联军欲强行进驻故宫的危机。7 月,受吴佩孚支持新上台的杜锡珪内阁决议改组故宫博物院,结束维持员的工作,成立故宫保管委员会,原董事中仅留任庄蕴宽、汪大燮两人,并经委员会推举清室旧臣赵尔巽和孙宝琦为正副委员长。在随后的交接过程中,由于故宫原管理机构坚持要求组织移交委员会与接收委员会,逐项点交、接收,严格履行手续,并发起监督同志会,办理交接监督事宜,而新设保管委员会则表示反对,主张一切从简,立即接管,不必办理点交,双方爆发

① 北京市地方志编纂委员会编:《北京志·世界文化遗产卷·故宫卷》,北京出版社 2005 年版,第 662 页。
②《临时执政令》,江长仁编:《三一八惨案资料汇编》,北京出版社 1985 年版,第 42 页。

激烈冲突,甚至发生了陈垣遭报复被捕的事件。经过一番较量,赵尔巽、孙宝琦双双辞职,交接工作亦长期停滞不前,随着杜锡珪内阁的垮台,故宫保管委员会尚未正式接管故宫就宣告结束。

是年10月,奉系军阀入主北京,以李石曾为代表的故宫旧人见故宫博物院再次陷入无人管理的境地,感到十分忧虑,故提议邀集北京社会各界名流、学者发起成立维持会,同时请政府当局要员和军警方面代表以个人身份入会,以保障故宫的安全。这一主张得到众人的赞同,遂决议组织故宫博物院维持会,会员由三十七人组成,(后增加至六十人)马衡亦列名其间,并由汪大燮、颜惠庆、江瀚、王宠惠、庄蕴宽、熊希龄、范源濂联名致函国务院请求批准。由于北洋政府态度暧昧,各部门互相推诿,敷衍塞责,迟迟不予答复,其间又发生了宪兵司令部欲派兵逮捕庄蕴宽之事,使得维持会发起同人决定加紧组织进程,于12月9日自行集会宣布成立。会上,众人公推江瀚为故宫博物院维持会会长,庄蕴宽、王宠惠为副会长,并成立基金委员会,通过了维持会暂行简章。后江瀚又指定马衡、沈兼士、陈垣、袁同礼、吴瀛、江庸等十五人为维持会常务委员,共同执行本会事务。1927年8月,张作霖支持下的潘复内阁听信谣言,委派内务部总长沈瑞麟和农业部总长刘尚清率员查办故宫博物院,结果一无所获。9月,国务会议又通过《故宫博物院管理委员会条例》,决议成立故宫博物院管理委员会,任命王士珍为委员长,王式通、袁金铠为副委员长,以取代故宫博物院维持会。10月,管理委员会聘请马衡、沈兼士、俞同奎、袁同礼、彭济群等二十四人为干事,同时任命马衡为古物馆副馆长。

1928年6月,北伐军攻占北京,南京国民政府委派易培基为接收委员,前往北京接收故宫博物院。易培基因病不克北上,遂电请马衡、沈兼士、俞同奎、吴瀛、萧瑜为接收代表,办理接管工作。6月底,国民政府召开会议,审议国民党中央执行委员会政治会议咨送的《故宫博物院组织法》和《故宫博物院理事会条例》。国府委员经亨颐指责故宫文物为逆产,提议废除故宫博物院,分别拍卖或移置院内一切物品,并由会议讨论通过。马衡与其他接收代表闻知后立即联名撰写传单,向社会散发,宣传保护故宫的重要意义,身在南京的易培基亦与时任古物保管委员会主任委员的张继联系,请其向中央政治会议递交抗议呈文,驳斥经亨颐的提案。同时,马衡等人也做好了开放故宫的准备工作,热情招待前来参观视察的蒋介石、冯玉祥、阎锡山、李宗仁、李济深、邵力子、吴稚晖、张群及各集团军总司令、各路司令等党政军要员与社会知名人士,向其陈述创建故宫博物院的奋斗经过,以及故宫博物院不可废除的理由,得到众人的一致同情。9月,中央政治会议开会复议关于故宫博物院的提案,最终否决了经亨颐提案,维持设立故宫博物院的原案。10月,国民政府正式公布《故宫博物院组织法》和《故宫博物院理事会条例》,任命李石曾、易培基、黄郛、于右任、蔡元培、庄蕴宽等二十七人为故宫博物院理事。理事会复推举马衡、沈兼士、陈垣、俞同奎、李宗侗等理事十人。

次年2月,国民政府任命易培基为故宫博物院第一任院长。随后,易培基对故宫博物院的各部门人事做了安排,仍聘马衡为古物馆副馆长。此后数年间,古物馆虽由易培基兼任馆长,但具体馆务则主要由马衡负责处理,初步显示出其善于组织管理的工作才能与细致周密的工作作风。例如,马衡亲自拟订了《故宫博物院古物馆办事细则》,规定了古物馆的组织、集会、薪俸等制度,并依据文物的不同类型与性质,设立书画、金石、陶瓷、织绣、雕嵌、杂品等六个部门,分别对古物馆中种类繁多的海量藏品进行点查、鉴别与管理。其又在馆内设立编辑、事务二组,编辑组下设目录、编纂、流传三股,事务组下设装潢、陈设、典守、文书、庶务五股,从而对古物馆的主要业务做了明确的划分与规定。此外,马衡还帮助草拟了《故宫博物院图书馆办事细则》,将图书馆分为登录、编纂、流传、陈设、典藏、装潢、文牍、会计、庶务等九课,并对九课的职掌事务与规则制度做了详细规定。

具体来看,马衡在古物馆任职期间取得的工作成绩主要体现在以下几个方面:

一、陈列展览。在社会各界人士的捐资支持下,古物馆在内东路、内西路各宫次第成立各专门陈列室,至 1932 年已达二十六处。其中主要有钟粹宫前殿的"宋元明书画专门陈列",后殿的"扇画、成扇专门陈列",景阳宫前后殿的"宋元明瓷器专门陈列",承乾宫的"清瓷专门陈列",景仁宫前殿的"古铜器专门陈列",斋宫前殿的"玉器专门陈列",咸福宫的"乾隆珍赏物陈列"等。此外,古物馆还保持、充实和改善了建院初期在中路乾清门到坤宁门四周廊庑开辟的象牙、玛瑙、珐琅、景泰蓝、雕漆、如意、文具等工艺美术类文物的专题专项陈列。这些展览吸引了众多游客,在社会上产生了广泛影响。

二、古物的继续清点和整理。对于点查完竣的宫殿与文物,除有历史意义的宫殿保留原有格局外,凡与朝廷典制无关或不甚重要的配殿,均予整理装修,辟为文物陈列室。原贮放其间的文物,则提集后再分类整理、登记,移送库房收贮。同时,古物馆还从社会各界聘请专家学者担任专门委员,从事文物的审查与鉴定工作,主要鉴别文物名称与材质,考订文物时代,判别文物真伪。当时古物馆成立了铜器、瓷器、书画三个审查委员会,并由马衡亲自主持铜器审查。这是对院藏文物的第一次审查鉴定,也是文物保管工作进一步深入的开端。经过审查鉴定的文物虽只占一小部分,贡献却很大,后来文物南迁运走的主要就是已经审定过的精品。为了保护文物,古物馆又于 1931 年设立裱画室,制订了二十条《书画装裱规则》,对受损的书画进行修裱抢救,并雇用工匠对损坏的存放文物的木座、木匣进行修理或修补。这些扎扎实实的工作,为文物的管理打下了良好的基础。

三、古物的传拓刊印。古物馆创立之初便设立了流传课,制定了一套较为完备的传拓铜器和钤拓古印的规则,并对物品的提送保管、材料纸墨的收发注销、拓工工作的监督,以及出品拓片的印鉴登记等各项手续都做了严格的规定。凡是经过审定有价值的古器物文字,均付传拓,以资研究流传。从 1929 年到 1932 年,传拓就达上百种,其中包括散氏盘、嘉量、大鼎、颂鼎、龙母尊、宗周钟等珍品,并将藏有秦汉铜印一千余方的"金薤留珍"钤成印谱出售。为了刊印书画铜瓷等文物,古物馆于

1928 年初就创设照相室,改建玻璃室、暗室,为古器物摄影,出版多种专辑图录。仅《故宫书画集》就出版了四十七期。这些古器物的传拓刊印,不仅使宫廷珍宝更多地为世人所了解,而且对缓解博物院的经费困难也不无小补。

四、古物馆重要文物装箱南运。1931 年"九一八事变"后,东北沦陷,华北告急。鉴于时局不断恶化,经故宫博物院理事会讨论决定,并报国民政府批准,将院藏文物中的精品南迁。其中尤以古物馆的文物装运难度最大。稍有不慎,文物就会损坏。例如瓷器,有的极薄如纸,有的极大如缸;又如铜器,看似十分坚硬,其实一碰就碎,其他脆弱微细之物尚多,装运时各有困难。在马衡的领导下,古物馆同人积极寻求解决办法,虚心向古玩商人学习求教,逐渐摸索出了稳、准、隔、紧四字要诀,从而既保证了包装质量,又按时完成了任务。集中装箱的以书画、铜器、瓷器、玉器为主,数量也最多,同时还有象牙、雕刻、珐琅、漆器、文具、陈设等工艺类文物,也占相当数量,共计两千六百三十一箱,六万三千七百三十五件,其中仅瓷器就达一千七百四十六箱,两万七千八百七十件。而对国宝石鼓的装运,更是渗透了马衡的心血。石鼓原存于国子监,由故宫博物院代运。其不仅体型巨大,十个石鼓,每个重约一吨,且鼓上的文字附于石皮之上,而石皮多与鼓身分离,稍有不慎,就会剥落下来。为了保证石鼓的安全迁运,马衡反复研究了装运办法,最终决定"乃就存字之处,糊之以纸,纵使石皮脱落,犹可黏合。次乃裹以絮被,缠以枲绳,其外复以木箱函之。今日之南迁,或较胜于当日之北徙也"[1]。事实证明这个办法是成功的,以后屡次开箱检查,都没有发现新的伤损。此次故宫文物南迁前后分五批进行,历时近四个月,其中的第四批即由马衡亲自押运。[2]

1932 年底,故宫博物院爆出了所谓的"易培基盗宝案",因内部的权

---

① 马衡:《明安国藏拓猎石碣跋》,《凡将斋金石丛稿》卷五《石刻》,第 177 页。
② 参见郑欣淼《厥功甚伟　其德永馨——纪念马衡先生逝世 50 周年》,《故宫博物院刊》2005
　　年第 2 期。

力与人事斗争,院长易培基以莫须有的理由被人指控盗卖故宫文物,虽屡经辩解而无果,被迫辞去院长之职,并躲入上海法租界避难,最后忧愤而死。1933 年 7 月,经故宫博物院理事会讨论决定,推举专业精湛、人品厚重而又超然于政治的马衡代理院长,并于次年 4 月正式出任故宫博物院院长。据说,当时马衡曾向理事会提出接受院长职务的三项条件:"其一,就任院长只理院务,不问'易案',对故宫文物进行重新点查造册。其二,本人以无党派人士身份任职。其三,对故宫博物院进行全面改组,院长对院内人事安排有处置权。"①由此可见马衡的谨慎、负责态度,及其对未来工作中存在的艰巨性与复杂性的清醒认识。

继任院长后,马衡首先要面对的就是故宫留平文物的清点以及南迁文物的点收、安置工作。其在 1934 年 6 月呈送行政院及本院理事会的报告中即指出:"院中最困难问题,厥惟文物之整理与保管。盖十年以来,半在风雨飘摇之中,点查则本甚粗疏,整理亦仅及局部,保管更责任难专,非有根本改进之决心,难树永久不拔之基础。譬之故家田产,略无统计,试询其子姓以田亩四至,率茫然不能置对,乃欲责其管理难矣。"②为此,马衡对故宫博物院进行了全面改组,制定了与文物保管有关的"出组规则",责令各馆处科组分别制定详细的办事细则,同时组织"文物分类整理委员会",对全院文物进行认真的分类、整理、编目,并办理文物审查。为协助文物审查工作,故宫还颁布了《专门委员会设立章程》,成立了书画、陶瓷、铜器、美术品、图书、史料、戏曲乐器以及宗教经像、法器、建筑物保存设计等委员会,由马衡聘请相关领域的专家学者为委员,以备学术咨询及鉴定藏品。古物一经鉴定,即登录、编目、造册,作为藏品档案,收入库房。若需陈列或研究时,则依据"出组规则"提出办理。

其中,南迁运沪文物的点收从 1934 年 1 月开始。由于南迁时间紧迫,这些文物自北平装箱运出时,清册上只记录了品名和件数,并未编造

---

① 马思猛:《金石梦 故宫情:我心中的爷爷马衡》,国家图书馆出版社 2009 年版,第 319 页。
② 转引自郑欣淼:《厥功甚伟 其德永馨——纪念马衡先生逝世 50 周年》,《故宫博物院院刊》2005 年第 2 期。

详细清册。鉴于"易案"的经验教训,马衡对此次点收格外慎重,要求工作人员按箱登记,逐件核对检验。如铜器、玉器、牙器等都要记明重量,瓷器还要标明颜色、尺寸、款式、有无损伤,巨细靡遗。点查过程中,为了统一管理来自不同单位与部门的文物,又以马衡拟定的"全材宏伟""沪上寓公"八字分别重造了三馆一处南迁文物的编号与箱号。为了保存证据,明确监管权责,马衡主张将点验过的物品凡是能盖章的全部钤盖上"教育部点验之章",以为标记,且故宫人员只负责点验文物,印章的刻制、钤盖、保管都由教育部委派的监察委员负责。此外,马衡还命人将每日的点查结果汇总整理,定名为《存沪文物点收清册》,并油印装订,成为故宫南迁文物最完整的著录和清点依据,在此后历次的文物迁运中发挥了重要作用。

稍后,故宫本院留存文物的点查工作亦于 1935 年 7 月全面展开。点查仍按 1924 年清室善后委员会的规定为依据,仅登录品名、件数而未详细登记。之所以如此,一是考虑文物数量太大,一时无暇细查;二是考虑日后需进一步对全部文物进行分类、整理、编目,因此只着重于首先点清留院文物的名称、数量,其他工作留待以后再做。为表示公正公开,院方还函请北平市政府、市地方法院、高等法院、公安局等单位共同派员参与监督。这次点查也成果颇丰,发现了不少珍品。凡清室善后委员会于仓促中遗漏者,或载于清室旧目而尚未发现者,皆逐件检出,并予以补号登录。此外,虽然大量文物精品已南迁至沪,但故宫本院中仍留存了近百万件文物,且照常对外开放,供民众参观游览。为了保障故宫博物院的继续运营,工作人员又从留下的文物中精选了部分珍品进行专室陈列展览,不仅展室较以前更多,而且内容也更加丰富。譬如古物馆就利用各处宫室开辟了名画、书法、瓷器、铜器、玉器、木器、钟表、拓片、雕刻、缂丝刺绣等二十二个专题展室,图书馆则开辟了英华殿写本佛经陈列室与咸福宫清高宗弘历写本佛经陈列室两个特藏展室,并重建了善本书库与殿本书库,而文献馆也开设了档案、文书、钱币、舆图、戏曲、兵器、照片、烫样等十三个特色展室。

尽管故宫文物南迁顺利完成,但将大量国宝寄存在上海租界内毕竟不是长远之计,存在诸多安全隐患。为了更加妥善地保管、安置文物,马衡又往返于北平、上海、南京之间,为文物存放新址的选择和修建而奔走呼吁。1933 年 7 月,故宫博物院理事会原则通过了成立故宫博物院南京分院的议案,计划将南迁文物存放在南京。1934 年 12 月,故宫博物院再次召开常务理事会议,王世杰提议将南京朝天宫全部划归故宫博物院,作为故宫南京分院的办公、展览及文物储存地点,用以存放全部南迁至沪的文物。这一提案经理事会商议通过,并呈报国民政府行政院核准。1935 年 4 月,故宫博物院理事会推举马衡和当时的内政部长、教育部长及理事罗家伦、李济等人组成朝天宫"保存库建筑工程委员会",负责推动南京分院的改造建设进程。1936 年 3 月,朝天宫保存库工程动工,8 月竣工,建成一座坚固的三层钢筋水泥建筑,并带有地下仓库,可防盗、防火、防水、防空袭,库房内还装有照明、通风及供氧等设备。12 月,故宫存沪文物分五批全部转运至南京新库房。1937 年 1 月,故宫博物院南京分院正式成立,马衡随即着手准备修缮朝天宫大成殿、崇圣殿等处,将其辟为陈列室,同时计划添置陈列柜,调节照明设备,定做文物储藏柜,进行藏品编目等工作。孰料南京分院成立后仅仅半年,由于"七七事变"爆发,南京形势日趋紧张,以上这些工作多半未及进行,文物便再次踏上向西南后方迁移疏散的历程,亦称"西迁"。

故宫南迁文物的此次西迁主要分三批进行。第一批文物从 1937 年 8 月起运,共八十箱,多是参加过在英国举办的"伦敦中国艺术国际展览会"的文物精品,由南京经汉口始迁长沙,后又绕道桂林转移至贵阳、安顺,最终于 1944 年 12 月迁到四川巴县。因其开始时是向南迁移,故称南路。第二批文物从 1937 年 11 月起运,分两次运出,共九千三百三十一箱,包括由故宫代为保管的古物陈列所、颐和园等处的文物精品,经汉口、宜昌、重庆、宜宾,最终于 1939 年 9 月运抵四川乐山县。因其是沿长江而上抵达重庆的,所以称为中路。第三批文物亦从 1937 年 11 月起运,共七千二百八十八箱,同样包括来自古物陈列所、颐和园、国子监等

处的文物,先后分三次运往陕西宝鸡,后又经汉中、成都,最终于 1939 年
6 月全部运抵四川峨眉县。由于这批文物是从南京向北经津浦路、陇海
路转运到陕西的,故又称北路。抗战期间,故宫博物院原有的组织机构
都已失去作用或不复存在,一切改为战时体制。随同西迁文物到达后方
的工作人员分散在各个文物存放处,负责文物的日常保管与维护工作,
同时在重庆设立总办事处,由马衡率领部分员工驻守,进行统一调度与
安排。

对于此次的文物疏散,国民政府行政院只是提出文物迁运的大致地
区,具体的储藏地点则由马衡等人通过实地考察来选择、确定。第一批
文物到达长沙后,存放于湖南大学图书馆,经马衡现场视察后,决定在湖
南大学后方岳麓山爱晚亭侧开凿一个山洞以储存文物。不料战场形势
迅速恶化,长沙已遭日军空袭威胁,行政院又下令将这批文物迁往贵阳。
就在文物离开长沙不到一个月的时间,湖南大学图书馆即遭日机炸毁。
而当文物运抵贵阳后,先是无处收存,后在各方协调下于六广门内觅得
一租屋存放。随着战事不断向中国腹地推进,马衡亲赴贵阳视察后觉得
市内仍不安全,文物还是储藏在山洞中最佳。但贵州山区多潮湿,不利
于文物保存,马衡率人多方寻找,才在安顺县南门外五里找到一个洞口
轩敞、洞深壁厚、湿度较为合适的天然山洞,当地人称"华严洞",洞外有
庙,可以住人,附近皆是村落,且有公路直达洞口。于是马衡便请工程师
设计,在洞口搭建两座板房用以存放文物,同时成立故宫博物院安顺办
事处,由庄严任主任,并派遣朱家济、李光第、郑世文等人到此值守。直
到抗战末期,贵州独山陷落,贵阳告急,安顺与外界的联系面临被切断的
风险,这批文物才最终被转运至四川巴县石油沟的飞仙岩。第二批由汉
口迁往重庆的文物,末批尚未到达,重庆已遭日军轰炸,行政院命令限期
把存渝文物及北路运抵成都的文物全部运离重庆与成都,另外觅地贮
存。马衡随即偕院内同人到重庆以西各县寻找贮存地点,最后决定将存
渝文物疏散到距乐山县城二十里的安谷乡,存放在当地祠堂中,并以欧
阳道达为乐山办事处主任,负责筹备相关工作。第三批文物原存放于陕

西宝鸡的关帝庙与城隍庙中,为防备可能的空袭,刚从宝鸡迁到汉中,敌机即轰炸了汉中机场。为保证文物安全,马衡又赶到成都考察,选定东门内大慈寺作为仓库,将汉中文物全部迁存到此,后又根据行政院命令再次将其转移至峨眉县,存放于县城东门外大佛寺及西门外武庙两处,并在此成立故宫博物院峨眉办事处,由那志良任主任。正是凭借着这种踏实认真、不辞劳苦的工作作风,才使得西迁文物都能找到较好的保存地点。

在文物颠沛流离的迁移过程中,故宫博物院的工作人员可谓历经艰辛与磨难,甚至付出了生命的代价。如中路西迁文物由重庆运至宜宾的过程中,故宫职员朱学侃为了确保装船文物的安全,夜间爬上船舱检查,不料舱中没有盖上铁盖,失足跌下船舱,结果伤重不治。而在文物由乐山转运至安谷乡的过程中,由于是溯流而上,需要靠岸边的纤夫拉船而行,加之河道狭窄,岸边陡峭难行,在一处湍急的河段纤绳突然崩断,整艘装满文物的木船连同船上的船工、军警和押运人员急速向下游冲去,险些导致船毁人亡。文物山路运输期间,押运员刘承琮曾遭遇车祸,被撞下山坡,摔伤右手,送医救治时右手食指被截去,落下终身残疾。乐山办事处职员刘官谔则因舟车劳顿,心力交瘁,病死任上。而翻车事故在途中也时有发生,但多是回程空车,因车上没有文物,司机不免大意。有一次,绵阳附近某座桥梁正在维修,车辆只能借由旁边一座临时搭建的便桥通行。一辆装运文物的汽车过桥时不慎翻入河中,所幸正值冬日,河中无水,且车上装载的都是书籍、档案之类的文物,故未遭损坏。

由于当时故宫人手不敷,北路文物第一批次由南京至宝鸡的转运工作还曾临时请马衡的次子马彦祥协助押运。而北路正是整个文物西迁中最为艰难的一条转运线路,一路上受到日军的侵扰和威胁,装运文物的列车在徐州火车站、郑州火车站等处多次险遭日机轰炸。此后又有近一年半的时间在川陕两省的崇山峻岭中穿梭,仅能依靠汽车运输,运力十分紧张。途中翻山越岭,走川过河,不仅交通条件极端恶劣,还经历了雪崩、暴雨、洪水、塌方等气象地质灾害。

最终,在马衡领导的全体故宫职员的共同努力下,一万六千余箱西迁文物精品,其中包括故宫托管的来自古物陈列所、颐和园、国子监等处的近六千箱文物,几乎全部得以保全,这不得不说是抗战中的一个奇迹,也是一项保护人类历史文化遗产的壮举。而这主要得益于故宫人对自己肩负的神圣职责的深刻认识。正如马衡所说:"本院西迁以来,对于文物安危原无时不在慎微戒惧、悉力维护之中,诚以此仅存劫后之文献,俱为吾国五千年先民贻留之珍品、历史之渊源,秘籍艺事,莫不尽粹于是,故未止视为方物珍异而已矣。"①关于此次故宫文物南迁及西迁的基本经过与保管情况,马衡曾在1947年9月于北平广播电台发表的题为《抗战期间故宫文物之保管》的讲演中作了简要介绍,其中对于自己个人的功劳几乎绝口不提。对此,郭沫若亦曾评价道:"马衡先生同时还是一位有力的文物保护者。中国古代文物,不仅多因他而得到阐明,也多因他而得到保护。前日本帝国主义发动大规模侵华战争时期,马先生担任故宫博物院院长之职,故宫所藏古物,即蒙多方维护,运往西南地区保存。即以秦刻石鼓十具而论,其装运之艰剧是可以想见的。但马先生从不曾以此自矜功伐。"②

值得一提的是,即便是在文物南迁与西迁这种十分艰困的条件下,马衡仍然数次组织故宫博物院的文物举办或参加国内外的展览活动。1935年,中英两国政府联合举办"伦敦中国艺术国际展览会",展览的内容包括世界各国博物馆及私人收藏家所收藏的中国艺术珍品。故宫博物院对此极为重视,于1934年10月便开始着手筹备,最终选定了书画、瓷器、玉器、铜器、珐琅、织绣、剔红、折扇、文具等七百三十五件文物精品参展,占中国展品的大多数,并选派庄严为中文秘书,傅振伦、宋际隆、牛德明、那志良为展览会中国艺术展品助理员,共同负责赴英参展文物的保管、护送、陈列工作。这是中国历史文物包括故宫博物院文物首次通

---

① 《国立北平故宫博物院理事会1940年度会议记录》,转引自郑欣淼:《厥功甚伟　其德永馨——纪念马衡先生逝世50周年》,《故宫博物院院刊》2005年第2期。
② 马衡:《凡将斋金石丛稿·序》,中华书局1977年版。

过官方渠道大规模出国展览,英国政府也十分重视,专门派遣皇家海军的萨福克号巡洋舰来华押运文物赴英。展览于 1935 年 11 月 28 日在皇家艺术学院开幕,持续到次年 3 月,在伦敦引起极大轰动,参观者逾四十二万,闭幕前数日的日均参观人数甚至超过两万,创下了皇家艺术学院的参观记录,还吸引了英国国王乔治五世和玛丽王后亲自到场观展。同时,英国各大报刊媒体也对此作了大量专题报道,官方还出版了英文版的展品目录及图录,共卖出十万多册,英国学者所编研究中国艺术的书籍、刊物不下数十种,皇家艺术学院又举办了二十五场有关中国艺术品的讲演会,洵为英国国际艺术展览史上的一大盛事,也开启了欧洲中国艺术史研究的新时代。

1939 年,苏联政府为了促进民众对中国艺术精神及抗战情绪的了解,于莫斯科发起"中国艺术展览会",不仅汇集了苏联各地十一座博物馆收藏的中国艺术品一千五百余件,更由苏联对外文化协会商请中国政府征集近代绘画、雕塑、抗战宣传标语、民间通俗画、附有插画之著作及报纸,以及古代铜器、玉器、陶器、石刻、绘画等艺术品参展。故宫博物院作为中国古代艺术品的主要收藏单位之一,精选了绘画、织绣、玉器、铜器等一百件文物珍品赴苏联展出,并委派傅振伦等人以专家身份带同展品赴苏,协助苏方进行展览的组织筹备工作。文物先由贵州安顺运抵甘肃兰州,再由苏联派专机经阿拉木图运至莫斯科。展览于 1940 年 1 月在莫斯科国立东方文化博物馆开幕,观众极为踊跃,"参观人数每日平均三四百人,休息日约千二百余人","二月一日统计入览团体已达二百三十余,七日统计参观人数已逾二万五千,……会场备有参观人意见册,苏联红军、工人、艺术家、学者、英雄、妇女、儿童之到会者多签注意见,积成巨帙"①。由于观众过多,原定的展室不敷应用,以致博物馆不得不临时扩充馆舍。当时,莫斯科各大报刊都在显著位置对中国艺术展览会作了

---

① 《北平故宫博物院关于赴苏参加中国艺术展览会工作报告书》,中国第二历史档案馆编:《中华民国史档案资料汇编》第五辑第二编《外交》,江苏古籍出版社 1997 年版,第 299 页。

报道,且连日登载中国艺术论文,并用无线电向全国广播。东方文化博物馆也编辑出版了展览的展品目录、图录、纪念册及彩色明信片向观众出售。苏联电影厂还专门摄制了有关展览会的电影,拟在各地演放,以广流传。展览会原定于 6 月闭幕,因苏联各地民众函电请求展期,故决定延长展览时间,并在莫斯科展览结束后移至列宁格勒(圣彼得堡)、基辅等大城市继续展出。后因苏德战争爆发,为保障文物安全,遂提前结束列宁格勒的展览,于 1942 年 9 月最终将文物运回国内。

此外,故宫博物院还在赴英参展的前后,分别于 1935 年 4 月和 1936年 6 月,在上海外滩中国银行大楼及南京考试院明志楼举办文物预展和复展。1937 年 3 月,组织三百九十六件藏品参加教育部在南京举办的第二届全国美术展览会,马衡还专门为此撰写了《故宫博物院参加美展会之书画》一文,发表于《教育部第二次全国美术展览会专刊》。1942 年 12月,又以赴苏参展归国文物参加重庆举办的全国第三届美术展览会。1943 年 12 月,选取一百四十二件书画精品于重庆中央图书馆举办故宫博物院书画展览会,美国总统特使马歇尔也专程前往参观。次年 4 月,在文物返回安顺途中,又应贵州省主席吴鼎昌及书画艺术界人士之请,在贵阳贵州艺术馆举办了为期近二十天的"故宫博物院书画在筑展览"。

应该说,故宫博物院在抗战期间在国内外参加、举办的一系列展览活动都取得了非常好的政治、社会和文化效应,不仅有力地宣传展示了我国的悠久文明与灿烂文化,促进了中外文化交流与相互了解,巩固了友好国家之间的邦谊,同时也借展览向国内民众普及了历史文化与文物知识,给艰苦抗战中的国民带来了审美与精神上的享受,激发了民众的民族自信与爱国热情。用马衡的话说,"结果不独在阐扬学术与国际声誉方面,已有相当收获,即于启发民智、增进一般民族意识,亦已有影响,成效颇彰"[1]。

---

[1]《国立北平故宫博物院 1944 年度业务检讨报告》,转引自郑欣淼:《厥功甚伟　其德永馨——纪念马衡先生逝世 50 周年》,《故宫博物院院刊》2005 年第 2 期。

与此同时,马衡还积极参与中国博物馆协会的组织建设,成为中国博物馆事业的开拓者之一。20世纪30年代,中国的博物馆事业有了一定发展,各地区、各专业建立的博物馆日渐增多,活动也比较活跃,但总体仍处于各自为政、互无联系的分散状态。1934年秋,为了进一步推动博物馆建设及博物馆学的发展,马衡与时任北平图书馆副馆长兼故宫博物院图书馆馆长袁同礼、中央博物院筹备委员傅斯年、李济等人广泛联络国内的科学博物馆、自然博物馆、美术馆、历史馆、生物园等机构,于北平图书馆内筹备组织中国博物馆协会。次年5月,中国博物馆协会于北平景山公园绮望楼举行成立大会,推举马衡为主席,并选举马衡、袁同礼、朱启钤、沈兼士、叶恭绰、李济、傅斯年、丁文江、翁文灏等十五人为执行委员,发展团体会员三十多个,个人会员一百二十余名。会议通过了《中国博物馆协会组织大纲》,确定协会的宗旨是"研究博物馆学术,发展博物馆事业,并谋博物馆之互助"[1]。协会下设专门委员会,负责"分工研究博物馆学术,及与博物馆相关之各项学术","设计博物馆建筑,及陈列或设备上种种改进事项","审查关于博物馆学之书籍,及专门论文","举行学术讲演会"[2]。协会还编印有关博物馆丛书,并刊行《中国博物馆协会会报》,两月一期,专载博物馆界消息。1936年7月,中国博物馆协会第一届年会与中华图书馆协会第三届年会在青岛联合召开,马衡、袁同礼、沈兼士及北平研究院院长李石曾、上海市博物馆馆长胡肇椿、河南博物馆馆长王幼侨、河北第一博物馆馆长严智开、天津美术馆馆长姚彤章、山东图书馆馆长王献唐等四百余名代表及来宾出席。大会印发了《对于中华图书馆协会中国博物馆协会联合年会的希望》,主张"图书馆、博物馆亟应设立,以补充学校教育之不足,且可保存文艺,提高学术",并且呼吁"政府与社会,时锡匡助,以期促进图书馆及博物馆事业普及于民众,

---

[1]《中国博物馆协会组织大纲》,李淑萍、宋伯胤选注:《博物馆历史文选》,陕西人民出版社2000年版,第368页。

[2]《中国博物馆协会组织大纲》,李淑萍、宋伯胤选注:《博物馆历史文选》,第370页。

提高其标准。……牖进民智，充实国力，以复兴民族文化与国运"。① 年会还通过了有关博物馆行政、建筑、陈列、保管、考古发掘、整理档案等决议三十五项。抗战期间，协会会务陷入停顿。1948 年 6 月，中国博物馆协会在北平复会，修订了《中国博物馆协会组织大纲草案》，马衡再次当选理事长。复会后的第一届会员大会即由马衡主持，在故宫传心殿召开，并提出了编印《中国博物馆一览》、每月出版会刊两期、举办学术讲座、编印会员录、每年编印国宝审查报告、编印《国宝集》等工作计划。

1945 年抗战胜利后，马衡又开始着手准备故宫文物的复员回迁工作。从 1946 年起，存放于四川巴县、峨眉、乐山三办事处的文物开始陆续运至重庆，先集中安置在重庆南岸海棠溪向家坡的贸易委员会旧址，再分别由水路和陆路运回南京分院。当年故宫博物院撤离南京时，由于时间仓促，运输艰难，尚有档案等近三千箱文物未及转移，只得运回朝天宫保存库封存。日军占领南京后将库房改为伤兵医院，并将这批文物运出，分存于北极阁、中央研究院、地质调查所、东方中学等处。1945 年 9月，马衡即派员先期飞赴南京，一方面探听这批文物的下落，一方面交涉收回保存库。同年 12 月，由教育部会同故宫博物院及有关机关组织清点委员会，于次年 1 月对这批文物进行清点，并于 5 月底运回原库，所幸未遭重大损失。

至于北平的故宫博物院本院，亦是整个复员工作中的重要部分。沦陷初期，故宫博物院曾向国民政府行政院汇报现状，请示机宜，行政院指示故宫留平职工"应于可能范围内，尽力维持"②。由于战争期间院长马衡及院内主要工作人员大部分都已离平，本院工作由总务处处长张庭济负责维持，仍旧照常开放展览。1942 年 6 月，故宫博物院被日伪接收，伪华北政务委员会任命祝书元为故宫博物院代理院长，同时任命临时理事七人，监事二人，张庭济留任总务处处长。抗战胜利后，北平地区中国军

---

① 傅振伦：《旧中国博物馆协会忆往》，《傅振伦文录类选》，第 839 页。
② 刘北汜：《故宫沧桑》，紫禁城出版社 2004 年版，第 127 页。

队接受日军投降典礼就安排在故宫太和殿前举行。北平本院的复员工作本应由马衡亲自主持，由于其当时正在重庆筹备西迁文物的东归还都，一时无法返平，便委托故宫文献馆馆长、教育部平津区特派员沈兼士，会同留守北平的张庭济共同负责办理交接事宜。因院内职员十之八九皆为抗战前的旧人，故全部留任，只有伪院长及少数敌伪派驻的高级职员遭到免职，机构设置仍如旧制，整个接收工作进展顺利。同时，经马衡大力呼吁，故宫博物院还接管了位于紫禁城外朝部分原隶属内政部的古物陈列所及其留平文物，重新布置了太和、中和、保和三大殿及武英、文华两殿陈列室，辟为南路参观路线，使得故宫终于作为一个整体由故宫博物院统一管理。

这一时期，马衡还以故宫博物院院长的身份担任教育部"清理战时文物损失委员会"副主任委员，后又兼管该委员会平津区办公室。而故宫博物院作为平津地区最重要的文物单位，陆续接管和收购了许多散失在外的故宫旧有文物和物品，并接收了一批私人收藏家捐献的文物，其中不少是具有极高历史价值和艺术价值的珍品。譬如，故宫从天津接管了两批文物。一批是日军在1944年6月征缴铜品时从故宫掠走的铜灯亭九十一座和铜炮一尊，当时运到天津后，尚未来得及运往日本，日军便已投降。可惜这批文物部分已遭损坏，且同时被日军劫走的五十四个铜缸亦无法寻回。另一批是天津张园溥仪旧宅中留存的文物和天津溥修住宅中留存的溥仪物品，合计一千三百零七件，多为玉器、首饰及小件什物，价值极高。故宫在北平也接管了四批文物，包括原存于孔德学校的清宗人府余存满汉文玉牒七十四册、清代八旗户口册六百九十册、档簿七十册；原存于北平德孚洋行的福兰克福中国学院友谊会古物图书七百四十一件；原存于伪善后救济总署的陈汉第所藏汉印五百零一件；朱启钤搜集的存素堂丝绣八十余件及铜器、玉器、象牙、书画等文物三千三百一十九件。

而故宫当时接收的私人捐献主要有郭葆昌的"郭瓷"和杨宁史的"杨铜"。郭葆昌，号觯斋，著名瓷器专家，对瓷器以"精鉴别、富收藏"闻名中外,曾任袁世凯"洪宪"时期的陶务监督使,为袁世凯督烧"洪宪瓷",后被故宫博物院聘为瓷器及书画审查委员,于抗战期间去世,藏瓷为其子女所有。马衡对于这批瓷器十分重视,嘱咐赴平津地区清理战损文物的王世襄设法收购。经过一番周折,最后由宋子文出面,终于使这四百二十七件珍贵瓷器以"捐献"的名义入藏故宫博物院,并编有《郭葆昌藏瓷目录》。后其家属又补献了残木座一百零六件,乌木床一架,紫檀雕灵芝床桌一件,棉床垫一件。杨宁史是德国侨商,禅臣洋行经理,在北平沦陷期间从市肆收购了大量古铜器,多为当时河南等地出土,藏于东交民巷瑞典百利公司。其中包括战国宴乐渔猎攻战纹铜壶、商饕餮纹大钺等极为重要的器物,艺术价值很高。杨宁史原计划将这批铜器伺机外运,并谎称其封存在天津被九十四军占用的住宅内,故意误导接收人员。后同样在宋子文的协调下,由杨宁史以"呈献"而非"没收"的名义将这批文物交给故宫博物院,共计二百四十余件。这两批文物入藏后,故宫博物院还特地在景阳宫后院御书房及东西配殿开辟了郭觯斋捐献瓷器和杨宁史呈献铜器陈列室进行展览。①

此外,故宫博物院还陆续收购到一些由伪满流出的《故宫已佚书画目》中曾著录的书籍和书画,较为重要的有宋版《资治通鉴》一部,宋版《四明志》一册,米芾《尺牍字》卷一件,唐国诠书《善见律》一卷,宋高宗书、马和之绘《毛诗·周颂·闵予小子之什》书画合璧卷一件,宋人摹顾恺之《听琴图》一件,元人《老子授经图》书画合璧卷一件,明初人书画合璧卷一件,李东阳书各体诗卷一件,文徵明书《卢鸿草堂十志》一册及雍正、乾隆等《朱批奏折》四十一本等。另有原金陵大学校长福开森所藏二十余箱金石、书画类图书,经马衡和王世襄反复动员,由福开森之女福梅龄捐献给故宫,辟为专室收藏,并在此基础上,连同古物馆原有书籍成立古物馆图书资料室。

---

① 这两批文物的接收详情可参见王世襄《回忆抗战胜利后平津地区文物清理工作》,《锦灰不成堆:王世襄自选集》,生活·读书·新知三联书店 2007 年版,第 65—68 页。

1946年底,马衡又应清理战时文物损失委员会之请,派遣王世襄以"清损会"专员的名义赴日,在中国驻日代表团第四组工作,负责向日方交涉文物的追索赔偿事宜。但由于追偿工作困难重重,始终未能取得进展,王世襄只得提前回国,仅带回了南京中央图书馆在抗战期间寄存香港而被日军劫夺的一百零七箱善本图书。

1948年9月下旬,东北人民解放军发动辽沈战役,行将解放东北全境,全国战局急转直下,时任故宫博物院理事长翁文灏和理事王士杰、朱家骅、杭立武、傅斯年、李济、徐森玉等人在南京召开会议,决定将故宫南迁文物运往台湾。这些文物原计划运送五批,后因故仅运出三批,分别于1948年12月22日、1949年1月6日和1949年1月29日由南京起运,运抵台湾基隆港。三批运台文物共计两千九百七十二箱,约占1933年故宫南迁文物的四分之一,但大都是南迁文物中的精品。其余的未及运走,留在故宫博物院南京分院。中华人民共和国成立后,其中的绝大部分从1951年起陆续运回北京故宫博物院。至于运台文物,最初贮藏在台中县雾峰乡北沟新建的库房中。1965年,位于台北市士林外双溪的故宫博物院现代化四层新址落成,原存于北沟的文物遂全部迁到新院。

同样在1948年底,国民政府行政院又函电马衡启程赴南京,并嘱其编制、上报北平故宫博物院藏文物珍品目录,然后尽快装箱空运南京,与南京分院的文物一同迁往台湾。当时,马衡正主持召开故宫复员后的第五次院务会议,讨论决定了一系列重大事项,继续有条不紊地推进各项业务工作。如清除院内历年积存秽土,修正出组与开放规则,将长春宫等处保存原状辟为陈列室,增辟瓷器、玉器陈列室及敕谕专室,修复文渊阁,继续交涉收回大高殿、皇史宬等。[①]

与此同时,已赴解放区并担任华北人民政府教育部戏剧音乐工作委员会主任委员的马彦祥亦通过地下党组织与其父马衡取得联系,希望他

---

① 参见《国立北平故宫博物院第五次院务会议记录》,转引自郑欣淼:《厥功甚伟　其德永馨——纪念马衡先生逝世50周年》,《故宫博物院院刊》2005年第2期。

设法阻止北平文物的空运。经过权衡较量,马衡本着保护文物的宗旨,决定拒运文物赴台,并采取消极拖延的态度,使得北平本院的文物迁运工作一拖再拖。其在院内职工警联谊会和高层职工的支持与配合下,先是布置古物馆、图书馆、文献馆的工作人员编写可以装运的文物珍品目录,报行政院审定,然后准备包装器材,并告诫有关人员"要特别小心周密,不要慌,不要求快",绝不能因装箱而损伤文物,至于装箱工作的实际进展如何,却从未催问。其后来还以安全为由,下令将故宫的午门、神武门及东西华门等对外出入通道全部关闭,严禁通行,使得部分已装好的文物箱件无法运出。当时东北解放军已经入关,北平几乎成为一座孤城,行政院再次函电催促装运文物,马衡则答复以"机场不够安全,暂不能起运",继续拖延。不久之后,东西长安街拆卸牌楼,计划用长安街路面作跑道,使飞机可以在城内起降。但这个城内机场尚未起用,北平已宣告解放,最终故宫本院的文物一箱也未运出。据朱家溍回忆,解放后他曾当面问过马衡:"是不是本意就不打算空运古物?""马院长正点燃一支雪茄,连吸几口,从鼻孔冒出两缕烟,微笑着说:'我们彼此会心不远吧。'"①

　　当北平围城时,国民政府曾派专机赴北平接运文教界名流,马衡亦名列其中。其得知后致函教育部政务次长、故宫博物院理事会秘书杭立武,以病后健康未复为由再次婉拒赴南京。他在信中说道:"弟于十一月间患心脏动脉紧缩症,卧床两周。得尊电促弟南飞,实难从命。因电复当遵照理事会决议办理,许邀鉴谅。嗣贱恙渐痊而北平战起。承中央派机来接,而医生戒勿乘机。只得谨遵医嘱,暂不离平。"其又劝说杭立武停止继续迁运文物赴台,希望以第三批作为结束。他说:"运台文物已有三批菁华大致移运,闻第一批书画受雨淋者已达二十一箱,不急晾晒即将毁灭。现在正由基隆运新竹,又由新竹运台中。既未获定所,晾晒当然未即举行,时间已逾二星期,几能不有损失。若再有移运箱件则晾晒

---

① 参见朱家溍《马衡院长保护故宫文物的故事》,《紫禁城》1986 年第 2 期。

更将延期。窃恐爱护文物之初心转增损失之程度。前得分院来电谓三批即末批,闻之稍慰。今闻又将有四批不知是否确定。弟所希望者三批即末批,以后不再续运。"①在此期间,马衡还以"余负典守之责"的高度责任感和使命感,同其他爱国民主人士一道为北平城内的文物保护之事与各方积极协调交涉,奔走呼号。

1949 年 1 月 31 日,北平和平解放。2 月 7 日,故宫博物院在闭馆四十多天后,恢复对外开放。2 月 19 日,北平市军事管制委员会文化接管委员会代表钱俊瑞、陈微明、尹达、王冶秋到故宫办理接管事宜。3 月 6 日,故宫博物院被北平市军管会正式接管,马衡留任院长,全体职员均留原工作岗位,职薪不变。2 月 19 日,北平市军管会同时接管了北平文物整理委员会,马衡仍任主任委员,俞同奎任秘书。6 月,随着军事管制结束,故宫博物院改隶新成立的华北高等教育委员会图书文物管理处领导。10 月 1 日,中华人民共和国中央人民政府成立。11 月,故宫博物院又被划归中央文化部文物局领导。1951 年,为了适应新形势下事业发展的需要,故宫博物院实行改组,对建院以来一直沿用的"三馆两处"体制做了调整,包括撤销古物馆,成立陈列部、保管部、群众工作部;文献馆改称档案馆,后划归国家档案局,成立中国第一历史档案馆;保留图书馆,后将大量图书拨给北京图书馆及各地方图书馆;总务处改为办公处。

这一时期,在马衡的领导下,故宫博物院的各项工作陆续恢复并有了新的进展。如院内宫殿开始进行整修;组织专门力量对散存各处未经清理或清理尚不彻底的殿室开展调查摸底工作,继续清查整理;在划分文物和非文物方面取得了初步成果;在总务处成立测绘室,对古建筑进行普查,并对乾隆花园进行测绘。而军管会则作出了"故宫售票款作为修复费用,不必缴库,并请制定修缮计划"的决定。后来的华北高等教育委员会与文化部文物局亦对故宫的维护十分重视,在院内组建了工程小组,并拨出专款用于故宫的维修、整治与保护工作。故宫博物院当时开

---

① 马衡:《致杭立武先生函》,《马衡 诗抄·佚文卷》,第 176 页。

列了二十一项修缮工程,首先开工的有乾隆花园、畅音阁、造办处大库、西六宫屋顶保养等项目。从 1950 年开始,故宫又进行了院容的清理工作,重点清理了隆宗门外西南侧的清代内务府、造办处旧址,文渊阁东侧的上驷院地区,西华门东北侧、东华门一带内金水河两岸的垃圾渣土杂物,并对内金水河进行疏浚整治。此外,故宫文物的陈列展览也在积极增设更新。1949 年 9 月,故宫博物院新开辟了"清代帝后生活史料陈列室""清代禁书陈列室""纺织品陈列室""玉器陈列室"四个陈列室。1950年 10 月,又举办了"清代帝后生活与农民对比展览""国内各民族文物展览""清代帝国主义侵华史料陈列""清代升平署戏曲资料展"等展览。1952 年 1 月,故宫博物院明代馆、钟表馆和"乾隆时代装潢艺术陈列"开放。同时,随着留在大陆的南迁文物陆续由南京运回,故宫又恢复了乾清宫及西六宫的原状陈列,并在参考、查对有关宫廷文献史料,访问过去曾在清宫服役的太监、宫女的基础上,对三大殿、后三宫、养心殿、西六宫等处均按原状重新作了布置,既为观众再现了这部分宫殿的本来面貌,又为学者研究清代宫廷陈设、装修、用品、宫廷生活、历史掌故等提供了宝贵的实物依据。

新中国成立前夕,受战局影响,内地私人收藏的大批珍贵文物流散到香港,在市面上待价而沽,为众多公私藏家和文物贩子所窥伺觊觎。这一状况亦引起了时任文化部文物局局长郑振铎的高度重视。1951 年,在郑振铎的努力下,经由周恩来总理批准,文物局正式成立"香港秘密收购小组",成员包括徐伯郊、沈镛、温康兰,由政府拨专款抢救流散到香港及境外的国宝级文物。同年 10 月,"收购小组"负责人徐伯郊发现当年乾隆所藏"三希"中的"二希",即王献之《中秋帖》和王珣《伯远帖》在香港出现,由郭葆昌之子郭昭俊抵押给香港汇丰银行,且因贷款到期无法偿还,即将被银行拍卖,遂将这一情况紧急报告给郑振铎。郑振铎立刻通过文化部向政务院作了汇报。11 月,根据周恩来总理的批示,文化部文物局副局长王冶秋偕马衡、徐森玉南下商讨收购事宜,鉴定文物真伪,最终以重金将《中秋帖》和《伯远帖》赎回,并安全带回北京,入藏故宫博物院。由此可见,在新中国成立初期,马衡为故宫博物院工作的全面恢复及日后发展付出了大量心血,打下了坚实的基础,作出了重要的贡献。

1951年底,全国开展"三反"运动,故宫博物院亦卷入其中。起初,马衡还领导故宫的精简节约委员会,负责主持院内的"三反"运动。到了1952年2月,情况突变,中央派员对故宫的"三反"运动直接干预,并由公安部门介入,将故宫全体职工分为两批,分别集中到白云观和东岳庙两处公安干校进行"三反"学习,故宫博物院闭馆。马衡当时也受到冲击,被带至白云观进行隔离审查,要求交代历史问题。后虽没有查出任何有关贪污和盗卖文物的证据,但仍被指控犯有官僚主义,需与劳动群众一起学习改造。5月,马衡被免去故宫博物院院长职务,并调离故宫,后专任北京文物整理委员会主任委员,管理北京古建筑的修缮工作。离开工作了半生的故宫对马衡打击很大,使其精神上十分苦闷,身体也积郁成疾,先是得了食道癌,后又罹患肺癌,终于1955年3月26日病逝于北京,享年75岁。

1952年,马衡就曾将其收藏的甲骨、碑帖四百余件以及青铜器七件、陶瓷十五件、工艺品类二十九件捐给故宫博物院。马衡去世后,家属又遵照遗愿将其毕生收藏的金石、碑帖、图书、书画、陶瓷、印章等一万四千余件文物悉数捐献给故宫。其中尤以金石拓本的数量为最多,共一万二千四百三十九件,主要是清代与民国年间出土和发现的墓志、碑版、造像、石经等,构成了马衡研究金石学的主要材料,同时奠定了故宫博物院碑帖库的最初基础。

二 马衡的学术研究、艺术创作及其贡献

1. 金石学

金石学作为我国的一门传统学问,产生于北宋时期,现存最早的金石学著作为欧阳修所撰的《集古录》。关于金石学的起源与成立,马衡说道:"商周之时,所谓金石者,皆指乐器而言,非今之所谓金石也。其以金

与石并举,而略同于今之定义者,盖自秦始。《史记·秦始皇本纪》所载群臣奏议及始皇二世诏书,多曰金石刻,或曰金石刻辞。……后世称此类刻辞,谓之金石文字,或竟简称为金石。五代以前,无专治金石学者。……有宋一代,始有专攻此学者,欧阳修《集古录》为金石有专书之始。自是以后,吕大临、薛尚功、黄伯思、赵明诚、洪适辈,各有著述,蔚为专家。郑樵作《通志》,以金石别立一门,侪于二十略之列。而后金石学一科,始成为专门之学,卓然独立,即以物质之名称为其学科之名称矣。"①宋代由于造纸、印刷和椎拓技术的空前发达,以及古器物、碑刻的大量出土,在社会上形成了一股好古收藏的风气,加之官方对经学的提倡,学者们逐渐开始重视对钟鼎刻石的搜集、整理和研究,使得金石学迎来了第一个发展的高潮。继欧阳修《集古录》之后,一批著名的金石学者与金石学专著接踵问世,如吕大临《考古图》、王黼《宣和博古图》、赵明诚《金石录》、薛尚功《历代钟鼎彝器款识法帖》、王象之《舆地碑记目》、陈思《宝刻丛编》、洪适《隶释》《隶续》等。此外,尚有大量有关金石古器的题跋杂记散见于各种宋人文集、笔记之中,如沈括《梦溪笔谈》、洪迈《容斋五记》、吴曾《能改斋漫录》、陈槱《负暄野录》、张世南《游宦纪闻》、赵希鹄《洞天清录》等。这些著作在描摹器形、纹饰,著录、训释铭文,考订器名、用途等方面都取得了不少成绩,为后来的研究者奠定了基础,示范了方法,开辟了道路。② 就连朱熹这样的大理学家也开始主动利用金石材料来考释、注解儒家经典。

元明时期,由于学术范式的转变,以及金石材料发现的减少,金石学陷入衰颓。到了清代,随着经学的复兴,传统金石学作为经史考据、证经补史的重要手段和工具,也发展到了鼎盛期,浸浸然有自立之势,由附庸而蔚为大国。如顾炎武、黄宗羲、朱彝尊、钱大昕、王昶、翁方纲、武亿、孙

---

① 马衡:《中国金石学概要》,《凡将斋金石丛稿》卷一,第1—2页。

② 据朱剑心统计,宋代金石学者及金石著作,李遇孙《金石学录》录六十一人,杨殿珣《宋代金石佚书目》列八十九种,而容媛《金石书录目》所载现存者仅二十二人,书三十种。参见朱剑心《金石学》,浙江人民美术出版社2015年版,第30页。

星衍、阮元、吴大澂等著名学者都积极致力于金石学的研究与提倡,产生了《金石文字记》《金石要例》《曝书亭金石文字跋尾》《潜研堂金石文跋尾》《潜研堂金石文字目录》《金石萃编》《两汉金石记》《粤东金石略》《金石三跋》《寰宇访碑录》《积古斋钟鼎彝器款识》《两浙金石志》《说文古籀补》《筠清馆金石文字》《金石学录》《语石》等一系列重要的金石学著作。而其著述类型除沿袭前代成例之外,又有断代著录者;有分类专攻者;有专考一种者;有集录众说,兼诸派之长者;有考订源流,辨别体制,评述书迹,近于所谓概论大纲之性质者;有举历代从事斯学者之著作大凡,及其有功于斯学之言行,而为学术史料之纂集者;有专辑金石著作之目录者,可谓"囊括包举""参稽会萃","金石之学,几乎蔑以进于此矣"。① 就其学术目的与价值而言,梁启超在《清代学术概论》中指出:"顾、钱一派专务以金石为考证经史之资料,同时有黄宗羲一派,从此中研究文史义例。……别有翁方纲、黄易一派,专讲鉴别,则其考证非以助经史矣。包世臣一派专讲书势,则美术的研究也。……自金文学兴,而小学起一革命。前此尊《说文》若六经,祔孔子以许慎,至是援古文籀文以难许者纷作。……诸器文字既可读,其事迹出古经以外者甚多,因此增无数史料,而其花文雕镂之研究,亦为美术史上可宝之资。"②

从研究对象与研究范围来看,马衡认为传统金石学可大致分为"古器物学"与"金石文字学"两大类,且存在一个研究范围不断扩展的过程。"宋以来之为此学者,大致分为二类。其一可名为古器物之学,不论其为金为玉,不论其有无文字,凡属三代、秦、汉之器物,皆供赏玩者是也。其一可名为金石文字之学,不论其物质之为何,苟有镌刻之文字,皆见采录者是也。故此二者之范围,最初仅限于器物及碑碣,其后乃渐及于瓦当砖甓之属。至于今日,古物出土之种类,日益滋多,殷虚之甲骨,燕齐之陶器,齐鲁之封泥,西域之简牍,河洛之明器等,皆前人著录所未及者。

---

① 参见朱剑心《金石学·初版序》,第 4 页。
② 梁启超《清代学术概论》,东方出版社 1996 年版,第 53—54 页。

物质名称虽不足以赅之,而确为此学范围以内所当研究者。故今日之所谓金石学,乃兼古器物学、金石文字学而推广之,为广义的学科名称,非仅限于狭义的物质名称已也。"①

在此基础上,马衡进一步提出了他对于"金石""金石学"以及"中国金石学"的定义:"金石者,往古人类之遗文,或一切有意识之作品,赖金石或其他物质以直接流传至于今日者,皆是也。以此种材料作客观的研究以贡献于史学者,谓之金石学。古代人类所遗留之材料,凡与中国史有关者,谓之中国金石学。"②对于何者为"遗文"及"有意识之作品",他具体解释道:"凡甲骨刻辞、彝器款识、碑版铭志及一切金石、竹木、砖瓦等之有文字者,皆遗文也。其虽无文字而可予吾人以真确之印象者,如手写或雕刻之图画,明器中之人物模型及一切凡具形制之器物等,皆有意识之作品也。"③由此可见,在清末以来古物不断出土,尤其是明清大内档案、殷墟甲骨、汉晋简牍以及敦煌文书等新材料被先后发现的时代背景下,马衡能够充分利用最新的材料进行学术研究,并将前人所不重视或未及见的甲骨、竹木、玉器、陶器、明器、砖瓦等纳入金石学的体系之中,从而突破了传统的藩篱,极大地拓展了金石学的研究范围。

在金石学的研究方法上,马衡一方面继承了清代乾嘉学派训诂考据、实事求是的朴学传统,另一方面又吸收、采用了近代考古学等科学方法,以丰富和改造传统的金石之学。尤其是他突破了旧金石学者的书斋式研究,开始重视实地的调查发掘,主张对出土的完残古物的种类、数量、方位等信息进行准确记录,并有效地保护原建筑物。早在 20 世纪 20 年代,马衡就已经认识到在中国进行有计划的考古发掘的重要性与紧迫性,指出"自来我国古器物之出土,类皆民间偶然发现,随时随地残毁消灭;其得寓士人之目而为史传所纪载者,皆断缺散佚之余,什存一二。问其出土之地,则展转传讹,莫明真相。至器物之种类若干,数量若干,位

---

① 马衡:《中国金石学概要》,《凡将斋金石丛稿》卷一,第2—3页。
② 马衡:《中国金石学概要》,《凡将斋金石丛稿》卷一,第1页。
③ 马衡:《中国金石学概要》,《凡将斋金石丛稿》卷一,第1页。

置之状况若何，……更无从究诘矣"，进而呼吁"当于发见之地，集合专家，作有计划之发掘。虽破钢、烂铁、残砖、断甓，亦必记其方位，纤悉靡遗。如此，则一、地点不致谬误，可藉以知为古代之某时某地；二、器物之种类、数量、方位不致混淆，可以明各器物之关系及其时之风俗制度；三、建筑物不致有意毁坏，可以觇其时之工艺美术；凡此种种，胥于学术上有所贡献"。① 此外，马衡还探讨了金石学与史学之关系，前人著录金石之书籍及其考证之得失，金石学今后研究之方法与材料处置之方法等内容，在全面梳理前人研究成果的基础上，从理论上对传统金石学做了较为系统的总结。

关于金石学与考古学的关系，学术界历来存在争议。多数学者认为，二者之间既有着传承关系，我国的近代考古学批判继承了传统金石学的积极成果，但二者又存在重大差别，传统金石学不论在指导思想还是研究方法方面都与近代意义上的考古学有所不同。如梁启超认为，"考古学在中国成为一种专门学问，起自北宋时代，约当西历十、十一两世纪"，同时指出中国的考古学"还是很幼稚"，今后应当从"有意识的发掘"和"方法进步"两个方向往前发展。其中，"方法进步"即包括"旧方法的改良"与"新方法的引用"两点。② 夏鼐则认为，"北宋中叶（11世纪）便已有考古学的前身金石学的诞生。……到了清代末叶，金石学的研究范围扩大了，便有人（如罗振玉）主张应改称'古器物学'。当然，清代至民国的这种古器物学，更接近于近代的考古学。……但是我国的这种'古器物学'经过系统化后虽然可以成为考古学的一部分，而本身并不便是考古学"③，"中国考古学的发展，到了二十世纪的二十年代，才进到了近代考古学的阶段。从十八世纪以来，一直到二十世纪初年，中国的学者继承和发展了北宋时（十一世纪前后）开始兴起的金石学，又利用新出土

---

① 马衡：《新郑古物出土调查记》，《凡将斋金石丛稿》卷八《序跋杂文》，第303页。
② 参见梁启超《中国考古学之过去及将来》，《中国历史研究法补编》附录二，中华书局2010年版，第229—244页。
③ 夏鼐：《什么是考古学》，《夏鼐文集》（上），社会科学文献出版社2000年版，第30—31页。

的古器物,做了大量的整理研究工作。对于中国近代的考古学的诞生,他们作出了一定的贡献"①。因此可以说,中国的近代考古学正是在中西学术交流碰撞的大背景下产生的。而马衡作为传统金石学向近代考古学转型过程中的关键性人物,发挥了承前启后的重要作用,其金石学研究确实已具备了某些近代考古学的色彩,因而被郭沫若誉为"中国近代考古学的前驱。……使中国金石博古之学趋于近代化。他在这一方面的成就,是有目共睹的"②。

下面就从铜器、石刻、石经、度量衡制度与书籍制度等几个方面对马衡的金石学研究做一简要介绍。

（1）铜器

马衡指出,从人类进化的角度来看,商周时期为我国的铜器时代,铜器冶铸最为发达。由于当时的铜器制作采用"分工"与"世业"的制度,"分工则其艺专一,世业则其术精进",故铜器既多且精,"文字花纹制作皆工细绝伦"。降至秦汉,世工之制虽逐渐废止,但尚方服御诸器仍多相沿用铜。到了后世,由于铜资源稀缺,而铸钱又需要使用大量的铜,故始而严禁以铜铸器,继而毁器以铸钱。"今传世诸器,商周为多,秦汉魏晋次之,六朝以后最少者,职是故也。"③

接着,马衡将历代铜器大致分为礼乐器、度量衡、钱币、符玺、服御器、古兵六大类,并分别对其名称、形制、时代、用途等作了说明和考证。其中,礼乐器主要用于祭祀与燕飨。礼器古人概称尊彝,分而言之,则烹煮之器曰鼎、鬲、甗,黍稷之器曰敦、簠、簋,酒器曰尊、罍、壶、卣、觥、盉、爵、觚、觯、角、斝、勺,脯醢之器曰豆,盥洗之器曰盘、匜,载鼎实之器曰匕、俎,承酒之案曰禁,盛冰之器曰鑑。按其用途又可分为宗器、旅器、媵器。宗器用于宗庙,旅器用以征行,媵器用以媵女。乐器与礼器并重,但传世种类不多,今所见者惟钟、鼓、錞、铎等数种而已。另有非金属之

---

① 夏鼐:《中国文明的起源》,文物出版社1985年版,第2页。
② 马衡:《凡将斋金石丛稿·序》。
③ 马衡:《中国金石学概要》,《凡将斋金石丛稿》卷一,第4页。

乐器如埙、磬等。

古之度量衡出于音律,律之本为黄钟之宫。据《汉书·律历志》,"度者,分、寸、尺、丈、引也,所以度长短也。本起黄钟之长。以子谷秬黍中者,一黍之广,度之九十分,黄钟之长。一为一分,十分为寸,十寸为尺,十尺为丈,十丈为引,而五度审矣","量者,龠、合、升、斗、斛也,所以量多少也。本起于黄钟之龠,用度数审其容,以子谷秬黍中者千有二百实其龠,以井水准其概。合龠为合,十合为升,十升为斗,十斗为斛,而五量嘉矣","衡权者,衡,平也,权,重也,衡所以任权而均物平轻重也。……权者,铢、两、斤、钧、石也,所以称物平施,知轻重也。本起于黄钟之重。一龠容千二百黍,重十二铢,两之为两。二十四铢为两。十六两为斤。三十斤为钧。四钧为石"。① 度量衡虽以秬黍为基准单位,但由于地有肥瘠,岁有丰歉,古今培植技术有精粗,黍之大小轻重并无一定标准,故欲考证古之度量衡必借资于传世之实物。况传世之器多为私家庋藏,学者未必亲见,若非罗列实物,参互比较,不能得其真相。而古度量衡三者之考证,又以权衡为最难正确。因其实物惟秦、新两朝之权纪有斤两,尚可较其轻重。且金有时而蚀,石有时而泐,年湮代远,重量即差,只能依稀比较其大略而已。

钱币起源于商品贸易的繁荣,用以取代以物易物,以济财物之不足,但历来未有定名。其称货、布、币,乃沿用交易时代物品之名;称贝、金,乃以本体之物质名之;称刀、钱,乃以所像之形名之;称泉,则由钱而同音通假。宋以来的金石学家多沿新莽之称,谓有首肩足者为布,刀形者为刀,圜者为泉。清马昂又以世称蚁鼻钱者为贝。古时通行的货币皆为钱,虽然亦有以金银为货币者,但非固定制度。唐宋之后钱法日坏,权以楮币,楮币渐弊,又权以银货,遂产生钞板与银定之制。

符为判合之器,玺印用以封检,二者皆执以为信之物。符之书法有质剂、傅别两种,古时多以竹木为之,惟发兵之符始用铜。虎符产生于秦

① 〔汉〕班固:《汉书》卷二十一《律历志上》,中华书局 2007 年版,第 113—114 页。

以前,而非旧时学者所认为的汉文帝时期。汉初虎符犹沿秦制,后屡有
更易,至唐而大变,改为鱼符、龟符等形,左右内外之制亦异。宋以后兵
符不传,所传皆佩牌。另有一种赐予功臣的符券,源于汉高祖与功臣剖
符作誓,后世铸之以铁,谓之铁券。玺印的历史亦很久远。秦以前无论
尊卑贵贱皆得称玺,秦以后则天子称玺,臣下称印,唐以后玺又称宝。汉
以后印或称章,唐以后或称记、朱记,明清以来或称关防,各随官制而异。
先秦时官私玺印并无定制,各凭所好,故大小无定,形式亦甚繁。秦汉以
降,始整齐划一。南北朝渐改古制,变小为大。至于隋唐,其变大之制始
定。玺印形制的变化源于封检之制的改变。古之简牍,上必施检,然后
约之以绳,填之以泥,按之以印。其或盛于囊者,则更约绳封印于囊外。
其制如今之火漆,故可封物。自简牍易为纸帛,而封泥之制始变为濡朱。
汉以后纸虽盛行,但官私文书犹兼用简牍,至南北朝末方始全废。由于
古代官号、地名见于印章者,不若见于封泥者之多,故考证古之官制、地
理宜取资于印章,尤应取资于封泥上之印文。

　　古代铜器流传至今者,商周时期以礼器为多,而秦汉以后则以服御
之器为多。服御器范围至广,类别尤繁。除同属于礼器的鼎、鍑、钟、钫、
鍑、洗之外,尚有镜、钩、镫、锭、鐎斗、尉斗、薰炉、帐构、筦钥、浑仪、刻漏、
车马饰等较著名者。

　　古兵之制,屡有变迁。石器时代以石为之,秦以前用铜,汉以后乃用
铁。今传世古兵多以铜制,皆先秦及汉初之物。惟其为铜,故能传久。
而铁兵易于朽蚀,流传转希。出土的古铜兵往往带有坼裂纹,戈戟尤甚。
且其文字瑰奇,与他器相异,盖即秦书八体之殳书,秦以前已如此。分而
言之,则句兵曰戈、戟,刺兵曰矛,短兵曰刀、剑、匕首,凿兵曰斧,射远之
兵曰矢,发矢之机曰弩机,盛矢之器曰箙。在《戈戟之研究》一文中,马衡
利用金石文字、《考工记》等古代文献及出土实物,详细考证了先秦戈戟
之形制及其造秘之法,订正并完善了程瑶田《考工创物小记》之说。

　　马衡于铜器研究方面最大的成绩当属青铜器断代的开创。关于我
国古代铜器的起源时间,《尚书》《左传》《史记》等古籍中各有记载,故昔

日研究中国文化史者多主张冶金术始于虞夏之世。马衡对此表示怀疑，并对《尧典》《禹贡》为虞夏时书及禹铸九鼎之说做了辩驳，认为冶金术始于虞夏并不足信。在他看来，要确证青铜器的起源时间，只能征之于青铜器本身，即其文字与事实。而就传世青铜器之信而有征者而言，则当自商代始。马衡指出，"前人之于铜器，往往以人名之用干支者，或文句简略，而其文近于图象者，辄定为商器。此种标准，不尽可凭，盖周初之器同于此例者正多，不必皆商器也"①，故其提出"同时文字可以互证"与"出土之地之足以证明"两方法来考订青铜器的正确时代。利用该方法，马衡通过乙酉父丁彝、己酉戍命彝、兄癸卣、戊辰彝、艅尊、庚申父辛角、般甗等七件标准青铜器铭文中的纪年月日方法、祖妣称谓、祭名和祭祀内容等，参以其出土地点，确定其为商器无疑，从而推定传世铜器当以商代为最早，即我国自商末已完全进入铜器时代。至于我国铜器时代的上限，马衡表示尚难确定，但据商末青铜器制作工艺的精致程度，可以推测其源头至迟亦当在商初。"故言中国之铜器时代，必数商周二代，其时期约历千五百年（公元前一七五〇年至二六〇年顷）。秦汉以后，铜器渐微，而铁器代兴矣。"②马衡的这一研究成果有理有据，对前此的种种误说有廓清之功，且发表于殷墟大规模考古发掘之前，并为日后殷墟考古发掘出土的实物所证实，可谓我国青铜器断代的先驱。

(2) 石刻

秦汉之后，石刻这一新的形式取代青铜刻辞而兴起。对于石刻的产生原因与变迁历程，马衡概述道："商周之世之视器也，与社稷名位共其存亡轻重，故孔子曰，'惟器与名不可以假人'。其勒铭也，自名以称扬其先祖之美，而明著之后世，亦正所以昭示其重视名器之意。其始因文以见器，后乃藉器以传文，是故器不必皆有文也。自周室衰微，诸侯强大，名器浸轻，功利是重。于是以文字为夸张之具，而石刻之文兴矣。故石

---

① 马衡：《中国之铜器时代》，《凡将斋金石丛稿》卷三《铜器》，第 118 页。
② 马衡：《中国之铜器时代》，《凡将斋金石丛稿》卷三《铜器》，第 120 页。

刻之文,完全藉石以传文,不似器文之因文以见器也。刻石之风流衍于
秦汉之世,而极盛于后汉。逮及魏晋,屡申刻石之禁,至南朝而不改。隋
唐承北朝之余风,事无巨细,多刻石以纪之。自是以后,又复大盛,于是
石刻文字,几遍中国矣。"①

　　历代石刻同样种类繁多,其名称有就形制而言者,有就文体而言者,
有概名曰碑者,错综复杂,难以分辨。马衡则将其大致分为"刻石与碑"
"造像与画像""经典诸刻与纪事诸刻"及"一切建筑品附刻之文"四类,并
着重叙述、辨析了各类石刻的形制、特点与区别。

　　关于刻石与碑之别,马衡指出,并非所有刻文于石者皆为碑。刻碑
当兴起于东汉,古只谓之刻石。如秦始皇统一后东行郡县诸刻,皆曰刻
石,而未尝称碑。碑之名虽始于周代,但其为致用而设,如庙门之碑用以
系牲口、测日影,墓所之碑用以引绳下棺,原非刻辞之具。刻文于碑乃汉
以后之事,并不适用于古刻。而刻石又可根据其形制分为碣与摩崖两
种。碣为刻石之特立者,其形状当在方圆之间,上小下大。自碑盛行之
后,碣之制遂渐废。摩崖则为天然之石,刻于崖壁,人以其简易而速成,
遂相率为之,甚至刻经造像、诗文题名、德政神道之类皆刻之崖壁,故名
山胜迹几乎无处无之。

　　关于造像与画像之别,马衡指出,凡刻于平面者皆为画像,立体者则
为造像。当时已知最早的石刻画像为西汉《麃孝禹刻石》之朱雀画像。
至东汉之季,其风大盛,凡祠宇冢墓之间,多有精美画像,而碑额碑阴所
刻之画像亦不胜指数。凡此诸刻之所画,或为古人事迹,或为墓中人事
迹,或为符瑞。魏晋之际,画像始不多见。因北朝喜造佛像,故铭记之碑
往往刻有画像,或为佛之事迹,或为清信士女之像。隋唐以后,画家辈
出,于圣贤、仙佛、鬼神诸像之外,兼刻山水、草木、鸟兽等图,于是绘画之
能事始称大备。若按时代统计,则东汉时期历史画为多,北朝以后宗教
画为多,唐以后自然界之画为多。我国造像见于记载者始于东汉末,现

---

① 马衡:《中国金石学概要》,《凡将斋金石丛稿》卷二,第65页。

存者大抵以北魏为最先。其风自北朝以逮唐中叶最盛，下至五代宋初犹未息，此后则不多见。所造之像又可分为石像、铜像、泥像三种。因其质地之故，流存于世的石像最多，铜像次之，泥像最少。论及画像与造像的价值，马衡指出其不仅为美术品，亦为重要之史料，可为考古之资。从中不但可以考证古代的名物、制度，而且可以发现历代艺术之源流与变迁之迹。

关于经典诸刻与纪事诸刻之别，马衡指出，纪事刻石乃纪当时之事实，而刻石以表章；经典刻石则为古人之论著，而借刻石以流传。自有刻石以来，几乎皆为纪事文字。而自《熹平石经》以后，始有经典之刻，故传世诸刻中经典少而纪事多。若按其所刻内容分类，经典刻石又可分为太学石经、释道石经、医方、格言、书目等类，而纪事刻石亦可分为表章事迹诸文、文书、墓志墓笕、谱系、地图界至、题咏题名等类。

至于建筑品阀刻之文，则谓其石不为刻文而设，乃借营造建筑之石材而附刻文字。马衡将其分为九类：一、桥；二、井；三、阙；四、柱；五、浮图；六、食堂，神位；七、墓门，黄肠；八、石人，石兽；九、器物。

马衡于石刻研究方面最重要的成果为石鼓年代的考证。所谓"石鼓"，即十具鼓形刻石，上狭下宽，圆顶平底，唐初出土于陕西凤翔府天兴县三畤原（一说出于陈仓），此前未见著录。其发现之初名不甚著，自韦应物、韩愈作《石鼓歌》以表章之，始大显于世。元和十五年（820），由凤翔尹郑馀庆迁于凤翔孔庙。经五代之乱，又复散失。北宋时，时任凤翔知府的司马池寻得其中九具，置于府学门庑下。另一具亦于皇祐四年（1052）由向传师访得。大观年间，石鼓自凤翔迁至汴京辟雍，后入保和殿稽古阁。靖康之变时，金人攻破汴京，又将石鼓辇归燕京，历元、明、清三朝，置于国子监，现藏于故宫博物院。十具石鼓上皆镌刻有文字，字体为籀文，文体为四言诗，因其内容多言郊游畋猎之事，故又称"猎碣"。石鼓文原有约七百字，经辗转流传，文字剥损漫漶，仅存三百余字，且其中一鼓已一字无存。

关于石鼓的制作年代，历来聚讼纷纭，莫衷一是。如唐张怀瓘、窦泉、韩愈等认为是周宣王时物,韦应物认为是周文王之鼓,至宣王时刻诗,宋董逌、程大昌认为是周成王时物,郑樵认为制作于秦惠文王之后,始皇之前,马定国则认为作于北周。此外,尚有清代学者武亿主张是汉刻,俞正燮认为是北魏世祖时刻。其中,尤以主张周宣王之说者最众,影响亦最大。且其说在清代得到乾隆帝的认可,几乎定于一尊而无复异议。郑樵虽已指出其为秦刻,但附和者稀,长期未引起学者的足够重视。为了解决这一难题,马衡撰《石鼓为秦刻石考》一文予以详细考辨。其在郑樵之说的基础上加以申论,有力地辩驳了各种成说,并根据石鼓文字的特点、内容及其出土地点进行分析比较,以扎实的证据推断石鼓为东周秦穆公时所刻,且为我国现存最古之石刻,亦即先秦古刻中唯一可信者。

马衡之所以得出这一结论,主要有四点依据:

一、"文字之流变可得而推寻"。马衡提出,"古今文字之不同,有渐变,无改造",因而批评"世之论文字之源流者,咸以为由古而籀,由籀而篆,由篆而隶,皆有创作改造之者;其说大谬"。[①] 在他看来,古今文字演变是逐渐发生的,无主名,无形迹,如籀、篆、隶等名称皆为后人所附加,若欲将各种字体按时代强为限断,定其名称,则无是理。因此,马衡认为石鼓文字之所以类小篆而较繁复,似宗周彝器之文而较整齐,正因为其为未统一以前之秦文,亦即《史籀篇》之文。

二、"秦刻遗文可得而互证"。马衡将石鼓文字与盠和钟、秦公敦、重泉量、《诅楚文》、吕不韦戈、新郪虎符、阳陵虎符、秦权量、峄山刻石、泰山刻石、琅琊台刻石、会稽刻石等十二件传世秦刻进行比较,其时代起自秦霸西戎,止于二世元年,发现上述秦刻文字中均有与石鼓文体势结构完全相同者,而其偏旁互见而彼此相同者尚不一而足,从而由文字之形体证明石鼓文为秦国文字。此外,马衡还根据秦斤、秦权、秦虎符、《诅楚文》论证"殹"与"也"通假为秦文特例,而石鼓文亦用此例,从而由文字之

---

① 马衡:《石鼓为秦刻石考》,《凡将斋金石丛稿》卷五《石刻》,第168页。

声音训诂证明其为秦国文字。

三、根据石鼓文内容及称谓推断。马衡指出,石鼓文虽已残缺,但仍保存有"公谓大□,余及如□"之句。其中,"公"即秦公,"大□"当为官名,或即太史、太祝之类,"余"为自称之词。且第九鼓亦有"天子永宁"之语,可知其为祝颂之词。据此,马衡认为,秦国自襄公有功于周王室,得岐西之地而为诸侯,至穆公始霸西戎,天子致贺,而石鼓文纪渔猎之事,兼及车徒之盛,又有颂扬天子之语,证以秦公敦之字体及"烈烈桓桓"之文,则知其制作当在秦穆公之时。

四、根据石鼓出土地点推断。马衡指出,据《元和郡县图志》记载,石鼓出土于雍城,即今凤翔县雍水之南,而非岐阳。岐山在雍城之东,汧水在雍城之西,故石鼓文所云"汧殹沔沔……舫舟西逮",正谓由雍城至汧水为西逮。他进一步指出,刻石之地不在汧水之上而在雍城者,亦因渔猎之事多为祭祀而设。石鼓文有云"吴人懋□",又云"□□大祝","吴人"为掌山泽之官,"大祝"为祝官之长,主事鬼神。其虽未明言祭祀,但独纪掌祭祀之官,可知渔猎与祭祀有关,乃以渔猎所获,归而献诸宗庙,并作诗刻石以纪其事,故刻石之地宜在雍城。而秦穆公时居雍城,故石鼓当作于穆公时。

马衡的这一研究成果公布后,受到了金石考古学界的极大关注与赞誉,影响甚广。沈尹默称该文奠定了中国考古学的国际地位,钱玄同阅后表示"引证极确,断制极精,自有石鼓考以来,未有若斯之精当者也。我以为石鼓之考证得此,可以作为定论"[①],郭沫若则说:"石鼓之年代,近人马衡著《石鼓为秦刻石考》论之甚详。石刻于秦,已成不刊之论"[②],朱剑心亦云:"马衡之《石鼓为秦刻石考》,证据凿然,铁案如山,千古聚讼,从此定谳。"[③]马衡关于石鼓制作的具体年代的考证结论虽非毫无疑义、不可再议,但其已成为近代石鼓考证的里程碑,为后来者的继续深入研

---

① 杨天石主编:《钱玄同日记》,第 404 页。
② 郭沫若:《石鼓文研究》,《郭沫若全集》考古编第九卷,科学出版社 1982 年版,第 32 页。
③ 朱剑心:《金石学》,第 41 页。

究奠定了坚实的基础。

（3）石经

石经，尤其是汉魏石经，是马衡毕生金石学研究的重点所在。其研究广泛涉及石经文本与数量、石经起源及发展状况、历代立石概况、原石存佚、覆刻本及传拓本流传情况、石经与教育之关系等诸多方面，成就突出，因而被公认为近现代汉魏石经研究最全面、最深入的金石学家之一。

所谓"石经"，即儒家经典之刻于碑者。马衡认为，石经起源于汉代，是古代政府规范学术的产物，亦为学术界之盛事。他说："我国古代书籍，皆出于竹木之简牍。……其后代之以缣帛，又其后代之以纸，但皆出于钞写，讹脱自所难免。故自汉以来，传经者各有师说，章句颇有异同，各家之学，同时并立学官，致有十五博士。至后汉桓、灵之际，经籍去古久远，文字多谬，诸博士试甲乙科，争第高下，更相告言，至有行贿，定兰台漆书经字，以合其私文者。熹平四年，乃诏蔡邕等正定文字，刊于石碑，立于太学门外。于是诸儒晚学咸取正焉……其动机盖以书经传写，踳驳日多。又遭党锢之祸，经师名儒，禁锢诛戮，放废流亡，邪枉之徒，轻为奸利，私行金货，窜改经文，势非刊一定本不足以解此纠纷。时既不知有印刷术，则欲传之久远，固非刻石不为功。太学为博士传经之所，故立于太学门外。"①

"汉魏石经"则指《熹平石经》和《正始石经》。《熹平石经》之刻起于汉熹平四年（175），迄于光和六年（183），历九年而始告成，立于洛阳太学讲堂前，为我国刊刻石经之始，亦为书籍版本之起源。北魏初，冯熙、常伯夫相继为洛州刺史，石经遭废毁分用，大为颓落。神龟元年（518），崔光曾提议修补而未果。东魏武定四年（546），石经自洛阳徙于邺都，至河阳时遭遇崩岸，落于水中，得至邺者不过大半。北周大象元年（579），由邺城迁往洛阳。隋开皇六年（586），又自洛阳迁入长安，后为营造之司用为柱础。至唐贞观初，魏徵始收聚之，惜已十不存一。经此辗转迁徙，其

---

① 马衡：《石经词解》，《凡将斋金石丛稿》卷六《石经》，第211页。

踪迹遂不可究诘。北宋时,石经残片遗字尚往往见之,南渡以后不闻更有发现。直到清末民初,方又于洛阳络绎出土。《正始石经》刻于魏正始年间,亦立于洛阳太学讲堂,字体为古文、篆、隶三种,故又称"三体石经"或"三字石经"。其变迁残毁之迹与《熹平石经》略同,但在宋时所存残字较《熹平石经》为尤少,且无残石发现。汉魏之后踵而行之者,尚有唐《开成石经》、后蜀《广政石经》、北宋《嘉祐石经》、南宋《高宗御书石经》和清《乾隆石经》。而汉魏石经作为我国古代朝廷颁定的最早的"经书官定本教科书",尤其为经学史、版本学、文字音韵学、书法艺术等研究提供了宝贵的资料,具有不可替代的重要价值。

关于《熹平石经》的字体,《后汉书·儒林传》与《洛阳伽蓝记》皆以为是古文、篆、隶三体,而马衡则据郦道元《水经注》及《隋书·经籍志》驳正之,认为汉石经仅为隶书一体,三体者为魏石经,只因汉魏石经皆立于洛阳太学讲堂前,遂使后人混为一谈,辗转传讹。且马衡指出,汉代立于学官者为今文经,绝不可能以古文立于太学,故"解答此问题,只须知汉石经不应有古文,则《后汉书》之误不攻自破,毋烦他求也"①。

关于《熹平石经》的经数,历来众说纷纭,主要有五、六、七经三种异说。其中,《后汉书》的《灵帝纪》《卢植传》《儒林传序》《宦者传》及《后汉纪》《水经注》《洛阳记》言五经,《后汉书》的《蔡邕传》《张驯传》言六经,《隋书·经籍志》言七经。其言诸经之目者,《西征记》与《洛阳伽蓝记》列举《周易》《尚书》《公羊传》《礼记》四部,《洛阳记》列举《尚书》《周易》《公羊传》《礼记》《论语》五部,《隋书·经籍志》则举《周易》一卷、《尚书》六卷、《鲁诗》六卷、《仪礼》九卷、《春秋》一卷、《公羊传》九卷、《论语》一卷,所记最为详确。马衡参照王国维所著《魏石经考》,认为《西证记》等所谓《礼记》即《仪礼》,宋时出土之石经只有《尚书》《鲁诗》《仪礼》《公羊传》《论语》五部,今日新见者又得《周易》及《春秋》,故知《熹平石经》之经数为《周易》《尚书》《鲁诗》《仪礼》《春秋》《公羊传》《论语》七部,其数和目皆

① 马衡:《从实验上窥见汉石经之一斑》,《凡将斋金石丛稿》卷六《石经》,第201页。

与《隋书·经籍志》吻合。由于这七部经典中《周易》《尚书》《鲁诗》《仪礼》《春秋》为经,《公羊传》《论语》为传,而《公羊传》又可合于《春秋》,故先儒有五、六、七经之说。

关于《熹平石经》的经本,即每部经典的文字章句依据,马衡指出:"后汉立五经博士十四……诸家各以家法教授,故章句间有异同。石经之立,欲尽刻十四家之章句,其势有所不能,故以一家为主,而罗列诸家异同于各经之末。此汉石经之例也。"[1]其通过对石经残石文字的细致比勘考订,推断《熹平石经》之《周易》用梁丘[2],《尚书》用欧阳,《诗经》用鲁,《仪礼》用大戴,《春秋》用公羊,《公羊传》用严氏,《论语》用张侯《鲁论》。此外,马衡还进一步考证了石经篇章与诸经传世本之异同。[3]

关于《熹平石经》的行款,马衡指出其碑无纵横界格,每行字数,各经不同,甚至一经之碑亦有表里不同者。经其大致统计,则《周易》每行七十三字;《尚书》每行约七十三字;《诗经·小雅·采菽》以上每行七十二字,《角弓》以下七十字;《仪礼》每行七十三字;《春秋》每行七十字;《公羊传》每行七十三字,自"宣公十二年"以下七十一字;《论语》每行七十三字。而每碑行数,因未见完碑,不能确知。但马衡依据魏石经之尺寸,并以《熹平石经》残字模拟,每一尺四五分可容字十行,推测每碑当可容四十行或三十九行。至于石经书碑之式,亦各经不同。

关于《熹平石经》的石数,各家所记亦不同。如《西征记》言四十枚,《洛阳记》言四十六枚,《洛阳伽蓝记》言四十八枚。马衡以《洛阳记》所述最详,又参以王国维之说,故取《洛阳记》四十六枚之数。而石碑之排列,则每经当自为起讫。故今所见两面有字之残石,表里必同为一经。马衡指出,《熹平石经》除经碑之外,尚有一碑,亦表里隶书,一面字较大,另一

---

① 马衡:《从实验上窥见汉石经之一斑》,《凡将斋金石丛稿》卷六《石经》,第 202 页。

② 关于《熹平石经》中《周易》之所本,马衡曾于《从实验上窥见汉石经之一斑》中断为京氏,后据新出残石订正为梁丘。详见马衡《汉石经易用梁丘本证》,《凡将斋金石丛稿》卷六《石经》,第 227—230 页。

③ 详见马衡《从实验上窥见汉石经之一斑》,《凡将斋金石丛稿》卷六《石经》,第 204—205 页。

面则较小,其字句虽断续不完,确为叙述刊立石经之事。而《洛阳记》所云四十六枚之数,恐不包括此碑在内。

关于《熹平石经》的书人,《后汉书·蔡邕传》只言"邕乃自书丹于碑",《洛阳伽蓝记》与《隋书·经籍志》遂皆归功于蔡邕。马衡对此不以为然,根据历史事实、诸经字体及洪适《隶释》所录石经残字后有堂谿典、马日磾等姓名,认为其当出于众手,非蔡邕一人所为。他说:"如此巨大之事业,必非少数人所可从事者,邕虽擅书,亦不能以一人之力,书二十余万字。况光和元年,邕即以陈灾变事获罪徙朔方,明年,亡命江海,居吴会者积十二年。邕之参与此事,才三四年耳。余观所出之七经字体,虽面貌相似,而工拙攸分。或人书一经,或一经又分数人,皆未可定。要之校理及书碑之役,必成于众人之手,可断言也。"① 接着,马衡又据史书及石经残字考证出校理或书碑之人二十四名及刻工一名。

至于《正始石经》,马衡亦有所研究和考释。其通过对石经残石的搜集、考订,同时参考王国维《魏石经考》之说,指出《正始石经》的经数为《尚书》《春秋》两部,亦表里刻,表为《尚书》,里为《春秋》,与《熹平石经》之诸经自为表里者略有不同。其书人旧传为邯郸淳,马衡认为或非邯郸淳所书,且必不出自同一人之手,即每字三体,亦未必出自一手。

不过,因洪适《隶续》所录苏望摹刻的魏石经遗字被称为《左传遗字》,其中除《尚书》《春秋》二经外,另有《左传》"桓公七年"九字与"桓公十七年"二十六字,故王国维《魏石经考》怀疑《正始石经》中亦包含《左传》,而当时所刻实未得十之二三。马衡则认为此说过于牵强,后世所见《左传》残石并非出自石经正文,故魏石经中并无《左传》。他据常理辩驳道:"碑石之断有直裂,有横裂,大抵无定型,故所存之字亦参差错落分占数行",但《左传》这两段文字"皆是一行直下,亦无前后行之字阑入其间,石之断成一窄行,决无是理,故知其非正式经文也"。② 马衡进一步指出,

① 马衡:《从实验上窥见汉石经之一斑》,《凡将斋金石丛稿》卷六《石经》,第 207 页。
② 马衡:《魏石经概述》,《凡将斋金石丛稿》卷六《石经》,第 222 页。

魏石经不同于汉石经者有一特点,即除两面经文外,往往有刻工试刻之字。大概当时刻工对通行的隶书已有把握,而对古文、小篆并不熟悉,须以他石先行试刻。而《左传》这两段三体具备,夹杂于石经残石之中,极易被误认为正式经文。所幸其排列方法不同于正经,即不按每行六十字排列,故可据此推知其为试刻之字。

马衡特别指出,《正始石经》的书体有"直下式"与"品字式"两种,故其行款亦有所不同。其中,每三体直书于长方形界格之内者,为三体直下式。以此法书写的《尚书》每碑三十四行,《春秋》三十二行,每行皆二十字,每字三体则为六十字。另有书古文于上,而并列篆、隶二体于其下,如品字形者,为品字式。以此法书写的《尚书》每碑约可容二十六行,每行三十七格,三体为一百一十一字。目前已知的品字式经文只有《尧典》与《皋陶谟》两篇,其余尚未发现,或仅刻此二碑,亦未可知。此外,马衡发现品字式古文与直下式古文间亦有异同之处,即同一字存在不同写法,可见石经所依据的古文传写本各有不同,故而有此歧异。

《正始石经》的石数,《西征记》言三十五枚,《洛阳伽蓝记》言二十五枚,《水经注》言四十八枚,向无确数。民国时有一记数之残石出土,学者遂以为碑之总数必为二十八,惟马衡对此仍有疑虑,认为其与各碑行款之间存在矛盾。他说:"《尚书·君奭》以下共有二百二十八行,以每碑三十四行计,七碑固足以容之。而《春秋》自僖公二十八年以上,并隐至僖五公篇题在内,共得二百五十四行,假定容以七碑,则必二碑为三十七行,五碑为三十六行,行款未免太密。且第六、第七两碑皆有残石存在,第七碑分明为三十二行,与第八碑相同,则所余之二百二十二行,势必平均以三十七行容纳于六碑之中。但第六碑末行之后尚空一行,如为三十七行,则末行之后不可能留一行之余地。凡此疑窦,实为记数石与二残石之矛盾。过信记数石,则《春秋》最前五碑与以后各碑行款不能相应,若益一碑,则记数石即须推翻。"[1]

---

[1] 马衡:《魏石经概述》,《凡将斋金石丛稿》卷六《石经》,第222页。

《熹平石经》之立，下距正始年间，不过六十余年，中经董卓之乱，虽略有残损，但魏初皆已修补，且正始所立二经皆为汉石经中已有，朝廷之所以还要另立石经，马衡认为是出于当时的今古文之争，反映了学术变迁之迹。他引王国维之说，指出东汉古文经学自民间兴起盛行，渐至与官学抗衡，至魏初复立太学时已并立学官，而太学原有的汉石经皆为今文，故应古文经学家之要求，另刻古文经以补之。从这一意义上说，则汉石经为今文，魏石经为古文。只不过考虑到古文晦涩难识，所以复列篆、隶二体于其下，以为释文。

自1923年于洛阳访得第一块汉石经残石，马衡三十年来始终致力于汉魏石经的搜集、整理与考证工作，终于晚年撰成《汉石经征》一书[1]。该书共收入汉石经残石拓本五百余种，计存八千余字，经其排比缀合，参校传世经本，考释文字，或证前贤之说，或纠时人之谬，或创个人新说，大体复原了汉石经原有的部目面貌，并对石经的刻石缘起、经数、经本、石数、文体、行款、校理和书碑人姓氏及出土情况等做了详尽的叙述，可谓汉石经研究的集大成之作。

（4）度量衡制度

从古至今，度量衡等计量器始终是测验一切物品的标准。"欲知物之长短，不得不资于度；欲知物之多少，不得不资于量；欲知物之轻重，不得不资于权衡。"[2]但古今计量标准不同，历史所记物之长短、多少、轻重，各据其时代度量衡之制，若不明历代度量衡制度，而径以今制研究史事，则不免疑窦丛生，事实混淆。故马衡提出，"研究历史应先知历代度量衡之差异率"[3]，而历代度量衡制度及其演变亦成为马衡金石学研究始终关注的焦点之一。

传统观点认为，度量衡来源于音律。马衡则进一步指出，其实律之长度、空径非度不能成立，律、度、量、衡四者互相关联，皆生于秬黍。具

---

[1] 马衡去世后，该书手稿由陈梦家主持编辑校补，改题《汉石经集存》，于科学出版社1957年出版。
[2] 马衡：《历代度量衡之制》，《凡将斋金石丛稿》卷四《度量衡制度》，第131页。
[3] 马衡：《历代度量衡之制》，《凡将斋金石丛稿》卷四《度量衡制度》，第131页。

体来看,则因黍生度,因度生律,因律与黍而生量与衡,此即四者产生的先后顺序。

关于历代度量衡之制不同的原因,马衡认为一为因袭之差,一为改创之差。且因袭之差小,而改创之差大。所谓"因袭之差",即度量衡器具在制造、使用过程中产生的差异或度量衡标准的调整、统一。"度量衡之于人类生活,息息相关,几于无时无地无事无人不与之发生关系。制定标准器者虽有专官,而民间所用则依颁定之标准器而仿制之。经多数人之仿制,遂不能必其一无差异。故古之为政者,于每岁仲春仲秋之月日夜分,则同度量,钧衡石,角斗甬,正权概。一岁而再行之,所以防其相差太甚也。商鞅为秦变法,平斗桶权衡丈尺,秦始皇帝灭六国,一法度衡石丈尺,皆谓齐其不齐者也。夫度量衡有待于同一,则不同不一者是其常矣。"①所谓"改创之差",即度量衡制度的根本变革与重新创设。"古今典章制度之改革者众矣。然苟非有大破坏,则改革之中,尚寓因袭之意。纵有差异,亦其微细。如秦灭六国,焚书坑儒,改封建为郡县,其改革不可谓不大也,而当时之度量衡,亦只以其固有之制同一其他之不齐者,有如上述。故自周至于西晋,其制无甚变更也。自晋永嘉之乱,天下骚然,文物荡尽,中原分裂,人各为政,江东则更始建设,莫所遵循。……斯时之度量衡,不为因袭而为改创,故与西晋以前异其系统。隋唐而后至于今日,又皆因袭此系统而略加改变者矣。"②

若欲具体了解古代某一时期的度量衡制度及其演变过程,马衡认为单纯求之于文献则渺茫无稽,而求之于实物又过于粗疏,惟有取文献与实物互相参证,才能核定其准确数值。使用这一方法,马衡一方面分别梳理、概述了历代度量衡制度,进而指出,以今制与六朝改创以前之制相较,"量则古一斗当今一升又十分之九三七,其增进率为最甚。其次则为衡,古一斤当今十分斤之三八。又其次为度,古一尺当今七寸二分"③;另

---

① 马衡:《历代度量衡之制》,《凡将斋金石丛稿》卷四《度量衡制度》,第133页。
② 马衡:《历代度量衡之制》,《凡将斋金石丛稿》卷四《度量衡制度》,第133—134页。
③ 马衡:《历代度量衡之制》,《凡将斋金石丛稿》卷四《度量衡制度》,第138页。

一方面着重对新嘉量与《隋书·律历志》十五等尺进行了考证与实测。

马衡首先仿效宋代高若讷的做法,以新莽货币之首足、长广等比例合度者四枚互相参校,制成王莽尺,用以度量新朝铸行的各种铜货币,其尺寸与文献记载无一不合。1924年冬,马衡参与清室善后委员会,点查故宫古物,于坤宁宫发现王莽时所造新嘉量,凡一器而龠、合、升、斗、斛五量俱备,且每种皆有刻辞,说明其尺寸及容积之数,每句一行,又有铭辞八十一字,共二十行,述其制作之事。以王莽尺度量其各部分长度,与铭文所注明的尺寸悉数吻合。因此,马衡便以王莽尺为标准,对《隋书·律历志》所载唐代以前的十五等尺作了实际测量,并得出各种尺度的比率和具体长度,还请琉璃厂复兴斋小器作铺仿造了《隋书·律历志》十五等尺模型,附加说明书。这一模型继而为北大历史系仿制推行,作为教学的辅助用具。

(5)书籍制度

书籍作为文化发展、传播与保存的重要工具,其制度变迁之历史亦为马衡所关注。马衡在继承、借鉴王国维《简牍检署考》、叶德辉《书林清话》等前人研究成果的基础上,广泛征引古今众家之说,互相参证,并结合敦煌文书、西域简牍等新出的文物资料,系统论述了我国古代书籍材质与形式的变迁演进,补正前说,去伪存真,提出了不少精到的见解。

关于书籍材质的演进更替过程,马衡指出,"纸为二世纪初期之产物,以之写录书籍,更在其后。在未用纸以前,先用缣帛,缣帛以前又先用竹木"[1]。竹木始于何时难以确考,而缣帛之用亦不甚晚,二者曾长期并行于世。如周代虽用竹木,亦已兼用缣帛。西汉时缣帛虽已流行,但其用尚不如竹木之广。到东汉末年,乃至南北朝时期,应制之作及官府文书因各有定制,不能随意变更,部分仍沿用竹木,其余则趋于便易,多用缣帛。

汉代时,人们感到缣贵而简重,二者皆不便使用,遂发明了以植物纤

---

[1] 马衡:《中国书籍制度变迁之研究》,《凡将斋金石丛稿》卷七《书籍制度》,第261页。

维制作的纸。而纸之名乃因袭于缣帛。初造之时,纸尚不通行,惟家贫或不能用缣帛者用之。故魏晋之际,犹兼用缣帛。至南北朝时,始通行用纸。综上,马衡推断竹木、缣帛、纸三种材质的行用时期分别为:"(一)竹木,自有书契以来迄于三、四世纪。(二)缣帛,自前四、五世纪迄于五、六世纪。(三)纸,自二世纪迄于今日。"①

至于书籍的形式与装置之法,亦因书籍材质的不同而改变。马衡按时代先后顺序,大致将其分为简册、卷轴与册叶三种。其中,简册为书籍最初之制,其形式系用竹木削成狭长之片,书字于其上,谓之简,以若干简编连之则谓之册或策。而"简册"二字实可包含牍、札、牒、棨、版、簿、籍等一切竹木制之书籍。接着,马衡对简册的长短、每简所容字数的多少、编简为册之法,以及简册的制作、书写方法等都做了较为详细的考证和叙述。例如,马衡引用贾公彦《仪礼疏》、孔颖达《左传序疏》、杜佑《通典》、荀勖《穆天子传序》等文献指出周代简册有长二尺四寸者,有长一尺二寸者,有长八寸者,皆为二十四之分数;又据王国维之说,及敦煌所出《急就篇》《相马经》、医方、历书等汉木简证明汉代简册有长二尺者,有长一尺五寸者,有长一尺者,有长五寸者,皆为二十之分数,由此可见秦以前与汉以后简册长短之不同。又如,马衡以西域所出居延汉简佐证了古籍中所载的编简之制,并发现古代简册有用麻绳编连者,不必定用韦编、丝编,从而弥补了文献记载的缺失。

简册之后为卷轴。缣帛之性柔,可以卷舒,藏之则卷,用之则舒,此之谓卷轴。纸之性质与缣帛相近,行用初期又在缣帛盛行之时代,故装置形式与缣帛无异,仍是卷轴。卷轴皆横行,高约一尺,长短无定制,简册编为一篇者,卷轴则写为一卷。后之书籍虽改作册叶,而犹称为"卷"者,即沿卷轴之旧名。缣帛之篇幅本是窄而长,以之为长轴,可以无接缝。纸之篇幅不如帛长,则以数纸连为一幅,于接缝处以胶粘连之。如有钤印或署名者,则谓之印缝,或曰押缝、款缝。古纸厚于今纸,单层之

---

① 马衡:《中国书籍制度变迁之研究》,《凡将斋金石丛稿》卷七《书籍制度》,第263—264页。

纸即可装治成轴。古时抄书，必以墨画直格，唐时谓之边准，宋时谓之解行。不同卷轴的行数、字数不尽相同，惟佛教写经则以每行十七字为准。此外，马衡还具体论及卷轴的轴材、包裹、装饰等内容。

卷轴之后则为册叶。纸与缣帛虽性质相近，但亦略有不同。缣帛完全柔性，纸则于柔性之中含有坚致性质。后人感觉纸之卷轴卷舒不便，且欲检阅后幅，须将全卷展开，费时费力，遂根据纸之性质而谋改良之法，将原本粘连的纸张解为散叶，谓之叶子，俗又写作"页"。散叶既为便于检阅而设，其装置之法自应由卷舒变为折叠。这种折叠之制，仍因袭编连众简之称，谓之为册。故唐宋以后之册子，即指册叶而言，非复简册之册。当卷轴变为册叶时，叶子之形式亦经多次改变，先有旋风叶，而后有散叶。所谓旋风叶，即将卷轴之长幅，变卷舒为折叠，使其自首至尾可以循环翻检，今俗称经折式，唐宋时谓之旋风叶。

自册叶之形式发明后，遂有刊版印刷之法。因卷轴为长幅，无从割裂，而册叶每叶均有一定字数，由一叶以至于十叶百叶，自为篇幅而递相衔接，以一叶为一版，编次其数，积行而成叶，积叶而成册，积册而成部，便于大规模刊印，其基本形式至今日而未大变。其装订之法，最初以每叶反折，粘其版心之背，使两旁之余幅向外，不用线钉，谓之蝴蝶装。因摊书之时，中有粘着，两旁各半叶，如蝴蝶之有两翼也。其外则以纸或帛为护叶，裹于书背，而亦粘其中缝，今俗称裹背装。蝴蝶装之所以有版心者，一以志书版之名目卷第，使印刷或装订时不致紊乱；一以留粘贴之余地，使读者不致碍目。其庋置之法，则以书背向上，书口向下，排比直立，不似线装书之垒置者。其分卷之法，不必以一卷为一册。有一册之中容数卷者，则以异色之纸或帛粘贴于每卷首叶之书口作为标识，以便于检寻。此种装订方式直至元初而犹存。

由于蝴蝶装之书叶皆为单层，纸薄者尤易使正面与正面互相粘着，致使翻检时多见纸背，故其后人们又加以变革，将书叶正折，使书版两旁之余幅皆向书背，而版心之书名卷第皆向书口，于检寻更觉便利。且书叶既正折，则两旁余幅转而向后，可以钻钉，故以纸捻钉之，仍加护叶，以裹背法装之。后又因裹背不便于裁切书背,乃改护叶为上下各一叶,而以线钉其书背,即成为今日所谓线装。改蝴蝶装为线装,不过略变其装置之法,于版片初无区别。且蝴蝶装之版心,至线装时更著其效用。惟图画之书利于反折,若改线装,则判而为二,使读者感觉不便。此外,在早期卷轴向册叶过渡的过程中,尚有一种龙鳞装,如故宫博物院所藏唐王仁昫《刊谬补缺切韵》,其装潢虽为卷子,而内涵散叶二十四叶,卷之则成卷轴,不见散叶之迹。因以两纸裱成一叶,故两面有字。其将第一纸裱于卷内,自第二叶起,仅以叶之一端粘于卷上,以次错叠,如鱼鳞然,故谓之龙鳞装。

　　除上述几个方面之外,马衡还是较早认识到甲骨文重要价值的学者之一。当时,学界对于新出土的甲骨文的真伪尚存争议,不少学者怀疑其出于伪造,或有意贬低其学术价值。① 而马衡却积极将甲骨文纳入金

---

① 如章太炎说:"又近有掊得龟甲者,文如鸟虫,又与彝器小异。……按《周礼》有衅龟之典,未闻铭勒。其余见于《龟策列传》者,乃有白雉之灌、酒脯之礼、梁卵之祓、黄绢之裹,而刻画书契无传焉。假令灼龟以卜,理兆错迎,衅裂自见,则误以为文字,然非所论于二千年之旧藏也。夫骸骨入土,未有千年不坏;积岁少久,故当化为灰尘。龟甲蠥眺,其质同耳。古者随侯之珠、照乘之宝、琬琰之削、余蚳之贝,今无有见世者矣。足明垩质白盛,其化非远。龟甲何灵,而能长久若是哉!鼎彝铜器,传者非一。犹疑其伪;况于速朽之质,易蕴之器。作伪有须臾之便,得者非贞信之人,而群相信以为法物,不其慎欤?"(见章太炎《理惑论》《国故论衡》上卷,上海古籍出版社2006年版,第32—33页)又说:"至如今人哗传之龟甲文字,器无征信,语多矫诬。皇古占卜,蓍龟而外,不见其他。……今乃兽骨龟厌,纷然杂陈,稽之典籍,何足信赖? ……夫灼龟之典,载于《周礼》。凿孔以灼,因以观兆。无孔则空气不通,不能施燋,无以观兆。今所得者,累然成贯,而为孔甚少,不可灼卜。或者方士之流,伪作欺人。一如《河图》《洛书》之傅合《周易》乎? 其文字约略与金文相似。盖造之者亦抚摹钟鼎而异其钩画耳。……大抵钟鼎文之可识者,十可七八,刀步则十得五六,至于龟甲,则矫诬之器,荒忽之文而已。"(见章太炎《小学略说》《国学讲演录》,江苏文艺出版社2007年版,第20—21页。)黄侃则曰:"今自宋以来,彝器踊盛;近日甲骨诸文,出自泉壤;虽其物未必皆赝,而说者纷纭,无师以正。……即偶有一二明白可信者,尚当在慎取之列。"(见黄侃《论说文所依据中》《黄侃经典文存·说文略说》,上海大学出版社2008年版,第248页)吕思勉亦云:"据实物为史料,今人必谓其较书籍为可信。其实亦不尽然。……今之所谓古物,伪者恐亦不啻居半也。即如殷墟甲骨,出土不过数十年,然其真伪已屡腾人口。迨民国十七年,中央研究院派员访察,则作伪者确有主名;而市肆所流行,真者且几于绝迹","殷墟甲骨,出于清末,未几即有以其太多而疑之者。……故此物最近发掘,众自昭彰者,自可据为研究之资。其前此所有者,则为矜慎起见,不如弗用之为愈也"。(见吕思勉《先秦史》,中国友谊出版公司2009年版,第18、91页。)

石学的研究范围,并对其作了高度评价,盛赞"此为近今学术界一大发现,其价值且在商彝周鼎之上"①,并表示"以有殷一代太卜之所掌,史官之所纪,湮没三千年而复显于今日,吾侪得于断烂残阙之余,征其文献于万一,宁非人世之奇遇,宇内之瑰宝乎?故论其价值,应超越乎一切金石学材料之上,其董理研求之责,今后吾侪当共任之也"②。

对于甲骨文的真实性,马衡主要从三个方面进行论证:一、"出土之时地及首先发现之人,皆可得而考也";二、"实物之情况及其用途,可由目验而得也";三、"数量之多,刻画之精,体例之不紊,作伪者有所不能也"。③ 在此基础上,马衡进一步指出,当时甲骨文研究的最大成绩主要集中于文字与史迹两端。过去学者研究古文字,多取材于钟鼎彝器,但其中十之七八皆为周器,而商代文字只占极少数。自甲骨文出土后,学者所了解的商代文字顿时大增,几乎与周代相埒。虽其间繁简省变,不无异同,但通过参互比证,犹能寻其源委。且宋代以来审释款识诸家之所不能识备者,至是或能正其音读,或能晓其字义。另一方面,过去学者所知的商代史料极为有限,仅为《尚书》中七篇及《史记》之《殷本纪》《三代世表》等。而甲骨文中所记虽不皆为史事,但由此却可以考见商代之制度典礼,如商代之地理、世系、祀礼、卜事等。这些史迹,或史多违牾,赖此以得确说;或史有阙略,赖此而有所创获,故可谓意义重大。

2. 考古学

除了以近代考古学的视角和方法具体研究金石学内容之外,马衡在考古学方面的最大贡献便是对中国考古学学科创建与事业发展的促进和推动。在马衡看来,考古并非为了复古,也不是单纯的客观历史知识的获得,而是为了知古鉴今、继往开来,"是要晓得我们的老祖宗怎样的工作,怎样的进行,才有这份遗产交给我们;我们承受了这份遗产,应该怎样继续着工作,继续着进行,再传给我们的子孙。有许多是他们——

---

① 马衡:《中国金石学概要》,《凡将斋金石丛稿》卷二,第 102 页。
② 马衡:《中国金石学概要》,《凡将斋金石丛稿》卷二,第 106 页。
③ 参见马衡《中国金石学概要》,《凡将斋金石丛稿》卷二,第 102—104 页。

老祖宗做错了的事，走错了的路，我们就应该改变方针，不要再上他们的当。换句话说，就是因为现在的'果'而去求从前的'因'，又由现在的因，而希望后来的果，并不是想恢复到从前的'因'的地位"①。考古的对象虽然分为地面文物与地下文物，但"地面上的东西，找起来固然容易，但是毁坏起来也容易，所以存留的就不多；地底下的，找起来虽然比较的难一点，可是保存得好，发现出来是有系统的"，所以马衡特别强调"要讲考古，是非发掘不可的"，②并认为中国海陆域内的地下文物即是一部"地下二十四史"，主张通过有计划、有组织的大规模考古发掘，以打开更重要、更精确、更复杂的"地下二十四史"。此外，针对当时新兴的考古学中存在的一些问题与乱象，马衡还提出了从事考古工作需要注意的一些事项，如"不要胡乱的发掘，须要罗致许多的专门人材，用科学的方法"，"互相监督，不要白牺牲了有用的材料，或是据为己有"。③

1922 年 2 月，北京大学研究所国学门率先成立考古学研究室，是为中国乃至东亚最早的专门考古学机构，由马衡担任主任，同时特辟陈列室，陈列本校所藏的古器物及金石、甲骨拓本等文物。马衡上任后，又陆续外聘罗振玉、王国维、伯希和、今西龙等人为考古学通讯导师，并多方搜求古物，积极寻求与相关古物研究机构建立联系。不过，由于考古学研究室经费有限，无力自行开展探险与发掘活动，只能从古董商人手中收购零星材料，故难以进行科学、系统的考古学研究。如魏建功即言："本学门一年来关于考古学方面着力较多，而成绩却还不甚佳。中国之考古学向无系统，古物之为用，仅供古董家之抚玩而已。我们现在虽然确已逃出这个传统的恶习范围之外，知道用科学方法去研究，但为财力所限，未能做到自行发掘，实地考证的地步。研究室所用的材料，均由市侩辗转购得，器物之出土地点及其相互联属之关系，均不易知，故进步

① 马衡：《考古与迷信》，《京报副刊》1926 年 1 月 25 日。
② 马衡：《考古与迷信》，《京报副刊》1926 年 1 月 25 日。
③ 马衡：《考古与迷信》，《京报副刊》1926 年 1 月 25 日。

甚难。"①

为此,北大研究所国学门复于 1923 年 5 月于考古学研究室下设古迹古物调查会,"专以调查全国关于考古学上之材料为任务"②,由马衡任会长,计划先从调查入手,待经费稍有余裕,再行组织发掘团,并广泛征求校内外同人对此有兴趣者加入考古学研究的行列。关于调查会设立的初衷,《国立北京大学研究所国学门重要纪事》中有明确记载:

> 欲研究人类进化之过程,载籍以外,尤必藉资于实物及其遗迹,故本学门有考古学研究室之设。一年以来,征集购求所得,规模狭隘,成绩殊未易言。因思中国古物之发见,大抵皆耕夫牧竖无意得之;而商贾贩运,又往往隐讳其地点,散佚其遗迹,以增研究者之障碍。今欲矫此弊,非实地调查与实地发掘不为功。如此,则整理与研究方有统系可言。故本所于五月中设立古迹古物调查会,作调查之实施,并为发掘与保存之预备。③

其调查范围大致可分为遗迹(如城市、宫室、关隘、营垒、坛庙、坟陵及其他一切建筑物)、古器物(如礼器、乐器、兵器、钱币、符印、简牍、碑刻及其他一切服用器物)、古美术品(如图画、雕刻、摹塑之品)三类,调查方法主要分为记录、图画、照相、造型、摹拓五种,至于调查时之要点,则"物类不求其广博,而考察务期于精详"。④

次年 5 月,古迹古物调查会更名为考古学会,成为我国现代第一个以"考古学"正式命名的学术团体。学会仍以马衡为主席,马衡、沈兼士、陈垣、李宗侗、袁复礼(代顾孟余)五人为常务干事,另有叶瀚、陈万里、韦奋鹰、容庚、徐炳昶、董作宾、李石曾、铎尔孟等会员。根据章程,学会以

---

① 《研究所国学门恳亲会记事》,《北京大学日刊》第 1337 号,1923 年 11 月 10 日。
② 《国立北京大学研究所国学门古迹古物调查会启事》,《国立北京大学国学季刊》1923 年第 1 卷第 3 号。
③ 《国立北京大学研究所国学门重要纪事》,《国立北京大学国学季刊》1923 年第 1 卷第 4 号。
④ 《国立北京大学研究所国学门古迹古物调查会启事》,《国立北京大学国学季刊》1923 年第 1 卷第 3 号。

"用科学的方法调查、保存、研究中国过去人类之物质遗迹及遗物"为宗旨,会员之组织"除考古学家外,应网罗地质学、人类学、金石学、文字学、美术史、宗教史、文明史、土俗学、动物学、化学……等各项专门学者,与热心赞助本会会务者,协力合作",其具体实行方法则分为探险、发掘、鉴定、修理、保护、纪录、出版七种,并提出与国内外各同志团体互相联络。①

在马衡的主持与领导下,尽管存在经费和设备等条件上的困难,北京大学考古学会仍在古代资料的搜集与保存,古迹的调查,古物形象的流传、审鉴及编订等方面取得了相当不错的成绩,为日后北大考古学专业的建立与发展打下了良好的基础。如1923年8月,河南新郑、孟津掘获周代器物甚多,其中包括不少青铜重器,"为自宋以来最大之发见,于考古学上之贡献极钜"②。9月,马衡即代表北大国学门前往新郑、孟津两地调查,于新郑考察了镈钟、编钟、鼎、甗、壶、罍、盘、匜、觥、尊、敦、簠、卢、鬲等古器物百余件及其出土情况,于孟津购回出土铜器九十余种,六百三十余件,其中大半为车饰,并携回古物拓片、照片多种,还撰写了《调查河南新郑出土古器报告书》《调查河南孟津县出土古器报告书》。尤其是《调查河南新郑出土古器报告书》,详细记载了古物出土的时间、地点、经过、种类及其数量,绘制了发掘图,并对其作了具体说明。这份调查报告后经马衡补充完善,改题为《新郑古物出土调查记》,发表于《东方杂志》,其中进一步论及器物之制作、时代及埋藏原因,推断这批古器物为东周郑国之器,且为殉葬之祭器,出土地点即为郑伯之墓。作为北大考古学会开展的第一次调查活动,新郑、孟津两地的古物调查虽不属于有计划的科学发掘,但马衡所做的调查及其《报告书》《调查记》所述各项内容已包含了近代考古学的成分,证明马衡在当时已初步具备了近代田野考古的基本常识。

---

① 参见《北大研究所国学门考古学会开会纪事》,《国立北京大学研究所国学门各会章程及纪事录》,民国时期文献保护中心、中国社会科学院近代史研究所编《民国文献类编》第840册,国家图书馆出版社2015年版,第258—260页。
② 《国立北京大学研究所国学门报告》,《国立北京大学国学季刊》1925年第2卷第1号。

在此之后，马衡又数次赴洛阳汉魏太学遗址等地调查，发现并购回一批汉魏石经残石及拓本，又为学校购得一些车器，还发现了两千年前的布。此外，考古学会会员徐炳昶、李宗侗、陈万里、顾颉刚等人亦先后调查并保护了北京西郊大宫山大觉寺明代古迹、碧云寺古冢、圆明园文源阁遗址、甘肃敦煌古迹等。通过会员的搜集访求，以及中外热心人士的慷慨捐赠，截至1929年春，考古学会已收藏古物"金类二千件，石类二百又五件，甲骨六百五十五枚，玉类七十六件，砖类六十九件，瓦类百十一件，明器、陶类三百四十五件，封泥百七十七枚，壁画五十七方。其中有商周彝器，车马饰，汉石经、黄肠石、封泥、画像石，汉魏带字瓦片、汉唐明器，汉至明代铜镜，石赵刻石，六朝至宋代墓志，希伯来古文字刻石，北魏至唐造像，经幢、历代钱币，还有新石器时代古物。搜集的拓片，初不过五六百种，1925年收购了缪荃孙《艺风堂金石文字目》的拓本一万零八百余种，续收千余种，共约一万二千种，真是集全国古代石刻拓片之大全，珍贵异常。北平研究院常惠主持传拓北平市郊庙宇碑刻拓片，本会也订购了全份。后又续收柳风堂拓本"①。此外，学会还收集、制作了不少标本模型，用于教学、研究与收藏。如东北及朝鲜诸地之古墓模型、燕代陶器纸型及故宫博物院之新嘉量、《隋书·律历志》之十五等尺、洛阳出土之石磬、东汉建初之虑俿尺、巨鹿出土之宋代木尺、河南出土之唐代明器、北平中国大学发现唐咸亨间高丽人忤钦墓中之人骨和陶器等。②学会会员继而根据调查所得及所藏古物整理、编撰了《甲骨刻辞》《封泥存真》《古明器图录》《金石书目》《缀遗斋彝器款识考释》《艺风堂所藏金石文字增订目》《大同云冈石刻》《兴化寺壁画考》《甘肃调查古物古迹之各种摄影》《西行日记》等书籍著作。与此同时，考古学会还在古物陈列室的基础上，增设了石刻室、照相室、传拓室、库房等，以方便史学系学生实习及校内外人士参观、研究与利用。

---

① 傅振伦：《马衡先生传》，《浙江学刊》1993年第3期。
② 傅振伦：《记北京大学考古学会》，《傅振伦文录类选》，第824页。

　　尽管北大考古学会在古迹古物的调查、搜集、保存与流传方面都有不错的成绩,但其主要工作仍限于收集古物或接受外界捐赠,制作拓本、图录和照相,尤其是在马衡最为重视的考古发掘上始终未能取得太多进展,与真正意义上的近代田野考古仍存在很大差距。而这更激发了马衡组织开展考古发掘的愿望与决心。其不仅屡次在报纸杂志上撰文呼吁学界联合起来,对重要古迹遗址作有组织、有计划的大规模发掘,而且身体力行,亲赴各地实地考察。据傅振伦回忆,早在1919年,马衡便曾以洛阳太学及安阳殷墟遗址发掘之计划动议于蔡元培校长,后因故中止。1923年,马衡又至河南洛阳、安阳等地调查,屡欲进行发掘,亦以战氛紧张、兵匪扰攘而事不果行。1927年,马衡再次积极筹备发掘汉魏太学及殷墟遗址,并于次年派遣考古学会事务员董作宾持介绍信到上海拜访中央研究院院长蔡元培,商讨汉魏太学与殷墟遗迹的考古发掘工作。不料不久即发生北京大学改组为京师大学校的变故,其事又寝,而中研院历史语言研究所遂先于北大前往安阳殷墟进行考古发掘。1928年冬,河北冀县教育局长马紫波来平,告知冀县城北古冢甚多,有老娘坟、九女坟等古迹,并约北大考古学会前往发掘。结果因当地红枪会继起,导致事又停顿。① 直至1930年夏率团赴河北易县发掘燕下都遗址,方才实现其有计划、有组织的考古发掘的宏愿。

　　燕下都故城位于今河北省易县城东南,为战国时期燕国都城,是目前已发现的战国都城中最大的一座。据文献记载,周武王灭商后,封召公奭于北燕。成王时,召公之子就国,都于蓟,后世称"燕上都"。后燕国迁都于易水之滨,故称"燕下都"。战国中期燕昭王营建都城,为燕下都的繁荣时期。公元前222年秦灭燕后,都城即被废弃。燕下都遗址保存有丰富的物质文化遗存,故城内外历年皆有古物出土,农民耕作及伐土时亦往往发现古物。晚清以来,每当大风大雨过后,铜镞、印玺、古币等多暴露地面,妇孺争相捡拾,售于文物贩子或古董商人。清道光、咸丰年间,燕下都遗址曾出土大量明刀;光绪十九年(1893)出土了著名的"齐侯

---

① 参见傅振伦《记北京大学考古学会》,《傅振伦文录类选》,第825页。

四器",经马衡考证为齐侯嫁女于燕的媵器,后转售于纽约大都会博物馆;民国三年(1914),当地村民又在老姆台东掘得重三十六斤、长六十五厘米的铜龙一件,俗呼"小金牛",几经争夺倒卖,最后亦售于比利时收藏家斯托莱克。自此之后,燕下都日益引起中外学者和收藏家的关注。美国人毕士博曾驾驶飞机拍摄燕下都遗址鸟瞰图,拟勾结邑绅在此发掘,经当地民众反对而未得逞。

　　1929 年,为了阻止私人盗掘,马衡与时任河北省教育厅厅长的沈尹默商议,将河北作为北大考古学会的考古基地,并于 11 月偕傅振伦、常惠对燕下都遗址进行实地调查。调查主要以《水经注》及顺治、乾隆《易水志》为线索,以实际情况及北城寺明弘治十二年(1499)《重修练台观音寺碑记》、于坻龙王祠明嘉靖二十二年(1543)《易州高陌社于坻龙王祠碑记》等为根据,结合当地民间传说,发现"其城东西长而南北狭,与《水经注》所称东西二十里,南北十七里者正合。城址内外土台,不下五十座。城北老姆台最大,而城内东部之武阳台最广。其西数里,土台二十四,聚于一处,俗呼九女台、狐狸台、女儿台"①。对于此次调查结果,马衡显然十分满意,喜作《燕下都城垣遗址》一百三十四字的概括说明,印成明信片,分赠友好。

　　次年 3 月,北京大学考古学会与北平研究院及古物保管委员会合组"燕下都考古团",以马衡为团长,团员包括傅振伦、孟桂良、常惠、王庆昌、庄严、王宪章等人,另聘张子烈为测绘员,侯印卿为摄影员。4 月 22日,考古团正式出发,当日即抵达易县,住于城东南十八里的练台村。燕下都故城内外土台颇多,考古团初拟先行发掘武阳台,因台上尚存寺庙遗迹,且台下即为武阳台村,有居民百余户,发掘活动恐遭村民反对,而九女等台的文化层又不甚明显,惟老姆台"既高大,其上又无庙宇、树木等障碍,台之北部距台面约二米达深,横切面有瓦层侧露于外,从事发掘

---

① 傅振伦:《燕下都发掘报告》,《国立北京大学国学季刊》1932 年第 3 卷第 1 期。

较有把握"①,故决定先就老姆台进行发掘。

老姆台,一名拉马台,又称练马台、亮马台,即《水经注》所云兰马台。台基占地二十亩,高八米余。台上墙垣痕迹尚存,西北隅阙口,似为门迹。中央土阜直立,高约二米,其上平正,整体为截头圆锥体形,下周十米,似为某种古代建筑,当地人呼之曰塔。台之南面分为三级,高二至三米、宽二至五米不等。其他诸面层坡颇不整齐。发掘活动初分台上为四区进行,东北部为第一区,东南部为第二区,西南部为第三区,西北部为第四区。后又开掘台下北面苇塘东部之地,为外一区,复于台东三百余米之东岗上开掘数处,为外二区。发掘期间,掘土工人皆由本地雇用,每日雇工多至四十余人,少则十余人不等。工作时间为每日上午七时至十二时,下午二时至七时。除因雨停工外,逢星期日皆不停工。自4月27日起至5月31日止,共计三十五日。团长与团员均任监督工人发掘之工作,每有一物出土必详记其情形。团长还兼理团务,指导各项工作。②

尽管遭到孙殿英勾结当地地痞的威胁与破坏,使得发掘工作仅持续月余就不得不宣告中止,但考古团在燕下都的发掘仍取得了不少成果,共出土历代古物二百零一袋又二十六箱,包括陶片、陶器、石器、铁器、瓷器、钱币、兵器、砖瓦、瓮棺等,其中以燕国者为最多,而建筑品又居其大半,为学者研究燕国乃至先秦时期的政治、经济、社会、文化等提供了宝贵的实物资料,并为日后燕下都遗址的全面发掘和保护打下了基础。此后,燕下都遗址经历次考古发掘,累计出土文物数万件,并于1961年被国务院公布为第一批全国重点文物保护单位,又在2001年被评选为"中国20世纪100项考古大发现"之一。对于马衡主持的这次燕下都考古发掘的意义,有学者评价其"是一次与殷墟、城子崖发掘同样重要的考古活动","与同时期李济、苏秉琦、黄文弼等在山西夏县西阴村、陕西宝鸡斗鸡台、新疆吐鲁番的发掘一起,不仅开辟了中国人自己的田野考古工

---

① 常惠:《易县燕下都考古团发掘报告》,《国立北平研究院院务汇报》1930年第1卷第3期。
② 参见傅振伦《燕下都发掘报告》,《国立北京大学国学季刊》1932年第3卷第1期;常惠《易县燕下都考古团发掘报告》,《国立北平研究院院务汇报》1930年第1卷第3期。

作,培养了一批中国学者,更从实践上在中国确立了地层学和类型学这些近代考古学的基础原则,向世人展示了考古学在社会历史研究中的作用和意义,为中国考古学的奠基作出了重要贡献"。①

此后,虽然马衡的工作重心逐渐转移至故宫博物院,因而未再主持大型的考古发掘活动,但他仍尽自己的力量继续支持和推动中国考古事业的发展,并参与了一些考古调查活动。如 1939 年 4 月,马衡与朱希祖、常任侠等人在重庆考察了盘溪汉阙;次年 4 月,又与郭沫若、常任侠、卫聚贤等人于重庆调查了江北汉墓。1945 年 4 月,马衡与顾颉刚、何遂、傅振伦、庄严、朱锦江等十余人一同参加由中国学典馆馆长杨家骆组织的"大足石刻考察团",赴大足县北山、宝顶等处考察。马衡主要负责鉴定石刻年代与命定窟名,于北山中发现了已湮没无闻七百余年的宋范祖禹书《古文孝经》石刻,因而撰写了《大足石刻古文孝经校释》一文,对其文字与时代进行了细致的校刊和考释,盛赞其"可称唯一最早之古文本。……其可宝贵,岂在敦煌新出之北魏和平二年写本之下耶?"②此次考察是对大足石刻进行的首次具有现代学术意义的科学调查,团员们各司其职,分工合作,对石刻及洞窟进行了较为全面的编号、命名、鉴定、登记、测量、摹绘、椎拓、拍摄和考证,③事后还将考察成果及相关论文辑为《大足石刻图征初编》一册,并编有五卷十四编的《大足石刻考察团第一次考察报告书》,从而向世人展示了大足石刻令人惊叹的艺术与文化价值,奠定了其"继云冈、龙门鼎足而三"的重要地位。

在北大期间,马衡还十分注重与国外考古学者及学术机构的交流与合

---

① 傅璇琮主编,王慕民、沈松平、王万盈著:《宁波通史》(民国卷),宁波出版社 2009 年版,第454 页。

② 马衡:《宋范祖禹书古文孝经石刻校释》,《凡将斋金石丛稿》卷六《石经》,第 252—253 页。

③ 据吴显齐记载,考察期间,参加者分任职务如下:鉴定时代、命定窟名者:马衡、何遂、杨家骆;搜集碑记文字材料者:顾颉刚、庄严、朱锦江;拍摄影片照片者:冯四知;绘部位图者:程椿蔚;摹绘像饰者:朱锦江、梅健鹰、雷震;拓片者:傅振伦、苏鸿恩;编定窟号、丈量尺寸、登记碑像者:何康、吴显齐;总干事:程椿蔚;编辑:吴显齐;文书:张静秋。见吴显齐《介绍大足石刻及其文化评价》,《新中华》1945 年第 3 卷第 7 期。

作。起初,北大考古学会主要通过罗振玉和王国维的关系与欧美及日本学者取得联系,从彼处获取最新的学术讯息与研究方法,并将其学术成果介绍于中国学界。后来,随着关系的加深,双方开始直接交流,互相探讨问题,交换材料,商议合作。1925年春,华尔纳率领哈佛大学福格艺术博物馆考察队来到中国,欲对甘肃敦煌莫高窟进行考察,并打算与北京大学建立合作关系。为了避免考察队在西北遭遇阻力,华尔纳邀请北大国学门派人参与考察活动,作为两校合作的初步尝试。经福开森介绍,马衡与沈兼士选派北大考古学会的陈万里参加美国考察队,一同赴敦煌考察,并借此机会保护文物。同年9月,日本著名考古学者滨田耕作与原田淑人乘日本再度发掘朝鲜乐浪郡汉墓之机相继来华,提出"东方考古学之研究,非中日两国学术机关互相联络不易为功"①,与马衡、沈兼士、陈垣等学者商谈合作,寻求与北大考古学会结盟,并邀请马衡访问朝鲜,参观乐浪郡汉墓的发掘工作。10月,马衡如约前往朝鲜,在原田淑人等人的陪同下,先后参观了乐浪郡汉墓,江西郡、龙岗郡高句丽时代古墓壁画及朝鲜总督府博物馆,并与议员细川护立,京都大学教授天沼俊一,东京大学教授村川坚固、田泽金吾,朝鲜总督府博物馆馆长藤田亮策、小泉显夫,东京美术学校讲师小场恒吉,京城大学预科校长小田省吾及教授名越那珂次郎、高田真治、黑田干一、新潟高等学校教授鸟山喜一等交游畅谈。归国后,马衡又在北大国学门举行演讲会,报告此行收获情况,并于《北京大学研究所国学门月刊》1926年第1卷第1期《考古学专号》刊登内藤湖南所录《乐浪遗迹出土之漆器铭文》及马衡与原田淑人《关于朝鲜乐浪古墓发掘之通信》。

1926年6月,经双方沟通协商,北大考古学会与日本东亚考古学会正式结成东方考古学协会。6月6日,北大国学门于公教大学花园召开第四次恳亲会,日本东亚考古学会干事小林胖生应邀出席,并做了关于其古代箭镞收集和研究的讲演。30日,东方考古学协会第一次总会暨成立大会于北京大学第二院召开,中日双方联合举行公开讲演,并得到中日及欧洲学

① 马衡:《参观朝鲜古物报告》,《北京大学研究所国学门周刊》1925年第1卷第4期。

者的祝贺。次年 3 月,马衡与沈兼士、罗庸赴日本东京参加东方考古学协会第二次总会及东亚考古学会成立大会,并于东京帝国大学发表了题为《中国之铜器时代》的讲演,讲稿后登载于日本《民族》第 3 卷第 5 号及《考古学论丛》1928 年第 1 册。马衡等人还在东京参观了帝室博物馆、东洋文库等学术机构,并访问了京都、奈良、大阪等地。4 月上旬,马衡取道朝鲜回国,途经汉城(首尔),又在儿岛献吉郎、高桥亨以及小林、高田等日本学者的介绍陪同下,参观了京城大学、朝鲜总督府博物馆、李王职雅乐部,并到清云洞观看了韩巫舞。此行马衡等人还带回有关考古、博物、图书、绘画、雕塑、建筑、地理等印刷品七十八种,丰富了北大考古学会的文献图像资料。4 月下旬至 5 月中旬,日本东亚考古学会和关东厅博物馆联合对旅大地区的貔子窝史前时代遗址进行考古发掘,马衡与陈垣、罗庸、董光忠等中国学者受邀前往参观,并在其中一处地点亲自参与发掘。1928 年 4 月,马衡与刘复、阚铎等人赴日本京都参加东亚考古学会第二次总会,于会上观看了貔子窝遗址发掘及朝鲜庆州古迹调查实况电影。次日,又至京都帝国大学考古学研究室参观貔子窝遗址出土古物,马衡还发表了题为《戈戟之研究》的讲演。同年 10 月,东亚考古学会在旅大发掘牧羊城遗址,北大考古学会又派遣助教庄严前往参加发掘一周。此外,中日双方还曾协议互派留学生。1929 年 l0 月,东方考古学协会在北平召开第三次总会,由滨田耕作、梅原末治、徐炳昶、张星烺等中日学者分别做了讲演。

在与国外学者进行考古合作的同时,马衡还十分注意维护我国的文物安全与学术主权。马衡曾说:"学问这件事,原来是世界的,是人类共同的,本来不分什么国界。可是研究中国史,搜集中国的史料,是我们中国人应尽的天职,也就是应有的主权。若是我们都放弃了不管,让外国的无论什么人,来替我们'越俎代谋',已经是件可耻的事,结果如把中国的史料搬空了,我们要研究本国史的人,都要出洋留学,那岂不是一件笑话。我希望大家一面谢绝人家的代劳,一面要自己努力的去干呀!"[1]

---

[1] 马衡:《考古与迷信》,《京报副刊》1926 年 1 月 25 日。

1927年初,瑞典探险家斯文·赫定与北洋政府农商部地质调查所达成协议,获准带领一支外国探险队前往新疆、甘肃等地考察。消息传出后,随即引发中国学者的强烈不满,群情激愤,仿佛二十年前敦煌文物外流的历史悲剧又将重演。为了阻止外国人在中国境内自行进行考古发掘并带走古物标本,从事所谓"学术的侵略",马衡积极联络并运动北京学术界同人一起抵制斯文·赫定的考察计划。① 3月5日,由北京大学研究所国学门召集北大考古学会、清华国学院、历史博物馆、古物陈列所、中华图书馆协会、京师图书馆、北京图书馆、中央观象台、中国天文学会、地质学会等十余家北京重要学术团体开会讨论,筹划发掘采集国内各种学术材料,反对外国人私入中国采集诸事宜。与会学者"痛国权之丧失,惧特种学术材料之攘夺将尽,我国学术之前途将蒙无可弥补之损失"②,遂拟定了针对外国人在中国境内进行调查发掘活动的六项原则,并发表了反对外人采取古物之宣言。与会团体还组织成立了北京学术团体联席会议,后更名为中国学术团体协会,以协会的名义向北洋政府及斯文·赫定交涉。在交涉过程中,马衡与刘复、周肇祥、袁复礼、徐炳昶等人发挥了重要作用。经过十余次的艰难协商,中瑞双方最终达成"中国学术团体协会为组织西北科学考察团事与瑞典国斯文赫定博士定订合作办法"十九条,决定合组中国西北科学考察团,并于4月26日在北大国学门举行签字仪式。这是近代以来第一次以我国为主导,与外国平等合作组成的大型科学考察团,极大地振奋了民族精神,刘复称之为"开我国与外人订约之新纪元"③,并为日后我国与外国考察团签订合作契约提供了可以遵循的先例与典范。如1929年2月,美国纽约自然历

---

① 据斯文·赫定回忆,"发起反对我的这次探险活动的是两位大学教授,沈兼士和马衡,他们也都是考古学家"。见斯文·赫定《中国西北科学考察团诞生经过》,王沈编《高尚者的墓志铭:首批中国科学家大西北考察实录》,中国文联出版社2005年版,第566页。

②《北京学术界发表宣言,反对外人采取古物》,《中华民国史事纪要》(中华民国十六年一至六月),中华民国史料研究中心1977年版,第275页。

③《科学新贡献:西北考查团重大发明掘得举世未见之古物——徐炳昶、斯文赫定在法学院演讲详记》,王沈编《高尚者的墓志铭:首批中国科学家大西北考察实录》,第617页。

史博物馆组织的中亚考察团欲在中国蒙古进行第五次探险考察,马衡与刘复等人即以此十九条协议精神为基础,提出一份协议草案,与考察团代表安德鲁斯进行谈判。因双方对采集品中重复标本的判断及归属问题意见不一,致使协商一度破裂。后应美方请求,谈判再度重启,双方终就合组考察团一事达成一致,由马衡与安德鲁斯在北平团城签订协议。

1927 年 5 月,中国西北科学考察团正式出发,马衡委派北大考古学会会员、国学门助教黄文弼以考古学家的身份参加考察团。10 月,当考察团途径内蒙古额济纳时,黄文弼于一土堡中发现汉简数枚,并预言"此地如细掘,必可多得木简,决不止此也"①。1929 至 1931 年,瑞典考古学家贝格曼在额济纳河流域考察汉代烽燧遗址时,又先后发掘出土汉代木简一万余枚,所属年代上至西汉武帝太初年间,下迄东汉光武帝建武年间,内容绝大部分为汉代边塞上的屯戍档案,其他一小部分为书籍、医方、历谱、勋状、私人信札等,数量之大,前所未有,对研究汉代的文书档案制度及政治、经济、军事制度具有极高的史料价值,被认为是 20 世纪前期与殷墟甲骨、敦煌文书并列的三大考古发现之一,又被誉为 20 世纪中国档案界的"四大发现"之一。因其出土地古称居延,汉时曾设居延县,故被称为"居延汉简"。这批汉简运回北平后,考察团理事会委托马衡和刘复进行研究考释,并由傅振伦、傅明德协助整理登记。由于刘复事务繁忙,实际上主要是由马衡主持居延汉简的研究工作。据傅振伦回忆,当时"每天上午到北大研究院文史部作释文及研究者只马衡教授一人,……办公室即设于存放木简对门的东屋中。马先生考释了破城子、大湾、瓦因托莱及地湾、察克和尔特等五个地区的木简文字。每条释文抄了一套卡片,作为研究副本"②。马衡据此考证了我国早期的书籍制度,并写成释文数册,另撰有《记汉居延笔》《汉永光二年文书考释》《汉兵物簿记略》等文章。后因马衡与傅振伦都转至故宫博物院工作,故由北

---

① 黄文弼遗著,黄烈整理:《黄文弼蒙新考察日记(1927—1930)》,文物出版社 1990 年版,第 106 页。
② 傅振伦:《首批居延汉简的采集与整理始末记》,《傅振伦文录类选》,第 664 页。

大史学系助教余逊、北平图书馆编纂向达、贺昌群及中央研究院助理研究员劳榦等人就汉简照片继续从事研究。

3. 篆刻书法

作为一名学者型的篆刻家,马衡的篆刻风格与篆刻理念与其金石学研究紧密相关。在他看来,印学与金石学之间既有区别,又有联系。篆刻虽不能直接等同于研究金石,但其内容却为史料的重要部分,亦在金石学的范围之内。篆刻家欲知印之源流沿革及其形式、文字之变迁,必先研究古印。即以文字源流而言,不但古印须研究,而且一切金石文字也应在研究之列。"故金石家不必为刻印家,而刻印家必出于金石家。"①

因此,在《谈刻印》一文中,马衡在辨析了印学与金石学的关系之后,并未直接讨论刻印的刀法、字法、章法之类的具体内容,而是首先概述了古印的沿革与变迁,俨然一部印学简史。马衡指出,古印起源于春秋战国之世,其发展演变大致可分为四个时期。春秋时始有玺书,至战国而盛行,但当时只谓之玺,尚无印之名称,此为印玺的第一时期。秦始皇兼并天下,统一文字,印之制度亦成为方寸之定式,历两汉、魏晋以至南北朝而未大变,此可谓之第二时期。在这两个时期中,公私文书皆用竹木之简牍,简牍之上,覆之以检,题署受书人姓名于检上,并以绳束之,再封之以泥,钤之以印。由于简牍狭长,故只适用方寸之印。隋唐以后,由于简牍完全废止,公私文书一律用纸,而纸之篇幅较为宽大,故方寸之印已不适用,始改为大印。但其大小亦不过二寸余,且不论官阶尊卑,皆同一式,一直沿用到元代,此可谓之第三时期。明清两朝,印又稍大,并以官阶为大小之等级,最大者可至四寸,一律用宽边,此为第四时期。接着,马衡又从七个方面,分别概述了古印的名称、形制、钮式、文字与章法、材质与刻铸、阴阳文之别、施用之方法在各个时期中的沿革流变。

在此基础上,马衡进而提出了自己的印学主张。他极为重视印文在篆刻中的基础性地位,批评当时的刻印家往往只讲刀法,"不知印之所以

①　马衡:《谈刻印》,《凡将斋金石丛稿》卷八《序跋杂文》,第290页。

为印,重在印文。一印之中,少或二三字,多或十余字,字体之抉择,行款之分配,章法之布置,在未写出以前,先得成竹于胸中,然后落墨奏刀,乃不失为理想中之印"①。马衡认为,刻印必自写篆隶始,刻印之刀法贵在传其所书之文,使其神采不失,故必自书自镌,方能踌躇满志。"若徒逞刀法,不讲书法,其不自知者,非陋即妄。知而故作狡狯者,是为欺人也。"②故其作《谈刻印》一文,正是为了矫正当时印坛上的"非陋即妄之弊,狡狯欺人之风"。从另一方面来看,刀法只是一种技艺,常人习之数月便可臻娴熟,但研究篆体,学习篆书,则有关学术,古谓之小学,今谓之文字学,穷年累月不能尽其奥藏,其难易程度自不可同日而语。显然,在马衡看来,刻印之篆法重于刀法,能自书自镌者固佳,即便不能自镌,使熟谙其篆法者镌之,亦无不可。从这一意义上说,"刻印为研究文字学者之余事,不必成为专家"③。

对于刻印用字,马衡特别强调要准确、求真。在他看来,《说文解字》固为刻印家与研究文字学者必读之书,但其成书时隶书盛行已久,其中积非成是,相沿不觉者在所难免,故不可迷信,应取日后所出古器物加以补充、订正。所谓"学问所以求真,既明其非,则当从其是,不必如汉学家之笃守师说也"④。对于《说文》未收之字,马衡认为可依据金石文字,且隶书所有之字皆可入印。此外,又有本为俗字,若易以正字,反为不合者,尤其是人名用字,马衡则主张名从主人,并用"造字"法,依隶楷所从偏旁,而以缪篆之体写之。至于印章文字的取材,马衡认为元代吾丘衍《学古编》中所列"合用文集品目"八则于今日已多不适用,如今新材料层出不穷,印刷术远胜于昔,故刻印者须经常参考、临写新出材料,并宜多读古玺印谱。他曾自言:"余见今之刻印家摹仿某家某派以得名者多矣,其有能仿周秦汉魏玺印者尚矣。然余以为于印中求印,仍落窠臼,能熔

① 马衡:《谈刻印》,《凡将斋金石丛稿》卷八《序跋杂文》,第297页。
② 马衡:《谈刻印》,《凡将斋金石丛稿》卷八《序跋杂文》,第298页。
③ 马衡:《谈刻印》,《凡将斋金石丛稿》卷八《序跋杂文》,第298页。
④ 马衡:《谈刻印》,《凡将斋金石丛稿》卷八《序跋杂文》,第299页。

冶周秦汉魏之金石,刻以入印,斯为上乘。"①

对于古代篆刻名家的艺术风格及其发展演变,马衡认为其中亦存在艺术的内在规律与历史的因果关系。他分析道:"当宋元之际,印章一以新奇相矜,鼎彝壶爵之制,迁就对偶之文,水月、木石、花鸟之象,盖不遗余巧也。赵孟頫遂创为圆朱文,文字一以小篆为宗,一洗新奇纤巧俗恶之弊。至明文氏父子(文徵明、文彭),刻印卓然成家,与书画并立于艺术之林,成为文人治学之余事。……其后何震梁千秋等皆宗文氏,世称文何。直至清初,流风未泯。其中惟程邃崛起于文何之后,而稍变其法。……自丁敬出而独树一帜,由元明以上溯秦汉,集印学之大成,遂成浙派。黄易、蒋仁、奚冈、陈鸿寿、陈豫钟、赵之琛等,皆其最著者,但亦各得其一体。邓石如善各体书,其作篆用汉碑额法,因以碑额入印,又别开蹊境,是为皖派,继之者则有吴让之。……赵之谦汇合浙皖二派而自成一家,并镕冶钱币、诏版、镜铭及碑版之文以入印,故能奇趣横生,不为汉印所囿,此其所长也。其后研究古文字学者如陈介祺、潘祖荫、吴大澂等,访求先秦遗文,不遗余力,鼎彝之外,兼及兵器、陶器、古玺之属。于是玺文乃大出,与六国钱币、兵器、陶器之文,多可相通。"②对于同时代的印人,马衡曾谓吴昌硕"惑于赵宧光草篆之说,思欲以偏师制胜,虽写石鼓而与石鼓不似。……其刻印亦取偏师,正如其字。且于刻成之后,椎凿边缘,以残破为古拙。……貌为古拙,自昔已然,不自吴氏始也。独怪吴氏之后,作印者什九皆效其体,甚至学校亦以之教授生徒,一若非残破则不古,且不得谓之印者,是亟宜纠正者也"③,又言:"近代刻印家能自立门户者惟赵撝叔、吴仓硕二人,赵长于白文,吴长于朱文,吴易学而赵难学,此赵之所以优于吴也。"④

由此可见,马衡所推崇的篆刻风格是严谨、典雅,而非标新立异、新

---

① 马衡:《赠桥川时雄印谱并序》,《马衡 诗抄·佚文卷》,第137页。
② 马衡:《谈刻印》,《凡将斋金石丛稿》卷八《序跋杂文》,第301页。
③ 马衡:《谈刻印》,《凡将斋金石丛稿》卷八《序跋杂文》,第301—302页。
④ 张铭心:《篆刻艺术家马衡》,《紫禁城》2005年第2期。

奇纤巧或"以偏师制胜"。其印学思想既主张宗师秦汉之意,又不为其具体形式、内容所囿,能够充分地利用新材料。综上,在《谈刻印》一文的结尾,马衡总结归纳了刻印家所应遵守的三条重要规律:"一、篆文须字字有来历,不可向壁虚造不可知之书,圆朱文尤以此为重要之条件。惟人名、地名,遇后起字为《说文》所无者,宜以缪篆写之,所谓名从主人也。二、近来古玺日多,用印及刻印者,多喜仿效,宜视其文字恰合者应之。否则宁拒其请求,免贻不识字之讥。三、刀以传其所书之文,故印章首重篆文,次重刀法,不可徒逞刀法,而转失笔意。"①在马衡看来,一名合格的刻印家"有其应具备之道德,有其应充实之学识,亦有其应遵守之规律",而其"苟能遵守此简单规律,则道德学识自寓于其中"。②

在其本人的篆刻实践上,马衡亦很好地贯彻了他的印学主张。故有学者评价马衡"以秦汉印为宗,印风典雅、中正、含蓄;字法规范、严谨,字字有来历;线条醇厚、古拙;个人性格退隐而以再现古印的范式为旨归,这是典型的'学者印风'"③。马衡生平治印颇多,曾自辑所刻印稿为《凡将斋印存》《鍴庐印稿》《凡将斋印谱》等。后故宫博物院又汇集院藏马衡所刻印及其已刊、未刊印稿,选编为《凡将斋印存》一书,由紫禁城出版社于 1990 年出版。书中所收印文书体多样,包括甲骨文、钟鼎文、古匋文、西汉印文、新莽印文、东汉印文、缪篆、唐宋印文、元八思巴文等,且每种书体的选择都与印章的用途或使用者的身份相关联,使二者能够有机结合,融为一体,亦显示出马衡的匠心独运。同时,马衡所刻印章还很注重印文配置,遵循着严谨多变的原则,将华美而严谨的篆文与印面形状、印文书体等结合起来,形成了古朴典雅、庄重平稳的艺术风格。另据其旧日同事回忆,"马衡刻印喜用青田石,刻印时咔咔有声,刀锋过处,很少修补。他看别人刻印时,也要先听其刀运石之声,讲求一次性刻成,反对雕

---

① 马衡:《谈刻印》,《凡将斋金石丛稿》卷八《序跋杂文》,第 302 页。
② 马衡:《谈刻印》,《凡将斋金石丛稿》卷八《序跋杂文》,第 302 页。
③ 贺文荣:《马衡先生的篆刻观诠解》,《西泠印社》第 29 辑,第 19 页。

琢修饰"①。对此,张铭心认为,"纵观马衡所治印,所用刀法各如此说,其所刻仿秦汉古印用此刀法,刻流派印,不追求用刀的异趣,也多用此法。这种刀法一般不会出现切刀、碎刀的效果,比较能表现刻印的书法韵味,尤其是在阴文刻上,就更能出现自然、流畅的效果"②。

在书法艺术方面,马衡对其成立根据与发展演变亦有所分析和讨论。马衡认为,世界各国皆有文字,而唯独中国的书法被视为一门艺术,可供人欣赏,奉为法则,其地位等同于其他一切艺术品,主要由于以下四个方面的原因:

一、"中国书画本属同源"。马衡指出,我国文字发端于象形,本来皆是书而兼画的,其后虽孳乳寖多,而文字之结构姿态种种不同,自有一种美感存在。如商周时期的钟鼎文字,一时有一时之风俗,一地有一地之风俗,即使器盖同文者,亦有疏密参差之不同,各具姿态,绝非如刻板的文章一般,使人对之索然无味,甚至比青铜器本身的图案花纹更引人注目。此后,文字由古文变为小篆,由小篆变为隶书与草书,又由隶书变为楷书,其结构姿态无不力求美感。故每一书体,每一时代,皆有专工的代表书家传名后世,与绘画名家并驾齐驱。

二、"书法为一般人基本技能"。马衡指出,古代课士,书体为重要科目之一,若书体不正,便要受到弹劾。正是这样严格的考试制度,让士子们养成了练习书法的习惯,并使得两汉数百年间产生了众多书法家,而人们亦养成欣赏书法的风尚,下开晋人风气。马衡推测,最初人们写字虽力求其美,但并不想以此得名,而他人亦不过自然欣赏之。直至东汉灵帝时刊刻石经,诏命蔡邕等书法家书碑,才算是特别重视书法的表现。此后,书法遂成为供人欣赏的艺术了。但推源其始,因书法自古以来便是士人的必修科目,故最终能演进为艺术品。

三、"帝王之笃好与提倡"。马衡指出,我国历代帝王多好书法,其中

① 张铭心:《篆刻艺术家马衡》,《紫禁城》2005年第2期。
② 张铭心:《篆刻艺术家马衡》,《紫禁城》2005年第2期。

亦不乏善书之人,故提倡之力极大。自汉以来,以书法名家者络绎不绝,各有渊源,形成不同的团体与流派,其中一个重要原因便是由于当时帝王的奖励与提倡。

四、"工具之特殊"。马衡指出,我国传统的书写工具为毛笔,故学习写字者必先学执笔,而后学用笔。关于执笔的方法,仅靠文字形容难以使人明了,所以古人用画图来说明。若能亲得传授,现身说法,则比画图更易于了解。至于用笔之法,尤其神妙。善书之人用笔,犹如庖丁用刀,可顺笔之性而使毫不伤。这些无不含有艺术的成分在内。同时,马衡认为,凡是构成艺术的条件,与工具的刚柔有莫大的关系。若是以刚性的铅笔或钢笔来写中国字,无论任何书法家都要大为减色,惟有运用柔性的毛笔才能发挥效能,并使书法达到审美的境界。[1]

在马衡看来,有了以上四个条件,书法成为一门艺术就有其历史的必然性,而非纯粹出于偶然。因此,对于某些人认为随着第二、三两项条件的消失,加之中国文字存在改革的可能,书法作为艺术品将被逐渐淘汰的观点,马衡并不认同。他反驳道:"今所通行之书体为行书楷书,其余篆隶草等体,久已不适用于今日,在应用方面已渐废除,而在美术方面仍可存在。苟中国文字一日不废除,则书法亦不至屏诸美术界以外,可断言也。"[2]换言之,经过两千余年的持续发展和无数先人的不懈努力,书法艺术已具备一定的独立性与自身的独特价值,并根植于中国文字的本性之中,其艺术性并不会因某些外在条件的改变而消亡。不过我们也应该看到,马衡关于中国书法艺术性的来源的这些看法仍显得简单、粗疏,表述也比较含混、凌乱,其中关于"书画同源"及早期文字书写的性质等问题与传统看法有所不同,仍有待进一步讨论。

至于马衡本人的书法创作,则篆、隶、真、行、草各体皆能,而尤精于篆书。其篆书取法于商周时期的钟鼎铭文,于石鼓文也浸润较深,结体

---

[1] 参见马衡《中国书法何以被视为美术品》,《社会教育季刊》1943年第1卷第2期。
[2] 马衡:《中国书法何以被视为美术品》,《社会教育季刊》1943年第1卷第2期。

平正,章法工稳,貌丰骨劲,饶有古雅之气,在近现代学者中属于上乘,如王国维、刘复、钱玄同、许璇、杨鹤年、毛恭勋、蹇念益等学者名流的纪念碑或墓碑、墓志上的篆额、篆盖皆出自马衡的手笔。其隶书多取法于《熹平石经》,风格亦属工整平稳一路。其行楷书则近“二王”、智永一路,章法平匀,线条流美,自然灵动,儒雅而有书卷味。

　　除此之外,马衡还精于文物鉴定之道,当时北京的文化界和古玩界人士常常向其求教,新中国成立后凡遇重大的文物捐赠及收购活动也多邀请马衡参与鉴定审核。其虽未在这方面做过太多的理论撰述[①],但却留下了一些传闻逸事。如张中行曾回忆道:“大概是 1933 年暑后吧,马先生带着听金石学课的同学,十几个人,步行到故宫东路某宫去看青铜器。马先生带着学生看,指点,讲说,不外是‘商器’‘周器’等等。讲说间,有个同学问:‘怎么知道是真的呢?’马先生停住,沉思了一会儿,答:‘你要知道什么是真的,先要知道什么是假的。’另一个同学抢着问:‘那么,怎么知道是假的呢?’马先生又陷入沉思,好一会儿,答:‘你要知道什么是假的嘛,先要知道什么是真的。’同学们都笑了。其实笑,都有轻微的看不起黔驴的意思,心里想,既然是专家,通晓,为什么不能说说呢?其后,许多年,我也有亲近古物之癖,也就难于躲开真假的辨别,专就自己略有所知的说,总结经验,竟仍是马先生那两句话,其精髓是多看,对比,可意会难于言传。能意会是有所得,每逢这样的时候我就不由得想到马先生,原来那两句看似可笑的话是金针度人。”[②]

　　综上可知,马衡的学问与其为人一样,都是“既衡且平”的,始终在保守与激进、传统与现代之间保持着一种谨慎的中道。他与当时的新旧两派学者、文人都有着密切的关系,不仅与钱玄同、周作人、沈氏兄弟、刘

---

① 刊载于《张菊生先生七十生日纪念论文集》中署名马衡的《关于鉴别书画的问题》一文为朱家济代笔。据傅振伦回忆,“亡友萧山朱家济豫青,浙江望族,家世收藏文物书画、碑帖拓本、家具,家学有自,精鉴赏。海盐张菊生七十生日,友好编印纪念论文集(《文集》刊发于 1937 年 1 月)征文于故宫博物院院长马衡先生,马先生嘱豫青代撰《关于鉴别书画的问题》一文。见《关于鉴别书画的问题》,《故宫博物院院刊》1997 年第 4 期。
② 张中行:《前辈掠影》,《故园人影》,作家出版社 2006 年版,第 163—164 页。

复、胡适等新文化健将私交甚好,互动频繁,而且与罗振玉、王国维等旧派学者亦保持学术上的紧密联系,共享最新的学术信息与研究成果,相互切磋问难。而其学问亦是在继承清代乾嘉学术的基础上,接受了西方近代的考古学知识,进而将二者相互结合,付诸实践,演为风气。可以说,惟有如此,马衡方能成为我国近代考古学的前驱人物,在我国传统学术向现代学术过渡、转化的过程中发挥重要的开拓性与建设性作用,并且能够超然于各派政治势力之上,在守护故宫文物的事业上做到无咎无怨,善始善终,取得巨大的成功。

与此同时,我们还应注意到,马衡虽接受、吸收了部分来自西方的新知识、新技术与新观念,也与国外学者有着较多的交往和接触,但依然保有中国传统史家的精神与关怀,注重知古鉴今、经世致用与民族尊严,不以个人荣辱为念,反复强调中国学术的主权与主体性。而这不仅表现在其早期的考古活动中,也反映在其日后的人生规划与事业选择上。尽管担任故宫博物院院长最初或许并非完全出自主观意愿与自我选择,但为了承担起作为全国最重要的文物保管者这一落在自己肩头上的重任,马衡不仅在很大程度上牺牲了自己的学术爱好与考古事业,而且在日后极其艰难的条件下仍始终如一地坚守传统文化、保护文物安全,可以说是其一生经历中最令人感佩与动容的部分。

金石学

中国金石学概要

绪论

第一章　金石学之定义及其范围

金石者，往古人类之遗文，或一切有意识之作品，赖金石或其他物质以直接流传至于今日者，皆是也。以此种材料作客观的研究以贡献于史学者，谓之金石学。古代人类所遗留之材料，凡与中国史有关者，谓之中国金石学。

凡甲骨刻辞、彝器款识、碑版铭志及一切金石、竹木、砖瓦等之有文字者，皆遗文也。其虽无文字而可予吾人以真确之印象者，如手写或雕刻之图画，明器中之人物模型及一切凡具形制之器物等，皆有意识之作品也。

由上所言，既名金石学，而范围乃不仅限于金石者何欤？盖有故焉。试先述其名称之由来及学科成立之概况。

商周之时，所谓金石者，皆指乐器而言，非今之所谓金石也。其以金与石并举，而略同于今之定义者，盖自秦始。《史记·秦始皇本纪》所载群臣奏议及始皇、二世诏书，多曰金石刻，或曰金石刻辞。其意盖欲以文辞托之不朽之物质,以永其寿命,故合金与石而称之曰金石刻或金石刻辞。后世称此类刻辞,谓之金石文字,或竟简称为金石。

五代以前,无专治金石学者。昔傅山问阎若璩,"此学始于何代何人",阎举七事以答之。王鸣盛为钱大昕作《潜研堂金石文跋尾序》,又续举十一事。李遇孙辑《金石学录》,其第一卷中皆辑自经典、《史》《汉》以及唐五代者,并阎氏、王氏所举者计之,亦不过四十余事。此四十余事中,不皆属于考证。其有可以订讹补阙者,亦皆一鳞片甲,不能成家。有宋一代,始有专攻此学者,欧阳修《集古录》为金石有专书之始。自是以后,吕大临、薛尚功、黄伯思、赵明诚、洪适辈,各有著述,蔚为专家。郑樵作《通志》,以金石别立一门,侪于二十略之列。而后金石学一科,始成为专门之学,卓然独立,即以物质之名称为其学科之名称矣。

宋以来之为此学者,大致分为二类。其一可名为古器物之学,不论其为金为玉,不论其有无文字,凡属三代、秦、汉之器物,皆供赏玩者是也。其一可名为金石文字之学,不论其物质之为何,苟有镂刻之文字,皆见采录者是也。故此二者之范围,最初仅限于器物及碑碣,其后乃渐及于瓦当砖甓之属。至于今日,古物出土之种类,日益滋多,殷虚之甲骨,燕齐之陶器,齐鲁之封泥,西域之简牍,河洛之明器等,皆前人著录所未及者。物质名称虽不足以赅之,而确为此学范围以内所当研究者。故今日之所谓金石学,乃兼古器物学、金石文字学而推广之,为广义的学科名称,非仅限于狭义的物质名称已也。

第二章 金石学与史学之关系(佚)

分论

第三章 历代铜器

考古学家谓人类进化之阶,由石器时代进而为铜器时代,更进而为铁器时代。中国当商周之时,铜器最为流行,是为中国之铜器时代。今日流传之古铜器,十之七八为其时之物,文字花纹制作皆工细绝伦。吾人观其艺术之精,即可想见当时冶铸术演进之程序矣。古籍中于金工之事记载详备者,当推《考工记》一书(《考工记》虽以补《周礼·冬官》之阙,犹不失为东周时之书)。《记》言,"攻金之工,筑氏执下齐,冶氏执上齐,凫氏为声,桌氏为量,段氏为镈器,桃氏为刃。金有六齐,六分其金而锡居一谓之钟鼎之齐,五分其金而锡居一谓之斧斤之齐,四分其金而锡居一谓之戈戟之齐,参分其金而锡居一谓之大刃之齐,五分其金而锡居二谓之削杀矢之齐,金锡半谓之鉴燧之齐"。此言分职及和金之品数也。六职各条,则言诸器制作之法也。又篇首云,"巧者述之守之,世谓之工",则言百工之事世继其业也。分工则其艺专一,世业则其术精进,无惑乎商周时代铜器之多且精也。降至秦汉,世工之制虽浸废止,而铜器时代之积习尚未尽除,故尚方服御诸器犹相沿用铜。至于后世,铜之材料渐缺,以之铸钱犹虞不足,遑论铸器。故始而严禁以铜铸器,继而毁器以铸钱矣。今传世诸器,商周为多,秦汉魏晋次之,六朝以后最少者,职是故也。

其名称类别,偻指难数,今括其大要,约分六目:一曰"礼乐器",二曰"度量衡",三曰"钱币",四曰"符玺",五曰"服御器",六曰"古兵"。次第述之如下。

一、礼乐器

《礼经》所记礼乐诸器,汉儒笺注已不能无误。后世治礼者,以意为图,失之愈远。宋人若吕大临、黄伯思辈,搜罗古器,探索源流,审释其文字,考订其形制,据《礼经》以定名称,凭实物以正笺注。于是远古法物,始与经文相发明。有清一代,通儒辈出,循是以求,益加精进,汉代经师之失,赖以订正者尤多。较之全凭笺注臆定形状者,相去岂可以道里计哉?

礼器之总名,古人概曰"尊彝"。有合称"尊彝"者,有单称"尊"或"彝"者。分言之,则烹煮之器曰鼎,曰鬲,曰甗,黍稷之器曰敦,曰簠,曰簋,酒器曰尊,曰罍,曰壶,曰卣,曰觥,曰盉,曰爵,曰觚,曰觯,曰角,曰斝,曰勺,脯醢之器曰豆,盥洗之器曰盘,曰匜,载鼎实之器曰匕,曰柶,承酒器之案曰禁，盛冰之器曰鑑。其名称往往见于器中，读其铭辞即知为何器。

其为用也，则有宗器，有旅器，有媵器。

宗器用之宗庙。凡曰"作宗彝""作祭器"，或器名之前著其祖考之名，或称"尊彝""宝彝"而有"蒸""尝""享""孝"等字者，皆是也。

旅器用以征行。古者天子诸侯之出，必奉主车，每舍有奠告之礼，《礼记·曾子问》言之详矣。《春秋左传》曰，"牺象不出门"。《礼记·曲礼》曰，"祭器不逾竟"。则凡师田之祷祠，不得不别作祭器以供之，是谓"旅器"。

《易·旅卦》释文云，"羁旅也"，孔疏云，"失其本居而寄他方谓之为旅"，是旅有行义。故虢叔簠直铭之曰"铸行簠"，公父匜曰"铸行匜"。他若史宂簋曰，"作旅匡，从王征行"，曾伯霥簠曰，"余用自作旅簠，以征以行"，虢仲簠曰，"以王南征伐南淮夷，在成周作旅簠"，皆明言征行。"旅"之为字，异文尤多。有从"辵"作"遮"者（曾伯霥簠，陈公子甗），有从"车"作"旟"者（仲叔尊，毛公敦，旧释"旅车"二字，非），有从"车"从"止"作"旟"者（伯贞甗），有从"攸"从"车"作"旟"者（旅车卣），有从"从"、从"辵"者（单从鼎，芮公鼎，旧释"从"，疑亦"遮"之省），有省"旅"著"车"者（车卣）。辵也，止也，车也，皆有行义。证以铭辞，求之字义，其为行器明矣。

"媵器"用以媵女。《说文》（人部），"伩，送也。吕不韦曰，'有侁氏以伊尹伩女'"。又（贝部），"賸，……一曰送也"。盖以人送嫁谓之"伩"，以物送嫁谓之"賸"，古者"伩""賸"本一字也。鄟子簠曰，"用铸其簠以賸孟姜、秦嬴"，鲁伯厚父盘曰，"作仲姬俞賸盘"。其字正作"賸"。又有作"朕"（寿鼎，薛侯匜，鲁伯愈父鬲），作"儬"（季良父簠），作"妵"（芮公鬲）者，皆"伩""賸"二字之省变。凡此诸器，无不著女姓者，尤为以物送嫁之明证。

以上三者，皆礼器之用也。

与礼器并重者，则有乐器。乐之八音，金居其首。传世之器，种类不多。今就所见者约略举之，惟"钟""鼓""錞""铎"等数种而已。尚有非金属之乐，如"埙"，如"磬"，亦附述于后。

古之礼乐器，祭祀与燕飨共之。故钟鼎之铭虽言祭祀，亦有兼及燕飨者。如邾公华钟云，"以恤其祭祀盟祀，以乐大夫，以宴士庶"。先兽鼎云，"作朕考宝尊鼎，朝夕飨厥朋友"。明燕飨与祭祀同器也。亦有不言祭祀而独举燕飨者，所见惟许子钟、邾公牼钟、子璋钟、簠鼎、赵曹鼎、欹敦等数器，是或专供燕飨之用者欤？

鼎　鼎本象形字。商器有作父己宝鼎，其字作"鼎"，象三足两耳硕腹之形。《殷虚书契》（卷八第七叶）有"鼎"字（卜辞皆以"鼎"为"贞"，与许说合），犹不失其形状。其后渐趋整齐，由"鼎"而变为"鼎"（《书契》卷七第三十九叶，与鼒鼎"鼎"字略同），"鼎"（同上），"鼎"（师全父鼎），"鼎"（毛公鼎），最后乃成小篆之"鼎"（"貝"之变为"目"，犹"貝"之变为"貝"）。其为卦也，巽下离上，有烹饪之用，孔疏所谓就用释卦名也。于字则象其形，于卦则明其用，二者本不相涉。许氏引《易》以解字形，谓"象析木以炊"，求之六书，转不可通。

古人制器，本以应用，故鼎之大小虽无定，而形制则皆有足有耳。足者，虚其下以待爨也，圆者三足，方者四足。三足为鼎之常制，故古人多以鼎足表三之数。耳者，所以贯铉而举之也，故多在唇上。其在唇外者，则谓之"附耳"，《尔雅》（《释器》）所谓"附耳外谓之釴"是也。所以附耳于外者，为其可以容盖也，故附耳之鼎皆莫不有盖（凡礼器之无盖者，则覆之以布，是谓之幂）。汉鼎多短足附耳有盖。盖有三耳，仰之则成三足。其制自六国时已然。夫鼎足本为炊爨而设，短则不能置薪，不几等于虚设乎。然由此可以推知灶之设备，盖至晚周时始完，其先之所谓灶者，不过指炊爨之所而言，炊爨时仍各于器下置薪，不似后世之指炊爨之具也。

鬲　鬲亦鼎属。《尔雅》（《释器》），"鼎款足者谓之鬲"。郭注云，"鼎曲脚也"。《史记·蔡泽列传》索隐云，"款者，空也，言其足中空也"。今验之于器，足皆中空，始信司马贞之说较郭璞为有据。所以必空其足者，取其近火而易熟也。其制三足，略与鼎同。腹硕而口较敛，不皆有耳，此为异耳。

其字亦象形，许君谓"象腹交文，三足"。单伯鬲作"鬲"，召仲鬲作"鬲"，其形最肖。

甗　甗之上体似鼎而无底与足，下体似鬲，中着以箄。有上下各为一器者,有合成一器而不能分者,有以机钮连属二器俾可开合者。其制多为圆形,然亦有如方鼎之制而下承以四足者。《考工记·陶人》注引先郑云,"甗,无底甑"。《说文》(瓦部),"甗,甑也。一曰穿也。"(段玉裁改为"一穿",然箅不止一穿,其义仍未安)。是其为用正如今之蒸笼,所以承水升气于上也。三代以后,形制微异。潍县陈氏藏汉渔阳郡孝文庙甗鍑,上器如盆,有盖,下器如洗而腹较深,中有箅,不作上鼎下鬲形。铭文称为"铜甗鍑"。吴大澂《恒轩吉金录》有平阳甗,制如孝文庙甗鍑之下器,铭文称为"鏖甗"。端方《陶斋吉金录》有晋釜,上下二器,与孝文庙甗鍑同,铭文称为"铜釜"。则汉晋之制大略相同矣。

《说文》于鬲部收"鬳"字,曰"鬲属",于瓦部又收"甗"字,曰"甑也",其实"鬳""甗"为一字。"鬲"之重文作"瓹",则"甗"当为"鬳"之重文明矣。惟见于商周器铭者又皆作"獻"(从"虍",从"鼎",从"犬",郑大司甗省"鼎",寰甗省"虍",独不省"犬"),无作"鬳"或"甗"者。《殷虚书契》(卷五第五叶)有"^字"字,罗叔蕴释作"甗",正象器形。是又最初之象形字矣。

据《考工记》言"陶人为甗鬲",是鬲甗皆为陶器,后乃有以铜制者(古器本不皆用铜,今所见礼器皆铜者,盖以铜仿制之耳)。但今出土陶鬲甚多,而陶甗则未之见。

鼎、鬲、甗同为煮器,用各不同。旧说鼎用于肉胾,鬲甗用于粢盛。今验之器铭,鼎盖兼有二者之用。有曰"鬻彝"(史颂鼎)、"鬻牛鼎"(曶鼎)、"脀鼎"(趩亥鼎)者,用于肉胾者也。有曰"饙鼎"(戈叔鼎)、"齍鼎"(鼇鼎)者,用于粢盛者也。鬲则曰"齍鬲"(白浅父鬲)、"饙齍"(戏伯鬲),甗则曰"用齌稻粱"(陈公子甗),皆只供粢盛之用。《仪礼·士丧礼》,"夏祝鬻余饭,用二鬲于西墙下"。《世说新语》(《夙惠》),"陈元方、季方炊,……忘着箅,饭落釜中成糜"。是皆以鬲甗煮粥饭之证也。

"齍""鬻"二字,旧释不一。且有以铭中直称"作齍"(尚鼎),"作鬻"(斿妇鼎),而疑为器名者,尤为非是。

"齍",盖"齍"字。《说文》(皿部),"齍,黍稷在器以祀者"。前人以齍盛非鼎实,遂不敢确定。今知鼎之为用,兼饪粢盛,则"齍"之为"齍",复何疑义。

"鬶"字，王静安谓从"匕肉"从"刐"从"鼎"，有匕肉于鼎之义，引申而为进为奉。历鼎、应公鼎之"夙夕鬶享"，即《诗·周颂》之"我将我享"。其说是也。

鼎称"齍鼎""鬶鼎"，犹壶称"醴壶"(郑楙叔宾父壶)，盘称"颒盘"(鲁伯愈父盘)，就其用以言之也。所谓"作鬶""作齍"者，偶未著其器名，非即以之名器，是犹旅器之曰"作旅"(癸王彝)，媵器之曰"作媵"(穌冶妊鼎)耳。亦有非鼎而以"鬶"名者，如敦曰"作宝鬶"(来兽敦)，"作尊鬶彝"(龙姑敦)，"作鬶彝"(史颂敦，宗妇敦)，簠、壶、角、盘、鬲、甗，皆曰"作鬶彝"(宄簠，宗妇壶，日辛角，宗妇盘，王作赘母鬲，妇姑甗)，或为黍稷器，或为酒器，或为盥洗器，皆与匕肉无涉。其中如史颂敦、妇姑甗及宗妇敦、壶、盘之铭，皆有同文之鼎，其铭辞不差一字。意其时并作诸器，即以同一之铭辞被之，而于鬶字之下著器之共名。其后沿用既久，亦间有用专名者，如伯雠父敦曰"作宝鬶敦"，树仲敦曰"作鬶彝尊敦"，遂成进奉之义矣。

敦　敦为盛黍稷之器。其制似盂，或敛口，或侈口。下有圈底，或缀三足，或连方座。旁有两大耳(耳或下垂如珥)。上有盖，是谓之会。盖亦有圈，却置之可以为足。

又有自来图录家所称为彝者，考其形制，亦皆为敦。自《博古图》以敦之小者列入此类，后世相承，遂有彝之一目。此事自陈介祺、潘祖荫诸人辨之，而王静安始著其说于《古礼器略说》。

簠、簋　簠、簋之用与敦同。《说文》(竹部)，"簠，黍稷方器也"，"簋，黍稷圜器也"。今验之古器，适得其反。簠侈口而长方，簋敛口而椭圆，与郑说相近。可知汉世诸儒已不能详其形制。甚有"外方内圆""外圆内方"，互异其说者。不有原器，乌从正之。至其两耳四足，有盖可以却置，则簠与簋初无区别。

簋有以筐名者，所见不下五六器，铭辞有以筐叶均者，有非叶均者，颇疑礼器之簠簋，与筐筥为同类。《诗·国风·采蘋》，"维筐及筥"，毛传云，"方曰筐，圆曰筥"。其说解亦与簠簋同，故簋得称筐也。近新郑出土古礼器甚夥,中有簠六而无簋。有一器类长方形之盘,底平口侈而四隅略圆,两端有联环,两侧亦各有一环,铭七字,曰"王子婴次之䩼卢"。《说文》(皿部),"卢,饭器也"。又(凵部),"凵卢,饭器,以柳为之"(《方言》十三作"笙篓",《仪礼·士昏礼》郑注作"筥篓簏")。其器外花纹作编织形,花纹上下又作绳形以周匝之,所以象柳或竹编制之状,其为饭器,盖无疑义。第常器用柳,而此则以铜仿制之耳。既为饭器,则其用与簠簋同矣。王静安据《隶续》所录魏《三体石经》"莒"之古文作"𦷣",以为金文中簠鼎、鄱鼎、鄱侯敦等器之"簠"或"鄱",即莒国之"莒"。饭器之卢,亦即筐筥之筥。是则簠簋与筐筥,名异而实同也。

黍稷宜温,故敦与簠簋皆有盖。盖亦用以盛,故皆可以却置。审其制作,可以知其用矣。

尊、罍　《礼经》称盛酒之器皆曰尊,犹之饮酒之器皆曰爵也。若就其专名言之,则尊为盛酒器之一种。其形圆而硕腹侈口。有朴素类觯者,有有棱似觚者。大者容五六升,小者容一二升。王静安谓"有大共名之尊,有小共名之尊,又有专名之尊"是也。其硕腹敛颈者谓之罍,容量大于尊。《博古图》所收,有容一二石者,有容二三斗者,亦无一定之制。按《诗·卷耳》疏引《五经异义》述毛说云,"大一石"。《尔雅》(《释器》)郭注云,"大者受一斛"。皆就其大者而言。若"山罍""大罍"则皆受五斗(聂崇义《三礼图》张镒引阮谌说),《尔雅》(《释器》)又谓"小罍谓之坎"。知罍本有大小之等差,因其名物而异耳。

牺尊象尊之说,自来未有定论。魏王肃于鲁郡得齐大夫子尾送女器,有牺尊,作牺牛形。梁刘杳又谓晋时发齐景公冢,得二尊,形亦为牛象。二子皆凭实验,非逞臆说,自较墨守陈义者为可信。近代收藏家尚有牺尊,其器作牛形,凿背内酒,与魏晋所出者正同。又有"鸮尊""凤尊"以首为盖,以颈受酒。尚有作饕餮食人状者,其制尤奇。是皆于《礼经》无征者也。

壶　壶之字象器形,《殷虚书契》(卷五第五叶)作"𡊍",金文作"𡔐"(虞司寇壶),小篆作"壺",上"大"象盖,下象耳腹之形。黄伯思《东观余论》云,"壶之象如瓜壶之壶,《豳》诗所谓'八月断壶',盖瓜壶也。上古之时，……因壶以为壶"。按《诗》毛传云，"壶，瓠也"。《庄子·逍遥游篇》说"瓠"云，"何不虑以为大樽"。释文引司马云，"樽如酒器"。知古者有以瓠为酒器者矣。

又有所谓鑸者（仲义父鑸），制为壶而名为鑸。《说文》（缶部），"鑸，瓦器也"。《玉篇》《广韵》皆云，"似瓶有耳"。《诗·小雅》，"瓶之罄矣，维罍之耻"。亦谓瓶为盛酒器之小者。《积古斋钟鼎彝器款识》载史宾钘。其字作"钘"，阮元云，"即《说文》之'钘'字"。盖"鑸""瓶""钘"，皆壶属也。汉谓之"钟"，其方者谓之"钫"。名虽不同，而形制犹与三代无甚差别。盖自名称紊乱之后，而壶之名遂为有喙有錾之"盉"所专有矣。

卣　卣制如壶差小而有提梁，以盛郁鬯。故俗谓之"提梁卣"。

《说文》无"卣"字，《周礼·鬯人》又假"脩"为之（"庙用脩"。郑注云，"脩读曰'卣'。卣，中尊"）。《殷虚书契》（卷一第十八叶），"鬯六卣"作"🍶"，金文（毛公鼎，伯晨鼎，师兑敦，录伯敦，吴尊），"秬鬯一卣"作"🍶"。惟盂鼎作"🍶"，与经典"卣"字略同。故王静安以为"卣"之本字，即《说文》之"卣"。殷虚卜辞（《戬寿堂殷虚文字》第二十五叶），又有"鬯五卣"，字作"🍶"，下从"皿"。"凵"即"皿"之省，从"凵"与从"皿"同义。知杞伯敏父壶之"🍶"，亦即"卣"字也。《说文》（乃部），"卣，气行貌。从乃卣声，读若'攸'"，而不以为酒器。今可据殷周之遗文，以补许书之阙义。

觥　《诗》屡言兕觥，而传世之器不能正其名。清阮元《积古斋钟鼎款识》录子燮兕觥，并略记其形制云："器制如爵而高大。盖作牺首形，有两角。"王静安著《古礼器略说》，认阮氏此器为角而非兕觥。以为兕觥者，自宋以来冒匜之名而不能辨别。《博古图》以下之所谓匜者有二种。其一器深而有盖，其流侈而短，盖皆作牛首形，俗谓之"虎头匜"者，即兕觥也。并立六证以说明之。余以为王氏定俗称虎头匜者为兕觥，其说良确。而认阮氏之器为角，则殊不然。《积古斋款识》中记其形制甚略，而题咏中则特详。其《复与诸友分赋商周十三酒器为堂上寿得周兕觥诗》云，"盖流作牺首，斛然额角长"，知此器有流。盖之当流处作牛首形，如俗称虎头匜之盖。又云，"左右各有缺，双柱居其旁"，则知此器有双柱，故曰"器制如爵而高大"也。窃疑古之兕觥,盖有二种,一为盛酒之觥,一为饮酒之觥,非如王氏说兼盛酒与饮酒二用也。《诗·卷耳》,"我姑酌彼兕觥"。酌谓以勺挹取之,是为盛酒之觥。《诗·七月》,"称彼兕觥"。"称",犹举也,称觥与举爵扬觯同,是为饮酒之觥。俗称虎头匜者,不可以举,盛酒之觥也。阮氏之器,其形类爵,饮酒之觥也。二者之器形虽异,而其盖皆作牛首形,且必在当流之处。其前后皆斛然而曲(与王氏所引《诗》《小雅》《周颂》"兕觥其觩"之说亦合)。二者初无异也。其所以名为兕觥者,亦以其盖得名,非以兕牛角为之也。《西清古鉴》之亚角,溥伦所藏之父丙角(此器形制及铭文全与《西清古鉴》亚角同,而花纹小异,不知即一器否),亦皆有流有盖,盖作双角之牛首形,与阮氏之器同,惟无双柱为异。皆饮酒之兕觥也。

盉　盉之名不见于《礼经》,而传世之器有自载其名曰"盉"者。《说文》(皿部),"盉,调味也。"故吕大临谓整和五味以共调。董逌则指为《少牢馈食礼》"羊镬""豕镬"之"镬",谓《礼经》改"盉"为"镬",其说尤误。端方得铜禁于陕西,所陈皆酒器。有尊一,卣二,爵一,觚一,觯四,角一,斝一,盉一,勺一,柶六。王静安据此定盉为和水于酒之器,所以节酒之厚薄者。其论其形制曰,"其有梁或鋬者,所以持而荡涤之也。其有盖及细长之喙者,所以使荡涤时酒不泛溢也。其有喙者,所以注酒于爵也"。今从王说,定为酒器。

爵　爵有共名,有专名。《五经异义》引《韩诗》说,"一升曰爵,……二升曰觚,……三升曰觯,……四升曰角,……五升曰散,……总名曰爵,其实曰觞"。(节《诗·卷耳》疏)所谓总名曰爵者,言饮器皆得以爵名也。所谓"一升曰爵"者,饮器之专名也。一升之爵,其形二柱三足一耳,前有流,后有尾,《说文》(鬯部)所谓"象爵之形"也。端方藏铜禁所陈之爵,尾与流之下皆有觚棱,古物陈列所有一爵,合二柱以为一,《博古图》之招父丁爵,《宁寿鉴古》之雷纹爵,并无柱,诸女爵方形四足,则皆爵之异制矣。

爵之所以有二柱者,非以为观美也。清程瑶田曾据《考工记·梓人》之文,以求其制作之精意。以为两柱齐眉,谓之"乡衡"。乡衡而实不尽,则梓师罪之,即指二柱而言。二柱盖节饮酒之容,验梓人之巧拙也。其说近似。宋吕大临谓反爵于坫,殆不然也。

觚　觚之制圜而侈口,有四棱,故谓之觚。亦有形制同而无棱者,则失其命名之旨。此孔子所以有"觚不觚"之叹也。

觯　觯之制似盛酒之尊而小,或圆或椭,朴素无文。

古饮器多不载器名。近出郘王义楚器三,形制完全为觯,而铭文一曰鍴,其二皆曰觞。王静安以为《说文》觯、觛、卮、觶、𮇚五字实即一字,鍴、觞固即《说文》之觶,亦即《礼经》之觯。其说是也。饮器之自载器名,此为仅见。

角、斝　角与斝之制,皆三足一耳,与爵略同。角口羡而无柱,上多有盖。斝口圜而有柱。

《礼经》之言酒器,以角与斝连文,或角与散连文。《韩诗》之说五爵,亦有散无斝。罗叔蕴据《殷虚书契》(卷五第五叶)"𠚜"字以订正许书"斝"字之说解,及经典"散"字之形误(见《殷虚书契考释》)。其说甚确。

勺　《仪礼・士冠礼》,"实勺、觯、角柶"。注,"勺,尊升,所以斟酒也"。《考工记》(《梓人》),"梓人为酒器,勺一升"。注亦云,"勺,尊升也"。(按二"尊升"字并当作"尊斗"。)《说文》(勺部),"勺,挹取也"。盖勺之为用,所以斟酒于尊而注于爵,或又以为饮器,挹取而饮之。端方所藏铜禁,酒器中有一勺,出土时在卣中。又藏赇弘觥(《陶斋吉金录》作"匜",误)亦有一勺。其铭与觥之器盖同文。皆足证明其为斟酒之用也。其名又谓之"斗"。《诗・行苇》,"酌以大斗"。释文,"字又作枓"。《说文》(木部),"枓,勺也"。与勺为尊斗之说亦合。汉有神爵四年成山宫铜渠斗,其形如今之勺,其字又从金作斛,亦斟酒之勺也。

古酒器有二种,有盛酒之器,有饮酒之器。盛器通谓之"尊",即王氏所谓小共名之尊也。饮器通谓之"爵",即韩氏说之五爵也。尊、罍、壶、卣、盉,皆尊也。爵、觚、觯、角、斝,皆爵也。觥则有尊有爵。勺本斟酒之器,又可以为行爵。

饮酒之多寡,礼各有其宜,故器有大小之别。旧说容量之数,纷歧不一。古人制器又不必尽符定制。今就传世之器比例其大小,则《韩诗》之说较为允当。此不过就其大要而言。至形制同而容量不同者，仍往往有之。

豆　《说文》（豆部），"豆，古食肉器也。从"▽"象形。（小徐本如此），古文豆"。今传世之器其形与篆文同。"一"象盖，"○"象腹，"山"象足。周生豆作"豆"，太师虘豆作"豆"，并小异而大同。惟古陶器有作""者，无盖形，则与许君所举之古文同。

豆之制有二类，甲类如《考古图》所录之齐豆是，乙类如《博古图》所录之刘公铺是。二器皆有器名，一若甲类者谓之豆，而乙类者谓之铺矣。但又不然。《博古图》又有疑生豆，铭曰"作羞豆"，形制为乙类，是甲乙二种皆得谓之豆也。近代著录之父丁豆、周生豆、太师虘豆三器，不知其形制何若，惜无由证之。又铺之为器名，于经传无征，笾为豆类，而器铭反不著，皆不能无疑也。传世之豆，以瓦豆为多，亦分甲乙二种，知铜豆本非常制也。

又肉几之"俎"，今所未见，疑此器较大，以木为之，不能以金仿铸钦。闻日本住友氏藏有小铜俎，其制如几，未之见也。

盘、匜　古者祭祀燕飨，皆有沃盥之礼，昭其洁也。盘与匜相需为用，以匜泻水于手，而盛之以盘。故匜有鋬有流。盘浅而巨，两旁有耳，观其制即可以明其用。盘在汉为洗，为铫，视盘为深而无足，中多作双鱼形。晋有澡盘，形制未详，要亦沃盥之器也。

匕、枛　《说文》（匕部），"匕，相与比叙也。从反人。匕亦所以用比取饭，一名枛"。是匕、枛同物也。然《礼经》于别出牲体者，及匕黍稷者，始谓之匕，而扱醴者则谓之枛。古者匕以木为之，《礼记·杂记》"枇以桑"，《诗·大东》"有捄棘匕"，是也。枛则以角为之，《仪礼》《士冠礼》《士丧礼》"角枛"，是也。近出鱼鼎匕，银质金书，存三十余字。端方藏酒器中有枛六，载于《陶斋吉金录》中（端方名之为勺，误）。铸金匕枛，惟此而已。

禁　古盛酒之器，多陈于禁或斯禁之上。《士冠礼》《士昏礼》《士虞礼》《特牲馈食礼》谓之禁。《乡饮酒礼》《乡射礼》谓之斯禁。《少牢馈食礼》《礼记》《玉藻》《礼器》又谓之棜。其实棜即斯禁。棜本实腊之器，其形有类于斯禁,故斯禁又得称梌。禁与斯禁之别,在足之有无。郑玄《礼记·礼器》注云,"禁如今之方案,隋长局足,高三寸"。《乡饮酒礼》《乡射礼》注云:"斯禁,禁切地无足者。"《特牲馈食礼》注云,"梌之制如今之大木舉矣,上有四周,下无足"。尊者用斯禁,卑者用禁,《礼器》所谓"礼有以下为贵者也"。端方于宝鸡县所得承尊之器,形椭长如方案而有足,即禁也。古盖以木为之,而此以铜铸,故得流传至今,惜已输出海外矣。闻孟津所出铜器中亦有之,四周皆以铜制而空其中,或铜与木合制者欤。然未见其器,不知其说之果可征信否也。

鑑 《说文》(金部),"鑑,大盆也"。《周礼·凌人》注曰,"鑑如甀大口,以盛冰,置食物于中以御温气"。《西清古鉴》所录之蟠夔洗,《续鉴》所录之蟠虺洗,一径二尺余,一径尺余,皆鑑也。何以知之,《山右金石志》著录一器,今为霍氏所藏,形制正同,而铭曰"自作御监"。知许郑之说之有据矣。近新郑所出亦有一器,人皆目为洗,是沿《西清古鉴》之失也。

钟 钟有大小之别。小而编悬者谓之"编钟",大而特悬者谓之"鏄",通谓之"钟"。《考工记·凫氏》一篇,纪钟制甚详。自程瑶田为《章句图说》,而"铣间""鼓间""钲间"之解始定。阮元命工鼓铸,而"枚"之为用乃明。惟"旋""干"之制,说者不一,虽程氏亦未能确定。《筠清馆金文》载从钟钩,图其形制。一端有兽形,一端为钩。铭文二行,曰"芮公作□从钟之句"。今藏定海方氏。又上虞罗氏藏二器,形制略同。有兽形而无文字。爵文有"🐉"字,亦酷肖此形。据《凫氏》之文曰,"钟悬谓之'旋',旋虫谓之'干'。……参分其甬长,二在上,一在下,以设其旋"。是旋与干明是二物,属于甬之钮谓之旋,悬于笋簴之钩谓之"干"。干作兽形,故又谓之"旋虫"。爵文盖象干之形也。程氏所拟之图,虽未必尽合,而其精思卓识,实不可及。

凡甬旁设旋者侧悬,无甬而上有钮者直悬,故钟有侧悬直悬两种。大抵鏄钟多直悬,编钟多侧悬。鏄钟多载全铭,编钟则铭之首尾多不完具。盖编钟十六枚为堵,编悬于一簴,其铭当依其次第分载各钟,合之乃全也。刻铭之处,有在两面者,有仅刻于钲之一面或鼓之左右者。惟楚公钟刻于腹，奴钟、叔编钟刻于甬，则不多觏耳。

后世释氏之钟，其口皆圆而平，上皆有钮。唐宋以来铜钟铁钟之见于著录者，皆此类也。

鼓　鼓以革制，而传世有铜鼓，不知始于何时。《后汉书·马援传》，"于交阯得骆越铜鼓"。注引裴氏《广州记》曰，"俚僚铸铜为鼓，鼓惟高大为贵"。《大周正乐》（《太平御览·乐部》引）曰，"铜鼓铸铜为之，虚其一面，覆而击其上。南蛮、扶南、天竺类皆如此"。据此则铜鼓为蛮夷之制。今所见铜鼓，正如《大周正乐》所言，多为汉以后物。罗叔蕴云，"曾见一器，两面作鼍纹，与冒革之状同。周围雕镂精绝。虽无文字，而花纹似商周物"。是或为蛮夷制作之最古者。

铜鼓多无文字。虞喜《志林》曰，"建武二十四年，南郡男子献铜鼓，有铭"。（《御览·乐部》引）此有文字之见于纪载者。近闻有晋铜鼓，有铭。其文有义熙纪年及官号人名。盖专用之军中，非寻常乐器也。

錞　《周礼·鼓人》"以金錞和鼓"。郑注云，"錞，錞于也。圜如碓头，大上小下。乐作鸣之，与鼓相和"。萧鏦、斛斯徵皆依干宝《周礼注》，灌水振芒，以验其用。《宣和博古图》著录十余器，宋人已不能考灌水之制。《乐书》云，"錞于者，以铜为之，其形象钟，顶大腹擪口弇，上以伏兽为鼻，内悬子铃铜舌。凡作乐振而鸣之，与鼓相和"。（《御览·乐部》引）则有舌可以振摇，又与钲、铎之用同。今所见形制，与前人纪载悉合，但多无舌，究不知灌水与振舌，二说孰是。

其器多无文字，制作皆不似商周时物。间有有文字者，亦皆隶书，且多为数目字（《荆南萃古编》所录一器，有三代文字，不足信）。

铎　铎之制似钟而小，铭多倒刻。盖铎有舌，以甬为柄，持而振之，口恒向上。故与钟之上下位置适相反。

近代所出句鑃，形制与铎相类。铭在两铣，亦皆倒刻。吴大澂疑"鑃"为"铙"，王静安则疑为"铎"，且以其器出南方，据《盐铁论》（《利议篇》）"吴铎以其舌自破"，《淮南子》（《缪称训》）"吴铎（'吴'字今本作'矣'，据王念孙《读书杂志》订）以声自毁"（高诱注云，"铎，大铃，出于吴"),疑其器即"吴铎",是或然也。

錞、镯、铙、铎,谓之四金,皆与鼓相联为用。镯之为物,许郑并以"钲"释之。初以为周之镯即汉之钲,然《诗·小雅》"钲人伐鼓",已有"钲"字。且传世古器有日在庚钲,铭曰"自作征墜"("征"即"钲"字,"墜"字不可识)。湖南近出一残钲,铭曰"作钲□"。又曰"铸此钲□"(钲下一字,左从"金",右从"戈",中不可辨,意即从"金"从"成",与前一器"钲墜"同)。前一器为邻君自作,文倒刻。后一器为伐邻者所作,文顺刻。实皆周物。窃以为镯、铙、铎、钲,四者同物而异名,其区别仅在大小之间。《周礼》郑注及贾疏以为"无舌为铙,有舌为铎",恐不尽然也。

汉有四时嘉至钲(《四时嘉至》并汉乐章之名),新莽有地皇候骑钲,其制并与三代同。《西清古鉴》载孝武西园安世摇钟(《安世》亦乐名),四时嘉至摇钟,亦即此物。既曰"摇钟",则必有舌矣。

又有牛马铎,有钮有舌。其铭多有"宜牛马"等字,皆汉以后物。晋荀勖以赵郡贾人牛铎定乐,即此类也。

埙　埙为烧土之乐器,形如鹅卵,锐上平底,一面二孔纵列,一面三孔如品字,一孔在顶上,凡六孔。顶上之孔所以吹者。其形制与《世本》《尔雅注》《风俗通》所言正合。文字多以印抑之,如陶器然。亦有无文字者。

磬　磬为石制之乐,而《博古图》载四磬皆为铜制,形制全不相类,不足信也。清程瑶田著《考工创物小记》,为《磬氏为磬章句图说》,解磬制甚详。又著《磬折古义》,谓悬磬之形,其直中绳。全由《记》文及旁证以定之,惜无实物为之左证。今出土有殷磬、周磬、汉磬。殷磬出安阳,为殷虚故物(见《殷虚古器物图录》),其数凡五。周磬近出孟津,为编磬。本校亦得五枚。又蓬莱吴氏及上虞罗氏亦各藏一磬(罗亦编磬,吴则特磬),虽不知出土之地,而形制与孟津所出者同,亦为周器。汉磬为上虞罗氏藏,上有"四时嘉至"字,故知为汉器。殷、周、汉之制虽各不相同,而所谓倨句一矩有半(即磬折)者,乃仅就其脊而言,不似《礼图》之表里相等也。就其孔而悬之,皆非直悬,与程氏之说亦不合。以是知程说虽精,终不若实验之确也。磬之制既无花纹,又无文字,不为赏鉴家所重,故流传者少。《历代钟鼎彝器款识》录一磬,有铭六十字,未见第二器也。其所图之形,鼓与股之长虽相等,而大致与今日所见者无以异也。

释氏铜磬,名为磬而制为仰钵形。有文字者较少。其最著者为唐大中铜磬,遍刻经文,今久佚矣。

二、度量衡

古之度量衡出于律。据《汉书·律历志》,律之本为黄钟之宫。以秬黍之广为分,九十分为黄钟之律。千二百黍实其龠,重十二铢。故度本起于黄钟之长,量本起于黄钟之龠,衡权本起于黄钟之重。然地有肥瘠,岁有丰歉,古今培植之术有精粗,黍之大小轻重焉得一定之标准。后之考古者,欲求其说之不纷歧,其可得哉。无已,则不能不藉资于传世之实物。清之为是学者,前有钱塘,著《律吕古谊》,后有吴大澂,著《权衡度量实验考》(仅成权、度二篇)。钱精于数学,而以实物证明之。吴自言不知算与律,以所得玉律琯与古圭璧较,定为黄钟十二寸。谓《汉志》述刘歆说"黄钟九寸",为新莽之制,莽以前无此说。然龠实千二百黍,亦为歆说,何独疑彼而信此。故其较黍之轻重也,则又疑《汉志》有误。于此知历代度量衡之制,虽有实物犹不易言考定也。又况传世之器,多为私家所庋藏,学者未必亲见。尺度可以抚拓,似不啻亲见矣,而纸有伸缩,复难凭信,此非罗列实物,参互比较,不能得其真也。今姑就所见所知者先著于篇,以俟异日搜集而为研究之资。

度　钱塘据曲阜颜氏所藏尺,以验羊子戈,与《考工记》《冶氏》所纪之尺寸适合,遂定为真周尺。吴大澂据传世圭璧,作"周镇圭尺"。皆不过自成一家之言,是否可信,尚为疑问。其有年号文字可据者,则惟新莽始建国尺、东汉建初尺、蜀章武弩机尺、魏正始弩机尺、唐正仓院尺、宋三司布帛尺、钜鹿城木尺,及明嘉靖牙尺、万历官尺等数种而已(《筠清馆金文》载始建国铁尺,不云器藏何所,亦未摹其尺度。《奇觚室吉金文述》载西汉元延铜尺,较建初尺略短,其文即仿元延锏及建初尺为之,实伪物不足信)。

新莽始建国尺,藏潍县某氏。其制可以伸缩,敛之为六寸,舒之则为一尺。一端有环,可以系绳。两旁刻鱼形。铭曰,"始建国元年正月癸酉朔日制"。余未见原器,仅见吴大澂《权衡度量实验考》中摹本,长今尺(营造尺,下仿此)七寸八分半,实较余所考之新尺为长。苟非伪器,必吴氏摹误也。

东汉建初尺,藏曲阜孔氏。铭曰,"虑俿铜尺。建初六年八月十五日造"(本校研究所有仿制者)。长今尺七寸四分。清以来考古尺度者,皆以此为标准。罗叔蕴又藏古铜尺骨尺各一,长短与建初尺近同,或亦皆汉物。

蜀章武及魏正始二弩机,亦皆罗氏所藏(蜀弩机后为端方索去,摹于《陶斋吉金录》中,而失摹其尺寸),尺寸刻于望山上。蜀尺与建初尺同。知蜀之尺度犹遵汉制(《恒轩吉金录》载蜀建兴弩机亦刻分数,以三分为一小格,六分为一大格,共积三十六分。疑非依尺寸刻画者)。魏尺较建初尺略长,王静安云,"殆即《隋书·律历志》所论杜夔尺"。

晋前尺拓本,出于《王复斋钟鼎款识》,前人皆以为真晋尺。今据王静安考订,实即宋高若讷用汉货泉度尺寸所定十五种尺之一,其铭辞与《宋史·律历志》所载略同。此说可为定论,足破前人之惑。

唐正仓院尺藏日本奈良正仓院。据《东瀛珠光》所摹共有六尺,长短分四种。一种长今尺九寸三分(白牙尺甲、白牙尺乙、红牙拨镂尺甲),一种长今尺九寸二分六厘(绿牙拨镂尺甲),一种长今尺九寸四分八厘(红牙拨镂尺乙),一种长今尺九寸五分五厘(绿牙拨镂尺乙)。又乌程蒋氏藏镂牙尺一,刻镂精绝,与正仓院尺同,长今尺九寸四分弱,殆亦唐尺也。

宋三司布帛尺,曲阜孔氏所藏。原器未见,拓本亦罕觏。

宋钜鹿故城木尺凡三,其二长今尺一尺二分半,其一为木工所用之曲尺,长今尺九寸六分强(本校研究所有仿制者)。

明嘉靖牙尺,藏武进袁氏,侧有文曰,"大明嘉靖年制",长今尺一尺微弱。

万历官尺旧藏嘉兴瞿氏。明洪武钞之高,正当此尺一尺。以今尺较洪武钞,长短正同。知今尺虽沿用清工部营造尺,实即明官尺也。

又古之钱币,初造时皆有一定之尺寸,如《汉书·食货志》所载新莽之钱货六品、布货十品,及错刀、契刀、货布、货泉等,皆详纪其轻重大小之数。其中最易计较而又不难得者,惟货布、货泉两种。货布长二寸五分,积四布得一尺。货泉径一寸,积十钱得一尺。余尝以货布尺较新嘉量(详后节),不差豪黍,始知《汉志》之正确。余即据以作刘歆铜斛尺,并依《隋书·律历志》作十五种尺(并存本校研究所)。唐武德四年铸开元通宝钱径八分,则积十二钱有半,得一尺。惟开元通宝钱行用期甚长,大小极不一致,惟背有"洛""并""幽""益""桂"等字者差为可据,以此五州皆于武德四年置监也。

量　前人之考古量者,始自嬴秦。然潍县陈氏所藏左关釜二,左关鋘一,实皆量也。釜形如罂,小口大腹,腹有两柄,可持而倾。今之斗斛两旁有柄,殆亦有所昉也。鋘字不可识,器形如半匏而有流,十鋘所容不满一釜。陈介祺考为陈太公和相齐宣公时所作器。惜无由见之,不能实验其容量也。

秦量则陈介祺、端方所藏最多。其制多椭圆,或长方形,一端有銎,可实木柄,上刻始皇二十六年诏,或并刻二世元年诏。合肥龚氏藏一方量,底刻始皇诏。旁刻"大良造鞅"云云(十八年,齐□卿大夫众来聘,冬十二月乙酉,大良造鞅爰积十六尊五分尊□为升)。盖纪商君平斗桶权衡丈尺之事。于以知始皇并兼天下,一法度衡石丈尺,皆秉商君之旧。故即于旧器上增刻诏书也。

秦之铜版亦刻始皇、二世诏,世谓之"诏版"。宋董逌考为古规矩之器,实出臆断,清吴大澂定其名称曰秦量诏版。今验其制,四隅有孔,中微凸起,略如覆瓦,似即施于木制之量者。盖金量陶量,文字皆足以传久。木量易于磨灭,故必刻金以饰之,其孔所以施丁。其微凸者,饰于椭圆器而欲其熨贴也。

新量以《西清古鉴》所载最为完好。五量备于一器,上为斛,下为斗,左耳为升,右耳为合、龠,与《汉书·律历志》所说正合。五量皆有题字,各记其尺寸及容积,与刘徽所见晋武库中之铜斛(见《九章算术·商功篇》注)同。尚有铭辞二十行,凡八十一字。亦与《隋书·律历志》所载后魏并州人王显达献古铜权铭合(《隋志》误一字,夺二字,当据此正之)。

此器今在故宫博物院。端方藏一残器,亦有此八十一字之铭辞,为河南孟津出土。近见玉版一方,两面刻,铭辞亦同。是或班行天下以为永式者。近又见一方量拓本,上有字二行,一行曰,"始建国元年正月癸酉朔日制"。一行曰,"律量斗,方六寸,深四寸五分,积百六十二寸,容十升"。又有"嘉禾""嘉麻""嘉豆""嘉麦""嘉黍"等字。此器不见于著录,意必新出土者,不知归谁氏矣。

汉量惟阳安铜斛一器,上刻《戊寅诏书》。

汉以后量,未见流传。后世斗量之以木制,或即始于后汉三国时也。

量器之斗,大率有柄,其字亦象形。故凡器之以斗名者,如酌酒之斗,及鐎斗、尉斗等,皆莫不有柄。北斗七星,亦正象器形。古人命名之旨,可类推而知之。

又古盛酒诸器,皆有一定之容积。以器计之,无烦料量。故齐侯甗(此器今存古物陈列所)铭曰,"铸西疃宝甗四秉,用实旨酒"。假定甗之所容一斛(《积古斋钟鼎彝器款识》所录一器有刻款一行曰,"文官十斗,一钧三斤"八字,而古物陈列所一器无之,二者或同铭异器欤),则四秉当以六十四器实之。盖言其总数,非一器之所容也。考古量者,除传世斗斛及自纪容量之诸器外,此种盛酒之器,无论其为金为陶,皆宜取资者也。

衡　权衡之初制,必如今之天平。施纽于衡中,使两端皆平,一端悬权,一端称物。故传世之权,多纪斤两之数。其后渐趋简易,移其纽于一端,而刻斤两之数于衡上,即今之所谓称也。韦昭《国语注》曰,"衡,称上衡。衡有斤两之数"。然则以衡纪数,自三国时已然。今所见古权,凡纪斤两者,皆为天平制之砝码,其不纪斤两者,皆称制之锤也。

权之见于著录,亦始于秦。曩尝于定海方氏见一小铜权,其铭为古文(铭辞有"西里"等字,与陶器同),实周代之物,其上不纪斤两之数。

秦权以《陶斋吉金录》及《秦金石刻辞》二书所载为最备。二家所录,几三十器。或圆如覆盂,或周围有觚棱,上皆有钮。其刻始皇、二世诏与量同。或著地名,或纪"八斤""十六斤"之数。有以石为之者,仅见一器耳。

新莽之权,有作环形者。按《汉书·律历志》说五权曰,"圜而环之,令之肉倍好者,周旋无端,终而复始,无穷已也"。即指此制。其文多曰"律石",或曰"律一斤十二两"。有作瓜棱形者,底有"大泉五十"钱文。又有一权,亦作瓜棱形,文曰"官累重斤二两"。以钱文及形制互证之,殆两汉或新莽时物也。莽权之纪斤两,与秦权同。

汉以后权,惟元明尚有存者。其余不多见(《陶斋吉金录》所载北周权一,唐权二,皆伪物),或称之为用较广,其文字皆在衡上。衡以木制,不能传久,而无字之权,又不能定其时代,故吾人转觉材料之少也。

古度量衡三者之考证,以权衡为最难正确。盖此种实物惟秦新两朝之权纪有斤两,尚可较其轻重。其不纪斤两者,则无从凭藉矣。此外有纪重明文之一切器物,苟非残损,尚可取资。然金有时而蚀,石有时而泐,年湮代远,重量即差,只可于依稀仿佛之间,比较其大略而已。

三、钱币

古者日中为市,致天下之民,聚天下之货,交易而退,各得其所。其后生产日增,需求亦繁,交易有无,不能相准,于是钱币兴矣。钱币所以辅财物之不足,自来未有定名。曰"货",曰"布",曰"币",沿交易时代物品之名也。曰"贝",曰"金",以本体之物质名之也。曰"刀",曰"钱",以所像之形名之也。曰"泉",则由钱而同音通假也。宋以来谱录家多沿新莽之称,谓有首肩足者曰"布",刀形者曰"刀",圜者曰"泉"。清马昂又以世所称为"蚁鼻钱"者曰"贝"。今皆仍其名称,分类述之,一曰贝,二曰布,三曰刀,四曰钱,五曰钞板、银定,而以钱范附于后焉。

贝 古代文化兴于西北,距海甚远,贝不易得。故在贸易时代,即以为货物之辅助品。故许慎云,"古者货贝而宝龟"(《说文》贝字解),而彝器之文又有锡贝若干朋之语也。今所见古代真贝,背上凿穿或磨平,而与腹下洞穿者,皆是也。虽未能确定其为行用之货(彝器文之所谓锡贝,恐已非真贝),而要之为货贝时代之遗制,则可断言。所以必凿穿或磨平其背者,以其可以贯系也。贝贯于系者谓之朋,犹后世之钱曰缗曰贯也。古彝器文有子荷贝形作"🜚"(祖癸爵),作"🜚"(父乙彝),作"🜚"(父丁鼎），作🔲（父乙盘）者，即古"朋"字。其"锡贝若干朋"之朋作"🔲""🔲"等形，皆可以见古人系贝之状。按崔憬《易损注》云，"双贝曰朋"，《汉书·食货志》注，苏林曰，"两贝为朋"，《诗·菁菁者莪》郑笺云，"五贝为朋"。王静安《说玨朋》云，"古制贝玉皆五枚为一系，合二系为一玨若一朋"。其说是也。象形朋字所从之"🔲""🔲""🔲"等形，皆"贝"字也。

今世传铜币，有蚁鼻钱者。其形上狭下广，背平面凸，上俱有孔，或透或不透。文字约有四五种，俱不易识。宋以来即有此称，俗又谓之鬼脸钱。马昂目之为贝，其说良是。盖其初用真贝，后乃铸铜为之。自真贝至有文字之铜贝，不知经若干时期矣。

真贝出于近世，前人未有论及者。所出真贝之外，尚有以骨仿制者，略似磨背之真贝，亦有贯系之穿。此类之贝，多为古墓中之物，考其墓之时代，亦有在铜货盛行之时者，如新郑发见郑伯之墓，即与铜器杂陈。知此为殉葬之贝，而非通行之货。然以贝殉葬，必以贝为可宝，尚不失货贝时代之遗风。故殉葬者，或以贝或以钱耳。前人考古，偏重文字，故于钱币之源流，亦自有文字之铜贝始，不知此铜贝以前，亦有其沿革之迹可寻也。

安阳县西五里之小屯，又出骨制之物，状作环形，径三分许，肉好若一，厚薄不等。罗叔蕴谓即骨贝之变形（由两面皆平中有一穿之骨贝变椭为圜，则成此形），而为后世圜金之所自仿。云南以贝代钱，其名谓之"𧴭"（《明史》及《通志》作"𧴭"，《元史》作"𧴪"，《续通考》云，即《尔雅·释鱼》之𧴫），以滇池所产之蚌壳为之，行用之制，以枚计直，一枚曰庄，四庄曰手，四手曰苗，五苗曰索（鄂尔泰《云南通志》），其状与此略同。台湾土番所用者，其形较小，贯之以缟，度其长短以定直，运肘以代尺度，以由肘至腕之长为一尺，直钱千。使殷虚遗物而果为货币者，不知其计直之法当若何矣。

用贝始于何时，载籍无征（《易·系辞》言"聚天下之货"，前人有作货币解者，是必不然）。《说文》（贝部）"贝"字解云，"古者货贝而宝龟，周而有泉。至秦废贝行钱。"许君说解虽详，亦仅能言其废止。而于原始之时期,终莫能确定也。

布　《周礼·泉府》注,"郑司农云,'故书泉或作钱'"。《国语》(《周语》):"景王二十一年将铸大钱。"段玉裁《说文注》曰,"《周礼》《国语》已有'钱'字,是其来已久"(金部"钱"字注)。窃以为古本作"钱",不作"泉"。"泉"字始见于《周礼》,盖始于王莽,莽之货币无不作泉者,前此未之有也。钱本农具,《诗·周颂》所谓"庤乃钱镈"是也。清代考钱币者多以为传世空首布乃仿田器之钱为之,其说甚允。盖空首布之制作长方形,首为方銎,以安木柄,銎之一面有穿,可以施丁于柄以固之,足如钟铎之于。其状又如铲,故俗或谓之"铲布"。田器之钱所以劚土,当亦作此形。象钱之形即名为"钱",犹象刀之形而名为"刀"也。其后行用既久,取携不便,乃废其空首而为平面,缺其钟于形之足而成双足。今所谓尖足、圆足、方足者,皆此类也。

诸布文字,诡异不能尽识。其可识者,又非皆合六书。意必俗体之字,随意省减,流行于当时当地,人尽可识也。其所纪者多为地名,或干支数目之字。《货布文字考》据此定为春秋战国时物。于是宋以来"上古有币"之说,不辩自明。罗叔蕴云,"不但上古无币制,即《管子》汤禹铸金之说亦未可尽信。盖周以前为贸易时代,本无须货币,观《孟子》'以其所有易其所无'之语,知此风直至战国尚尔。货币始于有周而盛于列国,且初行时不过补助贸易之缺,惟都市官府用之,因官府无物可与民间贸易,故制货以剂之"。斯言实发前人所未发,有功于钱币学前途匪浅也。

布之行用期在有周之世,至秦始废之,及于新莽,又复行之。莽事事法周,于币制亦然。布、刀、钱,皆周制,莽悉效之。其所作货布及十布,与周布大同而小异,惟形制狭长,首皆有穿,与"𥝱𠢐当十"金布同而差小。知莽亦有所本也。

刀　刀币之名始见于《管子》,意即太公为周立九府圜法之一,班《志》所谓太公退又行之于齐也。其制象刀形,上有刃,下有柄。柄之端有环。全体作偃月形或磬折形。考其所纪地名及今出土之地,大抵皆齐与燕赵之物。齐刀最大,燕赵次之。今所流传者,有齐三字、四字、六字刀,有即墨刀,有安阳刀,上皆著"货"字,背多有三画文,显系一国之制。且出土多在山东及河南东境,是齐地也。其河南及直隶所出者,则为燕赵之制,较齐刀为小,文字亦简略,不著货字而仅纪地名,有明、邯郸、柏人等地。

王莽之契刀、错刀,名虽法古,而形制实与周制不同。蔡云谓莽未见泉刀,而窃取刀匕之制为之者,是或然欤?

钱　空首布谓之钱,已如上述,然其名后为圜钱所专有。圜钱之制,其初必作环形,内外皆圜。《尔雅·释器》曰,"肉倍好谓之璧,好倍肉谓之瑗,肉好若一谓之环"。三者同制而异形。知此种制度,为古器物通行之式,钱之仿此宜也。其外圜函方者,乃后来因袭改变之制。今所见环形者,有垣字钱,有长垣一釿钱,有共字钱,有济阴钱,有半睘钱,有重一两十二铢钱,有重一两十四铢钱等数种。皆圜孔,内外无郭。意皆周初之制。《汉书·食货志》曰,"周景王铸大钱,文曰'宝货',肉好皆有郭"。谱录家即以传世之宝货、宝四货、宝六货当之。其制已为方孔而内外有郭矣。又有内外有郭而孔圜者,文曰"西周",曰"东周"。罗叔蕴定为晚周之制,以为西周者河南,为考王弟桓公受封之地。东周者巩,为西周惠公少子受封之地。故其钱皆出今之河南。若然,则晚周犹有作环形者矣。

秦始用半两钱,沿用至汉。汉始用五铢钱,沿用至隋。中经王莽改变汉法,废五铢钱,更造大泉五十、小泉直一等钱,与刀、布并行。后又改作货泉,与货布子母相权。后汉建武十六年,复行五铢钱。至唐武德四年,始废五铢钱,而行开元通宝钱。自是以后,钱制大略相同,无甚变更。至清末,始改铸银圆、铜圆。

钱之文字,或纪其重,或纪其直,或纪地名。若齐刀及东周、西周钱,则著国号。后世既有年号,犹不以之铸钱。若汉李寿之汉兴,赫连氏之大夏真兴,宋武帝之孝建四铢,废帝之景和,北魏孝文帝之太和五铢,孝庄帝之永安五铢,不过稍稍改其旧制,尚不著为定例也。有唐一代,始终铸开元通宝钱,亦非年号。其间偶以年号铸钱,亦仅乾封、乾元、大历、建中等数种。宋虽累朝铸钱,而宋通、皇宋、圣宋等钱,亦非尽属年号。自宋以后,则累朝皆铸年号。且有当时未铸而后来补铸者矣。

古之圜法,子母相权。故以小钱为子而以大钱为母。后世财用匮乏之时,往往因袭此制,铸当十、当百等钱,几于历代有之。惟南宋铜牌,其制最奇,面曰"临安府行用",背曰"准贰伯文省"(张廷济云,"贰伯"即壹伯,疑误)。今所见有"贰伯文""叁伯文""伍伯文"三种。史志失载,仅见于元孔行素《至正直记》中。盖其时有足陌省陌之别,省陌又各地不同。故创为此制,纪其行用之地而著"省"字。其制殆同于钞法也。

钞板、银定 古者通行之货,一皆以钱。虽有以金银为货者,非常制也。后世钱法日坏,权以楮币,楮币渐弊,权以银货。故钞与银皆唐宋以后之制。

唐之飞钱,宋之会子等,其初以省运输之劳,继则利用之以济钱之不足。金元以后,交钞盛行,钞为主而钱为辅矣。

飞钱如今之会票,委钱诸司,至所在地合券取钱。其式今不可考。

宋之钞法,有交子、会子、川引、湖会、关子等名,而板式之流传者至罕。上虞罗氏所藏"一贯背合同"铜印,王静安考为南宋会子背印。惜其钞面板式今不可考。近见一钞板,上图钱十枚,作两列,五正五反,钱文左右各作一"×"字。下有文七行曰,"除四川外,许于诸路州县公私从便主管,并同见钱七百七十陌流转行使"。其下作负米入仓之图,并有"千斯仓"三字。与金元以后钞式全不相类,决为宋物,以南宋关子、会子、交子等并作七百七十陌也。

金之交钞铜板,则有三合同十贯大钞、山东东路十贯大钞、贞祐五贯宝券、兴定宝泉二贯及二贯钞背等。其文字形式,征之史志,可以订误补阙之处甚多。

元钞板传世较少。近年新出至元二贯宝钞铜板,文字清晰。式与金钞小有异同。亦为上虞罗氏所藏其钞之存于今者,有中统元宝二贯交钞,出新疆吐鲁番(见《新疆访古录》)。至元一百文、三十文宝钞各一,出甘肃,今在俄国亚细亚博物馆(见《四朝钞币图录》)。

罗氏取金元铜板,合以元、明、清楮钞,凡十七种,著《四朝钞币图录》,摹印精善,考证详核。传世钞币略备于此矣。

银定之传世者,验其文字,亦多为宋、金、元、明之物。宋金谓之银定,元至元以后谓之元宝。其形与今之元宝微异。大者重五十两,与今同。宋有达州大礼银、潭州大礼银二种。达州银未见拓本,仅存其文于莫友芝文集中。潭州银藏吴县潘氏。重各五十两,并有年号。金元以后多无年号,惟载"库子""银匠"等名,或纪某路等地名。近钜鹿宋故城中出银定数枚,亦无年号,是宋之银定亦不尽有年号也。

又有黄金有文字者,出安徽寿县。亦有出山东者。皆晚周列国时物。其文为方印,有"**涅筹**""**壄姿**"二种。或止一印,或数印相连。宋沈括《梦溪笔谈》谓之"印子金"。吴大澂定名为"鉼金",考为金币之一种。然是否当时通行之货,则未可知也。

钱范 冶铸器物必有范,钱币亦然。张廷济、鲍康、翁树培等考订钱范之制,言之详矣。昔皆统名之曰"范",其实宜别为"范"与"范母"二种。阴文反书者范也,阳文正书者范母也。

范有铜,有铁,有沙土,有滑石,范母则多以铜或土为之。土范母为铜、铁、石诸范之所自出。范成而母无所用之。若本始、元康、神爵等五铢,及新莽契刀诸范母是也。铜范母用以模蜡合土而成范,以范铸钱。钱成而范毁,则更以铜范母作之。故铜范母之所容,自一二枚至七八枚,无甚大者(半两圆范母容钱二十有九,则以钱小故耳)。其铸成之钱亦最精,若齐刀、莽刀、莽泉及建武五铢诸范母是也。

范之形制,各钱骈列,中设总流,旁设支流,皆与各钱相联。以面背二范合之,而灌注铜汁于其中。铸成出之,翦去支流之铜,而钱成矣。今之所谓"联布"者,出范后未翦者也。圜钱之轮郭敧斜、文字错乱者,面背二范有移动也。列国之布、燕赵之刀,文字奇异,类别最夥,几于无一同范者。鲍康云,"工人就沙土上以意刻字,旋刻旋铸亦旋弃,故参差弗齐"。是或然也。

今传世者,范则有空首布、圆肩方足布、方足布、尖足布、齐三字刀、宝六货、半两、五铢,及莽泉、莽布等,范母则有齐三字刀、宝四货、宝六货、半两、五铢及莽之泉、刀、布等，皆见于《古泉汇》《古器物范图录》二书。而后世钱范转无传者，是亦一疑问。翁树培以为唐宋以后不用此范制，殆近之矣。

四、符玺

郑玄《周礼·掌节》注曰，"符节者，如今宫中诸官诏符也。玺节者，今之印章也。旌节，今使者所拥节是也"。三者皆执以为信之物。其中惟使者节无实物可证，仅汉武氏祠石刻画像中图其形制，与《后汉书·光武帝纪》李贤注之说相同。今就符与玺印分别述之。符之后附以牌券，玺印之后附以封泥，从其类也。

符　符为判合之器，《说文》所谓"分而相合"者也。其书之之法盖有二种。一曰"质剂"，郑玄云，"两书一札，同而别之，若今下手书"（《周礼·小宰》及《司市》注）是也。一曰"傅别"，郑玄云，"为大手书于一札中字别之"（《周礼·小宰》注）是也。古多以竹木为之，惟发兵之符始用铜。

《史记·文帝纪》，"二年九月初与郡国守相（《汉书》无'国''相'二字）为铜虎符，竹使符"。故向之考虎符者，必曰始自汉文帝。近出铜虎符二，长今尺三寸许，文皆篆书金错。其一为左符，文曰，"甲兵之符，右在王，左在新郪。凡兴士被甲用兵五十人以上，必会王符，乃敢行之。燔燧事，虽毋会符，行殹"。文四行，凡四十字。其一左右皆具，文曰"甲兵之符，右在皇帝，左在阳陵"。左右各十二字。二符并为质剂之制。阳陵符先出，归上虞罗氏，已著录矣。王静安考证甚详，定为始皇初并天下文字未同一以前所作。新郪符晚出，已输出海外。以阳陵符证之，亦为秦制（"甲兵之符"及"左""右""在"等字皆同。以"殹"为"也"，亦见于秦权），犹在未称帝以前（新郪本魏地。此符当作于二十二年灭魏之后）。是虎符之兴，在秦以前。特汉初未遑制作，至文帝始为之耳。后汉建武初，亦但以玺书发兵，因杜诗之奏始作虎符。两汉事实正相同也。会符发兵之制，人多莫能详之，赖有新郪一符，尚可考见秦之兵制。又可知"甲兵之符"，非纪甲乙之数，乃被甲用兵之谓也。

其前于此者，尚有鹰符二，虎符一。鹰符面为鹰形，背有牝牡笋，曲其颈以为钮,似可以佩者。其一文在周缘,其一文在背上,皆古文,不尽可识。虎符为右半,形制大小与秦虎符相类,亦为质剂之制。文二行,行三字,曰"齐节夫二□五□"。字狭而长,类齐钟鼎文。以鹰形为符,于经史无征。《诗·大雅》,"时维鹰扬"。传云,"如鹰之飞扬"。后世官号亦有鹰扬将军。其取义殆与虎同,皆喻其猛鸷也。

凡周秦之符,如鹰符、齐虎符、秦新郪符,中皆有穿,可以贯笄(新郪符之穿,适当"必""燧""事"三字之间,故此三字笔画不完。意必错于笄端,合而贯之,其字乃完耳。阳陵符胶固不能剖,或亦有穿)。且文字为质剂之式,左右完具,无作半别者。

汉初虎符犹沿秦制。今传世列侯符二,各长今尺三寸五分,一曰"与临袁侯为虎符第二",一曰"与安国侯为虎符第三"。皆篆书,二行并列,不著左右字,犹是质剂之式。其余郡守虎符,则皆为傅别之式,背文一行,曰"与△△太守为虎符"。剖之则左右各得半字。肋间四字,曰"△△左(或右)几"。则应劭所谓第一至第五也。其字并篆书。形制大小分二类,甲类长今尺一寸八分,乙类长二寸三分。以"南郡守""长沙太守"二符证之(景帝中二年始更郡守曰守,则"南郡守"可确定为西汉。其制乃甲类。长沙于西汉为景帝子发封国,于东汉为郡。若以为在景帝前,又不应称"太守"。则此符可确定为东汉。其制则为乙类),则甲类当属西汉,乙类当属东汉。符阴之笄,前后各一,或圆或方,大抵左牝右牡。亦间有符阴中空,而于其边际作三角形之笄三,上二下一,左牝右牡以相契合者。

新莽虎符,长今尺三寸六分。背文"与"字上有"新"字,郡名下著县名,"太守"为"连率",曰"新与△△△△△连率为虎符"。肋文五字,曰"△△郡左(或右)几"。并篆书。其符阴中空,边际有三角形之笄五,上三下二,左牡右牝。

晋虎符较东汉略短,昂首凸胸。通体有虎皮纹,不能容字,故于背缝凸起一行,宽二分,左右各半,以刻背文,肋间之字则移于胸前或符阴。背文"与"字上有"晋"字,"为虎符"下有"第几"二字。丞邑男、驸男、始平男三符,字在胸前,曰"△△男左(或右)几"。上党太守左右二符,字在符阴二笋之间,并篆书。其符阴之笋,男符作长方形,其长几与符阴等,左牡右牝,太守符则前后各一,亦左牡右牝。

又有宋高平太守右符,及凉酒泉太守左符,制与晋同,而文字又小异。"与"字上多"诏"字,"诏"上有大宋或大凉二字,易"为"字为"铜"字,符字下亦有"第几"二字。胸前各刻"△△太守"四字,符阴牝牡笋各居其半。左符牡在前,牝在后,右符反是。牡笋上各刻"左"或"右"字,是殆沿晋制而略变者。其字体为篆书而略兼隶势。又有河间太守符,与前二符同而略小,"大"字下一字不可辨,亦晋以后之制。

山西新出虎符八,左右皆具,首略昂起而不如晋符之甚,较晋符亦略大,长今尺三寸二分,通体刻虎皮纹,背缝亦凸起一行,符阴牝牡笋各半,与东晋以后之制同。刻文凡三处,一背缝,二胸前,三腹下,皆为隶书。凡太守符三,护军符五,背文曰"皇帝与△△太守(或护军)铜虎符第几",胸前文曰"△△太守(或护军)",腹下文曰"铜虎符左(或右)"。其腹下刻字,尤为历代所未有,其为晋以后之制可无疑义。

隋虎符又与秦汉以来之制不同,易伏形为立形,首足尾皆翘出,长二寸二分。背文七字,曰"△△卫铜虎符几"。肋文三字,曰"△△府"。并篆书。符阴颈胸之间三字,曰"△△卫"。腹间三字,曰"△△(府名)几"。并正书,不著左右字。笋在胸与腹之间,作"十"字形,左牡右牝。其数第一至第五,则犹仍汉制也。

秦符、新莽符,皆金错。汉符银错,晋男符亦银错,太守符乃凿款,东晋以后则皆凿款。又自东晋以后以至于隋,皆曰"铜虎符"。其曰"大△(国号)诏与△△太守铜虎符"者,谓以诏书给与铜虎符于太守也。与汉晋符"与△△太守为虎符"之"与"字异义。

符之制至唐而大变。《唐书·车服志》,"高祖班银菟符,其后改为铜鱼符。畿内则左三右一,畿外则左五右一,左者进内,右者在外。用始第一,周而复始"。匪特左右内外之制异,即左右之数亦各自不同。武后之时,改鱼为龟。中宗初,又复为鱼。盖高祖避祖讳,故废虎符之制也。今所见鱼符之有纪数者,如"右清道率府第二""右武卫和川府第三""右领军卫道渠府第五""溱州第四""新换蜀州第四""新铸福州第三",皆为左符。其"九仙门外右神策军",则为右符,不纪数,是即右一在外者也。其"太子少詹事"及"朗州传佩"等符,则为随身符。所谓不刻姓名传而佩之也。其"嘉德门内巡""凝霄门外左交""廷政门外左交"等符,则宫殿门城门所给之"交鱼符""巡鱼符"也。武周之龟符,上下相合。今传世者有六,皆为上甲。不知其内外判别之制如何。其中纪数者二,曰"鹰扬卫金城府第四",曰"云麾将军行左鹰扬卫翊府中郎将员外置阿伏师奚缬大利发第一",必皆进内者。"宸豫门开门""闭门"二符,即《车服志》所谓左厢右厢给开门符也。惟闭门亦用符,则不见于史志。《志》言随身符刻姓名者去官纳之,不刻者传佩相付。今传世鱼符,未见刻姓名者。龟符则有"阿伏师奚缬大利发"及"索葛达干桧贺"二符,皆为诸夷蕃将姓名。意其时诸夷蕃将之宿卫者,固无不刻姓名也。鱼符龟符,字皆刻于符阴。上端有一"同"字,或牝或牡。侧刻"合同"二半字。首皆有穿,可以系佩。故唐以来符与牌无别。后世或皆谓之牌。

宋之铜兵符,陕西五路,每路各给一至二十,更换给用。其制仿"木鱼契"之形以为之。是仍为鱼符。南宋初,改铸虎符,刻篆而中分之。左契给诸路,右契藏之。今皆未见传世。所见有铜牛符,而不见于史志。文曰"癸丑宝祐春铸"。是亦尚待考订者也。又有一铜牌,作钟形。正面上刻"皇祐元年"四字,下一"敕"字。阴面上曰"资政殿",下曰"臣范仲淹"。字皆衡刻。是殆刻姓名之随身符,沿唐制也。

又有玉麟符左右各一,其制略如虎符。符阴前后二笋,左牡右牝。右符底刻"第二"二字,阴刻一"木"字。左符底刻"第三"二字,阴刻一"水"字。皆正书。按《文献通考》(《王礼十》)曰,"隋炀帝幸辽东,命卫玄为京师留守,樊子盖为东都留守,俱赐玉麟符以代铜兽"。《唐六典》曰,"传符之制,京都留守曰麟符。"意此乃隋唐之物也。

牌　宋以后兵符不传,所传皆佩牌。辽有"卢龙县界""文德县界"二铜牌。其形如钱,背刻姓名。此与宋刘光世之"招纳信宝"钱同为出境之凭证。乃其时习俗相沿之制度,非钱币也。西夏铜牌,或圆或椭,面背皆有文,与《感通塔碑》文字相同。金有鱼符,制与唐符同。符阴"同"字下刻女真字一行,首尾皆有穿,则与唐略异。奉御从人铜牌,钱大昕定为金时物。又有荆王从人铜牌,其制相同,皆一时之制。元有虎头铜牌,制狭而长。上刻虎头,下有蒙古字一行。王静安云,"此即《元史》所谓虎符者也"。明之符牌,传世最夥,多为铜或牙制者。惟"万国珍"及"皇浦玉宝"二牌,则为木制。牙牌为官长所佩,铜牌则为夜巡及官军勇士等所佩。所以重门禁,慎出纳,亦即随身符也。

券　古之功臣,多赐符券。汉高祖与功臣剖符作誓,后世铸之以铁,谓之铁券。其存于今者,惟唐昭宗赐彭城郡王钱镠,及明英宗赐修武伯沈清二券而已。明券即仿唐券之式,其制如瓦,以铁为之,诏书则以金错之,左右各一,左颁功臣,右藏内府,有故则合之以取信。此亦质剂之制也。

玺印　古之玺印所以封检。《释名》(《释书契》)云,"玺,徙也,封物使可转徙而不可发也。印,信也,所以封物为信验也。亦言因也,封物相因付也。"秦以前无尊卑贵贱皆得称"玺"(《说文》[土部],"玺,王者印也,所以主土。从'土''尔'声。籀文从'玉'"。今传世古铜印,玺字多从"金"从"尔"。意铸金则字从"金",刻玉则字从"玉",以其印于土则字从"土"。许君"主土"之说,盖依汉制而臆解,非玺之本义矣)。秦以后则天子称"玺",臣下称"印"。唐以后玺又谓之"宝",汉以后印或称"章",唐以后或称"记"(又曰"朱记"),明清以来或称"关防",各随官制而异。其通称则皆谓之"印"。

封检之制,后世久废,人多莫能详之。段玉裁注《说文》,至谓"周人用玺书,印章必施于帛而不可施于竹木"(土部墨字注)。不知古人封检用泥,正适用于竹木也。近百年来"封泥"出土,刘喜海为定其名称,世遂知有其物。然于用之之法,尚未之详考也。王静安著《简牍检署考》,汇集旧说,证以实物,求得其制度形式,于是书契玺印之为用始明。盖古之简牍,上必施检。然后约之以绳,填之以泥,按之以印。其或盛于囊者,则更约绳封印于囊外。其制盖如今之火漆,故可封物也。自简牍易为楮帛,而封泥之制始变而为濡朱。汉以后纸虽盛行,而官私文书犹兼用简牍,至南北朝之终而始全废。故自周秦至六朝,官私玺印大抵皆方寸。隋唐以后制乃渐大(唐房玄龄等议封禅之制,至请更造玺一枚,方寸二分,以封玉牒)。至于后世,几以印之大小,别官之尊卑。盖其用不同,而形制亦随之而变矣。

今据传世之物,考其形制之沿革,可分为三时期。一先秦,二秦汉至南北朝,三隋唐以来至于近世。

卫宏《汉旧仪》曰,"秦以前民皆佩绶,金玉银铜犀象为方寸玺,各服所好"(《续汉志补注》引)。今所见先秦官私玺印,正如卫宏所言,但以铜制者为最多耳。其文字增省改变,与钟鼎彝器不尽同,可识者不过十之四五。《说文叙》曰,"秦书八体,……五曰摹印"。岂知印文别自为体,不自秦始也。其文多著"鉨"字,无作"印"者,尤为尊卑称玺之明证。阴文者四缘多有阑,阳文者字细而边宽。官印多阴文,其方约当今尺七八分,盖即古之方寸。亦有当今尺寸余者,意非常制。官名可识者,有"司徒""司马""司工""司成""司禄"之属。君号之印,字尤诡异,又非尽属地名。盖晚周列国之臣属,封授频繁,《国策》《史记》诸书所载,脱略者多,其人其国,今多无可考矣。私印则阳文多于阴文,大者或同于官印,小者或仅当今尺三分许。其细字宽边之阳文印,昔人目为秦印,以文字例之,殆皆周时物也。此类古文之官私玺印,不特大小无定,即形式亦甚繁。方形之外,有圆者,长方者,上方下圆者,折矩形者,其纷歧甚于秦汉。盖第一时期本无定制,惟其所好耳。

秦汉以降,始整齐画一。官私印皆当今尺七八分,历魏晋而不改。观于著时代之汉、魏、晋蛮夷印可知矣。至南北朝而其制微异。其大小当今尺寸许者,即北齐制所谓方寸二分也(见《隋书·礼仪志六》)。前人谱录,概目之为汉印,然其字体随意屈曲,或笔画不完,正如南北朝之碑额,实与汉篆不同。今以其形制与秦汉无甚区别,仍属之第二时期。此时期之官印,方者之外,有所谓"半通印"者,形作长方,适当方印之半,其名见于扬子《法言》(十二)及仲长统《昌言》(《损益篇》)。李贤《后汉书注》引《十三州志》曰,"有秩啬夫,得假半章印"。盖"半通"或"半章",乃微官之制也。私印有两面刻姓名中穿革带者,谓之"穿带印"。有大小相衔者,谓之"子母印",形制较官印为复杂。其材则官印多以铜制,私印间有银与玉者。其印文多出于冶铸,亦间有刻者。惟军中官印则多凿文,以急于封拜,不及冶铸也。"御史""将军""太守"等印,其文多曰"章"。按卫宏《汉旧仪》,有"丞相、大将军、御史大夫、匈奴单于、二千石印文皆曰章"之语。清瞿中溶《集古官印考》云,"当时并不以'印'与'章'为尊卑之别,特以御史、将军、都尉、太守等有风宪兵权之任,故改'印'曰'章'"。窃以为章者当用之于章奏,犹今人用于图书,遂名印曰"图书"也。又有"印章"二字联文者,多为五字印。《汉书·郊祀志》:"以正月为岁首,而色上黄。官更印章以五字,因为太初元年"。《武帝纪》注,"张晏曰,'汉据土德,土数五,故用五,谓印文也。若丞相曰"丞相之印章",诸卿及守相文不足五字者,以"之"足之'"。盖"之"字"印"字皆所以足五字之数也。五字印大率自太初以逮新莽,因莽之官号,五字之印为多。其余仍多四字者。

古之印必有绶,故其上皆铸钮,所以系于绶而佩之。钮之制历代不同,第一时期,多为坛钮、覆斗钮。第二时期,则坛钮、覆斗钮之外,有鼻钮、橐驼钮、龟钮,及虎豹辟邪之属。大抵官印有定制,私印则各出己意以为之,故奇特者尤多。

南北朝以来渐改古制,变小为大。北齐传国玺方且四寸。"督摄万机"木印,长尺二寸,广二寸五分(见《隋书·礼仪志》),尤为古今所仅有。然常印犹皆方寸或寸二分耳。至于隋唐,其变小为大之制始定。由隋以迄于宋,多当今尺寸八分。金元以降又较大,明清之世,有方三四寸者。印大则不可佩,隋、唐、宋虽有"金紫""银青"诸号,已非印绶之称。故其印无钮而有柄,长约一寸,居印背之中。明以来柄又渐长,约当一握。其印背多刻年月及掌铸之官,亦有刻于侧者。元明并刻字号,其防范之术又加密矣。此时期之印,皆为阳文,篆书多谬误。隋唐印之边,与文之粗细相等。宋印间有宽边者,印文蟠屈略繁。金元印宽边者多,篆文之蟠屈亦更整齐。明清印则尽属宽边者矣。

封泥 此三时期中,惟第三时期者皆濡朱而印于纸(朱印之事明见于史籍者,始自北朝),今所传书牒之类,其上往往有之。其第一第二时期,则印于封泥(今所见封泥,汉魏为多),向惟见于记载,而今有其物。其制为土㘞,面有印文,背有版痕及绳迹。其色或青或紫。其形或为正方,或为不规则之圆形,盖简牍之上,或有印齿。其填于印齿中者,则为正方。其施于囊或无印齿之简牍者,则为圆形。《吕氏春秋》(《离俗览》)曰,"故民之于上也,若玺之于涂也,抑之以方则方,抑之以圆则圆"。《淮南子》(《齐俗训》)曰,"若玺之抑埴,正与之正,倾与之倾"。"涂"也,"埴"也,皆"泥"也。古人所谓"一丸泥"者(《列仙传》云,"以方回印封其户。时人言得方回一丸泥,门户不可开"。《后汉书·隗嚣传》,王元说嚣请以一丸泥东封函谷关),即指此也。天子诏书用紫,常人用青,封禅之玉检,则用水银和金为之,谓之"金泥"。王静安谓一切粘土皆可用,其说良是。

官号地名见于印章者,不若见于封泥者之多。盖传世印章,半皆军中之官。而封泥则中外官职皆有之,顾独少武职。宋沈括谓"古之佩章,罢免迁死,皆上印绶。得以印绶葬者极稀。土中所得,多是殁于行阵者"(《梦溪笔谈》十九)。斯言颇得其实。故考古之官制地理者,宜取资于印章。而封泥上之印文,其裨益实较印章为尤多焉。

五、服御器

吉金之器流传于今者,殷周之世,礼器为多,秦汉以后,则服御之器为多。其范围至广,类别尤繁。鼎、镟、钟、钫、鋗、洗之属,已附见于礼器条下,不复赘述。今约举其最著者分记如下,一、镜,二、钩,三、镫、锭,四、鐎斗、尉斗,五、薰炉,六、帐构,七、筦钥,八、浑仪、刻漏,九、车马饰。其他残器零饰,或阙其名,或昧其用,尚有待于考订者,不能备举也。

镜 古者以铜为鑑,不知始自何时。《周礼·考工记》言,"金锡半谓之鉴燧之齐",并言其制造之法。今传世之镜,以汉为最早,未见有周秦者。其著年号则始自新莽,未见有西汉纪元者。镜背多有韵文,大抵皆吉语箴铭,或四言为句,或七言为句。铭辞之首,或冠以作镜者之姓氏,其纪年月者不过什一而已。其制多为圆形,唐以后有六出八出作菱花形者,大或径尺,小或二三寸。大者面平,小者微凸(沈括《梦溪笔谈》曰:"鑑大则平,鑑小则凸。……量鑑大小,增损高下,常令人面与鑑大小相若"),背镂花纹,中设一钮。花纹分内外层,或为花草,或为鸟兽,或为神怪,状至奇瑰,多者六七层,少者二三层。铭辞即环列于内外层之间,或一周,或二周。亦有环列方印,每印一字或四字者。其无文字者,上多饰以"师子""天马""葡萄"等形。意秦以前之镜,必甚朴素,其制今已不传。其传世者,皆西域之制作,自汉武通西域以后传至中土者。故以西域名产饰之,以志其所从来。其后谶纬之学兴,而其饰乃多神话。汉迄六朝,其字皆为分隶,唐以后则多楷书。唐、宋、金、元之世,铜禁甚严,铸器以铅、锡、铁代之。惟镜则仍以铜制(《博古图》载铁镜二十有三,魏武帝《上杂物疏》有金错银错铁镜,今传世者,铜制者多,铁镜不过百分之一耳)。今所见有宋湖州铸鑑局造镜(乾道八年),金陕西东路运司官造镜(承安三年或四年),皆出自官铸者。民间所造,以湖州府为多。

汉镜之纪日者,多曰"五月丙午"。按《论衡》(《率性篇》)曰,"阳遂取火于天,五月丙午日中之时,消炼五石,铸以为器"。盖汉人信谶纬五行之说,取火德最盛之月日,以铸取火之具。但其他铜器,如钩,如刀,亦有用此月日者,不仅阳遂为然。然尽有是年五月并无丙午日而曰丙午者,或五月以前改元,而犹称前元缀以五月丙午者。知当时造作,不必真用是月是日,不过习俗相沿,徒成具文而已。

镜久用则黯,必待磨治之而后可复用,故古有磨镜之业。《淮南子》(《修务训》)曰,"明镜之始下型,曚然未见形容,及其挖以玄锡,摩以白旃,则鬓眉微毛可得而察"(据王念孙《读书杂志》订)。今出土古镜,尚有莹洁完好者。殆皆经玄锡之挖、白旃之摩者也。

至其制作之妙,则有所谓"夹镜"者,以指扣之,中空有声。有所谓"水浮镜"者,脱去滓秽,轻清如蜕("夹镜""水浮镜"之名见《博古图》)。有所谓"透光镜"者,向日照之,背文之影悉现于素壁。凡此工作之精巧,物理之微妙,今虽失传,要皆有研究之价值存焉。

镜范传世甚少。自张廷济辈研求古器之制作,于是始见著录。近罗叔蕴《古器物范图录》,载拓本七事,一端皆有流。乃知铸镜之法实与铸钱无异。又铸镜之铜迥殊他器,质脆而易碎。碎处色白如银,似锡多而铜少。知《考工记》所谓金锡半者,至后世而又有增损矣。

钩 钩者,古革带之饰,管仲射齐桓公中带钩是也。胡语谓之"师比",赵武灵王赐周绍胡服衣冠、贝带、黄金师比是也。其字或作"胥纰"(《史记·匈奴列传》),或作"犀毗"(《汉书·匈奴传》及班固《与窦宪笺》),或作"鲜卑"(《东观汉记》),皆"师比"一音之转耳。今传世者,多秦汉以后物。其制一端曲首,背有圆柱。有纯素者,有雕镂者,多涂以金。其雕镂作兽首及鱼鸟之形,或以金银错之。刻辞有云,"口容珠,手抱鱼"(《长安获古编》丙午神钩,《陶斋吉金续录》袖珍奇钩,并有此铭)。即状其所饰之形,不知是何取义。文字或作吉祥语,或纪年月日,或为官号,或为姓名。有刻于面者,有刻于背者,有刻于柱底者。柱底之文,可代印章,故往往多反文。《积古斋钟鼎彝器款识》之丙午钩,下有"张师信印"四字(其在背或在柱底则未详),明著"印"字,尤可证也。又有中剖为二,左右各半者,字在里侧,或阴款,或阳识。阮元谓合之以当符契,是或然也。有以玉制者,其制亦相类。

其尺寸之大小尤多殊异。寻常所见者,大率当今尺三四寸,或短至径寸,皆为革带之钩。其长至径尺者多无文字,腰围所不能系,意盖鞍饰(《御览·服章部》引《吴录》曰,"钩络者,鞍饰革带也。世名为'钩络带'"。《类聚》及《书钞·衣冠部》所引则无"鞍饰"二字)。尝见一大钩,有一玉环胶固于其端。或云是僧徒袈裟所用者,其说似颇近之。

镫、锭 镫、锭之制,上有盘,中有柱,下有底。其或着柄于盘而承以三足者,则谓之行镫,即今之手照也。盘所以盛膏,中或有锥,则所以承炷,古所谓膏烛也。

其名之见于各器者,或曰"镫",或曰"锭",或曰"钉",或曰"烛定",或曰"烛豆",或曰"烛盘",实一物而异名。镫、锭、钉、定,盖即一字,《广韵》(锭字注)《声类》(玄应《一切经音义》七引)所谓"有足曰锭,无足曰镫"(《广韵》"有足"上有"豆"字),殆不尽然。《说文》"镫""锭"并收,而互相为训,不言有足无足之别,明即一物也。镫本豆下之跗,《记·祭统》曰,"夫人荐豆执校,执醴授之执镫"。注云,"镫,豆下跗也"。就形制言之,汉以来膏烛之"镫",正如商周祭器之"豆"。故《广韵》以"豆"解镫锭,而土军侯烛豆即以"豆"名其器也。

今传世诸器,多为尚方所造,刻造作人之姓名及其岁月,著宫室之名与器用之数。或纪重量,或详尺度,或载容量。其颁赐外戚家者,则增刻赐与之岁月,及受赐之人。有所谓"雁足镫"者,柱作雁足形,盘中空,下有底。有所谓"鹿卢镫"者,器椭圆,盖作两截,后半着于器,前半有鹿卢,可以开合。开之则其盖上仰,中有一锥,以为烛盘。《博古图》所载又有虹烛锭,器圆而敛口,下有三足,上有两管,铭曰"王氏铜虹烛锭"。此乃承烛盘之座,而非所以然膏者。《西清古鉴》载一全器,上有覆,中有盘,下有座。覆有二管下垂,与座之管相衔接。覆与盘之间,又有屏蔽二,如门户然,可以转移。盖施于烛后,使其光反射者,其制益精巧矣。

镳斗、尉斗 镳斗,温器也。三足有柄,所以煮物。无足者谓之尉斗。爇炭于斗中,以尉缯帛。用各不同,视其足之有无以为别。前人概名之曰镳斗,实未当也。《笑林》曰:"太原人夜失火,欲出铜枪,误出尉斗。便大惊怪曰,'火未至,枪已被烧失脚'"(《书钞·服饰部》引)。是尉斗实无足,而有足者谓之镳斗。枪又镳斗之别名,枪即铛也。用之于军中者,则谓之刁斗。《广韵》以刁斗释镳,孟康以镳器释刁斗(《史记·李广传》集解)。二者之容量皆受一斗(建始镳斗铭曰"容一斗";孟康刁斗注亦曰"受一斗"),实同物而异名也。

其明著器名者,则有汉建始镳斗,魏太和尉斗,皆纪造作之岁月及其重量等(汉镳斗纪容量,魏尉斗纪号数),或刻于唇,或刻于柄。太和尉斗有盖有架,其架谓之"尉人"。尉人之名,仅见于《东宫旧事》(《书钞·服饰部》引)。证以此铭,始悟其用与其形制。寻常尉斗,则多铸钱文及鱼形于其腹内。

薰炉 薰炉,薰香之器也。《说文》(金部),"炉,方炉","镟,圜炉"。今器之自载其名曰薰炉者,多为圜器,如豆状,上有盖,下有盘。盖多作为山峦草木之状,而有孔可以出烟,故又谓之博山炉。意蓺香于其中,覆之以笼,以薰衣被者。笼盖以竹为之,所谓"薰笼"是也。

帐构　古之帐如覆斗,支之以架,其架谓之"帐构",以竹木为之。交错接笋之处,则以铜联之,名曰"帐构铜"。其状如筒,中空,以贯竹木。首方而有笋,或旁出歧枝。其铭必备载帐之尺寸及铜构之部位,如"上""下""左""右""边构""广构"等名称(《攈古录目》所载帐构三,一曰"上广构铜",一曰"上边构铜",一曰"下构铜")。潍县陈氏所藏一器(陈误为车饰)有"前右上广"等字。综其所纪之尺寸观之,长皆一丈,广皆六尺,高或八尺五寸(高度惟《宁寿鉴古》所录一器有之),则所谓覆斗形者,不难想像得之。

筦钥　筦钥之属,传世极少,近上虞罗氏藏一器。首屈如钩,其柄节节相衔,可以伸缩。上有"雕库籥重二斤一两名百一"等字,形制与今迥殊。其用若何,尤不可解。使其器无文字,几不能知其为库籥。无棣吴氏旧藏一器,形制与此同。有篆书五字,曰"廿一年寺二"(见《攈古录》),吴氏不能定其名,惜不及见此器也。日本正仓院有唐锁,其制略同今制。近年洛阳时有出土,有银者,有铜者,惟较正仓院者为小耳。

又有前人所谓藕心钱者,外有长方形之铜器函之。其上多作独角兽形,或有"完"字及"千金氏"等字,亦有有年号者,曰"都昌侯元延四年王政"。疑皆筦钥类也。

浑仪、刻漏　浑仪者,测天之器也。《虞书》曰,"在璇玑玉衡以齐七政"。马融注云,"璇,美玉也。玑,浑天仪"(《史记·天官书》索隐引)。是古之璇玑玉衡,即后世之浑天仪,故《尚书·文耀钩》曰,"唐尧即位,羲和立浑仪"也(《御览·天部》引)。刻漏者,测时之器也。孔壶为漏,浮箭为刻,下漏数刻,以纪昼夜昏明之数。自秦汉以来,测候之器代有作者。然今中央观象台所存之仪器,率皆宋元以来之制,前此无闻焉。一九〇〇年(清光绪二十六年)拳匪之乱,东西十一国联军入京。法德二国平分钦天监天文仪器。法国取简仪、赤道经纬仪、黄道经纬仪、象限仪、地平经纬仪五器,运至使馆,越二年而归还。德国取浑仪、天体仪、地平经仪、纪限仪、玑衡抚辰仪五器,运载归国。越二十一年,依据凡尔赛和约而始退还。今就存器略记其时代。至形制及用法,则具详于《天文仪器志略》中。

浑仪为明正统间所造,其制实仿宋皇祐时之物而成。

简仪为元郭守敬所创造,其器实合地平经纬仪、赤道经纬仪及日晷三器而为一器,故名曰简仪。原器于清康熙时作废铜充用,今器乃明正统间仿造者。

天体仪、赤道经纬仪、黄道经纬仪、地平经仪、象限仪、纪限仪六器,为清康熙十二年用西人南怀仁之说所造者。其上皆有"康熙癸丑岁(十二年)日躔寿星之次治理历法臣南怀仁立法"等字。

玑衡抚辰仪为清乾隆九年所造。上有汉文满文各一行。汉文十二字,曰"御制玑衡抚辰仪,乾隆甲子(九年)造"。

地平经纬仪乃合地平经仪与象限仪而为一器。《仪象考成》云,"康熙五十二年,命监臣西洋人纪利安制地平经纬仪"。《清会典》云,"地平经纬仪,康熙五十四年制"。而一九〇〇年美国《司密逊学会报告书》谓系法王鲁易第十四赠与中国者。《天文仪器志略》云:"间尝细为检阅,有与旧器不同者数事。一、表尺别用黄铜制就,嵌入仪面,非如旧仪之就仪面摹刻。二、数目字皆用阿拉伯号码,不用汉字。三、立柱横仪梁身皆未用游云升龙为饰。四、仪柱或弧背上未刻制造年代与制造者姓名"。以是种种,则美《报告书》所言较为可信。

圭表为测日景之具,明正统间制,清乾隆九年重修之。此外尚有汉日晷,为玉制之方盘。面作平圆,周以界线。每线刻篆书记数,自一至六十九,中有圆孔,所以植表。旧为端方所藏,见《陶斋藏石记》。明汤若望所制日晷二,一大一小,并崇祯年制。大者藏上虞罗氏。

漏壶有二,一大一小,小者系赵宋时制,为元齐政楼故物。大者为明制。拳匪之乱,器皆散失,各存一壶。

元延祐五年宣慰司陈用和所造漏壶,今在广东(旧在省城双门底,今移置海珠公园)。其器凡四壶,层累置之。第一壶高六尺余,其余以次递

122

减一尺。时辰筹植立于第四壶中,铜尺衡于壶面,遇其时则字浮尺间。故宫博物院交泰殿中有一具,清乾隆时所造。浙江旧有三器,一在嘉兴,宋景定五年铸;一在奉化,元至治二年置;一在上虞,至正二十五年铸。器皆久毁,并文字亦属仅存矣(拓本见《两浙佚金佚石集存》)。

车马饰 《考工记》于车工之事,言之特详。自戴震、阮元、程瑶田诸家考订章句,绘图立说,而后其制度尺寸,始有定解。然附属金饰,琐屑难详,或存其名而不能见其物,或有其物而不能正其名,考证之事,正待来兹。顾制度变迁,三代各异。秦汉以降,形制更殊,出土诸器,率皆零落不完,且多有花纹而无文字,或并花纹而无之。于此而欲稽其时代,究其用途,尤非易事。近孟津发见古墓,中有彝器及车饰甚夥,以彝器之文字定之,当为周代之物。彝器皆已散失,车饰则由本校研究所购得数百件,位置不详,殊难整理,所谓皮之不存,毛将焉附也。今先就流传诸物之可确定者约略举之,车饰如害、軎、和銮之属,马饰如衔勒之属,前贤审定,已无疑义。他若葆调、斿饰,或施于盖,或施于旗,要皆卤簿仪仗之属,因亦连类及之。

害者,车轴头也。上虞罗氏藏一器,其形如筒,空其一端,本大末小,本圜而末为八棱。其本及近本之处各有界线隆起以周匝之。二界线之间有穿,两面相对。其端有文五字,曰"嬗妊作安车"。此盖冒于轴头而施軎于穿中者。《史记·田单列传》,"令其宗人尽断其车轴末,而傅铁笼"。索隐引《方言》"车轊齐谓之笼"(今本《方言》"笼"作"轐")以解之,即此物也。孟津车饰中有一害,形制与嬗妊车害略同,而附一车軎。此皆可断定为周代之物。《积古斋钟鼎彝器款识》所载安昌车釭,为钱坫所藏(钱氏考为汉安昌侯张禹物),今亦归罗氏。其状虽相似,而近本之处无穿,不能施軎,阮氏谓为车釭固未当,即罗氏谓为害亦非也。

軎者,轴端之键,所以制毂也。程瑶田据灵山方氏所藏铜器,定为车軎。其形戴以兽首,首下为柄,首接柄处,面背并为偃月形,兽首两旁有穿,可以横贯,柄之末微刻,略如圭首。程氏谓偃月处与轴凹凸相函(其实直接函害,间接函轴),其穿以贯柔革而缚于轴。考证车軎之制,可谓精确无疑。近年出土者形制尤多。有柄上作半规形以函軎者,有仅一兽首而下缀以柄者。半规形之上,或为兽首,或为伏兽形之钮,皆有穿以贯柔革。柄之末或锐,或平,或有穿。其施于軎也,柄之末必出于軎外。其柄末有穿者,或即以柔革之一端缚之。车軎之两面有穿,其明证也。程氏谓辖不得穿通以伤轴,由于未见辖未见軎耳。孟津所出车饰中有辖四,其一附于軎,其二为原偶而失其軎,形制并为兽首下缀柄,不作偃月或半规形。其一不为兽首而为人首,亦失其軎,为辖之最奇者。

和、銮,皆铃也。所以为车行节也。《诗》毛氏说,"在轼曰和,在镳曰銮"(《小雅·蓼萧》传)。韩氏说,"銮在衡,和在轼前"(《礼记·经解》郑注引《韩诗内传》)。《大戴礼》(《保傅篇》)之说与韩氏同。郑氏于《诗·烈祖》笺用毛氏说,于《周礼·大驭》注、《礼记》《玉藻》《经解》注,并用韩氏、大戴说。是和之在轼,已成定解。而銮之所在,虽两汉儒生亦有异说。清王念孙(《广雅疏证》)孙诒让(《周礼正义》)诸家,并以毛氏在镳之解为长。宋以来著录家称为舞铙者,其制上半椭圆,如两轮相合形。中含铜丸,望之离娄然,摇之则其丸鸣于两轮中。下附以柄,柄之端着以长方形之銮。清阮元据其形制,定为车和,作《铜和考》,谓下之方銮,即冒于车前轼两柱之端,故有旁孔以待横贯,使不致脱。订正《考古》《博古》诸图之误。孟津所出诸器中有此物,与车饰等相杂,知阮氏之说为不诬矣。近见一器,状如覆瓦,长约尺许,宽寸余。两端各有曲柄,柄末铜和下垂。《西清古鉴》目为旒铃,其实亦即轼前之和也。銮之制如钟铎,上有钮,腹有舌,与汉以后牛马铎同。孟津所出凡七枚,小者高寸余,大者二寸余,虽大小不同,实皆銮也。

勒者,马口中所衔,所以制马也。今出土者甚多,以铜为之,两节相衔,其末各有一铜环,所以施辔。其制纯素无文,与今欧制无少异。孟津车饰中有勒十五枚,皆作此制,知周制即如此矣。

葆调者,编羽葆之器也。旧藏潍县陈氏,今归上虞罗氏。形如今之铜锁,一端有隶书八字,曰"主晕毕少郎作葆调",盖汉物也。按《汉书·韩延寿传》,"植羽葆"。颜师古注曰,"羽葆,聚翟尾为之,亦今纛之类也"。李贤《后汉书·光武帝纪》注曰，"葆车，谓上建羽葆也，合聚五采羽名为葆"。是此器乃施于车盖，其孔所以饰羽。名曰葆调，其义未详。或以其合聚五采，有调和之义欤？

斿饰者，施于旌旗之竿头，所以系斿也。余得一器，其体为筒形，长今尺一寸七分，围径四分半，空其中以待冒。两旁有小穿，可以施丁。穿之上层，围以蝉翼纹。顶上平处有旋纹。颈间缀以长方形之铜格，可以旋转，格间又有一小键纵贯之。此盖斿饰也。按《春秋左传》（昭十三年），"八月辛未，治兵，建而不斿。壬申，复斿之"。杜注云，"建立旌旗不曳其斿。斿，斿也"。盖古者旗旌之斿，可系可解。观此器铜键，一端缀于格间，而他端不相属。知斿末亦必有一键，贯于格间，而互相为固。建而不斿者，建立旌旗而解其斿也。复斿者，复系其斿也。从来解经者多以为卷而不垂，误矣。不有此器，乌从正之。

六、古兵

古兵之制，屡有变迁，石器时代以石为之，秦以前用铜，汉以后乃用铁。今传世古兵，多以铜制，皆先秦及汉初物也。是以楚子之赐郑伯金也，盟曰，"无以铸兵"（《左传》僖十八年）。赵襄子之居晋阳也，因董安于公宫之铜柱以为矢（《战国策·赵一》）。秦始皇之并兼六国也，收天下之兵，销以为钟镰金人十二（《史记·秦始皇本纪》）。《考工记》攻金之工六，所谓金者，皆铜也。惟其为铜，故能传久，后世铁兵，易于朽蚀，流传转希。

古铜兵之出土，往往有坼裂纹，戈戟尤甚，其理不可解。意金锡相和之后，加以淬炼，故与他齐不同欤。

又其文字瑰奇，亦异他器。盖即秦书八体之殳书，秦以前已如此矣。

今就古兵之可述者分叙于后。句兵曰戈，曰戟，刺兵曰矛，短兵曰刀，曰剑，曰匕首，凿兵曰斧，射远之兵曰矢，发矢之机曰弩机，盛矢之器曰箙。其他若铠胄之属，近日亦有出土，然皆零饰，难遽定名，姑从略焉。

戈戟　古以车战，利用句兵，主于横击。《晏子春秋》（内篇《杂上》）言崔杼之劫诸将军大夫也，曰，"戟拘其颈，剑承其心"。又曰，"曲刃钩之,直兵推之",明言戟为曲刃。自先郑以"援"为直刃,而《礼图》所画戈戟,悉如矛槊然。盖汉时车战之制久废,所谓戈戟者,名同而制异。郑氏以"句孑戟"释戈,以"三锋戟"释戟,皆汉时之制。观于孝堂山石刻画像,戈皆直刃,益信汉制如此,郑氏之误有由来矣。宋黄伯思著《铜戈辨》,以为横而不纵,始订正汉儒之失。清程瑶田作《考工创物小记》,于戈戟之制,更反覆证明。于是戈戟之所以异,及其安柲之形,横击之法,征之经文实物而无一不合矣。《考工记》(《冶氏》)曰,"戈广二寸,内倍之,胡三之,援四之,……倨句外博。重三锊。戟广寸有半寸,内三之,胡四之,援五之,倨句中矩。与刺,重三锊"。程氏解之曰,"援其刃之正者,衡出以啄人。其本即内也。内衡贯于柲之凿而出之。……援接内处折而下垂者谓之胡。……内末有刃者,……即刺也"。又引《说文》"戈,平头戟也","戟,有枝兵也",谓"《说文》言'枝',《考工记》言'刺',枝刺一物也"。是戟与戈形制实相仿,内末无刃者谓之戈,有刃者谓之戟。今传世戈戟最多。其尺寸虽未必与《记》文尽合,而验以程氏之言,实皆确当。盖古兵之同类而异名者,其区别不过豪厘之间。斧、斤、戚、戉之分,亦犹是也。

《考工》所记者为周制,周以前又不同。今所见有商代文字者,率皆有援有内而无胡,援广而内仄,内之末多有追琢之文。此殆商之句兵,为戈戟之初制。其后由援本下垂处引之而为胡,遂由衡形变而为三出。上虞罗氏藏一小戈,其胡之长仅如援广,盖初有胡之戈也。罗氏又藏又一戟,内末之刃曲而下垂,如鸡颈然,殆即郑注所谓"鸡鸣""拥颈"者也。

胡之近内处多有三穿,或四穿,内之上亦有一穿。此盖以内横入于柲,而缚绳以为固者。今出土戈戟,其内本往往有安柲之迹,木理显然,着于两面,然后知黄伯思考证之精,虽郑氏复生,亦无以难之也。又考古器中有象形"戈"字,其字多作"𢧐",或作"𢦏",其衡贯于中者即戈,左为援,右为内,内末或作"𠃊"者,为缚绳下垂之形。其所从之"𢎿"即弋,弋即柲也。首曲而下有鐏或镦,鐏镦之上系以布帛,故亦如内末之有物下垂也。此象形文字之可资考证者也。

《曲礼》曰,"进戈者前其鐏,进矛戟者前其镦"。注曰,"锐底曰鐏,平底曰镦"。今传世者,平底之镦多于锐底之鐏。上虞罗氏藏一镦,有文字,新郑出二镦,中有残朽之柲,皆所不经见者。

又有古兵,横刃如援,援末不为内而为銎,上下皆穿,以受柲。验其文字,多为象形古文。盖皆商代之遗物,亦用以横击之句兵也。

矛 矛者,直刺之兵也。三分其长,二为刃,一为骹。刃之脊隆起。脊之两旁微陷,以通空气,取其饮刃而易拔也。骹之中空,所以冒矜,上必有穿,可贯以丁而固之。形制大小不一,大者或长今尺七八寸,殆《释名》(《释兵》)所谓丈八尺之"稍"或丈六尺之"夷矛"也。小者四寸许,或即《字林》所谓"䥤"也(玄应《一切经音义》十一引)。

刀 古之刀必有环。环之上为柄。柄之上为刃。刃皆内向,正如古刀币之形。《金泥石屑》载一拓本,其器出于洞庭湖中。文为一"己"字,当为商代或周初之物。柄有螭纹,环作方形。此古刀之仅见者。《积古斋钟鼎彝器款识》载元嘉刀,为宋人拓本。其形制虽未详,而铭有"长四尺二寸"之文,则当今尺三尺。其长盖倍于己字刀矣。孝堂山石刻画像所图枭首及宰牲之刀,其形并同,不过大小之差。其环以系布帛,武氏祠石刻画像中所图者,其下多有物下垂,可证也。曹植《宝刀赋》曰,"规员景以定环",唐时亦有"刀环"之语,知唐以前之刀,皆莫不有环也。

剑 程瑶田著《桃氏为剑考》,以前承剑身,而后接于茎者为腊。腊之两畔为两从。人所握者为茎。茎为二物帀茎以间之者为后。后之言緱也,谓以绳缠之也。对末言之为首,首即镡也。阮元为《古剑镡腊图考》亦仍其说。窃以为腊当在剑身,不当在身与茎之间。程氏既言"腊之言鬣也",则剑身之隆起者为腊,犹封墓而若斧者谓之"马鬣"也。《考工记》之所谓腊,即《庄子》(《说剑篇》)之所谓脊也。腊广二寸有半寸者,谓剑身之广,据其本言之也。两从半之者,由脊以至于锷也。剑身之名,《庄子》锋、锷、脊三者尽之矣。若身与茎之间有物隆起而帀于身者,往往不与身等广,不得谓之腊也。剑身之外,其名称古多相混。程氏之解剑首曰,"对末言之曰首",是也。而即以剑鼻之镡当之,似犹未当。按《汉书·匈奴传》,"单于朝,天子赐以玉具剑"。孟康曰,"标、首、镡、卫,尽用玉为之"。颜师古曰,"镡,剑口旁横出者也。卫,剑鼻也"。盖玉具剑者,以玉饰其标、首、镡、卫。标者,刀削末铜也(宋祁《汉书·王莽传》校语引《字林》)。首者,茎端之首也。镡、卫者,身与茎之间之饰,程氏误认为腊者也。旁出于锷本者曰镡,当腊而中隆者曰卫。镡旁出如两耳,又谓之剑珥。卫隆起象鼻形,又谓之剑鼻。卫即《说文》之璏(颜师古注,"卫字本作'璏',其音同"。又《王莽传》"即解其璏"注,服虔曰,"璏音卫")。《说文》于璏训剑鼻玉,于镡亦训剑鼻。盖镡璏同为一物,而中与侧异名,致相混耳。剑鼻之饰,后世始盛。桃氏初制不如是也。

今所见古铜剑,其长仅当今尺尺余。茎之所容,不过四指,无甚大者。近乃见一铁剑,长几三尺,饰一玉璏。铁已朽蚀,玉亦破裂。是必汉魏以后之制矣。

匕首　《通俗文》曰,"匕首,剑属。其头类匕,短而便用"(《御览·兵部》及《文选·邹阳狱中上书》注引)。今传世短兵,剑多而匕首少。阮元作《匕图考》,图一匕首之形。身似剑而短,柄上有旁枝。程瑶田《考工创物小记》亦图一匕首。其形略同,而旁枝有二。《考工记·桃氏》注,"下制长二尺,重二斤一两三分两之一。此今匕首也"。今所见古剑,有长今尺七八寸者,谓之剑则已短,殆即匕首也。《盐铁论》谓尺八匕首,郑以二尺之剑况匕首,魏文帝《典论》述所作匕首,有长二尺三寸、二尺一寸者。知匕首之制,长短本无定,所以与剑有别者,仅在身之长短耳。阮氏程氏所图,乃匕首之异制,所出旁枝,即剑镡也。

斧　斧属之器,名物甚多。《说文》云,"斧,斫也","斤,斫木斧也","斨,方銎斧也","戉,大斧也","戚,戉也"。今传世之器,其形制凡三种。其一有内如句兵而阔刃,如幼衣斧是也。其一锋刃两面渐厚以至于首,顶上为方銎,身长而刃微侈,如吕大叔斧是也。其一形如幼衣斧,不为内而为銎,銎作椭形,上下相穿,其柯可以横贯,如《考工创物小记》所图斧是也。

第一类必系戚戉之属。程瑶田以幼衣斧器小,不类大斧之戉。段玉裁《说文》（戊部）戚字注，据《诗·大雅》"干戈戚扬"传，以为戚小于戊。是此器或即戚也。许书戊为形声字，而彝器中作"戈"（虢季子白盘"赐用戈"），作"禾"（立戊尊），则皆象阔刃之形，其所从之"乇"或"禾"，则与戈秘同物。知戚戊之安秘，实与戈戟无异也。又十二支之戌字，甲骨中多作"士"，亦象斧形。疑"戌""戊"本一字，许氏误也。

第二类传世最多，惟吕大叔斧有铭，曰"贰车之斧"。然其器非以柯横贯，乃由顶上之銎受柄，用以平凿，非纵凿者，实不得谓之斧也。按《释名》（《释用器》）云，"鉥，谨也。版广不可得削，又有节，则用此鉥之，所以详谨令平灭斧迹也"。《国语》（《齐语》），"恶金以铸鉏夷斤劚"。韦昭注云，"斤形似鉏而小"。是平凿者为斤，纵凿者为斧。凡顶上为銎者皆斤也。程瑶田曰，"今木工有平木之斤，其名与'奔'声相近。銎受短柄，又于短柄上为凿受柄，如曲矩形"。此类顶上有銎之斤，其受柄当亦犹是也。

第三类尤不多见，是为斧斨之属。斧斨之所以异，由其銎别之。《诗·破斧》传云，"隋銎曰斧"。又《七月》传云，"斨，方銎也"。程氏所得之器为椭銎，乃斧也。余近得一器，长今尺三寸六分，身宽六分，刃宽一寸，由刃渐厚以至于首，则成方顶。径一寸一分，其平面近首处一銎，斜而不直。此銎之下，又有一銎在其侧面，与刃平行。两銎皆方，旁皆有贯丁之小穿。此盖斤与斨两用者也。以刃贯其第一銎，成句于矩之形。其状如锄，用以平凿则为斤。以柄贯其第二銎，其折中矩，用以纵凿则为斨。一器两用，尤为仅见。

明此三类之形制，而斧属之器略可辨别矣。

矢　矢亦刺兵之属也。其干曰"槁"，其刃曰"镞"，其旁曰"羽"，其末曰"栝"。镞足入槁中者曰"铤"。今所见之古矢，惟镞与铤尚有流传，镞以铜而铤以铁。镞之形制不一，有两刃如矛者，有三廉者，长约今尺一寸二分乃至二寸许。其制以镞冒铤，以铤入槁。今出土铤附于镞者，尚可见。间有铸文字者，率皆晚周古文。

殷虚近出骨镞，罗叔蕴考为恒矢之镞，礼射及习射所用者。《仪礼·

既夕礼》，"骹矢一乘，骨镞短卫"，《尔雅》（《释器》），"骨镞不剪羽谓之志"，皆此类也。殷虚所出，尚有珧族，数量不如骨族之多。

弩机 《说文》（弓部），"弩，弓有臂者"。《释名》（《释兵》）云，"其柄曰臂，似人臂也"。孝堂山石刻画像有弩挂于壁间。其弓弣有柄，支出于弦后，即所谓臂也，今之弹弩犹作此形。弩机当施于臂末，画像所图二弩，臂末并有规郭形，盖即机也。今传世有文字者，惟"左工"一器（左工弩机见《梦郼草堂吉金图续编》）为六国时制。其余所见多汉魏年号。形制之大小工拙，大致相同，不因时代而异制。其分析之名称，则钩弦之处曰"牙"，牙外曰"郭"，下曰"悬刀"，牙与悬刀之间，有一物以制之，则不知其名。郭之前端有一键，不知名之器属之。郭身当悬刀处亦有一键，牙与悬刀属之。从后曳其悬刀，则牙内陷而弦发矣。前端施键之处，郭身微狭。而键则与后键等长。原其意盖以此端陷入臂末，横贯以键，使臂与机成一体也。

臂、牙、郭三者分工，其上往往勒"臂工""牙工""郭工"（或曰"师"，或曰"匠"）之名（沈括不知"臂师"之称，以为史传无此色目，又误"牙"为"耳"，致更难解。盖隶书"牙"与"耳"易相混也）。牙有柄，植立机上，宋人谓之"望山"。其上往往刻尺度。沈括谓为勾股度高深之法，其说是也。

弓力之见于机上者，有四石、六石、八石之别。百二十斤为石，八石乃九百六十斤矣。力强则人力不能胜，故藉臂之力以张之，借牙之力以发之。颜师古《汉书·申屠嘉传》注曰，"今之弩以手张者曰擘张，以足蹋者曰蹶张"。此言张之之法也。华峤《后汉书》曰，"陈愍王宠善射弩。其秘法以天覆地载参连为奇，又有三微三小。三微为经，三小为纬，经纬相将，万胜之方"（《御览·兵部》引）。此则言发之之法也。

箙 《诗·小雅》（《采薇》），"象弭鱼服"，毛传云，"鱼服，鱼皮也"。孔疏云，"以鱼皮为矢服"。《周礼·司弓矢》注云，"箙，盛矢器也，以兽皮为之"。《国语》（《郑语》）曰，"檿弧箕服"，韦注曰，"箕，木名，服，矢房"。是古之矢箙，以鱼皮兽皮或木为之，未闻有铸铜者。清吴大澂尝得一铜器,长今尺八寸许,宽二寸余。上有口,下有底。一面有"虘嗣土"三字,一面有"北征𦰩𤰃"四字。吴谓"𦰩"为《周礼》槁人之"槁","𤰃"即"葡"字。定其器为矢箙。

矢箙容矢之数,经无明文。《周礼·司弓矢》注云,"每弓者一箙百矢"。而《荀子》(《议兵篇》)云,"负服矢五十个"。俞樾以为盛矢五十个于服而负之。此北征箙之原器不可得见。观其墨本,形制狭小,不似容百矢或五十矢者。或如韦昭(《齐语》注)高诱(《淮南子·氾论训》注)之说,十二矢为束(《诗·鲁颂》毛传以五十矢为束,《周礼·大司寇》注以百矢为束)。一箙之所容,不过一束欤。

第四章　历代石刻

商周之世之视器也,与社稷名位共其存亡轻重。故孔子曰,"惟器与名不可以假人"。其勒铭也,自名以称扬其先祖之美,而明著之后世,亦正所以昭示其重视名器之意。其始因文以见器,后乃藉器以传文,是故器不必皆有文也。自周室衰微,诸侯强大,名器浸轻,功利是重。于是以文字为夸张之具,而石刻之文兴矣。故石刻之文,完全藉石以传文,不似器文之因文以见器也。

刻石之风流衍于秦汉之世,而极盛于后汉。逮及魏晋,屡申刻石之禁,至南朝而不改。隋唐承北朝之余风,事无巨细,多刻石以纪之。自是以后,又复大盛,于是石刻文字,几遍中国矣。

石刻之种类名称,偻指难数。有就形制言之者,有就文体言之者,有概名之曰碑者,错综纠纷,尤难分晰。今论其类别,一曰刻石与碑之别,二曰造像与画像之别,三曰经典诸刻与纪事诸刻之别,四曰一切建筑品附刻之文。其种种细目,即分系于各条之下而叙述之。

一、刻石与碑之别

今人谓文之载于石者皆曰"碑",其实不然。刻碑之兴,当在汉季,古只谓之"刻石"。秦始皇帝之议于海上也,其群臣上议曰,"古之帝者，……犹刻金石以自为纪。……今皇帝并一海内，……群臣相与诵皇帝功德，刻于金石，以为表经"。故其东行郡县诸刻，皆曰刻石，初未尝谓之碑也。碑之名始于周代，为致用而设，非刻辞之具。《记·祭义》，"君牵牲……既入庙门丽于碑"，谓庙门之碑也。《记·檀弓》，"公室视丰碑"，谓墓所之碑也。庙门之碑用石，以丽牲，以测日景。墓所之碑用木，以引绳下棺（见《仪礼·聘礼》注及《记·檀弓》注）。其形式虽不可考，要之未必如今之所谓碑也。刻文于碑，为汉以后之事，非所论于古刻。然相传古刻，亦有所谓碑者，故古刻之真伪，不可以不辨。

宋以来著录金石之书，言三代时石刻者，于夏，则有岣嵝碑、卢氏摩崖，并传为禹迹。于殷，则有红崖刻石，传为高宗时刻，锦山摩崖，传为箕子书。于周，则有坛山刻石，传为穆王刻，石鼓文，传为史籀书，延陵季子墓字、比干墓字，并传为孔子书。其实岣嵝碑虽见于唐宋人纪载，不过传闻之辞，今兹所传，实出明人模刻，明郭昌宗已辨其附会。卢氏摩崖止有一字，清刘师陆释作"洛"，罗叔蕴得见墨本，谓系石纹交午，实非字迹。红崖刻石俗称《诸葛誓苗碑》，清邹汉勋释为殷高宗伐鬼方刻石，莫友芝复辨为三危禹迹。聚讼纷纷，亦无定论。赵之谦疑为苗民古书，代远失考，似为近之。锦山摩崖或释为箕子书，而朝鲜人又称为秦徐福题名，叶昌炽谓为于古无征，半由附会。坛山刻石，宋欧阳修据《穆天子传》及《图经》定为穆王登赞皇时所刻，然赵明诚已疑其非是。延陵季子墓字，宋董逌谓夫子未尝至吴，其书是非不可考。比干墓字为隶书，更非孔子所能作。宋洪适、娄机并辨其谬，定为东汉人书。凡此皆文人好奇，穿凿附会，或本无字而言之凿凿，或以讹传讹而强定时代，前人考订，具有定论。然则古刻舍石鼓外，余皆不足信，可断言也。石鼓之形制为特立之碣，乃刻石之一种（说见后），则古刻无所谓碑者，又可断言也。此外则宋时出土之《秦诅楚文》较为可信。顾三石久佚，不知其形制若何，但据宋人所著录，又决非碑也。吾故曰刻碑之兴，当在汉季，古只谓之刻石也。

刻石之特立者谓之"碣"，天然者谓之"摩崖"，今与"碑"分述于后。

碣 《史记·秦始皇本纪》言刻石颂德者凡七（邹峄山、泰山、琅邪、

132

碣石、会稽各一刻,之罘二刻),其文必先曰"立石",后曰"刻石",或曰"刻所立石"。所谓立石者即碣,《说文》(石部),"碣,特立之石",是也。其形制今犹略可考见。《山左金石志》纪琅邪台刻石之尺寸曰,"石高工部营造尺丈五尺,下宽六尺,中宽五尺,上半宽三尺,顶宽二尺三寸,南北厚二尺五寸"。又纪泰山顶上无字石曰,"碑之高广厚一如琅邪台,所差不过分寸"。《云麓漫钞》纪国山刻石(天玺元年)之形状曰,"土人目曰囤碑,以石圆八出如米廪云"。《国山碑考》亦云,"碑高八尺,围一丈,其形微圜而椭,东西二面广,南北狭四之一"。《两浙金石志》纪禹陵窆石(篆书,无年月,阮元定为吴孙皓刻)曰,"高六尺,周广四尺,顶上有穿,状如称锤"。综合诸石观之,其形当在方圆之间,上小下大。石鼓(石鼓为秦刻石,余别有说)十石并与此同,不过略小,前人无以名之,以其形类鼓,遂谓之"石鼓"(国山刻石,据诸家考证,亦有谓其形如鼓者)。董迪且附会其说,谓"武事刻于钲鼓",不亦妄乎。汉裴岑纪功刻石(永和二年),上锐下大,孤笋挺立,俗呼"石人子"(见《金石图说》)。天玺纪功刻石(天玺元年),第一石高三尺五寸,围八尺九寸——其顶宛然钟形截去上甬者。第二石高二尺三寸三分,第三石高二尺六寸二分——其围并较第一石为小,则以石有削去之故(见《两汉金石记》)。俗因呼为"三段碑"(验其每段前后行之字数相等,知非一石所折,是必三石相累而成,全形当与国山同)。此二石虽与前述诸石形制略殊,亦可断其为碣。至西汉之赵群臣上寿刻石(赵二十二年,当汉文帝后六年)、麃孝禹刻石(河平三年),东汉之宋伯望刻石(汉安三年),虽未详其形制,殆亦此类。李贤所谓"方者谓之碑,员者谓之碣"(《后汉书·窦宪传》注),是也。此制自孙吴之后,仅一见于高丽好大王陵刻石(甲寅年,当晋义熙十年),据郑文焯所纪,"高约十八尺,向南背北,约宽五尺六寸有奇,东西侧约宽四尺四寸有奇",是效中国之制而又崇大之者,此外绝无闻焉。盖自碑盛行以后,而碣之制遂渐废,赵岐所以欲立员石于墓前(见《后汉书》本传)者,亦思矫当时之习俗以复古耳。

摩崖　摩崖者,刻于崖壁者也,故曰天然之石。秦刻石中惟碣石一刻曰"刻碣石门",不云立石,疑即摩崖。此后则汉之《鄐君开褒斜道记》(永平六年)《昆弟六人造冢地记》(建初六年)《杨孟文石门颂》(建和六年)《李君通阁道记》(永寿元年)《刘平国通道作城记》(永寿四年)《李翕西狭颂》(建宁四年)《李翕析里桥郙阁颂》(建宁五年)《杨淮表记》(熹平二年)等,皆摩崖之最著者。其先盖就其地以刻石纪事,省伐山采石之劳,别无深意存焉。其实唐之《纪泰山铭》(开元十四年)《中兴颂》(大历六年)等,犹之秦封禅颂德诸刻也。唐宋之《平蛮颂》(唐大历十二年,宋年月渺,考为皇祐五年)等,犹之裴岑刻石也。人以其简易而速成也,遂相率而为之,甚至刻经造像、诗文题名、德政神道之类,莫不被之崖壁,于是名山胜迹,几于无处无之矣。

碑 碑为庙门墓所所用,既如上述。然则用以刻辞,果始自何时?曰,始于东汉之初,而盛于桓灵之际,观宋以来之所著录者可知矣。汉碑之制,首多有穿,穿之外或有晕者,乃墓碑施鹿卢之遗制。其初盖因墓所引棺之碑而利用之,以述德纪事于其上,其后相习成风,碑遂为刻辞而设。故最初之碑,有穿有晕。题额刻于穿上晕间,偏左偏右,各因其势,不必皆在正中。碑文则刻于额下,偏于碑右,不皆布满。魏晋以后,穿晕渐废,额必居中,文必布满,皆其明证也。

碑之正面谓之阳,反面谓之阴,左右谓之侧,首谓之额,座谓之趺。质朴者圭首而方趺,华美者螭首而龟趺,式至不一。宋洪适《隶续》之《碑图》,清牛运震《金石图》皆摹全形,使读者恍睹原碑。著录碑版之例,莫善于此矣。其刻辞之通例,则碑额为标题,碑阳为文,碑阴碑侧为题名。其变例,则有两面各刻一文者,有文长碑阳不能容而转刻于碑侧或碑阴者。释氏之碑,其额多为造像,如唐《道因法师碑》(龙朔三年)《怀仁圣教序》(咸亨三年),其最著。亦有非释氏之碑而造像者,如北魏《霍扬碑》(景明五年),东魏《齐太公吕望表》(武平八年)之类是也。盖北朝佞佛,不问其当否,概以佛像被之也。后人作碑版文字,必求先例,亦已迂矣。

二、造像与画像之别

文字之兴,肇端于图画,六书中之象形,所谓"画成其物,随体诘诎"

者,皆古代最初之图画也。其后观象作服,铸鼎象物,而图画一科,始与文字分途,巍然独立。图画有象其片面者,有象其全体者。象片面者谓之平面画,象全体者谓之立体画。钟鼎彝器之图案,如"云雷""饕餮"等文,商周时之平面画也。"牺尊""兕觥"之属,商周时之立体画也。后世石刻,所谓画像者皆平面画,所谓造像者皆立体画,此造像与画像之区别也。今分叙之于下。

画像 凡刻于平面者,无论为人物、草木、鸟兽,皆画像也。其最先者,当推麃孝禹刻石之朱雀画像,粗具规郭,刻工草率,为西汉石画之仅见者(沂水鲍家山摩崖刻凤皇画像,其题字中有"元□"等字,前人或释"元狩",或释"元凤",以为西汉刻石,其实"元□"等字与"三月"等字不在一处,决非年号)。至东汉之季,其风最盛,凡祠宇家墓之间,多有精美之画像,如肥城之孝堂山,嘉祥之武氏祠,济宁之两城山,皆洋洋大观。其他残缺之石,随在多有,颓垣断壁之间,时时发见。《汉石存目》中之《画存》,裒集最为完备。此外碑额碑阴之刻,如《隶续·碑图》所录者,亦指不胜屈。神道之阙,不必皆有字,而莫不有画。皆在山东、河南、四川诸省,尤以川省为最多。凡此诸刻之所图,或为古人事迹(如武氏祠画古帝王、孝子、列女、义士等像是),或为墓中人事迹(如李刚、鲁峻、武氏等画像是),或为符瑞(如武氏祠《祥瑞图》及《黾池五瑞图》等是),皆汉画也。魏晋之际,始不多见。近河南新出晋《当利里社碑》残石,其阴之上列刻社老等八人像,所见晋画惟此而已。北朝喜造佛像,而铭记之碑,往往有平面画像,或为佛之事迹(如北魏正光五年《刘根等造三级砖浮图记》画佛涅槃图,东魏武定元年《清信士合道俗九十人造像记》画释迦降生得道图等,皆是),或为清信士女之像(见于造像碑阴者为多)。隋唐以后,画家辈出,于圣贤、仙佛、鬼神诸像之外,兼刻山水、草木、鸟兽等图,于是绘画之能事始称大备。若依时代而统计之,则东汉之世历史画为多,北朝以后宗教画为多,唐以后自然界之画为多。

造像 汉武帝元狩中遣霍去病讨匈奴,获其金人,帝以为大神,列于甘泉宫。此为佛像入中国之始。东汉末,丹阳人笮融大起浮屠寺,上累金盘，下为重楼，作黄金涂像，衣以锦彩（见《后汉书·陶谦传》）。此为中国造像见于记载之始。至存于今者，大抵以北魏为最先（山西大同之云冈有石窟凡十所，其五所为北魏文成帝时所造，见《魏书·释老志》。北魏造像当莫先于此者）。所造之像可分三种，曰石像，曰铜像，曰泥像。

石像多琢于方座之上，或一佛，或数佛，或立，或坐，或有龛，或有背光。其记文则或刻于背，或刻于龛侧，或刻于座上。此外尚有四方如柱者，有高广如碑者。皆以石琢成，而于其各面之上截凿龛造像，下截刻记文及题名，其阴及两侧，或为无数小龛层累排列，各于龛侧题名。此等小龛，不必皆为佛像，有为亡人或造像人之像者，男女分列，或执香花，或执幡幢，状亦不一。其非采石琢成而仅就崖壁上凿龛造像者，谓之石窟像，或曰石室。记文皆在龛之上下左右。今云冈、龙门诸造像是也。佛龛之直列者以上中下别之，并列者以左右别之（左右龛又或称箱）。其记文则记其所造之像（释迦、弥勒像为多）及求福之事，上及君国，下及眷属，甚至一切众生莫不该括，或为一人一家所造，或合数十百人所造，工巨者累年而后就。像上多施彩色以饰之。作记者不必皆文士，有极鄙俚者，有上下文辞不相属者，有阙造作人之姓名以待补刻者，有修造旧像更刻记于其后者。其题名称谓之繁不胜枚举，清王昶尝汇录之，犹不能详尽，然其通称则曰"佛弟子""清信士"而已。

铜像小者仅二三寸，大者亦不过尺余，其下莫不有座。座或为四足，或空其后一面。题字或镌于座，或镌于背，文字简略，刻工草率。全体多涂以金，亦犹石像之施彩色。

泥像者，埏土而成，又谓之塑像。《魏书·释老志》载真君七年诏曰，"自今以后，敢有事胡神及造形象泥人铜人者，门诛"。泥人即塑像也。土木之质，易就湮灭，故北朝造像，铜与石之外，未见有泥塑者。吴县甪直镇保圣寺罗汉像，相传为唐杨惠之所塑（杨，开元时人，与吴道子齐名），传世泥像莫有先于此者。元阿尼哥、刘元，皆以塑像名，其所作品，如北京天庆宫等，多已不存矣。唐之"善业泥"，亦为塑像中之一种，其制一面为佛像，一面为文字。文曰"大唐善业泥压得真如妙色身"十二字，阳文凸起，四周有界格。其质如砖，似抟土而火熟者。北京旃檀寺之旃檀像，则刻木所成，相传为优填王所造，当周穆王八年辛卯。程钜夫《旃檀佛像记》述此像展转流传之历史，言之虽详，殊难征信。然断为元以前之物，似无疑义。惜经清末拳匪之乱，此像已不知所在矣。

此三种者，石像最多，铜像次之，泥像则千百中不一觏也。

造像之风，自北朝以逮唐之中叶，号称最盛。南朝虽有造像，不逮北朝万一。洛阳之龙门，累累于岩壁间者，皆北魏迄唐之造像也。大河南北，造像之多莫过于此。下至五代宋初，此风未息，浙江之杭县多吴越时造像，山东之临朐、嘉祥多北宋时造像。至是以后不多见矣。王昶尝推其故而论之，谓其时"中原板荡，……干戈扰攘，民生其间，荡析离居，迄无宁宇。……愚夫愚妇相率造像以冀佛佑，百余年来浸成风俗"。斯言盖得之矣。

唐时崇奉道教，佛像之外有造老君、天尊诸像者。然北朝业已有之，如北齐姜纂所造老君像，其记文悉为释氏之词。盖自寇谦之以天师佐治以后，释道源流，转因分析而杂糅。造像者只知求福，不论其为释为道也。

画像造像不仅为美术品，实为重要之史材。如汉人所图周秦以前之故事，虽未必尽合，而所图当时人之事实，凡宫室、车马、衣冠、礼乐、兵刃之属，无一非汉官旧仪。考古之资，孰有真切于此者。至论其艺术，则源流亦略可考见。汉画凝重版滞，人物皆锐上丰下，衣褶简略。六朝以后始稍由板滞而生动，由简略而繁复。试观晋《当利里社碑》社老等像，与汉画像不同，而近于六朝画像，其变迁之迹可以睹矣。盖其时梵像西来，久已普遍，我国固有之美术与西域美术混合于无形。宋郭若虚《图画见闻志》论曹(仲达)吴(道子)体法云，"吴之笔，其势圆转而衣服飘举，曹之笔，其体裯叠而衣服紧窄。故后辈称之曰，'吴带当风，曹衣出水'"。其论虽专为曹吴而发，然六朝以后之体法所以异于汉画者，此数语实已尽之矣。

画家六法，首重气韵，其用笔设色之纱，有非刻划所能传者，故石刻之画不如真迹。六朝以来,名工妙迹,缣素之外往往施于寺壁,今直隶河南等省,宋元画壁犹有存者。敦煌所发见之唐以前壁画,多为东西各国剿削转运以去,《石室秘录》及《高昌壁画菁华》所影印者,不过什之一二耳。十四年春,陈万里君访古于敦煌,又发见西魏大统间壁画,虽已残阙,犹可窥见一斑。洛阳乾沟村新发见古墓,其中灶阙及墓门悉为砖质,以粉为地,而施采画于其上。本校所得二砖,皆墓中阙柱。其一,绘一武士,其一,雕白兔捣药形及姮娥之像,而更以采色饰之。证以墓中之五铢钱及陶仓隶书,当为东汉末季之物,且此类神话,尤为汉画中所习见者。汉画而为真迹,是诚仅见者矣。

三、经典诸刻与纪事诸刻之别

纪事刻石者,纪当时之事实,刻石以表章之也。经典刻石者,古人之论著,藉刻石以流传之也。自有刻石以来,几莫非纪事文字,自《熹平石经》以后,始有经典之刻,故传世诸刻,经典少而纪事多也。今依其类而列举之,曰"太学石经",曰"释道石经",曰"医方",曰"格言",曰"书目",则经典之类也。曰"表章事迹诸文",曰"文书",曰"墓志墓笥",曰"谱系",曰"地图界至",曰"题咏题名",则纪事之类也。

太学石经 后汉熹平中,以五经文字驳异日多,诏诸儒正定之,刻石立于太学,俾后儒晚学有所取正,是为《熹平石经》。其意盖以展转写录,无从是正,特刊此以为定本,法至善也。其后踵而行之者,魏则有《正始石经》,唐则有《开成石经》,后蜀则有《广政石经》,北宋则有《嘉祐石经》,南宋则有《高宗御书石经》,清则有《乾隆石经》。

汉石经为灵帝熹平四年立(《后汉书·灵帝纪》系于熹平四年春三月,而《水经注》云"光和六年"。洪适云,"诸儒受诏在熹平,而碑成则光和年也"),蔡邕等所书(《邕传》云,"邕乃自书丹于碑,使工镌刻"。《隶释》所录残字,后有堂谿典、马日磾姓名。故洪适云,"今所存诸经字体各不同,其间必有同时挥毫者"),表里刻之。其字体则《后汉书·儒林传序》以为古文、篆、隶三体书法。郦道元《水经注》(《谷水》)以三字者属之魏。宋洪适著《隶释》《隶续》录一字石经,其上有堂谿典、马日磾等名,因据郦氏之说以正范书之误,辨之最详。于是一字石经为汉刻,其论始定。其经数则或曰五经(《灵帝纪》《卢植传》《儒林传序》《宦者传》),或曰六经(《蔡邕传》《儒林·张驯传》),或曰七经(《隋书·经籍志》)。近王静安著《魏石经考》,兼考汉之经数,定为《周易》《尚书》《鲁诗》《仪礼》《春秋》五经,《公羊》《论语》二传。除《论语》为专经者所兼习,不置博士外,其余皆立于学官,博士之所教授者也。故先儒所纪有五、六、七经之不同。其石数则《西征记》(《太平御览·文部》引)云四十枚,《洛阳记》(《蔡邕传》注引)云四十六枚,《洛阳伽蓝记》云四十八碑。王氏又据表里之字数推计之,以为《洛阳记》所记之数最确。其每碑行数,及每行字数,不可得而详。惟据《隶释》所录残字及近出残石计之,每行约七十字至七十三字。其立石之地为太学,在今洛阳城东南三十里洛水南岸之朱圪垱村,即《洛阳伽蓝记》所记之劝学里也。自汉至于北魏,石虽不免残毁,但皆在洛阳,未尝迁徙。至东魏武定四年自洛阳徙于邺都,至河阳,值岸崩,遂没于水,其得至邺者不盈太半(见《隋书·经籍志》,然据《北齐书·文宣帝纪》,天保元年尚存五十二枚)。周大象元年由邺迁洛阳(见《周书·宣帝纪》)。隋开皇六年,又自洛阳运入长安(见《隋书·刘焯传》)。寻属隋乱营造之司因用为柱础。唐贞观初,魏徵始收聚之,十不存一(见《隋书·经籍志》)。经此展转迁徙,而石经之踪迹遂莫可究诘矣。至宋南渡以后,残经遗字,更不多见,洪适搜集拓本,仅存《尚书》(《盘庚》《高宗肜日》《牧誓》《洪范》《多士》《无逸》《君奭》《多方》《立政》《顾命》)五百四十七字,《鲁诗》(《魏风》《唐风》)百七十三字,《仪礼》(《大射仪》《聘礼》《士虞礼》)一百一字,《公羊传》(自隐公四年至桓公元年)三百七十五字,《论语》(前四篇,后四篇)九百七十一字,合二千一百六十七字。今载于《隶释》《隶续》者是也。其重刻本宋时有二。一为胡宗愈(顾炎武《金石文字记》,朱彝尊《经义考》并引胡记及宇文绍奕跋。顾以为胡宗愈,朱以为胡元质。按宗愈,哲宗时尝知成都府。宇文绍奕,孝宗时尝守邛州。元质为孝宗光宗时人,虽与绍奕同时,不闻居蜀,当以顾说为是)成都西楼刻本,据宇文绍奕跋云,四千二百七十字有奇,以楷书释之。一为洪适会稽蓬莱阁刻本,据洪自跋云,《尚书》《仪礼》《公羊》《论语》千九百余字(《隶释》所录有《鲁诗》,此覆刻本无之)。今并亡佚。清翁方纲集各家所藏旧拓本,得《尚书》(《盘庚》《洪范》《君奭》)《诗》(《魏风》《唐风》)《仪礼》(《大射仪》《聘礼》)《公羊》(隐四年传)《论语》(《为政》《微子》《尧曰》及篇末识语)合六百七十五字,刻之南昌学宫。然大半出于钱泳藏本,钱工于作伪,此本之《公羊》残字,有出于洪氏所录之外者。疑此本为钱所伪造。翁氏既据伪本摹刻,则亦非复旧观矣。近洛阳朱圪垱村出残石,零落多不成文,字多者十余字,少者或仅一二字,五经、二传皆有存者。就余所见者,《易》三字,《诗》七十三字,《礼》三十三字,《春秋》百五十八字,《公羊》二字,《论语》三十四字,不知何经者二十七字。都计三百二十七字。此外尚有石经后记一石,百五十余字,又碎片二十七字。后记中有光禄勋刘宽、五官中郎将堂谿典之名。宽之与于斯役,为自来言石经者所未闻,即《周易》《春秋》二经,宋人亦未之见也。

魏石经为齐王芳正始中所立,其字体为古文、篆、隶三体。其经数为《尚书》《春秋》二部,《西征记》《洛阳伽蓝记》《隋书·经籍志》所载皆同(《唐志》有《左传》而无《春秋经》,疑误),表里各刻一部。其石数则《水经注》云四十八枚,《西征记》云三十五枚,《洛阳伽蓝记》云二十五碑,今以《春秋》字数,依每碑三十二行排比之,并篇题在内,应得二十七碑。《尚书》字数虽多于《春秋》,以每碑三十四行计,二十七碑亦足以容之。则《洛阳伽蓝记》所记之数似为近之。其行款则《尚书》每碑三十四行,《春秋》三十二行,每行皆二十字,三体得六十字,纵横有界线,每三体作一格。惟《尚书》自《皋陶谟》以前,不作三体直下式,一格之内,上列古文,下并列篆隶二体,作品字式,每行三十七格。每碑约可容二十六行。其书人则北魏江式以为邯郸淳书,胡三省《通鉴注》已辟其谬,况晋卫恒《四体书势》明言"正始中立《三字石经》,转失淳法"(见《晋书·卫恒传》),尤为非淳所书之明证。今细审原石,虽不能定为何人所书(杨守敬据《四体书势》考为卫觊书),然可断言三体非出自一人之手。又古文之书体,品字式者与直下式者不同,古文又不出自一手。此与书汉石经者不止蔡邕一人，殆同一例。或亦如汉石经之具载书人姓名，亦未可知也。魏立《三字石经》时，汉石经固犹在也，所以复立三字者，以汉石经皆今文，非古文也。此以古文书于上，虑其难识，复列篆隶二体于其下，古书之有释文，当以此为权舆矣。其变迁残毁之迹与汉石经同，但在宋时所存残字，较汉石经为尤少。皇祐间，洛阳苏望得故相王文康家拓本，摹刻于石，凡八百十九字，即《隶续》所录之《左传遗字》是也。苏氏此刻，就断剥亡缺之余，而存其完全之字，次第陵躐，不加深考，谓之为《左氏传》，洪氏仍之。清臧琳著《经义杂记》，始从其中分出《尚书》残字。孙星衍《魏三体石经残字考》复以其中《春秋》残字分系诸公。近王静安《魏石经考》，又详加分析，辨为《尚书》《大诰》《吕刑》《文侯之命》六段，《春秋》宣公、襄公经七段，《春秋左氏》桓公传一段（此段二十五字一行直下，石之崩裂作一长行，似无此理，其真伪尚属疑问），并计其字数定为五石，绘图以证明之，而后苏氏摹本之次第陵躐者始复旧观。胡宗愈刻于成都西楼者亦八百十九字，当与苏氏之本同出一源。今二本皆亡，惟存其字于《隶续》而已。清光绪间，洛阳龙虎滩（在故城中）出一残石，一面存字百有十，一面无字，乃《尚书·君奭》残字。十二年一月，洛阳朱圪垱村出一碑，仅存上截，一面存《尚书·无逸》（十七行）《君奭》（并篇题十七行）九百七十八字，一面存《春秋》僖公（二十五行）文公（并篇题七行）八百三十字，其先出之《君奭》残石，即此碑之下方，文相衔接。同时又出一石，一面存《尚书·多士》百三十四字，一面存《春秋》文公百有三字。其后又出残石甚多。据余所见者，《尚书》二百有九字（内有品字式者九十七字），《春秋》百八十二字，其不知属于何经者三十四字。都计前后所出凡得二千五百七十六字。较宋人所见，多出二倍。又《尚书》前数碑之为品字式，尤为自来考石经者所未及知者也。

唐石经为文宗开成二年刻成，郑覃等勘定，准后汉故事，勒石于太学。其经数为《易》《书》《诗》《周礼》《仪礼》《礼记》《春秋左传》《公羊传》《谷梁传》九经，益以《孝经》《论语》《尔雅》为十二经。清贾汉复又补刻《孟子》附于其后（卷数石数具详《金石萃编》，此不复赘）。其最后一石，详记诸经字数,并题年月及书石校勘等人名。自立石后凡历七十年,至天祐中,韩建筑新城,弃之于野。朱梁时,刘鄩守长安,徇幕吏尹玉羽之请,辇之入城,置于故唐尚书省之西隅。宋元祐二年,吕大忠命黎持迁于府学。明嘉靖三十四年地震,倒损,王尧典等按旧文集其阙字,别刻小石,立于其旁,纰缪殊甚。装潢之工,往往以王尧典补字凑合于原文阙泐之处,俾成全文。清顾炎武所校即据此误装之本,故多不合。严可均《唐石经校文》最称精审。历代石经,除最近之清石经外,当以此为最完矣。

蜀石经为孟蜀广政七年其相毋昭裔所肇立。书之者为张德钊、杨钧、张绍文、孙逢吉、孙朋吉、周德贞诸人。其经数为《周易》《尚书》《毛诗》《周礼》《仪礼》《礼记》《春秋左传》《论语》《孝经》《尔雅》十经。宋田况补刻《春秋公羊》《谷梁》二传,至皇祐元年毕工。历代石经皆无注,惟孟蜀有之,故其石凡千数,历百有七年而成。宣和中,席贡补刻《孟子》。乾道中,晁公武又刻《古文尚书》。公武并校诸经之异同,著《石经考异》刻于石,张夋又校注文之异同,著《石经注文考异》四十卷。今石经原石,相传久佚,而刘喜海《读竹汀日记札记》云,“闻乾隆四十年,制军福康安修成都城。什邡令任思仁得孟蜀石经数十片于土中,字尚完好,当时据为己有,未肯留置学宫。任令贵州人,罢官后原石辇归黔中”(见李慈铭《越缦堂日记》甲集)。则孟蜀石经原石固在人间,或成都城下尚有遗留,亦未可知也。其拓本流传,经前人著录,及为余见闻所及者,则有《毛诗》(卷一后半及卷二)《周礼》(卷九、卷十及《考工记》)《左传》(卷十五、卷十六及昭公二年)《公羊》(桓公七年至十五年)《谷梁》(成公元年至二年,襄公十八年至十九年,二十六年至二十七年)诸经残字。此外湮没不彰者,恐尚不止此也。

北宋石经为仁宗时立,肇始于庆历元年(《玉海》云,“至和二年三月,王洙言国子监刊立石经至今一十五年”),告成于嘉祐六年(李焘《续通鉴长编》云,“嘉祐六年三月,以篆国子监石经成,赐草泽章友直银百两,绢百匹”)。书之者为赵克继、杨南仲、章友直、邵必、张次立、胡恢诸人。其字体为二体,一行篆书,一行真书,与魏石经之每字三体作一格者不同。

其经数史无明文,按宋王应麟《玉海》曰,"石经七十五卷,杨南仲书。《周易》十,《诗》二十,《书》十三,《春秋》十二,《礼记》二十,皆具真篆二体"。又曰,"仁宗命国子监取《易》《诗》《书》《周礼》《礼记》《春秋》《孝经》为篆隶二体,刻石两楹"。周密《癸辛杂识》曰,"汴学即昔时太学旧址。九经石板,堆积如山,一行篆字,一行真字"。元李师圣《修复汴学石经记》曰,"汴梁旧有六经、《论语》《孝经》石本,其残缺漫剥者,盖不啻十之五六。今参政公也先帖木儿一见而病之,慨然以完复为己任,不数月复还旧观。奈何《孟子》七篇犹阙遗焉,亟欲增置而期会拘迫,有司请为后图"。王前举五经卷数,后列七经之目。周言其都数为九经而未举其目。李言六经之外有《论语》《孝经》,而阙《孟子》,欲增置而未果。综合诸说观之,北宋石经实为九经。其目则《易》《诗》《书》《周礼》《礼记》《春秋》《论语》《孝经》《孟子》。清叶名澧《北宋汴学二体石经跋》谓宋以《孟子》升经,并《论语》《孝经》为三小经,合之六经而为九。并谓宣和中席贡刊《孟子》以补蜀石经之缺,殆因汴学而踵行之。其说是也。李师圣所谓阙遗而欲增置者,谓原石阙遗,增置以补之也。清吴玉搢于吴门薄自崑家得见《孟子》,丁晏于淮安书肆得墨本一束亦有《孟子》,皆其明证,不得以史无明文而疑之。九经原石在元时犹存汴学(明于奕正《天下金石志》载《金石经碑》云,"在顺天府旧燕城南金国子学。碑刻《春秋》《礼记》,今磨灭不完"。金未闻有刻石经事,《志》不言其书体,不知即北宋《二体石经》否。清孙承泽《春明梦余录》云,"九经石刻旧在汴梁。金人移置于燕,今不复存"。亦不知何据。丁艮善疑金人但移《礼记》《春秋》等石,余者仍留汴学,后或移于他所。然想像之辞亦无左证)。虽颇残毁,亦曾修复,不知何时亡佚。汪祚谓其亡当在元末。陈顾则见其石磨灭破碎,罕有完者。斋庑石础俱断碑,隐然文字在上。朱彝尊则谓沉于黄河淤泥之下,毕沅则谓修学时用作瓴甋。盖自李师圣修复之后,又渐颓圮,其损毁迁徙之迹,久已不可究诘矣。其残石之仅存者,有《周易》《尚书》,在开封(见《寰宇访碑录》,行数字数未详)《周礼》卷一及卷五中数石在陈留,《礼记·檀弓》六十行在开封,《礼记·中庸》五十行在开封东岳庙,《孝经》十一行在开封图书馆。其拓本之见著录者,则吴门薄氏旧藏之四大册,有《尚书》《周礼》《礼记》《孟子》,今不知尚存否。山阳丁氏所得者最多,有《易》《诗》《书》《周礼》《礼记》《春秋》《孟子》七经,凡三千一百二十有八行,三万三百余字(细目见丁晏《北宋汴学二体石经记》)。今归贵池刘世珩家。上虞罗氏所藏新旧拓本,有《周礼》《礼记》《孝经》,凡五百五十余行,即《吉石盦丛书》三四集所印行者是也。

南宋石经为高宗御书,绍兴十三年九月左仆射秦桧请镌石以颁四方。其经数为《周易》《尚书》《毛诗》《春秋左传》《论语》《孟子》。其字体为楷书,惟《论语》《孟子》作行楷。其《礼记》《学记》《经解》《中庸》《儒行》《大学》五篇,本不在太学石经之数,淳熙四年建"光尧石经之阁",奉安石经,从知府赵磻老之请,搜访摹勒以补《礼经》之阙。合诸经计之,为石凡二百。至元初,西僧杨琏真伽谋运致诸石造塔于行宫故址,赖杭州推官申屠致远力争而止。元末,肃政廉访使徐炎改学为西湖书院,碑阁俱废。明洪武十二年,移仁和学于书院。宣德元年,吴讷属知府卢玉润收集,得全碑残碑百片,置殿后及两庑。天顺三年,改建县学于城隅之贡院,诸石悉徙以从。正德十三年,宋廷佐又命置于杭州府学。清阮元辑《两浙金石志》时尚存八十六石(《周易》二,《尚书》七,《毛诗》十,《中庸》一,《春秋左传》四十八,《论语》七,《孟子》十一),今又亡九石矣(《尚书》一,《春秋左传》八)。其完全拓本旧惟星子白鹿书院有之,即宋朱熹表请颁发者。近年书院毁于火,此本亦付劫灰矣。

清石经为乾隆五年蒋衡手书以进,贮于懋勤殿中,至五十六年始命刻石立于太学。其经数为《周易》《尚书》《毛诗》《周礼》《仪礼》《礼记》《春秋左传》《春秋公羊传》《春秋谷梁传》《论语》《孝经》《尔雅》《孟子》十三经。其石数则《易》六石,《书》八石,《诗》并《序》十三石,《周礼》十五石,《仪礼》十七石,《礼记》二十八石,《左传》六十石,《公羊》十二石,《谷梁》十一石,《论语》五石,《孝经》一石,《尔雅》三石,《孟子》十石,合乾隆五十六年上谕,乾隆六十年和珅《表》一石,共一百九十石。东西庑各半,以西庑起,以东庑终。在西庑者南行,在东庑者北行。其字体为真书,碑首题

"乾隆御定石经之碑"八字,为篆书。每碑两面刻,面六列,列三十五行,行十字。今犹完好,存清故国子监。

其不立于太学之经,唐则有《石台孝经》,为唐玄宗御注御书,天宝四载立,今尚在长安。宋则有《绍兴府学孝经》,熙宁五年立,杜春生《越中金石记》考为谢景初所书,今在绍兴。《高宗御书真草二体孝经》,绍兴十四年立,后有秦桧跋,今在遂宁(临安原刻已佚)。尚有二本,一在南海,一在阳新,亦皆高宗书。明则有《国子监孝经》,为万历间蔡毅中所立,今在历史博物馆。其节录经文者,有唐李阳冰篆书《易·谦卦》二本,一在当涂,一在芜湖。宋司马光书《易》《家人》《艮》《损》《益》四卦,《礼》《中庸》《乐记》二篇及《左传》晏子语,今皆在杭县(《家人卦》于绍兴十九年复刻于融县)。张栻书《论语·问政篇》,淳熙十一年刻,今在桂林。朱熹书《易·系辞》,今在常德。

其校正石经文字而附经以行者,则有唐张参《五经文字》,唐玄度《九经字样》,附于唐石经之后,今犹并在长安。宋晁公武之《石经考异》,张贲之《石经注文考异》,亦皆校正蜀石经之文字者,惜皆与石经俱亡矣。

其他书籍之刻石者,当以魏文帝《典论》为最先,明帝以其为先帝不朽之格言,故刊于庙门之外及太学,今已与《正始石经》并亡。唐颜真卿书颜元孙《干禄字书》,宋高宗书《礼部韵略》,并毁于吴兴墨妙亭。宋刘球《隶韵》、薛尚功《历代钟鼎彝器款识》,其初皆为石本,今有锓版而石刻久亡矣。石本之存于今者,有《韩诗外传》残石,藏滋阳牛氏,阮元定为唐刻。重摹本《干禄字书》在潼南。宋叶梦得摹皇象书章草《急就篇》,宋克补六百十六字,明正统间杨政刻于松江。宋释梦英《说文偏旁字原》(咸平二年)、刘敞《先秦古物记》(嘉祐八年),并在长安。此外石本书籍之流传者盖鲜矣。

释道石经　中国之有佛经,相传始于汉明帝时摄摩腾所译之《四十二章经》。近人梁启超辨其妄,以为中国译经之第一人当推安世高(见《改造》三卷十二号梁著《佛教之初输入》)。若然,在后汉之末,始有译本。厥后历魏晋以来,译者踵相接,至隋唐之际,佛经蔚然大备矣。其刻石也,则始于元魏(清叶昌炽《语石》以为高齐宇文周时始有刻经,并辨正孙赵二氏《访碑录》之误,然赵《录》有北魏永安二年《史同百余人造像造经记》,吴式芬《攈古录》有东魏武定二年《金刚经》,则元魏之时固有刻经矣),盛于高齐,迄金元以后此风渐息。

其刻石之种类可分三种:一曰摩崖,二曰碑,三曰幢。

摩崖刻经以齐周为盛,以山东、直隶、山西、河南为最多。如泰安之泰山、徂徕山,邹县之尖山、小铁山、葛山、冈山,磁县之鼓山,辽县之屋騋嶝,安阳之宝山,皆其最著者也。字大者尺余,小者亦径寸。深山穷谷,艰于椎拓,故完全之本至不易致。

经碑如太学石经之例,琢石为碑,分行分列刻之。此类当以房山为大观。隋大业中静琬刻经一藏,仅成《大涅槃》而卒,其徒导公、仪公、暹公、法公相继为之,藏于石室。辽圣宗、兴宗、道宗又皆赐钱续造,列置洞中,以石窗锢闭,镕铁灌枢,自窗棂窥之,历历可睹。今惟雷音一洞辟而可入,通行拓本皆自此出。此外若山东、河南,所在皆有,然残阙者多,不若房山之完全。

经幢之制如柱而有八棱,上有盖,下有座,大者寻丈,小者径尺,多刻《陀罗尼经》。以唐时为最盛。清叶昌炽搜辑唐以来拓本极多,颜其居曰"五百经幢馆",故所著《语石》论经幢者颇详。

此三种之外,尚有刻于他碑之阴或侧者,有刻于造像者,有刻于浮图者,有刻于楹柱者,种类甚多,其石皆不为刻经而设,是为附刻之经。

凡此各种佛经,或为一人一家所造,或合群力以为之,皆历时久远,所费不资,观于《方法师镂石班经记》(齐乾明元年)《晋昌公唐邕写经记》(齐武平三年)《匡喆刻经颂》(周大象元年)等,可知矣。其所刻之本,或字句互异,或译本不同,或且为释藏所未收者,若遍拓之以校勘藏本,其功诚不在敦煌经卷下也。

道经刻石,始于唐之中叶(以景龙二年《龙兴观道德经》为最先),隋以前无有也。且所刻之经数,亦远不逮佛经之多。以今所流传者计之,仅《黄帝阴符经》《老子道德经》《常清净经》《消灾护命经》《生天得道经》

《北方真武经》《九幽拔罪心印妙经》《升玄经》《日用妙经》《洞玄经》等，数种而已。《阴符经》有二本，皆宋刻（一乾德四年郭忠恕三体书，一乾德六年袁正己书，并在长安）。《道德经》有八本，唐刻五（易县龙兴观二本，一景龙二年，一景福二年，易县玄宗御注本开元二十六年，邢台玄宗御注本开元二十七年，丹徒焦山本广明元年），宋刻一（高宗御书，原有二幢，今存其一，无年月，在杭县），元刻二（一至元二十八年，古文本，一无年月，说经台本，并在盩厔）。《常清净经》有三本，后梁一（贞明二年，在淄川），宋一（太平兴国五年，在长安），元一（宪宗七年，在三原）。《消灾护命经》一本。《生天得道经》一本（并宋太平兴国五年，在长安，与《常清净经》同在一石）。《北方真武经》一本（宋元符二年，在登封）。《九幽拔罪心印妙经》一本（宋崇宁元年，在耀县）。《升玄经》一本（元宪宗七年，在三原）。《日用妙经》一本（元至正十二年，在盩厔）。《洞玄经》一本（年月阙，在长安）。此外若《黄庭经》《灵飞经》等，及赵孟頫所书《一切道经》，多为帖本，出自后人摹刻。叶昌炽云，"释经之精者皆大字而碑为多，道经之精者皆小楷而帖为多"，信然。

医方　医方刻石，有博施济众之功，与刻经造像以求福者不同，然亦有藉作功德者，如北齐《都邑师道兴治疾方》（武平六年），与造像记同刻一石，亦犹造桥凿井多刻佛像，以普渡众生之事业，托之佛法之慈悲也。唐孙思邈著《千金方》，以人命至重，贵于千金，故以"千金"名其方，然《道兴碑》实在孙书以前，已有"千金秘方"之语，知孙书之名实取当时成语耳。耀县有三石（无年月及标题），相传为孙思邈《千金方》，有见于《道兴碑》者，存字阙文皆同，不知何人所刻。桂林刘仙岩有宋吕渭所刊《养气方》（宣和四年）。《攈古录》于金末录《针灸方》残刻（无年月），不著其地，亦不知其果为金刻否。似此之类，其未见著录者，恐尚不少也。

格言　录古人之嘉言，以昭箴戒者，谓之格言。上述节录经文诸刻，如唐李阳冰，宋司马光、张栻等所书者，皆为此类。此外尚有宋李寂篆书韩愈《五箴》（嘉祐八年），在长安。朱协极书《中庸格言》（绍定五年），在松江。张安国书《汉疏广戒子弟语》二本，一在吴县（淳祐元年），一在当涂(淳祐六年陈垲重刻)。张安国书唐《卢坦对杜黄裳语》二本,一在衡阳(无年月),一在吴县(庆元二年)。又有元陈坚辑《太上感应篇注释》(至正十二年),则完全为劝善之书矣。

书目　书目之有刻石,殆始于宋以后。若房山之辽《云居寺续秘藏石经塔记》(天庆八年),后列每次办经目录,每十卷为一帙,以《千字文》编号,虽为藏经目录之大观,然为所刻之经编目,非徒录其目者,是犹唐石经之后载十二经之目及其卷数字数也。其专刻书目者,如太原之《宋太宗书库记》(宋大中祥符四年),杭县之《西湖书院重整书目记》(元泰定元年),诸城之《密州重修庙学碑》(至正十年),皆列其目于碑之阴。其他如隆平之《程珏创建书楼记》(大德八年),涿县之《涿州儒学藏书记》(至正十年),琼山之《乾宁儒学置书记》(至正十一年),皆为记藏书之碑,不知其阴有无书目。凡此皆防藏书之散失,勒石以传之永久者也。

表章事迹诸文　纪事之刻,文体实繁,记颂铭赞,无非为表章事迹而作。秦始皇东巡诸刻及汉以来山川祠庙诸刻,皆封禅祠祀之文也。汉《裴岑纪功刻石》(永和二年),唐《姜行本纪功碑》(贞观十四年)《平百济碑》(显庆五年)《中兴颂》(大历六年)、宋《平蛮颂》(年月泐,考为皇祐五年)《平黎颂》(绍定四年)等,皆纪功之文也。汉《王稚子阙》(元兴元年)《娄寿碑》(熹平三年)等,以及后世德政神道诸碑,皆述德之文也。《汉高朕修周公礼殿记》(初平五年)《鄐君开褒斜道记》(永平六年)《辛李二君造祚桥记》(延熹七年),以及后世兴学建寺造像造塔诸记,皆纪述工作之文也。自有石刻以来,此类表章事迹之作,实居什之八九,试检著录金石之目,可以知其概略矣。

文书　公牍文字,历代不同,皆各有其程式。秦二世于始皇刻石之后,具刻《元年诏书》,此为文书刻石之始。其后如汉安帝《赐豫州刺史冯焕诏》(元初六年)《孔庙置百石卒史碑》(永兴元年)《史晨祠孔庙奏铭》(建宁二年)《闻憙长韩仁铭》(熹平四年)《樊毅复华下民租田口算碑》(光和二年)《无极山碑》(光和四年)等,所载文书,或为天子下郡国,或为三公上天子,或为郡国上三公,或为郡国下属官,种种形式,犹可考见汉制之一班。唐宋时所刻，种类尤繁。天子之文书，曰诏，曰敕。如唐太宗《赠比干太师诏》(贞观十九年)，太宗、高宗赠泰师、孔宣公两诏(武德九年及乾封元年)，中宗《赐卢正道敕》(景龙元年)，太宗《赐少林寺田敕》(开元十一年)，玄宗《赐张九龄敕》(天宝元年)，武后《还少林寺神王狮子敕》(天宝十四载)，宋真宗《加文宣王封号诏》(大中祥符元年)，徽宗《赐辟雍诏》(崇宁元年)，高宗《籍田诏》(绍兴十六年)，真宗《赐陈尧咨疏龙首渠敕》(大中祥符七年)，《赐天庆观敕》(大中祥符八年)等，皆是也。其中如《辟雍》等诏，以及唐玄宗之《令长新诫》，宋太宗之《戒石铭》，殆为颁示天下之通敕，故所在县邑多有之。其自中书以下下行之文书，曰牒，曰剳子，曰帖，曰公据。如唐《奉先寺牒》(开元十年)《会善寺戒坛牒》(大历二年)、宋《永兴军牒》(景祐元年)《永兴军剳子》(景祐二年)《方山昭化寺帖》(崇宁二年)《戒香寺公据》(绍圣四年)等，皆是也。盖牒与剳子皆给自中书门下，或尚书省，或礼部，帖给自常平茶盐诸司，公据则给自所在官司也。金之牒较宋为多，凡寺院纳钱即可给牒赐额。其制始于大定初，故大定一朝，此类之牒独多。元之诏敕，凡史臣代言者曰诏，以国语训敕者曰圣旨，诸王太子谓之令旨，后妃公主谓之懿旨，如《玉清宫摹刻圣旨碑》(太祖十八年)《草堂寺阔端太子令旨碑》(太宗七年)《太清宫公主皇后懿旨碑》(太宗皇后称制四年)《皇太后懿旨碑》(至顺二年)等，是也。其文多为语体，或蒙古文与汉文并列。其称制诏者，如《加封孔子》等制诏皆为通敕，天下郡邑多有之。公据又或称执照，如《磻溪谷长春观公据》(太宗十年)及《给碧洞子地土执照》(太宗十一年)等，是也。明清以来，此类石刻亦复不少，惜尚无搜采及之者。

　　墓志、墓笥　冢墓之文，有墓志，有墓笥。墓志记年月姓名及生平事迹，系之以铭，故又谓之墓志铭。其文亦所以表章事迹，与神道碑相类。然其石藏之圹中，以防陵谷之变迁，与神道碑立于墓前，与人以共见者，用意微有不同。其制始于东汉，《隶释》载《张宾公妻穿中文》(建初二年)，即圹中之刻。清光绪末，峰县所出之《临为父作封记》(延熹六年)，亦出自圹中，为后世墓志之权舆。同时孟津又出汉砖百余，皆志罪人之姓名、籍贯、刑罚及其年月，为丛葬罪人之志。其年号自永平至熹平凡历百余年。知志墓之风实始于东汉之初，历魏、晋、宋、齐、梁、陈皆有行之者，然其时立石有禁，故砖多石少。北朝魏齐之际，此风最盛。隋唐以后，遂著为典礼矣。晋石曩惟刘韬一石(无年月)见于著录(尚有太康三年《房宣墓题字》，实据《刘韬题字》伪造者)。近年洛阳新出者，有《冯恭石椁题字》(太康三年)《荀岳墓题字》(元康五年)、荀岳石之两侧为其夫人刘氏墓题字(永安元年)、《魏雏枢题字》(元康八年)《张朗碑》(永康元年)《石尠墓题字》《石定墓题字》(并永嘉二年)《郑舒妻刘氏墓题字》(无年月)。中惟张朗、魏雏两刻为碑式，后系以铭，其余皆纪姓名、官阶、籍里及妻子之名氏，与后世诔墓之文不同。其名称或曰碑(张朗)，或曰墓(荀岳、刘韬)，或曰枢(魏雏)，亦无墓志铭之称。其以墓志或墓志铭称者，实始于南北朝。南朝以《刘怀民墓志铭》(大明八年)为最先，北朝以《韩显宗墓志》(太和二十三年)为最先。南朝志石，曩之见于著录者，如宋《宗悫母刘夫人墓志》(大明二年)《谢涛墓志》(大明七年)《刘袭墓志》(泰始六年)《张济女推儿墓志》(元徽元年)，齐《海陵王墓志》(年月阙)，梁《萧敷夫妇两墓志》(并普通元年)，今皆不存。所存者，惟近出之宋《刘怀民墓志》、齐《吕超静墓志》、梁《程虔墓志》(吕程两《志》年号并阙，近人考吕《志》为齐永明十一年，程《志》为梁太清三年)三石而已。北朝志石多于南朝，而近年所出更倍蓰于前人之所著录，其中尤以北魏元氏为多。盖洛阳之芒山，自古为丘墓之墟，而北魏陵寝多在其间，王侯贵族胥祔葬于此，土人嗜利，私自发掘，时有所获。此事本无足奇，而求之过深者，往往疑为出自伪造，是诚武断之甚矣。隋墓志上承六朝，下开唐宋，其形制文体，渐成定式。唐墓志流传独多，式亦最备。宋墓志之数，不逮唐之十一，元又不逮宋之半。于此可以知风俗之奢俭矣。墓志之式，其初本无定例。有圭首似碑者，如晋之张朗、刘韬，北魏之韩显宗、李谋等石是。有为方版，而阴或侧并刻字者，如晋之荀岳、石尠，北魏之刁遵、李璧等石是。其有盖之制，殆始于北魏，最初不尽有题字，自延昌以后乃有之。北朝之志，有盖者不过十之一二，至隋而盛行，竟居十之七八。凡志铭之前无标题,而以"君讳某"起者,皆当有盖,故一失其盖,即无从知其姓氏矣。志文有书而未刻者,或为朱书,或为墨迹。此类墓志,大抵皆砖质也。释氏之葬多建塔,故又谓之塔铭。北朝尚少,仅北魏孙辽一刻,称"浮图铭"(孙辽别有一墓志,伪),且不为僧徒而为居士。魏惠猛法师(无年月)直称墓志,齐法勲禅师(太宁二年)无标题,隋惠云法师(开皇十四年)称墓。可见隋以前之僧,志墓者实不多见,至唐而其风最盛。标题亦不一,有称"焚身塔"者,亦有不称"塔"而曰"方坟""石室""龛茔"者,则又为变例矣。

墓笏者,买墓地之券,置之圹中者也。其券不皆为真券,如吴《浩宗墓券》(黄武四年)、晋《杨绍墓笏》(太康五年)《朱曼妻薛墓券》(咸康四年),宋《王佛女墓券》(元嘉九年),唐《乔进臣墓牒》(元和九年),南汉《马二十四娘墓券》(大宝五年),宋《朱近墓券》(绍兴元年),明《宋秀买墓地合同》(隆庆二年)《李孟春买坟地券》(年月泐)等,其四至及证人皆虚无缥缈之词,为村巫之陋俗。其真券纪实者,仅有汉《武孟子男靡婴墓券》(建初六年)《潘延寿墓笏》(建宁元年)《王君卿买地券》(建宁二年)《孙成墓券》(建宁四年),北魏《张神洛墓券》(正始四年)五种。惟唐《刘玄简墓券》(大中中)前所纪四至为实界,后所纪四至则为青龙白虎之属,是纪实而兼沿习俗者。此类墓券,或为石,或为砖。惟王君卿、孙成用铅,靡婴用玉,永建四年券用铁,皆为希见之品。此外尚有载于墓志之后者,所见惟唐《徐府君刘夫人合祔铭》(大和九年)一石,亦为纪实之真券。

谱系　中国自古为宗法社会时代,氏族门阀,辨之极严,故《隋书·经籍志》列谱系于史部,郑樵《通志》列氏族于二十略。其见于石刻者,若唐《郭敬之家庙碑》(广德二年),其阴列敬之男九人、孙十五人、曾孙三人,并详其官位。乐安孙氏石刻(元和四年),且列一家男妇老幼。宋元以来,刻石尤多。宋《石氏世表》(康定二年),元《莱芜邹氏宗派图》(延祐二年)《王氏世系图》(至正七年)等,皆于其本系宗支叙述详备。元时寺院之碑,往往于碑阴刻宗派图。古圣贤之谱系亦有刻石者,如绍兴孔庙之《宣圣世系图》,邹县孟庙之《邹国公续世系图记》,吴县至德庙之《泰伯世系图》,是也。此外尚有纪祖父生卒年月者,如汉《三老讳字忌日记》

（建武中），则为祠祀而设，非谱系之属也。

地图、界至　叶昌炽据唐《吴兴图经》为颜真卿所书，刻于石柱，以为唐时图经皆为刻石。是则地图之刻石，由来旧矣。今所存者，惟刘豫阜昌七年之《禹迹图》《华夷图》（当金天会十五年）两种。毕沅谓“所载山川，多与古合，是为宋以前相传之旧”。又有宋吕大防《长安志图》，佚而复出，但仅存残石数十片。吴县有《平江图》（无年月）《地理图》（淳祐七年，与《天文图》《帝王绍运图》同刻），桂林有《修桂州城图》（无年月），皆为南宋时刻。金元时所刻者则有《绎山图》（大定十六年）《尼山图记》（明昌六年）《重修中岳庙图》（承安五年）《崇国北寺地产图》（至元二十一年）《扬州路学田图》（后至元五年）《平昌寺地图记》（至正十五年）等，皆石之见存者。其石佚而仅存拓本者，惟《攟古录》载唐《洛京朝市之图》（元后至元三年）一刻，旧藏仁和赵氏，今不知尚存否。凡此之类，或图九州，或图郡邑，或图田地，其范围之广隘虽不同，而皆有资考证者也。

界至者，记疆界之四至也。《元和郡县图志》又称为八到。其俗自汉已然。上述之墓茔，莫不有东西南北之界，但或言比，或言邸，或言极，或言至，为不同耳。汉《宋伯望刻石》所纪，皆经界之事。隋《始建县界碑》（大业四年）、宋《常熟县经界记》（嘉熙二年），元《曲阜县历代地理沿革志》（至正十年），乃纪一县之界。唐《丰乐寺大界相碑》（永泰二年），宋《保安院大界相碑》（景祐五年），即识寺院之界至者，释家谓之界相。若宋《栖岩寺四至记》（咸平二年）、金《鸿庆寺常住地土四至碑》（大定二十八年），元《月华山林泉寺四至碑》（大德三年）等，则又不称界相而称四至。其以山为界者，则有唐《龙瑞宫山界至记》（无年月，贺知章撰），宋《仰天山敕赐山场四至记》（元符三年），金《灵岩山场界至图记》（天德三年），元《张志贤修行记》后刻《本山四至》（至元九年）等。盖此类界至之碑，以山场寺院为最多也。

题咏题名　凡著名祠宇及山水佳处，多有古人之题咏题名。或志景仰，或纪游踪，唐宋以后，作者尤夥。姓名事迹，往往可补志乘之阙，若整理而汇录之，皆治史者考证之资也。

北魏郑道昭《登云峰山论经书诗》(永平四年)《观海岛诗》《登太基山诗》《咏飞仙室诗》(并无年月)四种,为诗篇刻石之始。昔盛昱藏一残石,为《登百峰山诗》,碑侧有题名一行,只存官号而阙人名,亦为魏刻。北魏刻石只此,余无闻焉。唐宋以后,诗人辈出,名作如林,故见于石刻者,亦往往蔚为大观。如唐之《美原神泉诗》(垂拱四年)《夏日游石淙诗》(久视元年),宋之《兴庆池禊宴诗》(庆历二年)《石林亭唱和诗》(嘉祐七年)等,皆一时唱和之作。其单篇零叶见于碑阴或崖壁者,更指不胜屈。宋以后词始盛行,诗篇之外间有刻词,但见于著录者仅十余种耳。

题名始于东汉,孝堂山石室有邵善君题名,曰"平原湿阴邵善君,以永建四年四月廿四日来过此堂,叩头谢贤明",《韩敕造孔庙礼器碑》阴有项伯脩题名,曰"熹平三年,左冯翊池阳项伯脩来",皆为亲履其地自题姓名者。孝堂山石室题名,据孙《录》所载,自汉至于唐初,凡十余则。题名汇于一处而又最早者,当莫过于此矣。唐时题名之风,较北朝为盛,宋元时尤多。今南北诸省,山巅水涯,随处皆是,尤以桂林诸山为最,方志及金石目录诸书所著录者,实不足以尽之。此类游客题名之外,尚有二种,亦皆有资考证者。一为官吏之题名,如《御史台精舍题名》(唐开元十一年)《郎官石柱题名》(唐大中十二年)《楚州官属题名》(唐自大和讫会昌)等,是也。一为科举题名,如绍兴县(宋大中祥符讫咸淳凡三碑)、滁县(宋绍兴十八年)、黔阳县(宋宝祐二年)、长安县(自齐阜昌讫金兴定)、大兴县(自元讫清)之《进士题名》,吴县(宋自绍兴至宝祐)、历城县(凡二碑,一元至正十年,一二十二年)之《乡试题名》等,皆是也。至若秦琅邪台刻石,唐《纪泰山铭》等之从臣题名,及汉以后立碑造像之出钱人题名,则又为一例矣。

四、一切建筑品附刻之文

附刻云者,谓其石不为刻文而设,因营造建筑之石材而附刻文字也。今分类述之,一曰"桥",二曰"井",三曰"阙",四曰"柱",五曰"浮图",六曰"食堂""神位",七曰"墓门""黄肠",八曰"石人""石兽",九曰"器物"。

桥 《水经注》(《谷水》)载洛阳建春门《石桥右柱铭》,汉阳嘉四年刻,为汉时桥刻之见著录者。此外若《蜀郡属国辛李二君造莋桥记》(延熹七年)《李翕析里桥郙阁颂》(建宁三年),虽为造桥而作,皆非附刻之文。东魏《于子建造义桥石像碑》(武定七年),隋《宋文彪等造澧水石桥碑》(开皇十六年)等,亦皆莋桥、析里桥之属。附刻之文,惟宋以后尚有流传。有刻于柱者,如《吴县西竺寺桥柱题字》(宋宝元元年)是也。有刻于阑者,如《徐水县徐河桥石阑题名画像》(金明昌中)是也。其余桥名之额,更指不胜屈,江苏浙江等省,多有宋元年号之刻,明清更无论矣。造桥之事,古人以为功德,与刻经造像之意同,故于子建等即于碑上造像。是虽为利人,仍是求福也。

井　井阑之有刻字,以梁天监十五年一刻为最先,其文曰"梁天监十五年太岁丙申,皇帝愍商旅之渴乏,乃诏茅山道士□□永若作亭及井十五口",为武帝下诏所作者。江宁有《湧金井阑题字》,题至德元年。缪荃孙定为陈之至德,亦为南朝物。北朝未见井阑题字而有造井碑,新出魏《廉天长造义井记》(武定八年)即其一也。唐之井阑题字,仅溧阳零陵寺元和六年一刻,及宛平开成四年一刻。宋元以后见于著录者,无虑数十种,大抵皆在苏浙两省境内。凿井之意,亦与造桥同,故题字往往称为义井,观于梁刻之文,可知其为施舍而设矣。

阙　阙有二种,一为神庙之阙,一为墓道之阙。庙阙有四,皆为汉刻,嵩山泰室(元初五年)、少室(年月泐)、开母庙(延光二年)、华岳庙(永和元年),是也。此外多为墓阙,亦以汉刻为多。魏有二刻,晋有三刻,梁有十余刻。自是以后,绝无闻矣。汉时墓前多树丰碑,其树阙者实居少数。今所出后汉诸墓阙,惟武氏二阙(建和元年)、南武阳三阙(一元和三年,一章和元年,一无年月)在山东,其余皆在四川,可见一时风尚,各地亦有不同也。其形制则《金石图说》《金石苑》所纪最详,大抵皆累石为之,左右二阙对峙,如汉王稚子(《金石录》云"元兴元年")、高颐(颐有碑,为建安十四年)、沈君(无年月)等及萧梁陵墓诸阙皆然。冯焕(焕有碑,为永宁二年)、杨宗(无年月)等之仅存一阙者,或亡其一耳。其题字多在正面平正之处。若高颐阙则并檐端亦有之,每端一字,如瓦当然,所题之字与正面同(《隶续》录王稚子阙,六字亦在檐端)。梁阙凡西阙之字皆左行或反书。其题字之外,凡有空处皆刻画像,虽梁阙亦然。世人专重文字,故拓工往往遗画像而不拓。明清时,达官显宦及孝子节妇之获旌表者,多树牌坊,亦即汉以来石阙之遗制,但仅有题字而无画像耳。

柱　后汉初平五年《益州太守高朕修周公礼殿记》,刻于木柱之上,其文载在《隶释》。此为楹柱上附刻文字之始。唐宋时建筑寺观,施舍石柱,往往刻字于其上。所刻或为佛经佛号,或为施主姓名,如华阴华岳庙(唐大中乾符间)、正定开元寺(武周时)、晋城青莲寺(北宋时)、登封嵩阳宫(北宋时)、肥城孝堂山石室(唐大中、宋崇宁间)、济宁普照寺(北宋时)等,皆石柱题字也。亦有铸铁为之者,如凤仪铁柱庙(唐南诏建极十三年)、桐柏淮源庙(左柱为宋庆历二年,右为三年),是也(唐时官署属吏题名,有刻于柱者,名虽同而实非楹柱)。其柱础上刻字者,则有元氏开化寺(无年月,沈涛《常山贞石志》考为北周时刻)、海宁广福寺(宋天圣三年)、嘉定菩提寺(宋治平四年、建炎二年)、吴县宝林寺(宋淳熙十五年)诸刻,亦皆建筑时所附刻者也。十四年夏,安阳出一方石,中凿一孔,题曰"赵建武四年造泰武殿前猿戏绞柱石孔",为猿戏植柱所用之础,尤为仅见,今藏北京大学。其他宫室石材之有题字者,如石栏题字,吴县玄妙观(南宋时)、济源济渎庙(金时),各有一刻。螭首题字,益都太虚宫(元延祐元年)有一刻。此外盖不多见矣。

浮图　浮图,即塔也,为释氏之建筑品,造之以祈福,与刻经造像同,故自北朝始有之。但传世石刻如晖福寺(魏太和十二年)、凝禅寺(魏元象二年)等,皆为造塔之碑,非附刻之文。其附刻于塔者,惟登封会善寺(魏神龟三年)刻于石盖,吴县治平寺王以成造(隋大业七年,已佚)刻于塔盘,陵县王回山造(唐天宝六载)刻于塔座。其隋仁寿间舍利塔诸刻,如青州胜福寺、岐山凤泉寺、邓州兴国寺等,或为方版,或为圆石,殆皆塔下之盘,或舍利石函之盖也。

食堂、神位　古之墓所,有建筑石堂,中设神主,以为岁时享祀之所者。今所传此等刻石,多为汉刻,且多有图象。永元七年、延平元年、永建五年、建康元年,各有一刻,并署"食堂"或"石堂"二字。尚有《三老讳字忌日记》一石(忌日皆在建武中)、《戴氏父母忌日记》二石(忌日皆在永初中),虽不言立堂,亦皆祠墓中物。至神位题字传者绝少,宋人著录,仅有《四皓神座》及《神祚机》,出汉惠帝陵旁,已佚。近洛阳出二石,一曰"魏故符节仆射陈郡鲍揖之神坐",一曰"魏故处士陈郡鲍寄之神坐",并隶书,考为曹魏时刻。此外见于前人著录者,惟祝其卿《上谷府卿坟坛》二石(并居摄二年),其制为宪,字在陷内。赵明诚云:"坟坛者,古未有土木像,故为坛以祀之",则亦神主之属也。《隶续》录《魏文昭皇后识坐板函》,定为魏文帝甄皇后神坐前之物,亦此类也。

墓门、黄肠　古之厚葬者,饰终之典,不厌其奢,今所传三代鼎彝重器,往往出自冢中。汉以后葬礼,多有埋幽之文,以识其墓处,即墓志墓甎等是也。而圹中之建筑物,亦有附刻文字者,所见惟墓门及黄肠。

墓门刻字者少而画像者多,蓬莱张氏藏一石,中刻一鹿,左有题字三行,曰"汉廿八将佐命功苗东藩琴亭国李夫人灵第之门",灵第即墓也。宝应射阳故城之《孔子见老子画像》一石(有题字三榜,曰"孔子",曰"老子",曰"弟子"),一面亦刻画像三层,上层为朱雀,中层为兽首衔环,下层为执刀盾之武士,高仅三尺余,汪中称为石门画像,最为允当,盖有兽首衔环之一面,乃正面也。近河南山东等省所出甚夥,画像之工拙不等,中皆有兽首衔环之形,是皆墓门之石也。

《汉书·霍光传》,"光薨,赐……梓宫便房黄肠题凑各一具。"苏林曰:"以柏木黄心致累棺外,故曰黄肠。木头皆内向,故曰题凑"。如淳引《汉仪注》曰,"天子陵中明中高丈二尺四寸,周二丈,内梓宫,次楩椁柏黄肠题凑"。是所谓黄肠题凑者,以柏木黄心者为之,累置棺椁之外,头皆内向也。五年,南海发见南粤王冢,中有大木数十章,皆长丈余,方尺余,每章刻"甫一""甫二",以至"甫几十"等字。王静安谓即汉之黄肠,其说是也。其刻甫一、甫二等字者,纪其骈列之次第也。"甫"疑"尃"之省。尃,布也。东汉之黄肠,多以石为之,从前金石家未有著录者,端方著《陶斋藏石记》,始录永建二石,阳嘉二石,皆纪广长厚之尺寸及第几之数。尚有熹平元年一石(未见著录),中有"更黄肠掾王条主"等字,其纪尺寸及次第与他石同,知此类之石皆黄肠也。十二年夏,洛阳某村发见此类之石无虑数百方,多为永建年号。其广长厚之尺寸,度以建初尺,一如其所纪者。此类之建筑,费工多而历时久,数量又若是之多,颇疑为汉帝之陵墓。此纪永建年号,当为顺帝之宪陵。《陶斋藏石记》所录者,亦为顺帝年号,或亦自此村出土者也。王静安以为此种墓石,古代已有出土者,据《水经·济水注》浚仪渠石门之铭,有"建宁四年十一月黄肠(今诸本皆作场)石"等字,谓"郦氏所见石门,实后世发汉建宁旧墓石为之"。观郦氏所纪,有"主吏姓名磨灭不可复识"之语,则其所题之字,当如熹平元年一石之例,又可知矣。

石人、石兽 石人石兽之见于《水经注》等书者不胜枚举,大抵皆宫室或冢墓前之物。凡其所纪,今多不存,后之所出,盖寥寥焉。

曲阜二石人在鲁恭王墓前,一,介而执殳,高六尺八寸,胸前刻"府门之卒"四字,一,冕而拱手立,高七尺一寸,胸前刻文二行,曰"汉故乐安太守麃君亭长",并篆书。阮元著《山左金石志》时,移置于瞿相圃中。登封嵩岳庙前有一石人,顶上刻一"马"字。黄易据字体审为汉刻,见所著《嵩洛访碑日记》。掖县大基山石人,题"甲申年造,乙酉年成",吴式芬《攟古录》考为北齐天统元年郑述祖造。石人题字之纪年者,仅此一刻。尚有铸铁为之者。嵩岳庙铁人,一题"治平元年",一题"熙宁二年",晋祠铁人三,二题绍圣年,一题政和年,汾阴铁人,题大中祥符四年。皆宋物。杭县岳飞墓前有四铁人,题"秦桧""王氏""万俟卨""张俊"四人姓名,则不知何时所铸矣。

古之石兽,有施于宫阙者,有施于丘墓者。宫阙前多作师子,如武氏石阙所纪"孙宗作师子"是也。丘墓间多为羊虎之属,如《隶续》所载种氏石虎刻字,及《金石录》所载州辅、宗资二墓"天禄""辟邪"字,皆是也。今所传世者,有刘汉石师子题字,隶书一行,曰"雒阳中东门外刘汉所作师子一双",为东汉时刻。汲令王君石师子题字,正书二行,曰"永宁元年六月汲令王君所立",为西晋时刻。赵县署前石师子题字(大德七年)、荥阳镇宅石师子题字(大德十年)、元氏仁德乡石师子题字(延祐二年)、元氏神岩乡石师子题字(泰定二年)、河内李宣风等置石师子题名(至正十二年），并为元时所造。近安徽出石羊六，小者四，刻"大吉"等字，大者二，刻道家言，无年月，亦丘墓中物也。其以铁铸者，则正定有二师子，一题至元廿七年，一题至治元年，亦皆元时物也。

器物 石器之有题字者，有幡竿石，有石灯台，有石香炉，有石盆。幡竿石为寺院中植幡竿所用，唐有一刻（开元三年，虞乡石佛寺），宋有四刻（一嘉祐三年，汶上宝相寺，一崇宁三年，泰安王母祠，一宣和二年，泗水三殿庙，一绍兴三十年，海盐法喜寺）。石灯台略如经幢，所以燃灯，故谓之灯台，唐有天宝十一载二刻（一在洛阳，一在元氏），宋有大中祥符元年二刻（并在诸城）。石香炉为祠庙中焚香之具，唐刻不多见，五代有二刻（一晋天福六年，密县超化寺；一天福八年，益都玉皇庙）。宋时最多，不能备举。石盆以正定雪浪盆为最著（宋绍圣元年苏轼铭），掖县天齐庙、三官庙各有一刻（一绍圣二年，一宣和三年），绵阳亦有一刻（宣和三年）。有所谓醮盆者，乃道流设醮所用，唐宋以来，流传甚多。此外器物，则有山东古物保存所之石碪（晋太康九年），四川某县之水碪（宋太平兴国三年），费县蒙山之石瓮（金贞祐元年），皆所仅见者。若宋以后研铭之属之存于今者，则指不胜屈矣。

第五章 金石以外诸品

上二章分述铜器与石刻，即古人所谓金石学之范围。此章于金石材料之外，兼述非金石诸品。其中有为古人所不及见者，有为著录金石诸书所未收者，即第一章所云广义的金石学之范围也。其目则一曰甲骨，二曰竹木，三曰玉，四曰匋（附明器、瓦、砖）。

一、甲骨

甲骨者，龟甲与兽骨也。其刻辞则殷商贞卜之辞也。曷为知为殷商，以出土地为殷虚，而刻辞中多纪殷帝之名也。曷为知为贞卜之辞，以甲骨皆有契灼之痕，而其辞义有贞、卜等字也。此为近今学术界一大发见，其价值且在商彝周鼎之上。顾世之人有以为速朽之质，不应历三千年而不坏，因而疑其伪者。是由于未明实物之情况，及其发见之始末也。今特为详述之，以释世人之疑。

一、出土之时地及首先发现之人，皆可得而考也。一八九九年（清光绪二十五年），王懿荣得若干枚于估人之手，珍秘不以示人。明年，王卒，遗物归刘鹗，又明年，《铁云藏龟》编印问世，所选者千余枚。世之知有甲骨刻辞，自此书始。其地为安阳县西北五里之小屯，当洹水之南，或据《史记·项羽本纪》定其地为殷虚，是也。出甲骨之地周围仅四十余亩，种麦及棉。乡人每于刈棉后发掘，穴深者二丈许，掘后复填之。所出甲骨之外，有齿牙、骨、角、珧、贝等材，或其制成之器物。意其地为昔之府藏，史官之所典守，而今沦为丘墟也。

二、实物之情况及其用途，可由目验而得也。龟甲皆用腹甲，无用上甲者。兽骨则为胫与肩胛，皆剖而用之，故亦如龟甲之有表里。其卜法，先凿穴于甲骨之里而不使穿，或不凿而钻，或钻而复凿。凿穴为椭圆，钻穴为正圆，此即《诗·大雅·绵》"爰契我龟"之"契"也。既契，乃于其契处灼之，则兆见于表。其兆一从一横如卜字，《说文》（卜部）"卜，一曰象龟兆之从横"，是也。或疑卜用兽骨，古籍无征，《殷虚书契考释》中已引《宋史·西夏传》及徐霆之《黑鞑事略》以证之。然《论衡·卜筮篇》已有"猪肩羊膊可以得兆"之语，则骨卜亦非必无之事。且商代信鬼，一日数卜。龟甲不足，辅之以兽骨，亦属事理之常。今验之实物，凡以龟甲卜者，皆属祭祀，其他事则用兽骨。如胫骨皆为田猎之事，肩胛多为征伐等事。知用甲用骨，亦各有其事之宜也。

三、数量之多，刻画之精，体例之不紊，作伪者有所不能也。世之作伪者，或为名，或为利，不惜以穷年累月之功，造成一器，刻成一石，冀以遂其欲。然大抵劳力少而获报多，而后其伪始值得一作。今之甲骨则不然，最初之发见也，当地人呼之为龙骨，云以之敷刀创，止血有奇效（见《地学杂志》第二年十七号武龙章《安阳洹上之特产及发见物》）。初不过以药品视之，后知其有文字而收之，每枚亦仅售一二钱。王懿荣之所得不过数千枚，其后数乃至数万。其他散见各收藏家者，尚不计其数。若果为作伪，吾不知其用心何居，更何从得如许之败甲朽骨以镌刻之而又掩埋之也。此不能伪者一也。镌刻之事，质坚则易工，若已腐朽松脆，则无从求其工矣。今所见刻辞有字小如黍，画细如发者，刀痕深入，字口光泽，其为未腐朽松脆以前之所刻，可断言也。试观近年伪品，取原有无字甲骨，集字模刻者，刀痕粗浅，字口不齐，其明证也。此不能伪者二也。甲骨所载既为贞卜之辞，则当时纪载，自必有其体例，不容紊乱。今观其刻辞，每枚或容数篇，每篇多不过十余言，而体例谨严，斠若画一。如（甲）商人之名用十干，而卜祀之日必各依其祖考之名。（乙）人名之书法多为二字合文，如金文中祖辛（作祖辛敦）、妣戊（戊辰彝）之例。（丙）凡称所祭之祖曰王宾，所祭之妣曰奭。（丁）年月日具载者，必先日次月次年，如曰，"癸未，……在四月，隹王二祀"，（《殷虚书契》卷三第二十七叶）与商器之戊辰彝、舲尊、庚申父丁角之例同。（戊）凡有"🜺"之辞必为癸日，王静安释为旬字，以每旬之末日卜来旬之事也。（己）凡数篇同在一胫骨者，则先刻之辞必自下始，以日排比，如积薪之后来居上。例虽不止此，而即此数端，已可概见。此不能伪者三也。

在此二十余年中，经多数学者之研究，已略能通其读。其于学术上有绝大之贡献者，约有二端：一曰文字，二曰史迹。

曩之言古文者，多取材于钟鼎彝器。然什之七八皆为周器，而殷之文字实居少数。《殷文存》所录者，虽不下七百余器，而器率数文，都计之亦不足当周文之什一，况所录者又不尽殷器也。自甲骨出，而殷之文字几与周相埒。虽其间繁简省变，不无异同，而参互比证，犹能寻其源委。且有宋以来审释款识诸家之所不能识者，至是或能正其读，或能晓其义。如丁子（兄癸卣、舲尊、史颂鼎）、己子（伯硕父鼎）、乙子（哉敦）之子字，向皆读为子而其说遂支离难解。今得六十甲子之表（《书契》卷三第二至十四等叶），始知为辰巳之巳，而子丑之子，别作🜲或🜳也。盂鼎"粤若🜴乙酉"之🜴，宰椃角"隹王廿祀🜵又五"之🜵，向无确释。今甲骨刻辞昱日字多作🜶🜷🜸等形，知🜴、🜵皆昱矣。己酉方彝、兄癸卣、戊辰彝之🜹日，向或释世昌二字。今知其为祭名（从劦，从口，疑即协字），与彡日同例。凡此之类，不胜枚举，皆见于《殷虚书契考释》。若循是以精研之，恐他日之所得，正未有艾也。

孔子言夏殷之礼,已有文献不足之叹,遑论今日。今之所谓殷代史迹者,惟《尚书》中七篇及《史记》之《殷本纪》《三代世表》。舍此以外,其材盖鲜矣。甲骨所纪虽不皆史事,而由此可以考见殷代之制度典礼者,正复不少。今据其可确定者言之。(甲)地理。《殷虚书契考释序》云,"商之迁都,前八后五。盘庚以前,具见《书序》,而小辛以降,众说多违。洹水故墟旧称亶甲。今证之卜辞,则是徙于武乙,去于帝乙。又史称盘庚以后,商改称殷。而遍搜卜辞,既不见殷字,又屡言入商。田游所至,曰往曰出,商独言入。可知文丁、帝乙之世,虽居河北,国尚号商"。又凡纪田游者多书地名,虽不能定为后世何地,而稽其时日,往往自一二日至五六日。因此知各地与殷虚之距离,大抵不甚相远,或皆在大河南北数百里之内。此都邑及其他地理之可考者也。(乙)世系。商之君数世数,见于《史记》《殷本纪》《三代世表》及《汉书·古今人表》者,或同或异。王静安就甲骨中所见者,详为考订,著《殷卜辞中所见先公先王考》及《续考》,因祀礼中之特祭其所自出之先王者以得其世次,知诸书所纪,以《殷本纪》为近。又由是以知商之继统法,以弟及为主,而以子继辅之,无弟然后传子。其传子者,亦多传弟之子,而罕传兄之子。兄弟之未立而殂者,其祀之也与已立者同(见《殷卜辞中所见先公先王考》)。此世系之可考者也。(丙)祀礼。商之祀礼,与周大异。其祭名可知者,曰宗,曰禘,曰烝,曰肜日,曰肜月,曰□日,曰□,曰祭,曰□,曰□,曰□,曰□,曰叙,曰酒,曰羹,曰品,曰衣。或为专祭,或为合祭。其祭日及牢鬯之数,一皆以卜定之。此祭祀之礼之可考者也。(丁)卜事。祭祀之事,既用卜矣。其余如征伐、田渔及祈年、祈风雨诸事,几无不用卜,此殷人尚鬼之说之有征也。由此数端观之,或史多违牾,赖此以得确说者有之,或史有阙略,赖此而有所创获者有之。王静安取其材以作《殷周制度论》,认为古代政治与文物,殷周之间实为一大关键,是诚历史上之重要发明也。

以有殷一代太卜之所掌,史官之所纪,湮没三千年而复显于今日,吾侪得于断烂残阙之余,征其文献于万一,宁非人世之奇遇,宇内之瓌宝乎? 故论其价值,应超越乎一切金石学材料之上,其董理研求之责,今后吾侪当共任之也。

二、竹木

古之简册,概用竹木,凡书于简册之文,皆竹木之文也。史籍所纪发见古简册之事凡三:一曰晋之汲郡,二曰齐之襄阳,三曰宋之陕右。汲郡之所出者,凡七十五篇,今仅存《穆天子传》。襄阳之所出者,仅得十余简。据王僧虔云,是科斗书《考工记》,今已不存。陕右之所出者,多东汉时文书,朽败不可铨次,独永初二年《讨羌檄》完好,宋人曾摹刻于法帖中。迄清光绪末年,瑞典人赫定(Sven Hedin)于我国新疆罗布淖尔北之古城,盗掘简册甚夥,嗣英国派匈牙利人斯坦因(Aurel Stein)于西陲,劫去尤多。其地则一为甘肃敦煌西北之长城;二为新疆罗布淖尔北之古城;三为新疆和阗东北之尼雅城、马咱托拉、拔拉滑史德三地。其时代则自西汉迄于前凉。出敦煌者皆两汉物,出罗布淖尔者为魏末至前凉,出和阗旁三地者无年代可考。其种类则什之八九为官私文书,余为小学、术数、方技等遗籍,大抵皆屯戍士卒所用之遗物也。

最初为之考释者,有德人亨利(Karl Himly)、孔拉第(August Conrady)(赫定所得者),法人沙畹(Chavannes)(斯坦因所得者)。嗣经王静安等从斯坦因假得影片,重为考订,成《流沙坠简》一书,吾国始有传本。至其考释中之所发明,有裨于学术者,约而举之,有三事焉:一曰历史之确证,二曰简牍之形制,三曰文字之真迹。

一、斯坦因之盗劫此简也,多得自烽墩遗址。其所纪敦煌迤北之烽墩,多至五十余处,东西绵亘数百里。斯坦因以为即汉之长城,王氏引法显《佛国记》《沙州图经》,以申其说,而汉之长城遗址,遂赖以确定。沙畹据《史记·大宛列传》,以为太初二年前之玉门关,尚在敦煌之东,王氏以酒泉郡之玉门县当之,而考得其西徙之年,必在太初四年李广利克大宛之后。于是玉门关前后之方位始得确说。德人亨利、孔拉第均以罗布淖尔北之古城为楼兰之墟,王氏证其地在前凉之世实名海头,亦即《汉书·西域传》《魏略·西戎传》之居卢仓,《水经注》之龙城,而绝非古楼兰。并以为海头一地,自魏晋暨前凉,为西域之重地。于是罗布淖尔之古地名,赖以订正。此关于地理者也。西域长史一官，两汉皆有之。魏晋之际，不闻设否。王氏据西域长史移文中有"从上邽至天水"语(卷二《簿书类》二十八)，定为魏晋间物。因此知黄初以来，西域长史已与戊己校尉同置，而其治所则又不在柳中而在海头也。士卒之廪食，汉时人日六升(见《汉书·匈奴传》)，由此以推，各简廪给之数，即可约略知驻守各烽墩之人数。晋初属西域长史诸国，惟鄯善、焉耆、龟兹、疏勒、于阗五国，而所受晋朝之位号，皆曰守侍中大都尉奉晋大侯(《补遗》)。此关于官制者也。由任城国亢父缣一简(卷二《器物类》五十五)，而知汉时缣之修广重量及其价值。由《补遗》十七至二十诸简，知西域等地度关津者亦必赍过所，其过所给自敦煌太守。由《器物类》《杂事类》及《补遗》二十五至三十七诸简，知汉魏迄前凉器用服章之名物。由神爵二年一简(卷二《杂事类》六)，而知买一布袍亦有居间之人，其报酬之物为酒二斗，与当时买地之中费无异。此关于社会状况者也。

二、简之质木多而竹少，长短宽窄不等。寻常之简，两面皆平。惟《急就篇》一简(卷一)最为完整，长营造尺一尺一寸强，背平而面有觚棱，作三角形，中隆而旁杀，上端斜削处有穿，古之所谓觚也。封于简之上者曰检(卷二《簿书类》二十四、卷三《简牍遗文》二十六)，无检者曰露布(卷二《簿书类》二十三)，表识器物者曰楬(卷二《器物类》三及五)，以检封者其上多刻线三道(卷二《器物类》五十六、《杂事类》四十五、卷三《简牍遗文》二十六)，所以约绳而封泥钤印也。钤印处之末，所以容封泥也。王静安著《简牍检署考》，多取材于此。

三、往者吾侪得睹魏晋以前之文字，大抵不外乎金石刻，今此简为西汉至前凉人之手迹，其最古者且在汉武帝之世。其书或为隶书，或为章草，或近小篆，或同今隶。由纪年诸简参互证之，可以见文字之源流，又可补宋以来娄、刘、顾、翟诸书之所未备，洵为得未曾有之奇迹也。

同时所发见者，简册之外尚有纸帛之书，惟多无年号可稽。中有帛书二(卷三《简牍遗文》三十六、三十七)，《流沙坠简》据鱼泽侯字，定为西汉之末。此为帛书之最古者。纸书则大率为魏晋以后物。可见两汉之际，官私文书多用简牍，至魏晋以后，纸帛始与简牍并行，其致书人名有简与纸互见者，可证也。至若敦煌千佛洞石室中所出之图籍，则皆为纸帛，无用简牍者。纸帛之代简牍，其时代可由此考见也。

其竹木镌刻之文字，最古者为南粤王墓中之黄肠木，上刻甫一、甫二等字，为西汉之刻。此外仅有四种，其二在福建闽侯之太湖村古树上，为《天祐造庵作水池记》（天祐二年）《□敬翁竹桥题名》（淳祐九年），乃唐末及南宋时刻。其二在广东曲江之南华寺，为《李知微造罗汉像记》（庆历七年）《张文邦舍尊者像记》（无年月），乃北宋时刻。前者已见著录，后者则近年所发见也。舍此以外，不闻更有他刻矣。

三、玉

玉为石之类，故《说文》训玉曰，"石之美，有五德"。我国自有史以来，即知以玉为宝。朝聘以玉，祭祀以玉，服御以玉，甚至含殓亦以玉。窃疑古人之所以贵玉者，为石器时代之遗风。圭璋璧琮之属，必石器之遗制。逮铜器既兴，石器渐废而不用，于是遂成为将礼之具，浸假而以玉代之，物贵而礼愈崇矣。不然，玉多产自西方，非中原所有，圭璋璧琮之器，又不足以致用，奚必以难得之材，制为无用之具乎？

玉器之见于《诗》《书》及《礼经》者，名物孔多，而征之实物，往往不能确定。宋吕氏《考古图》、元朱氏《古玉图》诸书，搜罗不广，考证亦疏。龙大渊《古玉图谱》，尤不足信。清吴大澂作《古玉图考》，始根据经文，详为考订。然舛误之处，仍所不免。尝怪吉金礼器，自宋人辟其榛莽，迄于今日，所发明者已不少。而古玉之学，研求之者较少，著作亦寥若晨星，此何故欤？无他，铜器有文字，往往自载其器名，俾考证家有所凭藉，而古玉则多无文字，徒以其花纹色泽供人之赏玩，治礼者亦仅知根据礼图，罕有征及实物者，此古玉名物所以不能得其确说也。今即前人所已证明者略述如次。

圭 《说文》（土部），"圭，瑞玉也，上圜下方"。《白虎通义》（《珪质》），"圭者上兑"。《庄子》李注，"锐上方下曰珪"（释文引）。《隶续·碑图》所载《柳敏碑》阴六玉之圭及武氏祠《祥瑞图》之玄圭，正作锐上方下之形，与班、李之说合，而与许说异。吴氏《图考》录圭十有四，中惟谷圭作上锐形，其琬圭则作圜首形,琰圭作斯首形。其余如镇圭、大圭、青圭等皆作方首,吴氏谓即《考工记·玉人》所谓"杼上终葵首"也。若然,则所谓圭者,不必皆上圜或上锐之形,各随其名而异制。汉画所图,特圭之一种耳。

璋　璋为圭之半体,故古人皆以半圭训璋。吴氏《图考》录边璋、牙璋各一。边璋之形制尺寸,合于《考工记·玉人》之文,似无疑义。所谓牙璋者,其旁出之牙,乃在侵削之一面。依沈括之说,牙璋为判合之器,当于合处为牙,牝牡相合则成圭。以之发兵,如后世之铜符。是其牙应在剡出之一面,方合事理。吴氏所录,恐尚非牙璋也。

璧、瑗、环　《尔雅》(《释器》),"肉倍好谓之璧,好倍肉谓之瑗,肉好若一谓之环"。三者之形制相仿,而所以异者,在肉好之区别。《周礼·大宗伯》有谷璧蒲璧之文,《礼图》所绘乃作禾稼及蒲草之形。今传世者不见有此制,而有谷实及编蒲二形。吴氏以谷实形者为谷璧,编蒲形者为蒲璧,可以订正旧图之失。《说文》(玉部)解瑗曰,"人君上除陛以相引",段注"未闻",爰(受部)援(手部)二字亦皆训引。近人著《释瑗》一篇,谓"瑗为大孔璧,可容两手。人君上除陛,防倾跌失容,故君持瑗,臣亦执瑗以牵引。古瑗、援、爰为一字"。其说是也。吴氏《图考》录二器,孔大边窄,可以援手,知许君"相引"之说为不诬,但不必为人君耳。环之制,在璧与瑗之间,吴氏所录有五器。三者之名,依《尔雅》所释,皆无疑义。其中惟璧有种种琢饰,余多朴素无文。

琮　《考工记》(《玉人》)说诸琮形状,并不言有好。而聂崇义《三礼图集注》引崔灵恩《三礼义宗》、潘徽《江都集礼》,皆云有好。聂氏从阮谌、郑玄等说,以为八角而无好,故所图如菱花镜形;驵琮且有鼻有组,其形尤肖。乃《隶续·碑图》所抚汉碑阴六玉之琮,或五角,或八角,或十角,皆莫不有好,与崔、潘所说合。《说文》(玉部)解琮曰,"似车釭",徐锴曰,"象车釭者,谓其状外八角而中圆也"。《白虎通义》(《文质》)曰,"圆中,牙身,方外为琮"(据孙诒让《札迻》订)。《释名》(《释车》),"釭,空也,其中空也"。夫中圆而空,非好而何?吴氏《图考》录琮三十有一,其制并如许说,今俗犹称此类之玉为釭头,可为许说之证。汉碑只图其口,非正体也。吴氏言琮外刻琢棱如锯齿,刻画深处,可以系组,即玉人驵琮之制,与先后郑注皆合。人以为其形虽四方,而刻文每面分而为二,皆左右并列,与八方之说亦合。考证精详,足为先儒解此纠纷。然亦赖有许书与实物,足以互证之也。

璜　璜之于璧,犹璋之于圭。自来解经者佥以为半璧曰璜,未见有异说。今传世古玉,有适当璧之半者,有较半璧略胸者,吴氏概定为璜。夫适当璧之半者,合二器则成璧。其略短者非合三器或四器不可。然就其形而合之,其角度又往往不相值。不知所定名称,究属允当否?又其所谓珩者,形制与璜相仿,第两端皆作钝角为异。珩之与璜,是否以此区别,亦尚宜审定者也。

玦　杜预《左传》(闵二)注云,"玦如环而缺不连"。杨倞《荀子》(《大略》)注,韦昭《国语》(《晋语》)注亦皆云"玦如环而缺"。今传世古玉,形制之类此者极鲜,《图考》中收一器,形制与诸说合,一面刻双龙,一面刻朱雀,吴氏定名为玦,是也。

刀剑饰　古有玉具剑,《汉书·匈奴传》注引孟康之说曰,"标、首、镡、卫,尽用玉为之"。前于第三章说古兵时曾辨其名物。标者,剑鞘之末,首者,剑茎之端,镡、卫者,身与茎之间之饰。今传世者标、首少,而镡、卫多。镡与卫本即一物,不过中与侧异名。卫本音璏,《说文》(玉部)所谓剑鼻玉是也。吴氏《图考》录璏五,中隆起者即剑鼻,两旁谓之镡,亦谓之剑珥,总名通谓之璏。中有孔,上下通,所以贯剑茎也。至《诗·小雅》(《瞻彼洛矣》)"鞞琫有珌",《大雅》(《公刘》)"鞞琫容刀",则指刀饰。鞞,刀鞘也。琫,上饰。珌,下饰。容刀之珌,犹玉具剑之标也。吴氏《图考》所录琫珌二物,恐犹未当,实不敢从其说。

带饰　古之鞶带,男子以革,女子以丝。革带之钩多以铜制,已于第三章服御器中略言之矣。亦间有用玉者,其制与铜钩同,惟多有花纹而无文字。尚有《考古图》等称为璲者,吴氏定为革带之佩,谓玉中有方孔,所以贯带系组于其下,故上下皆微卷向内,与组带相连属。其说是也。《礼记·玉藻》曰,革带博二寸。此玉之方孔,亦约当二寸,谓为贯革带之用,似无疑义。惟即谓为《诗·小雅》(《大东》)"鞙鞙佩璲"之璲,则犹未敢遽信也。又吴氏《图考》所录瑑之第一器,疑亦此物,惟方孔,上下无卷而向内之边为异耳。或前为革带之佩,而此为丝带之佩欤?

含玉　古者含敛以玉,故《说文》(玉部)琀训送死口中玉。今传世有玉蝉,往往无孔不能佩,说者谓即送死口中之玉,其说近是。吴氏《图考》所录琥之第二器,实非虎形,盖送死之玉豚也。近年芒洛间所出甚夥,有玉有石,俗谓之夹猪,以其用于腋下,故名。但近年发见乐浪郡墓,玉豚之位置多在手旁,疑殓时握之手中者。吴氏以为《周礼》"山国用虎节"之节,失之远矣。

古玉多无文字,惟汉之刚卯有之,《汉书·王莽传》注引服虔、晋灼说其形制及铭文甚详。吴氏《图考》所录有四,文辞与晋说前一铭略同,且多减笔假借之字,几不可识。端方所藏玉刀及汉日晷,汉武孟子男靡婴墓券,皆为古玉文字之仅见者也。

四、匋附明器、瓦、砖

古者,昆吾作匋,舜陶于河滨,虞阏父为周陶正。陶之为用,其来远矣。辛亥革命后,在河南、甘肃发见石器、陶器、骨器,考古学家定为新石器时代之物。以人类进化之程序言之,陶器之兴,固当在铜器之前也。铜器最盛时代,莫若商周,而《考工记》言甗、盆、甑、鬲、庾、簋、豆诸器,犹掌于陶人瓬人之职,是铜器虽贵,固不若陶器之利之能溥遍也。(下阙)

第六章　前人著录金石之书籍及其考证之得失(佚)

结论

第七章　今后研究之方法(佚)

第八章　材料处置之方法(佚)

(本文系马衡于北京大学史学系教授金石学课程时所编讲义,初印于1924年。)

中国之铜器时代

中国古代之用金属品作器,始于何时,创于何人,此问题盖无人能解答也。求之于古史:则《尚书·尧典》有"金作赎刑"之文;《禹贡》扬州荆州有"金三品"之贡,梁州有"镠、铁、银、镂"之贡。求之于传记:则有《春秋左氏传》(宣三)有王孙满对楚子之言,详述禹铸九鼎之经过;《史记·封禅书》且有黄帝采首山铜铸鼎之事。《史记》之说,荒诞无稽,姑置不论。据《尚书》之说,则舜禹之时已知用金,则发明冶铸之人当更在其前。依《左传》记王孙满之言,则禹之时贡金九牧,铸鼎象物,匪特能以铜铸器,抑且刻镂物象,艺术至精矣。况九鼎之为物,在春秋战国之时,为列强所觊觎,尤言之凿凿,不类向壁虚造之辞。故昔之言中国文明史者,多主冶金之术起于虞夏之世。

然余于此,窃不能无惑焉,兹述其理由如左:

《尧典》《禹贡》是否为虞夏之书,不可不辨也。此问题前人颇有疑者,而近人如梁启超君、顾颉刚君等疑之尤力(其说见梁著《中国历史研究法》再版一七五页,顾著《古史辨》二〇二、二〇三、二〇五等页)。二君所疑,皆有其相当之理由与相当之证据,今就其说而申辩之于下:

(甲)闰之名不知起于何时,甲骨刻辞、彝器款识中皆不见有此字,而所见有"十三月":见于甲骨者凡四(《殷虚书契》卷一第四五页,卷二第二五页,卷三第二二页,卷四第七页),见于彝器者凡六(薛尚功《历代钟鼎彝器款识》著录之南宫中鼎、牧敦、文姬匜,陈介祺藏遣尊,潘祖荫藏遣卣,阮元藏贤尊),可见古人置闰必于岁终,无闰之名,而以十三月纪之(惟薛书所录之公缄鼎作"十又三月"殊不可解)。且此诸器中,大半可确定为周器,是周初犹以十三月为闰也。舜之时安得有此字?

(乙)《禹贡》只言九州,而《尧典》乃有"十有二州"之文,尤为不合。

(丙)当禹之时,水土初平,即使有分置九州之事,而于土田贡赋等之调查厘定,又岂能若是之详且尽耶?

(丁)镠、铁、银、镂皆金属,郑玄注云:"黄金之美者谓之镠;镂,刚铁,可以刻镂也。"(《史记集解》引)古人先知炼铜,后知炼铁,已为确定之事实,故当时有美金(铜)恶金(铁)之分——《齐语》曰:"美金以铸戈、戟,试诸狗、马;恶金以铸鉏、夷、斤、欘,试诸土壤。"《孟子》亦曰:"以铁耕乎?"周之时尚只以铁为农具,安得禹之时已先有刚铁?

《虞夏书》在二十八篇中,其著作之时代虽犹不敢肯定,而谓其作于虞夏,则似可大胆加以否定也。今欲依据此文以断定虞夏为铜器时代,恐不足以成定谳也。

一、春秋以后所传禹铸九鼎之事不可不辨也。周之九鼎虽不能断其必无,而必谓铸自大禹,由夏传殷,由殷传周,则未可尽信。古之有天下者往往饰为神秘之说,谓为受命于天;天命不可得而睹,于是假器物以实之;器之重者莫若鼎,于是以天命寄之于鼎;鼎而无流传之源渊,又不足以彰天命授受之迹,于是托之于有大功德于民之禹以昭其郑重。此王孙满之说之由来也。司马迁于《周本纪》中记此事,直以"应设以辞"四字概括之,盖有故也。故吾谓周之九鼎与秦以后之传国玺,同为帝王欺世之具,不特帝王以之欺臣民,臣民亦且辗转相欺而不自悟,虽楚庄王一世之雄,竟不免堕于王孙满之术中,则其他更无论矣。至于战国之世,秦兴师临周而求九鼎,颜率说齐救周而以鼎许齐;其后齐将求鼎,颜率问何途之从而致之,且曰:"昔周之伐殷得九鼎,凡一鼎而九万人挽之,九九八十一万人,士卒师徒器械被具所以备者称此。"(《战国策》卷一)其形容鼎之大且重，诚足令人惊骇，在今日视之，其为策士之夸词殆无疑义，然齐王卒又堕此术中而中止致鼎，可见此神秘之重器其魔力实足以颠倒列国之君臣也。如此大且重之器，其来由既已荒昧无稽，有如上述，而其结果又复迷离惝恍，不明着落，岂不更奇。司马迁于《周本纪》《秦本纪》中谓其入于秦，而《封禅书》又云："或曰，宋太丘社亡而鼎没于泗水彭城下。"《始皇本纪》又记使千人没泗水求鼎之事。始皇二十八年上距周亡之岁不过三十余年耳，鼎苟入秦，即不必求之于泗水。是没于泗水之传说，不过了此一重公案，亦未必实有其事也。来踪去迹既皆无据，则鼎之有无即成问题；有无既不可必，则禹铸之说之全无根据也明矣。吾侪苟依此传说以下断案，是又受欺于春秋以后之人矣。

吾之所疑，前一事为书籍之时代问题，书籍苟出自后世所追记，必非当时社会之真实状况，犹之汉画像中所图之三代故事，皆为汉代衣冠也；后一事则为有作用的编造之故事，故事而出于编造，编造而又出于有作用，则其为史料之价值可知。故此二事皆不足以证明冶金术之起于虞夏。

然则起于何时果有积极之证据乎？曰，是不得不征之于铜器之本身。铜器而果能证明其时代乎？曰，幸有文字及事实在。然宋以来之为金石文字之学者，每多好高务远之谈，如董逌(《钱谱》十卷已佚，罗泌《路史》多采其说)洪遵(《泉志》十五卷)之于钱币，多溯源于太古，薛尚功之于钟鼎彝器，亦著录自夏代，荒邈无征，不可凭信。今举其信而有征者，要当自商始。前人之于铜器，往往以人名之用干支者，或文句简略，而其文近于图象者，辄定为商器。此种标准，不尽可凭，盖周初之器同于此例者正多，不必皆商器也。今后能有大规模之发掘，此问题固不难解决，但在今日而欲就传世诸器考订其正确之时代，至少应依下列之方法定之：

一、同时文字可以互证也。河南安阳之小屯，古称殷虚，为武乙以后，帝乙以前之故都。其地于公历一八九九年(清光绪二十五年)发见刻文字之龟甲兽骨，中纪祭祀之礼，多殷商先公先王之名号，其为商代之文字，殆无疑义。传世之铜器，有异于周代之文而同于甲骨之文者，如乙酉父丁彝、己酉戍命彝、兄癸卣(以上三器见宋薛尚功《钟鼎彝器款识》)、戊辰彝、䲭尊、庚申父辛角、般甗(以上四器见清吴式芬《擴古录金文》,但般甗作王宜人甗)等器皆是。今举其相同之点如下:

(甲)商人之纪年月日,必先书日,次书月,再次书年;而书月必曰"在某月",书年必曰"维王几祀"。《周书·洛诰》之文尚沿此习。乙酉父丁彝首书乙酉,末书"惟王六祀";己酉戍命彝首书己酉,末书"在九月,惟王十祀";兄癸卣首书丁巳,末书"在九月,惟王九祀";戊辰彝首书戊辰,后书"在十月,惟王廿祀";䲭尊首书丁巳,后书"惟王十祀又五";庚申父辛角首书庚申,后书"在六月,惟王廿祀昱又五"。

(乙)商人祀其祖妣,必用其祖若妣之名之日;其妣皆曰"爽";其祭名或曰"遘"。乙酉父丁彝"用乙酉日遘于武乙";戊辰彝"用戊辰日遘于妣戊,武乙爽"。

(丙)商人祭祀之名有曰"砉日"曰"肜日"者。己酉戍命彝、兄癸卣、戊辰彝皆曰砉日;乙酉父丁彝、䲭尊皆曰肜日。

(丁)甲骨文恒见征人方之事,而般甗曰"王徂人方";䲭尊曰"惟王来征人方"。由此观之,此诸器者,皆可证明其必为商器也。

一、出土之地之足以证明也。宋吕大临著《考古图》,于器之出处之可知者必详纪之,如亶甲觚曰,"得于邺郡亶甲城";足迹罍曰,"在洹水之滨亶甲墓旁得之";而上述之兄癸卣(《考古图》作兄癸彝)亦得于邺。凡其所记之地,皆今出甲骨之小屯(宋人误以邺为相,认为河亶甲所居,即以今之小屯为河亶甲城;《彰德府志》因袭其误)。此又可证明其必为商器者也。

以上所举诸器,其形制及图案虽与周器无甚区别,而文字及事实,已足以证明其为商器而无疑。故吾人所见之铜器,当以商为最早,且当商之末季,此以前殆无征也。据此则吾人可信商之末季已完全入于铜器时代。但此为积极的证据,若由消极的证据观之,不能谓铜器时代即始于是时。何则?吾人所见商末之器,其制作之艺术极精,如《考古图》所录亶甲墓旁所出之足迹罍,虽周代重器亦无以过之。此种工艺,岂一朝一夕之功所克臻此;况古代文明之进步,其速率盖远不如今日,以吾人之推测,至少亦当经四五百年之演进,始能有此惊人之艺术。然则始入铜器时代之时,至迟亦当在商初,虽其时或为石器铜器交替之时,但不得不谓之铜器时代。故言中国之铜器时代,必数商周二代,其时期历千五百年(公历纪元前一七五○至二六○顷)。秦汉以后,铜器渐微,而铁器代兴矣。

（本文系马衡 1927 年 3 月 27 日于日本东京帝国大学为东方考古学协会所作讲演稿,原载《北京大学研究所国学门月刊》第 1 卷第 6 号,1927 年 9 月 20 日出版;又载《史学杂志》第 1 卷第 3 期,1929 年 7 月 1 日出版;日本《民族》第 3 卷第 5 号及《考古学论丛》第 1 册。）

戈戟之研究

　　《考工记》:"冶氏为戈:广二寸,内倍之,胡三之,援四之。重三锊。戟:广寸有半寸,内三之,胡四之,援五之。与刺,重三锊。"郑玄注云:"戈,今句孑戟也,或谓之鸡鸣,或谓之拥颈。内,谓胡以内接柲者也,长四寸;胡六寸;援八寸。郑司农云:'援,直刃也。胡,其子。'戟,今三锋戟也。内长四寸半;胡长六寸;援长七寸半。三锋者,胡直中矩,言正方也。郑司农云:'刺,谓援也。'玄谓刺者,着柲直前如鐏者也,戟胡横贯之。胡中矩,则援之外句磬折欤?"郑氏以句孑戟释戈,以三锋戟释戟。句孑戟、三锋戟以及鸡鸣、拥颈之属皆汉制,汉虽有戈戟之名,已变其形制。东汉画像中所图兵器,直刃如矛而旁有歧枝者,殆即郑氏所谓句孑戟欤? 故聂崇义《三礼图集注》所图戈戟之形,与郑注差合,而与《记》文迥异也。宋黄伯思《东观余论》(卷上)有《铜戈辨》一篇,辨戈为击兵,可句可啄,而非用以刺,是以横而弗纵。并辨明援、胡、内之名曰:"两旁有刃横置而末锐若剑锋者,所谓援也。援之下如磬折稍刓而渐直,若牛颈之垂胡者,所谓胡也。胡之旁有可接柲之迹者,所谓内也。"自此以后,《记》文与实物得以互相印证,始悟郑说之失。然经学家笃守郑说,对于黄氏此文犹不甚重视。自清程瑶田著《考工创物小记》,以古器物研究《记》文,取黄氏之说反覆引申,可谓毫无剩义。又据所见之戈之内末有刃者定名为戟,谓《冶氏》言戈戟皆有援有胡有内，所不同者戟有刺而戈无之，此内末之刃即所谓刺也。此说一出，而《冶氏》之文乃可通，而郑玄之说遂完全推翻矣。

程氏考证虽多凭实物，而于造柲之法则出于想像。故于戈戟全体之形制，大致虽不误，而尚多未尽之处。今幸实物出土日多，有可以为程氏作左证者，有可以订正程氏者，为申述之如下：

程氏读内如"出内朕命"之内，谓其着柲处不用直戴而用横纳，故"内"以此得名。造柲之法，于柲端为凿，而以薄铜一片之内横纳于其凿中，则援横出于柲前，内末横出于柲后，而胡贴柲以下垂。程氏之所以为此说者：（一）以戈戟为句兵——又谓之击兵。《考工记·庐人》职分兵为句兵刺兵两种。刺兵为直伤，其刃当直。句兵为横击，其刃当横。故取黄伯思之说以纠正二郑"直刃"之失。（二）兵器着柲者，如斧，如矛等，皆有銎可以受柲，此独为薄铜一片，不可以冒柲。故知其着柲之法，当于柲上为凿而以内入之。（三）以胡之贴柲处有阑，阑之外复有广一二分之薄铜，上当内下垂，如胡之修而加长。故知木柲容内之凿之下，应刻一线以陷此广一二分之薄铜。（四）以胡上有三孔，内上有一孔。故知着柲之后，应就孔中贯物并其柲缚之。程氏之说，稽之经文，考之实物，殆无一不合。然未得实证，犹不足以折服郑氏之信徒。今得之矣，虽郑氏复生，亦百口不能自为辩护矣。洛阳近出一残戈，其援与胡皆已折，而其内独完。胡之上一孔折存其半，内之上无孔。朽余之柲尚附着于内上，木理杂铜锈中亦化为绿色。内广三公分（Centimetre），当周尺之一寸三分。木柲之广亦如之，前接于阑而后及于内之半。其木理与胡平行，植之则援与内皆横矣。此可为程氏作左证者也。

作柲之事，掌于庐人。程氏虽有《庐法无弹无蜎说》，而于《造戈柲记》中未取《庐人》之文参证，故所造之柲犹未尽合。按《记》文："庐人为庐器：戈柲六尺有六寸，殳长寻有四尺，车戟常，酋矛常有四尺，夷矛三寻。凡兵：句兵欲无弹，刺兵欲无蜎。是故句兵椑，刺兵榑。"郑注云："句兵，戈戟属。刺兵，矛属。郑司农云：'弹，谓掉也。蜎，谓挠也。'玄谓蜎亦掉也，谓若井中虫蜎之蜎。齐人谓柯斧柄为椑，则椑，隋圜也。樽，圜也。”若然，则戈戟之柲宜为椭圆。而程氏所造者为正圆，故知其未参照《庐人》之文也。以余所知，戈戟之柲虽为椭圆，而前后（援为前，内为后，下仿此）有丰杀之别。当后者丰，当前者杀，换言之，则椭圆者扁圆，戈戟之柲前当较后为尤扁也。何以知其两面有丰杀？以其鐏镦知之也。《曲礼》曰：“进戈者前其鐏，后其刃。进矛戟者前其镦。”注曰：“锐底曰鐏，平底曰镦。”今出土锐底平底之铜管，凡属其口椭圆者，其一面必较扁。鐏镦者，所以施于戈戟之下，冒于木柲者也。以是知木柲虽为椭圆，而两面有丰杀之别也。何以知当后者丰，当前者杀？以戈戟之两翼知之也。有一种之戈，援与内之本，两面各有一树叶形之铜片，起于贴柲之阑而卷向于后。中隔一内，如两翼然。若入内于柲，则两翼回抱柲上，测其两翼间之距离，仅能容椭圆之柲。若以一面较圆一面较扁之鐏镦拟之，则其本亦仅能容较扁之一面。以是知木柲之椭圆，当前者必杀也。此参证《记》文与实物可以确定者也。至于木柲两端之形，及其缠缚之制，程氏所图略而不详。然求之于象形文字，未始不能得其真也。彝器中之等形，皆象形戈字。其柲之上端无不折而向后者。甲骨刻辞中从戈之字多作，犹存曲首之形。是知柲之上端不与援齐，必高出于援而向后折也。柲之下端之鐏或镦，既由《曲礼》征之矣。鐏镦之着柲，当缚绳或施钉以固之。戈字之下作如巾字者，谓以革或绳缚鐏镦于柲末，而以其余系垂之于左右也。巾为佩巾，亦下垂之象也（凡皆象下垂，非谓戈之字从巾也）。内之末或有者，戈戟之着于柲，亦以革或绳缠缚之，其余系亦由内之孔下垂如鐏镦也。此可由象形文字得其形制者也。此皆可以订正程氏者也。

今试造一柲，长周尺六尺有六寸。周尺有二种：一以十寸为尺，一以八寸为尺。此用十寸尺计之。所以知为当用十寸尺者，以周尺：八寸谓之“咫”，八尺谓之“寻”，倍寻谓之“常”。《庐人》职于殳，于车戟，于酋矛，于夷矛，皆以寻或常计之。寻有四尺者，十寸尺之丈二尺也。则所谓“尺”者，皆指十寸尺言之也。余据《隋书·律历志》之文，以刘歆铜斛定周尺,每尺当公尺(Metre)〇·二三一。则六尺有六寸者,当公尺一·五二四六矣。戈为六尺六寸,戟亦当为六尺六寸。《庐人》所谓车戟者,为戟之一种,为建于车上之长兵,故长丈有六尺。若普通之戟,当与戈等长。《晏子春秋》(内篇《杂上》):"戟钩其颈,剑承其心。"其非丈六尺之长兵可知。是言戈即可以包戟,故知戈戟皆长六尺有六寸也。以六尺六寸之秘椭圆之,广如戈内之广,曲其上端以向后。其椭圆之度前后有丰杀,扁其前而圆其后。又于曲首之下为凿以容内,于凿之前面刻一线以容阑外之薄铜。秘凿之外刻斜线四道,交互于其前后,以陷缠缚之绳,如简牍封缄之式,而秘成矣。其装置之法,则以戈或戟之内横入于秘中,内末露出于秘后者约二之一,然后以绳缠之,由下而上,最后乃由上端之第一孔以及于内上之孔,垂其余系于内末,或更以布帛系之。盖古之兵器,往往系以布帛,汉画像中,刀环之下有物下垂,其证也。此种风习,至今犹存。证以彝器中象形之𢧄字而益信矣。秘之下端,以镈或镦冒之。镈之近口处两面有孔,秘之末当亦凿一孔洞穿之,以绳贯而缚之,垂其余系于左右,更以布帛系之,而戈戟成矣。

《庐人》职又曰:"击兵同强,举围欲细,细则校。刺兵同强,举围欲重,重欲傅人,傅人则密。是故侵之。"郑玄注云:"举,谓手所操。"盖镈镦之上,手所操者曰举。击兵之举围欲细,刺兵之举围欲重,重即大也,体大则量重矣。句兵向后挽之,力在前,故举围不必重。刺兵向前推之,力在后,故举围欲重也。然所谓细者,非谓特小其操手之处也,因戈戟之秘已细无可细矣。特以刺兵之举须加大加重,对举成文,故言欲细也。秘首向后及秘体之椭圆而杀其前,亦有故欤?曰,有之。戈戟横安,援长而内短,秘又着于内上。则其重心恒偏于前,用之时,必有转掉之弊。曲其首以向后,则其重不偏,即《记》文所谓"无弹"也。秘体椭圆而杀其前者,于重心亦不无关系。且两面等圆,则往往有误后为前之弊。今使前杀而后丰,则执之者只凭触觉,即可知锋刃之所向矣。其安秘之处,不用銎而用内者,其故安在?曰,殆有二焉:其一,句兵之用,重在向后曳挽,则着秘之处宜较长。故设胡而加以三孔,缚绳四帀,使其援不至动摇。

若设鏖则利于直刺,而不利于曳矣。其二,石器时代之兵,多为缠缚者,故石兵有内无鏖。此种安柲之法,殆为石兵之遗制也。此皆证之于事实及理论而无不可通者也。虽然,以程氏之精细,尚有未尽之处,以余之谫陋,何敢妄议前贤。兹篇之所述,徒以资料所出者更多,可以补充程氏之说。焉知他日所出之资料不足以订正此说耶? 是所望于世之博洽君子也。

(本文原载《燕京学报》第 5 期,1929 年 6 月出版;又载日本《考古学论丛》第 2 册,1930 年出版。)

石鼓为秦刻石考

石鼓在隋以前未见著录,出土之时当在唐初①。其名初不甚著,自韦应物、韩愈作《石鼓歌》以表章之,而后始大显于世。其地为天兴县(今凤翔)南二十里许,郑馀庆迁于凤翔府(今凤翔)夫子庙,经五代之乱又复散失,宋司马池复輂置府学之门庑下,大观中自凤翔迁于东京(今开封)辟雍,后入保和殿,金人破宋,輂归燕京(今北京),今在清故国子监。其字体为籀文。其文体为诗。其数凡十;宋司马池移置时亡其一,皇祐四年向传师求得之。入汴以后,以金填其文示不复拓;入燕以后,又剔去其金。经此数厄,文字之残损者更多;十鼓虽具,而第八鼓已无字矣。

其刻石之时代,唐以来人所考订者恒多异词:有以为周宣王时者,唐张怀瓘、窦臮、韩愈也;有以为周文王之鼓至宣王时刻诗者,唐韦应物也;有以为周成王时者,宋董逌、程大昌也;有以为秦者,宋郑樵也;有以为宇文周者,金马定国也。(尚有考为汉刻者,如清武亿据《古文苑》释文"趍趍六马"之文,以为汉制天子驾六。其实第四鼓文作"趍趍□马","趍"乃"趍"之误,"马"上一字今阙;虽薛尚功所释"趍趍六马"亦有"六"字,然天

---

① 《元和郡县图志》卷二云:"石鼓文在县(天兴县)南二十里许。……贞观中,吏部侍郎苏勖纪其事。"

178

一阁宋拓本所存残画与"六"字决不相类。此等单文孤证之说,尤不足取。)众说虽极纠纷,而要之不过三说:(一)宗周;(二)秦;(三)后周。三说之中,以主第一说者为多,尤以宣王之说为最盛;清高宗又从而表扬之,其说乃定于一尊而无复异议。其次则第三说差有势力,清万斯同、庄述祖等尤力主之;逮乾隆末年以后,其说始渐息。至第二说,则郑樵之外惟巩丰一人,余无闻焉。今就此三说以絜其短长,评其得失:

主后周之说者,以西魏文帝大统十一年尝西狩岐阳,见于《后周书·文帝纪》,遂以此鼓所纪狩猎之事当之;又以宇文泰患文章浮靡,命苏绰作《大诰》,多用《尚书》成语,当时文人悉效其体,遂疑鼓文出苏绰辈之手。然文体字体之流变,随时随地而转移;依托放古之事,其术纵工,其迹终不可掩。试以魏《三体石经》之所谓"古文""篆文"者较周金文秦刻石,其异同之点不难立辨。汉魏去古未远,放效犹且失真,而谓后此三百年之宇文泰能之乎?藉曰能之,何见存西魏北周时刻石,又无一放古之作如此鼓者乎?其所举之证据,多属远不相涉之事实,昔贤如朱彝尊、王昶辈已有驳正之者,兹不再辩。

主宗周之说者三:(一)文王作鼓,宣王刻诗;(二)成王;(三)宣王。谓韦应物以为文王之鼓宣王刻诗者,其说惟见于欧阳修《集古录》;今本《韦苏州集》中《石鼓歌》,无周文王之语,而宋葛立方《韵语阳秋》引韦诗,则作"周文大猎兮岐之阳",与欧阳之说同。然玩其全章之义,实指宣王,疑二公皆为板本所误,韦氏盖无是说。谓为成王者,以宣王搜于岐阳,于经史无征,而成王之搜于岐阳,则见于《左氏传》(昭四年),因以此鼓属之成王。其说虽较后周为近理,而文字实不似周初。谓为宣王者,以其字类小篆而较繁复,类宗周彝器之文而较整齐,因目之为籀文;又以籀文为宣王太史籀所作,遂以此鼓属之宣王而定为史籀书。其所持理由,所引证据,皆较正当,故持是说者亦占优胜。然余窃有疑者,"籀文"是否为书体之名?"史籀"是否为人名?近人王静安(国维)著《史籀篇叙录》,以为"《史籀》十五篇,古之字书,后人取句首'史籀'二字以名其篇,非著书者之名;其书独行于秦,非宗周时之书"。若然,则此类于《史籀篇》之鼓文,其以为宣王时作者,不且根本推翻乎?

主秦之说者,以其文有合乎秦器之文,遂以为周室东迁后秦有岐西时所作。此说自郑樵发之。樵著《石鼓文考》三卷,当必考之甚详,惜未之见。据《宝刻丛编》载其《石鼓音序》有云:"此十篇皆是秦篆,以'也'为'殹'见于秦斤,以'丞'为'歪'见于秦权。"又云:"其文有曰'嗣王',有曰'天子';天子可谓帝,亦可谓王,故知此则惠文之后始皇之前所作。"巩丰则以为献公之前襄公之后所作①。持此说者,仅据器物遗文以立言,不能旁征博引出入传记,宜其不为世所重。盖先儒考证之学,往往笃信载籍而忽于实物,其结果,宁信附会臆说之《三礼图》,而于山川所出鼎彝,反以为不足据。真伪莫辨,结习然也。清乾嘉以后,考证之学突过前人,载籍之外虽亦颇资实验,而此鼓已经帝王审定,又孰敢从而非议之? 近人震钧始疑其不类周文,从郑之说定为秦文公东猎时所作;并重订次序,更为集注。罗叔蕴(振玉)亦取郑说,其论与震钧略同。

窃以为三说之中,第二说最为允当。请就郑氏之说而申辩之:

一、文字之流变可得而推寻也。古今文字之不同,有渐变,无改造。近人康有为谓"古无籀篆隶之名,但谓之文",是也。世之论文字源流者,咸以为由"古"而"籀",由"籀"而"篆",由"篆"而"隶",皆有创作改造之者。其说大谬。盖文字之兴,孳乳浸多,随时随地而变,无主名,无形迹,于此而欲强为限断,定其名称,无是理也。《说文》之正文九千三百余,皆当世所流行者,只谓之"文",只谓之"字";其有标出"古文""籀文"者,谓古文经、《史籀篇》中有此异体,非即指为书体也;《叙》所谓"今叙篆文合以古籀"者,皆指正文九千余而言也②。《史籀篇》者,字书之祖。罗叔蕴谓"其书取当世用字编纂章句,以便习诵"。盖古字书之通例也。逮秦并兼天下,李斯等复刺取其字以作《仓颉》等篇③,乃整理旧文,有所去取,以改编字书,非谓于《史籀篇》外又改造字体也。王静安以为"其书秦人作

---

① 巩丰,字仲至,宋孝宗时人,尝从吕祖谦游,时代略后于郑樵。其说见杨慎《丹铅录》中。
② 此旨自段玉裁发之,而王静安引申之。说见段氏《说文注》及王氏《汉代古文考》。
③ 李斯作《仓颉篇》,赵高作《爰历篇》,胡母敬作《博学篇》。

之以教学童者，其后秦人作字书，乃独取其文字，用其体例，亦《史篇》独行于秦之一证"。其说是也。今以秦刻遗文校《说文》之所谓籀文，多有合者①。知此《史籀篇》之遗字，为《仓颉》等篇所未收，而犹存于秦刻者也。然则文字之类小篆而较繁复，似宗周彝器之文而较整齐者，为未同一以前之秦文，亦即《史籀篇》之文，可断言也。

　　一、秦刻遗文可得而互证也。郑氏所举者，曰秦斤，曰秦权，皆始皇、二世诏书之文，犹不足以证石鼓。余之所举者，自秦霸西戎时起至二世元年止，凡得十二种：一曰盄和钟，二曰秦公敦，皆为缪公时作②；三曰重泉量，为孝公十八年作③；四曰《诅楚文》，为惠文王时作④；五曰吕不韦戈，为始皇五年作⑤；六曰新郪虎符，为始皇二十二年灭魏后所作⑥；七曰阳陵虎符，为始皇称帝后所作⑦；八曰权量等诏书，为始皇二十六年及二世元年所作⑧；九曰峄山刻石，十曰泰山刻石，十一曰琅邪台刻石，十二曰会稽刻石，皆始皇二十八年以后至二世元年所作⑨。前七种在文字未同一以前，后五种在既同一以后。其与石鼓相同之文字，则见于盄和钟者

---

① 《说文》之籀文见于秦《诅楚文》者，有"霖"（又见盄和钟、秦公敦）"殹"（又见新郪虎符）"㠯"（又见新郪、阳陵二虎符及峄山、会稽等刻石）"勮"（又见始皇诏）"㱿""意""㯻"等字。见于石鼓文者，有"敔""䎽""鼎""勮""蘭"等字。

② 盄和钟见薛尚功《钟鼎款识》，已佚。秦公敦新出甘肃东境，藏张广建家。二器铭略同，中有"十有二公"语。欧阳修以钟为共公作，薛尚功以为景公作。近罗叔蕴以为十二公当自秦侯始，至成公为十二世，作此二器者当为缪公，故铭有"烈烈桓桓"之语。

③ 重泉量见《秦金石刻辞》，藏合肥龚氏。铭有"十八年冬十二月乙酉大良造鞅"云云，盖孝公十八年商君所作。

④ 《诅楚文》见《古文苑》《广川书跋》及《绛》《汝》等帖，已佚。文有"兼倍十八世之诅盟"之语。欧阳修、王厚之并以为惠文王所作。

⑤ 吕不韦戈见《箧斋吉金录》，旧藏潍县陈氏。文有"五年相邦吕不韦造"云云。

⑥ 新郪虎符出陕西，未见著录。其文有"右在王左在新郪"语。新郪本魏地，而文字及制度，悉与秦阳陵虎符同，其为秦制无疑。当为始皇二十二年灭魏后所作。

⑦ 阳陵虎符见《历代符牌图录》，藏上虞罗氏。文有"右在皇帝"语。

⑧ 秦"权""量"见《秦金石刻辞》者凡二十九器，皆始皇二十六年及二世元年诏。

⑨ 峄山刻石已佚，今据宋郑文宝覆刻徐铉摹本。泰山刻石存十字，今据影印明安国藏五十三字本。琅邪台刻石已佚，今据拓本。按《史记·秦始皇本纪》，峄山、泰山、琅邪皆二十八年刻，会稽乃三十七年刻。诸刻石后有二世诏，皆二世元年所刻也。

十七①,见于秦公敦者十四②,见于重泉量者三③,见于《诅楚文》者二十九④,见于吕不韦戈者三⑤,见于新郪虎符者十⑥,见于阳陵虎符者四⑦,见于权量诏书者十五⑧,见于峄山刻石者二十四⑨,见于泰山刻石者八⑩,见于琅邪台刻石者十二⑪,见于会稽刻石者十七⑫,皆就其体势结构之完全相同者言之;若偏旁互见而彼此相同者,尚不一而足⑬。此可由文字之形体证鼓文为秦文者也。鼓文"殹"字两见,一曰"汧殹沔沔",一曰"汧殹泊泊";郑氏据秦斤以为即"也"字。今按薛尚功《钟鼎款识》有平阳斤,其所刻二世诏书,有曰"其于久远殹",在他器"殹"多作"也",郑氏所据,或即是器。然郑氏仅据此一器,犹得曰偶误也。今于秦斤之外更得三证焉:一曰《诅楚文》,巫咸本曰"将之以自救殹",而久湫及亚驼本"殹"并作

----

① 盠和钟:公公、不不、天天、又又、事事、余余、帅帅、以以、多多、夕夕、是是、于于、执执、作作、其其、孔孔、永永。

② 秦公敦:公公、不不、天天、又又、之之、事事、余余、帅帅、是是、作作、以以、各各、多多、方方。

③ 重泉量:来来、大大、为为。

④ 《秦诅楚文》:又又、嗣嗣、王王、用用、其其、祝祝、于于、不不、大大、以以、之之、多多、我我、君君、公公、及及、是是、同同、子子、为为、而而、康康、则则、天天、求求、可可、自自、殹殹、章章。

⑤ 吕不韦戈:不不、事事、工工。

⑥ 新郪虎符:之之、右右、王王、左左、用用、人人、以以、事事、母母、殹殹。

⑦ 阳陵虎符:之之、右右、左左、阳阳。

⑧ 权量诏书:六六、天天、大大、安安、为为、丞丞、则则、不不、之之、而而、其其、殹殹、如如、嗣嗣、左左。

⑨ 峄山刻石:嗣嗣、王王、四四、方方、时时、不不、六六、既既、于于、日日、自自、及及、止止、康康、乐乐、所所、为为、而而、其其、如如、之之、丞丞、具具、可可。

⑩ 泰山刻石:不不、其其、如如、嗣嗣、为为、之之、丞丞、具具。

⑪ 琅邪台刻石:杨杨、所所、为为、而而、不不、其其、如如、嗣嗣、之之、丞丞、具具、可可。

⑫ 会稽刻石:方方、六六、王王、自自、而而、阴阴、为为、来来、之之、各各、其其、子子、不不、止止、人人、乐乐、舟舟。

⑬ "寰""寰""寰"之于秦公敦之"寰""寰""寰","寰""寰"之于《诅楚文》之"寰""寰","寰""寰"之于新郪虎符之"寰""寰","寰"之于《诅楚文》、峄山、琅邪台、会稽等刻石之"石","寰""寰""寰"之于峄山刻石之"寰""寰",并同。

"也";二曰新郪虎符,文曰"虽毋会符行殹",其义为语助词;三曰秦权,端方《陶斋吉金录》载权凡十九,而第一权之二世诏文与秦斤同。鼓文曰"汧殹沔沔""汧殹泊泊"者,汧,水名;沔沔及泊泊,水之形容词;殹,语助词,与"也"同,又与"兮"通①。斤、权、虎符、《诅楚文》,四者皆秦文,并有此不经见之字,则"殹""也"通假,为秦文独有之例可知矣。鼓文既用此例,非秦文而何?此可由文字之声音训诂证以为秦文者也。

其时代,则郑樵以为惠文之后始皇之前,巩丰以为献公之前襄公之后,震钧、罗叔蕴以为文公时。余以为巩说是也。何则?缪公之作钟与敦也,称曰"秦公";惠文王之诅楚也,称曰"有秦嗣王":皆于本文中之称谓及所纪世次推计而得之。鼓文虽残阙,犹有"公谓大□,余及如□"句。"公"者,秦公也;"大□"者,当为官名,或即"大史""大祝"之类;"余"者,自称之词也。郑氏引鼓文曰"天子"曰"嗣王"者,皆指周天子也②。惜此章(第七鼓)文辞阙蚀,上下不相属,不能得其文义;然第九鼓犹有"天子永宁"之语,可知其为祝颂之词。夫秦自襄公有功王室,得岐西之地而列为诸侯,至缪公始霸西戎,天子致贺。鼓文纪田渔之事,兼及其车徒之盛,又有颂扬天子之语,证以秦公敦之字体及"烈烈桓桓"之文,则此鼓之作当与同时。缪公时居雍城③,雍城在今凤翔县雍水之南;《元和郡县图志》所纪出土之地,正为雍城故址,岐山在其东,汧水在其西;鼓文有曰,"汧殹泊泊……舫舟西逮",谓由雍至汧为西逮也。昔人谓鼓出岐阳,乃泛指其地,不如《元和郡县图志》所纪之翔实。其引经史"搜于岐阳"之文以证其为周成王或宇文泰者,由于误认出土之地为岐山之阳,又以岐山

---

① 语助词之"也"本非正字,故《易》《书》经文中无"也"字。《诗》之"兮""也"二字,他书所引往往互异:如《鸤鸠》曰,"其仪一兮,心如结兮";《礼记·缁衣》及《淮南子·诠言篇》引"兮"作"也";《旄丘》曰,"何其处也";《韩诗外传》引"也"作"兮";《君子偕老》曰,"玉之瑱也",《说文》引"也"作"兮"。"兮"与"也"通,故前人有释鼓文之"殹"为"兮"者。"兮"又与"猗"通:《诗·伐檀》曰,"河水清且涟猗",汉石经"猗"作"兮",《书·秦誓》曰,"断断猗",《礼记·大学》引"猗"作"兮"。窃以为《秦誓》之"猗"当本作"殹"。

② 此二句连属成文。或以为既称"天子",不得又称"嗣王"。然《诗·六月》有"王于出征,以佐天子"之句。此文不完,不能得其词义矣。

③ 秦之都邑,自西东徙。初,文公卜居汧渭之会,宁公徙居平阳,德公初居雍城大郑宫。

之阳为古来大搜之地。不知鼓之所在地尚在其西，而田渔之地更在其西也。其刻石之地，不于汧水之上而于雍城者，盖田渔之事多为祭祀而设。鼓文有曰，"吴人憐□"；又曰，"□□大祝"，吴人者，虞人也，掌山泽之官；大祝者，祝官之长，主事鬼神者也①。鼓文虽不明言祭祀，而独纪掌祭祀之官，知田渔与祭祀有关矣。以田渔之所获，归而献诸宗庙，作诗刻石以纪其事，则石在雍城宜也。

犹有一事亟宜辨正者，即其名称是也。唐以来著录此刻者，苏勖、窦蒙皆以为"猎碣"；其余皆以"石鼓"名之。此尤大谬。当刻碑未兴以前，只有刻石：《史记·秦始皇本纪》凡言颂德诸刻，多曰"刻石"，或曰"刻所立石"；摩崖与立石，皆刻石也；立石又谓之"碣"，《说文》（石部），"碣，特立之石"，是也。其存于今者，有"泰山无字石""琅邪台刻石""禅国山刻石"。（惟琅邪台一石亡于近年，余皆无恙。）此十石之形制，皆与之同。其制上小而下大，顶圆而底平；四面有略作方形者，有正圆者；刻辞即环刻于其四面。此正刻石之制，非石鼓也；苏、窦"猎碣"之名，差为近之。最可笑者，莫过于清高宗之重摹石鼓。夫既曰重摹，必依其形制矣，而彼则不然：其形类今之鼓，冒革施钉，无不毕肖；其文又不在四周而在顶上。苟不幸而原石亡，则后之人且将据清鼓以证原石，前人所谓"武事刻于钲鼓"者，将为不刊之论矣。其贻误后人，不已甚耶？故余草此篇既竟，特为正其名曰"秦刻石"。

（本文原载《国立北京大学国学季刊》第 1 卷第 1 号，1923 年 1 月出版。）

---

① 《春秋左氏传》（昭二十年），"齐侯田于沛，招虞人以弓"。《晏子春秋》（内篇《谏上》），"齐有泰祝子游"。此二官列国皆有之，不独天子也。

从实验上窥见汉石经之一斑

书籍之版本,莫先于汉之《熹平石经》。缘其时经籍皆展转传写,文字沿讹,弊端日出。甚至有私行金货,定兰台漆书经字,以合其私文者。当时蔡邕等为挽救此弊,奏求正定六经文字。经灵帝之特许,刻石立于太学门外,以为经籍之定本。后儒晚学,咸取正焉。

此伟大之工作,起于熹平四年,讫于光和六年(《水经注》言光和六年,当有所据,疑是刻成之年载在碑文者),凡历九年而始告成。北魏之初,冯熙、常伯夫相继为洛州刺史,废毁分用,大致颓落(见《魏书·冯熙传》)。神龟元年,崔光议修补而未果(见《魏书·崔光传》)。东魏武定四年,自洛阳徙于邺都,至河阳,值岸崩,遂没于水。其得至邺者不盈太半(见《隋书·经籍志》)。北齐天保元年尚存五十二枚(见《北齐书·文宣帝纪》)。周大象元年,由邺城迁洛阳(见《周书·宣帝纪》)。隋开皇六年,又自洛阳迁入长安(见《隋书·刘焯传》)。寻属隋乱,营造之司用为柱础。唐贞观初,魏徵始收聚之,十不存一(见《隋书·经籍志》)。汉石经之命运,至是遂告终矣。

讫于北宋,以洛阳为西京,达官贵人之名园别墅,所在多有,文化犹不甚衰落。好事者往往得石经残片。南渡以后,不闻更有发见。至于近年,又复络绎出土。惟两次之所发见,皆属洛阳,且仍为汉魏太学之故址。邺都、长安，不闻有所发见。颇疑两次迁徙虽属事实，但仅就完碑徙之（文宣帝诏书所言之数，或完碑又有残毁，故并魏碑计之得五十二枚），其残毁之石固犹存洛阳。岸崩没水之说，恐为徙石者之诡语，不足信也。

宋时所出残字，洪适著之《隶释》，得二千一百余字。近十年间之所出，据罗叔言氏所集录者，得三千余字，其实尚不止此。余与罗氏所见残石互有出入，而考索校写则各致其力。罗氏已厘定成书，余则犹有所待。今从断剥亡阙之余，就其可以考见原刻之真相者略举如左，或亦留心古籍者之所乐闻欤。

（一）字体

《后汉书·儒林传序》认熹平所立为古文、篆、隶三体书法，《洛阳伽蓝记》亦以魏石经之《尚书》《春秋》二部作篆、科斗、隶三种字者为汉右中郎将蔡邕笔之遗迹。讹谬相沿，遗误后学，实非浅鲜。郦道元注《水经》，纪载较为详明，其言曰："汉灵帝光和六年，刻石镂碑，载五经立于太学讲堂，悉在东侧。今碑上悉铭刻蔡邕等名。魏正始中，又立古篆隶《三字石经》树之于堂西。"始以三字属之于魏，而于汉石经不言字体，是明以一字属之于汉矣。《隋书·经籍志》录一字石经，有《易》《书》《诗》《礼》《春秋》《公羊传》《论语》七经，与今所见汉刻悉同。可见一字者为汉刻，三字者为魏刻。所谓三字者：一曰古文，二曰小篆，三曰隶书——即当时通行之字体。古文为壁中本，其字多不可识，故以小篆及隶书释之。汉时立于学官者为今文经，决不能以古文立之太学。魏正始中所以复立古文经者，以当时古文学已盛行，故又以古文本之《尚书》《春秋》二经刻石也。郦道元所见非三字之碑有蔡邕等名，宋黄伯思、洪适等所录之一字《公羊传》有堂谿典、马日碑等名，今所见之后记亦有堂谿典、刘宽等名，皆与《后汉书》所记诸儒参与熹平立石之事实相符。是可证《后汉书》三体之说为一时纪载之误也。

其所以致误之由，则以汉魏石经皆立于太学，世人每习闻三体之奇，遂并一字者而忽之。以杨衒之身在北朝，亲见是碑，尚有此误，更何论于范晔。余谓耳食者必不如目验者之亲切。杨衒之、郦道元皆似亲履其地者，杨谓三字一字者并在堂前，郦谓汉碑在堂之东侧，魏碑在堂西。是郦详于杨矣。杨记三字一字之碑数经数虽较郦为详，而于三字碑只云蔡邕遗迹，似据传说之辞。郦则云汉碑立于光和六年，碑上悉铭刻蔡邕等名。不但见经碑，且曾寻绎碑文矣。是郦较杨更可信也。近人犹有信《后汉书》而斥《水经注》者，诚所谓以不狂为狂矣。余谓解答此问题，只须知汉石经不应有古文，则《后汉书》之误不攻自破，毋烦他求也。

（二）经数

昔之言汉石经者，有五六七经之不同。其言五经者，《后汉书》《灵帝纪》《卢植传》《儒林传序》《宦者传》及《后汉纪》《水经注》《洛阳记》是也。其言六经者，《蔡邕传》《儒林·张驯传》是也。其言七经者，《隋书·经籍志》是也。其言诸经之目者，《西征记》（《太平御览》五八九引）《洛阳伽蓝记》举《周易》《尚书》《公羊传》《礼记》四部，《洛阳记》举《尚书》《周易》《公羊传》《礼记》《论语》五经，《隋书·经籍志》举《周易》一卷、《尚书》六卷、《鲁诗》六卷、《仪礼》九卷、《春秋》一卷、《公羊传》九卷、《论语》一卷。诸家所记，以《隋志》所记为最详确。其所谓若干卷者，即存秘府之"相承传拓本"也。《西征记》等之所谓《礼记》者，即《仪礼》也。王静安先生谓魏晋以前，亦以今之《仪礼》为《礼记》也。

宋时出土之经，只《尚书》《鲁诗》《仪礼》《公羊传》《论语》五经，今日之所见者，除前出五经外，又得《周易》及《春秋经》，故知汉石经之经数，为：

一、《周易》

二、《尚书》

三、《鲁诗》

四、《仪礼》

五、《春秋》

六、《公羊传》

七、《论语》

其数及目皆与《隋志》合也。

(三) 经本

后汉立五经博士十四:《易》有施、孟、梁丘、京氏四家,《书》有欧阳、大小夏侯三家,《诗》有鲁、齐、韩三家,《礼》有大小戴二家,《春秋》有严、颜二家。诸家各以家法教授,故章句间有异同。石经之立,欲尽刻十四家之章句,其势有所不能,故以一家为主,而罗列诸家异同于各经之末。此汉石经之例也。今就其可以考见者胪举如下:

《易》,京氏。近出《周易》残石,表刻《家人》迄《小过》二十六卦,凡二十八行;里刻《系辞下》《文言》《说卦》,凡二十一行。《蹇》卦"大蹇朋来"之"朋"作"崩",《困》卦"于臲卼"作"于剌刽",《说卦》"坎者水也"之"坎"作"欿",与《释文》所举京本合("崩"见《复》卦,"欿"见《坎》卦)。余前跋此石,定其本为京氏(见《北大图书部月刊》第三期)。又《释文·系辞下》"洗心"条曰:"京、荀、虞、董、张、蜀才作'先',石经同。"既于四家之中独举京氏,而又言石经与之同,是于上举诸证之外,又得一铁证矣。

《书》,欧阳。新出《书序》一石:第一行"民"字为《秦誓》篇末"以不能保我子孙黎民"之"民"字,第二行"广度"二字(今本作"光宅")为《尧典序》,第三行"遂与"二字为《汤誓序》,第四行"堪饥"二字下附一点为《西伯堪饥序》(今本作"戡黎"),第五行"以箕子"三字为《洪范序》,第六行"使召公"三字为《召诰序》,第七行"周公作君"四字为《君奭序》,第八行"甫刑"二字为《甫刑序》(今本作"吕刑"),第九行"同异"二字或为校记。钱玄同以《汉书·艺文志》叙今文《尚书》之卷数,大小夏侯二家经及章句皆二十九卷,《解故》二十九篇;而欧阳则经三十二卷,章句三十一卷,卷数独多。又据《隶释》所录石经《尚书·盘庚》残字中下二篇之间空一字,以为《盘庚》确分三篇，则总数为三十一篇。益以此《序》则得三十二篇。《书序》不作训，故章句为三十一卷，经为三十二卷。据此以证汉石经《尚书》之为欧阳本。又引陈寿祺之"今文有序"十七证中之第十三证（原文引《后汉书·杨震传》震曾孙彪引《盘庚序》事），以为东汉习欧阳《尚书》者引《书序》，不但可证欧阳本有《序》，更可证有《序》之汉石经《尚书》之为欧阳本。其说是也。

《诗》，鲁。洪适见《郑风》校记中有齐、韩字，断为叙二家之异同。今兹所出，《诗》为最多，校记中往往有"齐言""韩言"等字，与《公羊传》之"颜氏言"同。故断为《鲁诗》。

《仪礼》，大戴。最近洛阳出一《仪礼》残石，有篇题，曰："乡饮酒第十。"据贾公彦《疏》言大小戴篇次之异同：大戴本《乡饮酒》居第十；而小戴则同于刘向《别录》之次第，居第四，其第十为《特牲馈食礼》。以篇第考之，可决其为大戴也。

《春秋》，公羊。东汉惟公羊《春秋》立于学官。宋时出土，有传而无经。

《公羊》，严氏。洪适所录《公羊》校记一段，有"颜氏言"及"颜氏有无"字。今兹所出，亦有"颜氏"字。是用严氏本之证也。

《论语》，鲁。《论语》有齐、鲁、古三家：《鲁论》二十篇，《齐论》二十二篇，《古论》二十一篇。洪适所录《论语》篇末有"凡二十篇万五千七百一□字"等字。是《鲁论》之篇数也。近出《尧曰篇》残石，"谓之有司"句下无"不知命"一章，与《释文》所称鲁本合，是《鲁论》之章句也。然校记中无"齐""古"字，而有"盍、毛、包、周"字。余昔跋《尧曰篇》残字，考为张禹之《张侯论》（见《国学季刊》一卷三号）。以包、周（《释文序录》云："禹以授成帝。后汉包咸、周氏并为《章句》，列于学官。"盍、毛今不可考）所传乃张侯本也。《张侯论》在昔疑亦有《鲁论》之目。

以上各本，篇章之异同，亦有可得而言者：如《易》分上下经，而《彖》《象》不与卦辞爻辞相连；《十翼》中有《系辞》《文言》《说卦》《序卦》，知《易》之篇数，当为上下经及《十翼》为十二篇。《诗》之篇章与毛或异。篇之异者:《小雅》则《采芑》《车攻》《吉日》《白驹》四篇相次,《彤弓》《宾之初筵》相次;《大雅》则《旱麓》《灵台》《思齐》《皇矣》四篇相次,《生民》《既醉》《凫鹥》《民劳》四篇相次,《桑柔》《瞻卬》《假乐》三篇相次,《韩奕》《公刘》二篇相次。章之异者:《邶风·式微》首次二章先后互倒;《秦风·黄鸟》次章为三章;《小雅·楚茨》四章为五章,《都人士》无首章。《仪礼·乡饮酒》居第十,其篇第当如贾《疏》所列:《士冠》第一,《士昏》第二,《士相见》第三,《士丧》第四,《既夕》第五,《士虞》第六,《特牲》第七,《少牢》第八,《有司彻》第九,《乡饮酒》第十,《乡射》第十一,《燕》第十二,《大射》第十三,《聘》第十四,《公食》第十五,《觐》第十六,《丧服》第十七。《春秋》闵公附庄公后,不提行,不书"闵公"字,当为十一篇。《论语·尧曰篇》无"不知命"一章,凡二十篇。至诸经文字之异同则不胜枚举,当别撰校文,非此篇所能详也。

(四) 行款

汉石经碑无纵横界格,每行字数,各经不同,甚有一经之碑,表里不同者。今约计之:则《易》行七十三字;《书》约七十三字;《诗·小雅·采菽》以上七十二字,《角弓》以下七十字(碑之表里疑由此分);《礼》七十三字;《春秋》七十字;《公羊传》七十三字,自宣公十二年以下七十一字;《论语》七十三字。

其每碑行数,以未见完碑,不能确知。但魏之立石经,宜全仿汉碑之式。《水经注》言石长八尺广四尺。魏碑之广当汉尺(即刘歆铜斛尺,当公尺〇·二三一)四尺二寸,与郦说相符。今以汉石经残字拟之,每一尺四五分可容字十行,则每碑当可容四十行或三十九行也(魏碑容三十四行,汉碑无界格,字又较密,行数必较魏碑为多)。

书碑之式,各经不同,今所知者:《易》上下经卦文衔接,不空格,每卦之首,画一卦象;《十翼》分章处空一格,加点识之;每篇题各占一行。《书》篇题占一行;校记分篇处空格加点。《诗》《十五国风》《二雅》《三颂》篇题各占一行;每章末旁注"其一""其二"等字,占一格,虽篇仅一章者亦注"其一"字;篇末章句下空格加点;每什后题之上亦空格加点,接书于章句之下;经末总计其字数;校记分篇处空格加点。《礼》篇题各占一行,曰"某某第几";分章处加点不空格。《春秋》每公篇题各占一行;分年处空格加点。《公羊传》分年处空格加点,而冠以某年字;每年分事处加点而不空格。《论语》篇题各占一行;分章处空格加点;每篇计其章数;经末计其篇数及总字数;校记分篇处空格加点。

若依此写定,则除《尚书》外,其余诸经,皆可得其大要矣。

(五) 石数

其石数则各家所记不同:《西征记》曰,"太学堂前石碑四十枚,亦表里隶书"。《洛阳记》曰,"碑凡四十六枚"。《洛阳伽蓝记》曰,"复有石碑四十八枚,亦表里隶书"。王静安先生著《魏石经考》,先考汉之石数,以七经之字数排比之,从《洛阳记》之说,决为四十六碑。余以为《西征记》之四十,其下当有脱字,而"八"与"六"字形极相似,尤易致误。惟《洛阳记》于总数之外,并记其方位及存毁之数曰:"西行《尚书》《周易》《公羊传》,十六碑存,十二碑毁;南行《礼记》,十五碑悉崩坏;东行《论语》,三碑(《后汉书·蔡邕传》注引作二,顾炎武《石经考》据总数改作三),二碑毁。"确与四十六枚之总数符合。是《洛阳记》所载较为可信也。

其石之排列,每经当自为起讫。今所见残石之两面有字者,表里必同为一经。《后汉书·儒林传序》引杨龙骧《洛阳记》载朱超石《与兄书》云:"石经碑高一丈许,广四尺,骈罗相接。"其所谓"骈罗相接"者,当指每经自为起讫言。如《论语》三碑,书之者当起第一,讫第三,复转至碑阴,起第三,讫第一。其式当如堵墙,非如唐清两朝石经之式也。十二年冬,当魏石经出土后一年,余亲至其地,调查真相,见魏石经碑趺之呈露土中者,正骈罗相接,南北行。意其地为讲堂之西。时汉石经虽有发见,尚属少数之小片,意必残毁后杂于堂西魏石中者。近年汉石始大出,意其地当为堂之东侧。或亦有骈罗相接之碑趺,可供吾人考证也。

又经碑之外,尚有一碑,北京大学研究所国学门及北平图书馆各藏一残石,亦表里隶书,一面字较大,而又一面则较小(以下称大字者为"后记甲",小字者为"后记乙")。字句虽断续不完,确为叙述刊立石经之事。其中两见"某年六月"字,疑郦道元所谓光和六年者,即据此碑所纪之年月而言。《洛阳记》四十六枚之数,恐不数此碑也。

(六) 人名

据《后汉书·蔡邕传》言奏求正定文字者,有蔡邕、堂谿典、杨赐、马日䃅、张驯、韩说、单飏等,而《灵帝纪》只言召诸儒正五经文字。《邕传》言邕自书丹,而《洛阳伽蓝记》《隋书·经籍志》遂皆归功于蔡邕。以如此伟大之事业,必非少数人所可从事者。邕虽擅书,亦不能以一人之力,书二十余万字。况光和元年,邕即以陈灾变事获罪徙朔方,明年,亡命江海,居吴会者积十二年。邕之参与此事,才三四年耳。今所出之七经字体,虽面貌相似,而工拙攸分,或人书一经,或一经又分数人,皆未可定。要之校理及书碑之役,必成于众人之手,可断言也。今据可以考见之人列举如左。

校理人名表

姓名	字	籍	职官	出处
蔡邕	伯喈	陈留圉	议郎	《后书》本传
堂谿典	伯并	颍川鄢陵	五官中郎将	《公羊》碑,后记甲碑,《蔡邕传》
杨赐	伯献	弘农华阴	光禄大夫	《蔡邕传》
马日䃅	翁叔	扶风茂陵	谏议大夫	《仪礼》碑,《蔡邕传》
张驯	子隽	济阴定陶	议郎	本传,《蔡邕传》
韩说	叔儒	会稽山阴	议郎	《蔡邕传》《卢植传》
单飏	武宣	山阳湖陆	太史令	《蔡邕传》
卢植	子干	涿涿	议郎	本传
杨彪	文先	弘农华阴	议郎	《卢植传》
李巡		汝南汝阳	宦者	后记甲碑,《吕强传》

续表

姓名	字	籍	职官	出处
刘宽	文饶	弘农华阴	光禄勋	后记甲碑
赵𫘧			谏议大夫	《公羊》碑
刘弘	子高	南阳安众	议郎	《公羊》碑
张彣			郎中	《公羊》碑
苏陵			郎中	《公羊》碑
傅桢			郎中	《公羊》碑
左立			博士	《论语》碑
孙表			郎中	《论语》碑
张玹				后记甲碑
周达			司空兼集曹掾	后记甲碑
尹弘			司空属	后记甲碑
孙进			郎中	后记乙碑
傅弥			舍人	后记乙碑
陈懿				后记乙碑

附刻工

陈兴			工	《论语》碑

以上二十五人中，惟陈兴为石工，此外皆为校理或书碑之人矣。然博士十四人，惟《论语》尚存其名（《论语》不在五经博士之列，而为专经者所兼习），余皆不可知。盖亦有幸有不幸也。

此稿成于二十年二月，为北京大学研究所国学门月讲之稿。时新自洛阳归来，得见《仪礼·乡饮酒》残石拓本，故定《仪礼》为大戴本。而《尚书》之本尚付阙如也。嗣后又得见《尚书序》残石拓本，是于七经之本皆可确定。因增订润色而成此篇。

著者附记

（本文原载《庆祝蔡元培先生六十五岁论文集》上册，中央研究院历史语言研究所 1933 年 1 月出版。）

石经词解

一、起源

我国古代书籍，皆出于竹木之简牍。联系各简而编以丝纶或皮革，使成为册（或作策），以便讽诵。是为书籍最初之制。孔子读《易》，韦编三绝，即系皮革所编之册也。其后代之以缣帛，又其后代之以纸①，但皆出于钞写，讹脱自所难免。故自汉以来，传经者各有师说，章句颇有异同，各家之学，同时并立学官，致有十五博士（后汉无《庆氏礼》，为十四博士，说见后）。至后汉桓、灵之际，经籍去古久远，文字多谬，诸博士试甲乙科，争第高下，更相告言，至有行贿，定兰台漆书经字，以合其私文者。熹平四年，乃诏蔡邕等正定文字，刊于石碑，立于太学门外。于是诸儒晚学咸取正焉，观视及摹写者，车乘日千余两，填塞街陌②，此为刊刻石经之始。以其为汉熹平中立，故后世称汉石经，或《熹平石经》（《后汉书·灵帝纪》系于熹平四年，而《水经注·谷水篇》言光和六年，或受诏在熹平，而刻成则光和年也）。其动机盖以书经传写，踳驳日多。又遭党锢之祸，

---

① 详拙著《中国书籍制度之变迁》，见《图书馆学季刊》一卷二号。
② 见《后汉书》蔡邕、吕强等传及《儒林传序》。

经师名儒,禁锢诛戮,放废流亡,邪枉之徒,轻为奸利,私行金货,窜改经文,势非刊一定本不足以解此纠纷。时既不知有印刷术,则欲传之久远,固非刻石不为功。太学为博士传经之所,故立于太学门外。自正定文字始,而书丹,而刻石,其事不能立就。假定《水经注》光和六年之说无误,则历时九年,以底于成,亦是意中事。为校正异同,整齐画一,而兴此巨大工程,不得不谓为学术界之盛事也。

二、后世之继起

当熹平之立石经也,只就立于学官之五经,各刻其一家之章句,而以诸家异同列为校记,刻于各经之后。此所谓诸家者,即学官所立之十四博士,皆今文也。其时古文经虽未得立,但其说已盛行,传今文者多兼通古文,故至魏正始中,又刻古文经于石,以应学者之需求,与《熹平石经》并立于太学。古文不易识,则以篆隶二体列于古文之下以铨释之,世谓之《三体石经》。又以正始中立,谓之《正始石经》。其实汉为今文经,魏为古文经耳。当三体之立也,后于熹平不过六十年,所立之地又同在太学,范晔南人,未尝亲至碑下,故所著《后汉书·儒林传序》误以《熹平石经》为古文、篆、隶三体书法,致启后世之聚讼。宋洪适著《隶释》《隶续》,录一字石经,其上有堂谿典、马日磾等姓名,固早已辨其谬矣。自是之后,唐有《开成石经》,后蜀有《广政石经》,宋有《嘉祐石经》,清有《乾隆石经》,皆准熹平故事,踵而行之。惟南宋石经为高宗随时习字所书,其语辅臣之言曰:"学写字不如便写经书,不惟可以学字,又得经书不忘。"故《玉海》所记,绍兴十三年、十四年、十六年,先后颁发诸经写本,据以刻石者,五经犹未完备,其动机盖与历代不同也。

三、历代立石之概况

《熹平石经》之经数,向无确实记载。《后汉书》于《灵帝纪》《儒林传序》及卢植、吕强等传称为五经;于蔡邕、张驯等传称为六经;《隋书·经籍志》则称为七经。宋洪适搜集拓本,著于《隶释》《隶续》者,有《尚书》《鲁诗》《仪礼》《公羊传》《论语》。近出残石,于上述诸经之外,有《易》及《春秋经》。合之得《易》《书》《诗》《仪礼》《春秋》五经,《公羊》《论语》二传。故知所谓五经者,不数二传;所谓六经者,合《公羊传》于《春秋经》;所谓七经者,指五经二传也。除《论语》为专经者所兼习,不置博士外,其余皆立于学官,博士之所教授者也。立于学官之博士,《易》有施、孟、梁丘、京氏,《书》有欧阳、大小夏侯,《诗》有齐、鲁、韩,《礼》有大小戴,《春秋公羊》有严、颜。石经之五经,势不能尽刻各家之章句,故每经以一家为主,而列各家之异同于校记。今就出土之残石,证明其立石所取之本,则为《易》用梁丘氏,以最近所出《易》校记有孟、施、京氏字也。《书》用欧阳,以新出残石有《书序》,《隶释》所录《盘庚》分为三篇,与《汉书·艺文志》所载欧阳经三十二卷合也。《诗》用鲁,以校记中有齐言、韩言等字也。《礼》用大戴,以其篇次与贾公彦所言之大戴本合也。《春秋公羊》用严氏,以校记中有颜氏言及颜氏有无字也。《论语》用张侯《鲁论》,以篇末记凡二十篇及《尧曰篇》无《不知命章》,与《经典释文》所记之《鲁论》篇数及章句合。校记中不见齐字、古字,而有盍、毛、包、周字,包、周指传《张侯论》者也①。又《尚书》有《序》,则清代今文家所假设,今可据实物以证明之者也。《正始石经》只《尚书》《春秋》二经。每字直列三体,每三体作一格。行得六十字,实则二十格为二十字也。惟《尚书》自《咎繇谟》以前有不作三体直下式者,一格之内上列古文,其下并列篆隶二体,作品字式,此为异耳。《开成石经》为《周易》《尚书》《毛诗》《周礼》《仪礼》《礼记》《春秋左氏传》《公羊传》《谷梁传》九经,益以《孝经》《论语》《尔雅》为十二经。清贾汉复集十二经之字,补刻《孟子》,附于其后。《广政石经》为《周易》《尚书》《毛诗》《周礼》《仪礼》《礼记》《春秋左氏传》《论语》《孝经》《尔雅》十经,宋田况补刻《春秋公羊》《谷梁》二传,宣和中席贡又补刻《孟

---

① 详拙著《从实验上窥见汉石经之一斑》,见《蔡孑民先生纪念论文集》。

子》，合为十三经。历代石经皆无注，此独有注，故其石凡千数，历时百有七年而成。《嘉祐石经》之经数，史无明文，参考王应麟《玉海》、周密《癸辛杂识》、李师圣《修复汴学石经记》及流传拓本，则其目为《周易》《尚书》《毛诗》《周礼》《礼记》《春秋》《论语》《孝经》《孟子》九经。其字体为一行篆书，一行真书，故又谓之《二体石经》。《宋高宗御书石经》只《周易》《尚书》《毛诗》《春秋左氏传》《论语》《孟子》六经及《礼记》《学记》《经解》《中庸》《儒行》《大学》五篇。《论语》《孟子》为行书，余为楷书。《乾隆石经》为《周易》《尚书》《毛诗》《周礼》《仪礼》《礼记》《春秋左氏传》《公羊传》《谷梁传》《论语》《孝经》《尔雅》《孟子》十三经。历代石经皆刻于长方形之碑，汉魏碑一行直下，如寻常刻碑之式。自唐以后，则每碑分为若干列，每列分为若干行。所以然者，汉魏时未有拓碑之法，其碑只供人摹写。唐以后既知传拓，将拓本分列剪裁，即可装成卷子本，取其便于应用也。又唐以后经碑，每碑自为起讫，先刻碑阳，转入碑阴，以次及于第二碑。汉石经则一经自为起讫，今所见残石，表里之字必同属一经。陆机《洛阳记》言："石经……凡四十六碑：西行《尚书》《周易》《公羊传》，十六碑存，十二碑毁；南行《礼记》十五碑，悉崩坏。东行《论语》三碑（本作二，顾炎武改作三是也），二碑毁。"①杨龙骧《洛阳记》载朱超石《与兄书》云："石经……碑高一丈许，广四尺，骈罗相接。"②所谓骈罗相接者，当系每一经之碑排列如堵墙。假定《论语》三碑骈罗相接，表里当分六面，刻之者必由第一至第三之表，连续刻之，更转而及于第三之里，以讫第一之里。故诸经每行字数，往往表里不同。如《鲁诗·小雅·采菽》以前七十二字，《角弓》以后则为七十字。《公羊传》七十三字，自宣十二年以后则七十一字。是知《诗》之《角弓》，《公羊传》之宣十二年，皆表里攽分处也。魏石经虽一如汉式，但表里各为一经，今出残石，一面为《尚书》，一面为《春秋》。此汉魏与后世差异之点也。

---

① 见《后汉书·蔡邕传》注引。
② 见《后汉书·儒林传序》注引。

四、原石之存佚

汉魏石经同立于太学,即《洛阳伽蓝记》所称之劝学里。故其后变迁残毁之经过,参稽史籍,二者完全相同。自晋室南迁,中原板荡,洛都文物,多被摧残。北魏之初,冯熙、常伯夫相继为洛州刺史,信奉佛法,营建寺塔。太学石经,亦为废毁分用,大致颓落①。神龟元年,崔光议修补而未果②。东魏武定四年,自洛阳徙邺都,至河阳,值岸崩,遂没于水。其得至邺者不盈大半③。北齐天保元年,尚存五十二枚④。周大象元年,由邺城迁洛阳⑤。隋开皇六年,又自洛阳迁长安⑥。其后营造之司,因用为柱础。唐贞观初,魏徵始收聚之,十不存一⑦。宋时,洛阳人家往往发地得残石,汉经多而魏经少。最近二三十年来,洛阳故城南朱圪垱村出汉魏残石甚夥,汉之七经,魏之二经皆备,魏经且有大半完整之碑。此为研究经学者最珍贵之资料,抑亦空前之发见也。惟史载汉魏石经两次迁徙,其终点且在长安。而后世发见残石皆在洛阳原址,邺都、长安转无所闻,是不能无疑也。唐石经刻成后七十年,至天祐中,韩建筑新城,弃之于野。朱梁时,刘鄩守长安,徇尹玉羽之请,舁之入城,置于故唐尚书省之西隅。宋元祐二年,吕大忠命黎持迁于府学,虽经明嘉靖间地震略有残损,而大致尚在,即见在西安碑林中者是也。蜀石经刻于成都,缔造艰难,历时最久,而其澌灭之迹,史传无征。曹学佺《蜀中名胜记》云:"石经《礼记》数段流落在合州宾馆中。"刘喜海《读竹汀日记札记》云:"闻乾隆四十年,制军福康安修成都城,什邡令任思仁(按《什邡

---

① 见《魏书·冯熙传》。
② 见《魏书·崔光传》。
③ 见《隋书·经籍志》。
④ 见《北齐书·文宣帝纪》。
⑤ 见《周书·宣帝纪》。
⑥ 见《隋书·刘焯传》。
⑦ 见《隋书·经籍志》。

县志》作任思正,字广平,遵义人)得孟蜀石经数十片于土中,字尚完好。当时据为已有,未肯留置学舍。任令,贵州人,罢官后,原石辇归黔中。"①近有人自贵阳买得《毛诗》残石者,或即任氏之物。合州宾馆之《礼记》,则存佚不可知矣。北宋石经原在汴学,元李师圣曾修复之,不知何时亡佚。今开封尚有数石,而剥蚀过半矣。南宋石经残石,今杭县尚有存者,但又较阮元辑《两浙金石志》时少数石矣。清石经最为完整,经碑凡一百八十九石,合之记事之碑一石,共得一百九十石。今尚存北平清故国子监。

五、覆刻本及传拓本之流传

汉魏刻碑之时,未有传拓之术,已如上述。但《隋书·经籍志》所载《一字石经》若干卷,《三字石经》若干卷,则为秘府相承传拓之本。知拓石之法盖始于石经,发明时期当在六朝,自后宋时发见汉魏残石,传拓之外,往往覆刻。今所知者,胡宗愈刻于成都西楼,洪适刻于会稽蓬莱阁,石熙明刻于越州。惟西楼本兼刻魏石经八百余字,蓬莱阁本似仅刻汉石经,越州本则仅刻汉石经之一段。洪氏著《隶释》《隶续》,并以汉魏两刻收入之。今日能明了宋时发见残字之原委者,赖有洪氏之书及其他宋人之记载耳。近年来洛阳所出残石,惟魏石经《尚书》《无逸》《君奭》及《春秋》僖公、文公一碑,拓本流传尚多,其余皆为私人所藏,散在各家,拓本之搜集颇为不易也。唐石经在清乾嘉时,碑贾倚为衣食之资,近则传拓者少矣。蜀石经拓本向惟内阁大库中有之,自明讫清,零落殆尽。卢江刘氏集其残余拓本,影印流传,足称人间孤本也。北宋石经拓本,向传吴门薄氏藏四大册,山阳丁晏藏七经得三万余字。今薄氏本不知所在,丁氏本后亦归卢江刘氏。南宋石经不闻有传拓之者。清石经亦惟初拓本尚有流传,新拓本则未之见也。

---

① 见李慈铭《越缦堂日记》甲集。

六、石经与教育之关系

　　熹平刊立石经之用意，为正误订讹，树立准则，使学者有所取正。其后历代之继踵，亦同此意。是则在教育上之意义，固甚显著。既收效于当时，亦冀以垂示于久远。盖六经为儒家学说之渊源，章句文字之异同，关乎思想之纯驳，是故经学家对历代石经，虽片言只字，亦皆视为瑰宝。唐以后之石经与今本经籍差异者尚少，然顾炎武尚据唐石经以补万历北监本《仪礼》之脱文若干处①，则汉魏石经之有裨经学更无论矣。今本《尚书》为晋梅赜所献之伪古文，经清阎若璩之疏证，已成定案。魏石经之《尚书》是否为壁中书真古文，虽有待于考证，然其为梅本以前之古文，则固可信也。又如前举汉十四博士及《熹平石经》采用之本，多半今皆不传，仅就残字所见，其篇章与今本即有异同。兹可得略述者：如《易》分上下经，而《彖》《象》不与卦辞爻辞相连，《十翼》中有《系辞》《文言》《说卦》《序卦》，知《易》之篇数，当为上下经及《十翼》为十二篇。《诗》之篇章与毛或异，篇之异者：《小雅》则《采芑》《车攻》《吉日》《白驹》四篇相次，《彤弓》《宾之初筵》相次，《大雅》则《旱麓》《灵台》《思齐》《皇矣》四篇相次，《生民》《既醉》《凫鹥》《民劳》四篇相次，《桑柔》《瞻卬》《假乐》三篇相次，《韩奕》《公刘》相次。章之异者：《邶风·式微》首次二章互倒，《秦风·黄鸟》次章为三章，《小雅·楚茨》四章为五章，《都人士》无首章。《仪礼·乡饮酒》居第十篇。其篇第当如贾《疏》所列：《士冠》第一，《士昏》第二，《士相见》第三，《士丧》第四，《既夕》第五，《士虞》第六，《特牲》第七，《少牢》第八，《有司彻》第九，《乡饮酒》第十，《乡射》第十一，《燕》第十二，《大射》第十三，《聘》第十四，《公食》第十五，《觐》第十六，《丧服》第十七。《春秋》闵公附庄公后，不提行，不书闵公字，当为十一篇。《论语·尧曰篇》无《不知命》一章，凡二十篇。至校记中记诸家异同及文字之异于今

---

① 见《日知录》。

本者,则更不胜枚举。此皆古籍之仅存,有裨于学术者,岂宋刊元椠所可同日语哉!

(本文系马衡为《中国教育全书》所撰"石经"条文。)

汉石经概述

上、汉石经概述

汉灵帝宏之立石经，《后汉书》叙述甚详，《灵帝纪》《儒林传序》及蔡邕、卢植、张驯、吕强等传皆有记载。其动机是："经籍去圣久远，文字多谬，俗儒穿凿，疑误后学"；"诸博士试甲乙科，争第高下，更相告言，至有行赂定兰台漆书经字以合其私文者"。经蔡邕、李巡等奏求正定六经文字，始有刻石太学之举。"及碑始立，其观视及摹写者车乘日千余两，填塞街陌"，"自后争者用息"。盖自东汉初至熹平间，已历百余年，博士传经，各以家法教授，受业者展转传写，年深月久，流弊滋生。故为此"壹劳久逸"之计以挽救之。石经后记残碑中又有"巡欲凿石正书经字立于太学"之语，此碑之巡，当即《宦者·吕强传》之李巡，刻石太学为巡所主张，亦可与史传相参证。以其凿石而成，故当时称之为石经；以其创始于熹平四年(175)，故后世又称为《熹平石经》。

范晔《后汉书》对此事叙述虽详，而有一极大错误，即《儒林传序》认石经"为古文、篆、隶三体书法"，致启后世之纷争。幸郦道元《水经注》总述汉魏石经，谓汉石经在讲堂东侧，碑上刻蔡邕等名；魏石经在堂西，是古、篆、隶三体。虽不言汉石经之为一体,但已将三体属魏,则一字者自当属汉。范、郦二人同时,范在南朝,未必亲见。郦为河南尹,是洛阳长吏,且所言光和六年(与熹平四年相距八年,可能为刻成之年)及蔡邕刻名,当为碑文所载,非亲见不能作此语。其后宋代出土残字,洪适又根据实物辨正其误。盖立于学官之十四博士,皆为今文学;今文者,即当时通行之隶书,为挽救流弊而立石经,当然用今文,以符合博士教授之本,此天经地义也。

关于所刻诸经之记载,自来有五经、六经、七经之不同。言五经者,为《后书》《灵帝纪》《卢植传》《儒林传序》《宦者·吕强传》及《后汉纪》《水经注》《洛阳记》等;言六经者为《后书》《儒林·张驯传》及《蔡邕传》;言七经者为《隋书·经籍志》。尚有列举经目者如《西征记》《洛阳伽蓝记》举《周易》《尚书》《公羊传》《礼记》四部;《洛阳记》举《尚书》《周易》《公羊传》《礼记》《论语》五经;《隋书·经籍志》举《周易》一卷、《尚书》六卷、《鲁诗》六卷、《仪礼》九卷、《春秋》一卷、《公羊传》九卷、《论语》一卷。以上所记,大抵皆根据原碑为说,惟《隋志》记卷数,乃据"相承传拓"之本,故较详。宋时出土者有《诗》《书》《礼》《公羊》《论语》五经,近时所出者于五经之外,又有《易》及《春秋》,其数与目悉与《隋志》相合。故知数五经者不数《公羊》《论语》二传,数六经者以《公羊传》合于《春秋》,数七经者举其全数,要之皆是也。

六经之次序,自来亦有二说:一以《诗》《书》《礼》《乐》《易》《春秋》为序;一以《易》《书》《诗》《礼》《乐》《春秋》为序。前者是西汉以前之说,为今文家之次序;后者是刘歆《七略》之说,为古文家之次序。自班固作《汉书》,采《七略》入《艺文志》,以《易》为六经之首,嗣后遂为定式。汉石经皆今文,其排列之序宜从前者,惜书阙有间,不能确知,惟《后书·蔡邕传》注引《洛阳记》,言其碑为四十六枚,并记诸经方位及其存毁之数曰:"西行《尚书》《周易》《公羊传》,十六碑存,十二碑毁;南行《礼记》,十五碑悉崩毁;东行《论语》三碑,二碑毁。"依此计其总数确为四十六枚,惟诸经中失计《诗》与《春秋》。王国维《魏石经考一》根据诸经字数约略估计,谓此二经当在西行廿八碑中,而南行之《礼记》实即《仪礼》。如此则西行碑为《诗》《书》《易》《春秋》及《公羊传》,南行为《礼》,东行为《论语》。于以知讲堂东侧罗列于北西南三面之碑,当以西行各碑为首,其排列之法是各经自为起讫,每一经占若干碑,"骈罗相接"如堵墙,经文自第一碑刻起讫于末一碑,又自末碑之阴直至第一碑之阴止。此二十八碑包括五种经文,则为墙五堵,每堵以南北为表里,表面文西行,里则东行;《仪礼》文多,折而南行,十五碑自为堵墙,以东西为表里;《论语》三碑又在其南折而东行,以北南为表里。正以其为骈罗相接,故碑侧之可见者惟堵墙两端,其余碑侧皆在隐蔽之处。今所见残字,有非经文者,大抵皆碑侧或碑趺中隐蔽处为刻工所试刻者,此类残字,魏石经中最多,汉石经尚不多见。

汉之太学在开阳门外谷水之南,今洛水北徙,谷水遂为所夺,故太学遗址在今洛水南岸碑楼庄、朱家圪垱、大桥三村之间。1922 年 12 月,乡人朱姓以取瓜蒌根合药,掘地四、五尺,得巨碑半截,即魏三字石经《尚书》《无逸》《君奭》,《春秋》僖公、文公残碑也。其后出土残石渐多,始发见一字石经。盖初发见在西头,其后乃及于东头,所谓讲堂东西之方位亦相符也。闻最先西头尚存有碑座十余呈露土中,排列甚为紧凑,犹可窥见骈罗相接之遗迹,惜为附近居民移去利用,无一存在矣。

石经既为"文字多谬,疑误后学"而立,则十四家博士所授之经本,势必一一从头厘正,故第一步为正定文字,其中当包括校记工作,即每经任择一家经本刻石,而以他家异同列于校记;第二步为书丹,其中包括事先之计算字数、行款及其碑数,事后之复校文字;第三步始为镌刻。参与此役之人,据《后书·蔡邕传》所载,有蔡邕、堂谿典、杨赐、马日磾、张驯、韩说、单飏等七人,此外卢植、杨彪见于《卢植传》,李巡见于《吕强传》。似此繁重之工作,岂此十人所能胜任。诸经碑末及新出后记甲乙碑,于上述诸人外又载十余人,其中如光禄勋刘宽、尚书令边韶,《后书》皆有传,并不言及参与刻经之事。知记载所遗漏及见于经碑而被湮没者又不知凡几矣。至诸人如何分工,更无从究诘,但诸经碑末及后记甲乙碑所载,尚可窥见一二,如《论语》为边所校定,见于后记甲碑,而《论语》碑又有博士左立、郎中孙表、刻工陈兴等名;《公羊》碑有五官中郎将堂谿典,谏议大夫马日䃅、赵㟼,议郎刘弘,郎中张弢、苏凌、傅桢等名,必皆整理《公羊传》者。惟《蔡邕传》以书丹之事归功于邕一人,洪适已辟其谬。即令邕以善书名家,以一人之力而写四十六碑两面之字,事实上恐不可能,况邕于光和元年,以诏对金商门崇德殿陈灾变事得罪徙朔方,明年遇赦,亡命江海,居吴会者积十二年。参与石经之事不过三、四年,亦不能始终其事。兹将参与此役之人之可考见者列成一表:

姓名	字	籍贯	职官	出处	备注
蔡邕	伯喈	陈留圉	议郎	《后书》本传,《仪礼》碑	《仪礼》碑见《后书》注引《洛阳记》,惟《仪礼》作《礼记》
堂谿典	伯并	颍川鄢陵	五官中郎将	《蔡邕传》,《公羊》碑,后记甲碑	
杨赐	伯献	弘农华阴	光禄大夫	《蔡邕传》	
马日䃅	翁叔	扶风茂陵	谏议大夫	《蔡邕传》,《仪礼》碑,《公羊》碑	《仪礼》碑同上
张驯	子儁	济阴定陶	议郎	本传,《蔡邕传》	
韩说	叔儒	会稽山阴	议郎	《卢植传》《蔡邕传》	
单飏	武宣	山阳湖陆	太史令	《蔡邕传》	
卢植	子干	涿涿	议郎	本传	
杨彪	文先	弘农华阴	议郎	《卢植传》	
李巡		汝南汝阳	宦者	《吕强传》,后记甲碑	
刘宽	文饶	弘农华阴	光禄勋	后记甲碑	
边韶	孝先	陈留浚仪	尚书令	后记甲碑,后记乙碑	
赵㟼			谏议大夫	《公羊》碑	
刘弘	子高	南阳安众	议郎 博士	《公羊》碑,后记乙碑	《公羊》碑称议郎,而后记乙碑称博士,或碑刻成时已由议郎而为博士

续表

姓名	字	籍贯	职官	出处	备注
张彑			郎中	《公羊》碑	
苏陵			郎中	《公羊》碑,后记乙碑	
傅桢			郎中	《公羊》碑,后记乙碑	
左立			博士	《论语》碑	
孙表			郎中	《论语》碑	
张玹				后记甲碑	上有属字,或为太常属
周达			司空兼集曹椽	后记甲碑	
尹弘			司空属	后记甲碑	
孙进			郎中	后记乙碑	
傅弥			太子舍人	后记乙碑	
陈懿				后记乙碑	《后书·盖勋传》有金城太守陈懿中平元年为北地羌胡所杀,不知即其人否?
陈兴			刻工	《论语》碑	

石经刻成后七年,至献帝协初平元年(790),而董卓烧夷洛阳宫庙,迁都长安,太学讲堂当被波及,石经亦略有残损。据《魏略》云:"从初平元年至建安之末,天下分崩,人怀苟且,纲纪既衰,儒道尤甚。至黄初元年(220)之后,新主乃复始扫除太学之灰炭,补旧石碑之缺坏,备博士之员录。"(见《魏志·王肃传》注)知魏初所修补,即经董卓之乱所残损者。但据今所出残字验之,《鲁诗》《春秋》皆有补刻之字,其余诸经尚无发见。至北魏之初,冯熙、常伯夫相继为洛州刺史,废毁分用,大致颓落(见《魏书·冯熙传》)。神龟元年(518)崔光议修补而未果(见《魏书·崔光传》)。东魏武定四年(546),自洛阳迁于邺都,至河阳,值岸崩,遂没于水。其得至邺者不盈太半(见《隋志》)。北齐天保元年(550)尚存五十二枚(见《北齐书·文宣帝纪》)。周大象元年(579),由邺城迁洛阳(见《周

书·宣帝纪》），隋开皇六年（586），又自洛阳迁入长安（见《隋书·刘焯传》）。寻属隋乱，营造之司用为柱础。唐贞观初（630项），魏征始收录之，十不一存（见《隋志》）。如上所述，汉石经自刻成至完全毁灭，不及四百五十年，中经一再迁徙，其残损之程度概可想见。然前人记载，尚多疑点：一、迁邺时是否包括魏石经也。据《隋志》，迁邺之年为武定四年，杨衒之《洛阳伽蓝记》同。杨著《伽蓝记》为武定五年，其时"洛阳城郭崩毁，宫室倾覆，寺观灰烬，庙塔丘虚"。其所记石经，先叙"三种字石经二十五碑，表里刻之，写《春秋》《尚书》二部……犹有十八碑，余皆残毁"。其后又叙"复有石碑四十八枚，亦表里隶书写《周易》《尚书》《公羊》《礼记》四部"。最后叙"武定四年大将军迁石经于邺"。玩其词句，三种字石经之犹有十八碑，似属亲见，其他皆得自传闻。证以今日尚有半截大碑出现，则当日迁邺者或只有汉石经而不包括魏石经也。一、《北齐书》所记之尚存五十二枚之不可信也。汉魏石经碑之总数不过七十四枚，冯熙、常伯夫废毁分用之后，已非原有之数，又经岸崩没水，得至邺者不盈太半，焉得尚有五十二枚之多？况魏石迁邺与否尚是问题耶？一、迁入长安之可疑也。《隋志》叙其迁徙之迹，谓开皇六年，又自邺京载入长安，置于秘书内省，议欲补辑，立于国学，寻属隋乱，事遂寝。今据《周书·宣帝纪》及《隋书·刘焯传》，是大象元年由邺迁洛，开皇六年又由洛迁长安，中间相距七年为石经留洛之岁月。宋时及近代两次出土，皆在洛阳，且仍不离太学故址。言长安出土者有《公羊》碑一段，宋姚宽《西溪丛语》及方勺《泊宅编》皆明言在长安。方勺并言其上有马日磾等名号，是即《隶释》著录之《公羊》碑无疑。此编著录之《公羊传》，一面为僖公十至十六年，一面为成公八至十五年，相传其石亦出自长安，据收藏拓本者言："石出西安，今不知所在，此为仅存之拓本。"其言是否有据则不可知。岂迁入长安之石经只《公羊》一经，其他皆为营造之司所毁耶？

此外，尚有一事可述者，即碑之行款方式是也。自唐以后，刻经者皆以碑为起讫，不以经为起讫。所谓以碑为起讫者，即每碑分表里，每面分若干列，每列分若干行，刻完表面，转入里面，以次及于第二碑。所以采取此种方式者，以隋唐时已知拓墨之法，以拓本截成若干列，即可装为卷子。汉时不知拓墨，只能如一般碑版之一行直下，且纵横亦无界格。学者除观视及摹写外，别无取得碑文之法。此因时代所限制也。《隋志》所谓相承传拓之本，系以卷计，七经共得卅三卷，岂亦如后世之开条剪装耶？在今日已无从推知矣。

下、汉石经说明

一、《鲁诗》

石经《鲁诗》碑之篇题，发见残石中有"国第六"一石，在《卫风》末篇《木瓜》之后，当为"王国第六"四字。从《卫风》尾题"卫淇澳"一石及《王国》篇题之右"四章二百"等字排比之，"王国"上尚空三字，若依《书·酒诰》《礼·乡饮酒》《论语·公冶长》等篇题皆顶格写之例，则其上应尚阙三字，或为大小题并书作"诗国风王国第六"。若是则全经之篇题当为"诗国风周南第一"至"诗国风豳国第十五"；"诗小雅鹿鸣之什第十六"至"诗小雅鱼藻之什第廿二"；"诗大雅文王之什第廿三"至"诗大雅□之什第廿五"；"诗周颂清庙之什第廿六"至"诗周颂闵予小子之什第廿八"；"诗鲁颂第廿九"；"诗商颂第卅"；至每篇后题则记其篇名、章数及每章若干句，悉与今本《毛诗》同。惟每章之末空一格，旁注"其一""其二"字，虽篇仅一章者亦必注"其一"字，此则《毛诗》所无。宋时发现残石当亦有之，而宋人著录又复疏漏，赖今出残石知之耳。篇后题之后接书次篇，其间空格加点以别之。《国风》每风之后，《雅》《颂》每什之后，必有尾题，今所发现者有《卫风》《郑风》《曹风》及《大雅·生民之什》与《鲁颂》等。《卫风》尾题存"卫淇澳"及"四章二百"等字，其文当作"《卫·淇澳》十篇卅四章二百四句"；《郑风》存"衣廿一"及"十三章二"等字，其文当作"《郑·缁衣》廿一篇五十三章二百八十三句"；《曹风》存"曹蜉"二字，当记《蜉蝣》以下四篇之章句依《卫》《郑》之例；《大雅》篇数，《毛诗》为卅一篇，其分什则《文王之什》《生民之什》各十篇，《荡之什》十一篇，今出石经，篇次与《毛》异者甚多，《板》《荡》二篇相接，其中当无《荡之什》；而《桑柔》《瞻卬》《假乐》之后出一"生"字，当记《生民之什》之篇章句也；《鲁颂》后有"四篇廿三"等字，其文当作"《鲁颂·駉》四篇廿三章二百四十三句"。以上所述，惟全经篇题出自推断，尚待证实，其余皆可肯定者也。

东汉五经博士十有四人，《诗》之立于学官者，有齐、鲁、韩三家。宋初发见石经碑后有校记，其间有齐、韩字，盖叙二家异同之说，犹《公羊》碑所云颜氏，《论语》碑所云盍、毛、包、周之比。洪适以《隋志》有石经《鲁诗》六卷，谓此碑既论齐、韩于后，则知《隋志》为然也。

《鲁诗》每行七十二字，自《小雅·采菽》以下转入碑阴，每行为七十字。

《鲁诗》校记独多，知三家章句之异同亦复不少。今三家诗皆亡，惟存《毛诗》，以《毛诗》校石经，不特篇次有异，即章次亦有不同。篇次之异者，《郑风》则《羔裘》《遵大路》《有女同车》相次；《小雅》则《车攻》《吉日》《白驹》相次，《大田》《瞻彼洛矣》《湛露》相次，《裳裳者华》《蓼萧》相次，《彤弓》《宾之初筵》相次；《大雅》则《旱麓》《灵台》《思齐》相次，《生民》《既醉》《凫鹥》《民劳》相次，《韩奕》《公刘》相次，《桑柔》《瞻卬》《假乐》相次。《大雅》无《荡之什》，《假乐》后即接《生民之什》尾题。章次之异者，《邶风·式微》，泥中在中路之前；《秦风·黄鸟》，仲行在针虎之后；《小雅·都人士》无首章。此皆依据残石之考证而已知者，其不知者更不知凡几矣。

二、《尚书》

《书》之立于学官者，有欧阳、大小夏侯三家。新出残石于《秦誓》之后有《书序》七行，存《尧典》《汤誓》《西伯戡饥》《鸿范》《召诰》《君奭》《甫刑》等《序》残字。亡友钱玄同氏以《汉书·艺文志》叙今文《尚书》之卷数，大小夏侯二家经及章句皆二十九卷（伏生本二十八篇加后得之《泰誓》一篇），《解故》二十九篇；而欧阳则经三十二卷，章句三十一卷，卷数独多。又据《隶释》所录及今出《般庚》残字上中下三篇之间空一格,以为《般庚》确分三篇,则总数为三十一篇。益以此《序》则得三十二篇。《书序》不作训,故章句为三十一卷,经为三十二卷。据此以证汉石经《尚书》之为欧阳本。又引陈寿祺之"今文有序"十七证中之第十三证(原文引《后汉书·杨震传》震孙彪引《般庚序》事),以为东汉习欧阳《尚书》者引《书序》,不但可证欧阳本有《序》,更可证有《序》之汉石经《尚书》之为欧阳本。其说诚不可易。

《尚书》每行为七十三字。其篇题之发见者有"酒诰第十六"一石,顶格书,其下当有"周书"字,盖诸经篇题,多为小题在上,大题在下,若"尧典第一",应书在上,而"虞夏书"应书在下也。《般庚》仍作一篇,而于中下篇不提行,仅空一格加点,如他经之分章然,以示三篇之区分;篇题虽不可见,当为"般庚第六",下书"商书",此可推知者也。

三、《周易》

《易》之立于学官者有施、孟、梁丘、京四家。今所见杂卦残石,其后有"《易经》梁"三字,当指刻石用梁丘本也。又有校记二石:其一校《大畜》等卦,两见"孟、施、京氏"字;其一校《欬》《震》等卦,有"孟、京氏"及"施氏"字。明所校者为孟、施、京三家之本也。余曩草《从实验上窥见汉石经之一斑》一文时,此等残石尚未发见,仅据《下经》及《下系》《文言》《说卦》之遗文,中有合于京氏者,遂定汉石经《易》用京氏本,可谓轻率武断。

《汉书·艺文志》著《易经》十二篇,施、孟、梁丘三家。颜师古注曰:"上下经及《十翼》,故十二篇。"今所出残石,有上下经,有《上彖》,有《系辞下》,有《文言》,有《说卦》,有《序卦》,有《杂卦》。十二篇目已具其八,颜说是也。惟篇题尚未发见,当为《上经》第一,《下经》第二,《上彖》第三,《下彖》第四,《上象》第五,《下象》第六,《上系》第七,《下系》第八,《文言》第九,《说卦》第十,《序卦》第十一,《杂卦》第十二。其大题当为"易经"二字,以有尾题可证也。

其行款为每行七十三字。上下经于每卦之首画卦象,占一字之地位,不空格。《十翼》中分章处空格加点,其分章亦不尽同今本。《说卦传》末说《乾》至《兑》八卦,其次第惟一、二、三、八章是今本次第,其四、五、六、七章则前后移易,与今本不同。

四、《春秋》

《春秋》之立于学官者,只公羊一家,其刻石之经文当即公羊家传习之本,既不似他经之有诸家异同,即无所用其校记。新出残石,独无《春秋》校记者,职是故耳。

《汉书·艺文志》《春秋》古经十二篇,经十一卷,注云公羊、谷梁二家。是古文经十二篇,今文经十一卷。今石经以闵公系于庄公下,不出"闵公"字,弟于元年上空格加点,亦不提行。是石经确为十一篇也。残石中有一"隐"字,较他经为大,为碑之首行首字,是必《春秋》"隐公第一"之篇题。其下当为大题"春秋"二字。

石经《春秋》每行七十字,故字较他经为大,行款亦较疏朗。

今之三传皆附经以行,而三家之经各有异同,尤以《公羊》经之异文衍文独多。以新出石经校之,除邾称邾娄外,其他异文衍文,有不尽同于今本者。如僖十年晋里克杀其君卓子,《左》《谷》二家皆无子字,今残石正作卓,同于二家;成十五年晋侯执曹伯归之于京师,今残石无之字,同于二家;昭十一年春王正月,今残石作二月,同于二家;昭二十年盗杀卫侯之兄辄,《公》《谷》皆同,独《左氏》辄作絷,今出残石正作絷,同于古文经。除此以外,尚有未见残石由其他旁证可以纠正其误者,如文七年晋先昧以师奔秦,《左》《谷》无以师二字;又八年公子遂会伊雒戎盟于暴,《左》《谷》无伊字;襄五年公会晋侯、宋公、卫侯、郑伯、曹伯、莒子、邾娄子、滕子、薛伯、齐世子光救陈,《左氏》无莒子、邾娄子、滕子、薛伯九字;今以石经行款推比,以上经文,可确信其同于《左氏》或《左》《谷》二家者也。又今本襄二十五年冬郑公孙囆率师伐陈,《左》《谷》二家并作公孙夏,按《左氏》襄十九年传云:"于四月丁未郑公孙囆卒,赴于晋大夫范宣子言于晋侯以其善于伐秦也,六月晋侯请于王,王追赐之大路使以行礼也",噬既卒于襄十九年,故《左》《谷》二家书伐陈者为公孙夏,今二十五年残石未出,不能证明伐陈者之为夏为噬,而襄二十九年残石尚有公孙噬之纪载。考其文为仲孙偈会晋荀盈等城杞之役,今本三传之经文并作公孙段,而石经独作公孙噬。是时距天子赐以大路,已隔十年,能谓诸儒正定五经必无舛误耶。

五、《公羊传》

《春秋》之立于学官者,虽只公羊一家,而《公羊春秋》有严、颜之学,皆立于学官。二家之本当有异同,《隶释》所录《公羊传》残字,后有颜氏有无语,是石经以严氏本刻石,而兼存颜氏异文于校记。

《汉志》《公羊传》十一卷,是传与经同,闵公亦附庄公之后矣。其行款每行七十三字,自文公十四年转入碑阴,则为七十字。其篇题当如经文之"隐公第一"至"哀公第十一",其下当有大题"春秋公羊传"。每年之首,先书某年,接书传文,有年无传者则阙之。分年处空格加点,分事处加点而不空格。

六、《仪礼》

《礼》之立于学官者有大小戴二家。今出残石中有《乡饮酒》残石,前有篇题曰"乡饮酒第十",与今本篇次在第四者不同。盖《乡饮酒》第十为大戴之篇次,据贾公彦《疏》云:"刘向《别录》即此十七篇之次是也。至于大戴,即以《士丧》为第四,《即夕》为第五,《士虞》为第六,《特牲》为第七,《少牢》为第八,《有司彻》为第九,《乡饮酒》第十,《乡射》第十一,《燕礼》第十二,《大射》第十三,《聘礼》第十四,《公食》第十五,《觐礼》第十六,《丧服》第十七。"石经之刻,盖以大戴本为主,而以小戴校之。今发现校记不多,虽有"戴言"字,而上下皆阙,无从依据。此经当亦小题在上,大题在下,其大题当云"礼"或"礼经",犹《易》之称"易经"也。

《礼》每行七十三字,篇内分章处加点而不空格。今所见残石之加点者，其分章与今本迥不相同，且《乡饮酒》之文有较今本相差二百字者，或亦章次有异同之故欤。

七、《论语》

《论语》为专经者所兼习，不立博士。《汉书·艺文志》言《论语》有齐、鲁、古三家，《古论》二十一篇，《齐论》二十二篇，《鲁论》二十篇。洪氏《隶释》所录《论语》篇末有"凡二十篇万五千七百一□字"之纪数，是《鲁论》之篇数也；今出《尧曰篇》残石，"谓之有司"下即接"凡二"二字，其下当是章字。陆德明《释文》于《尧曰篇》书"孔子曰不知命无以为君子也"注云："《鲁论》无此章，今从古。"是《尧曰篇》之二章，亦《鲁论》之章数也。然校记中未见"齐、古"字，而有"盍、毛、包、周"字。《释文·序录》言"安昌侯张禹受《鲁论》于夏侯建，又从庸生、王吉受《齐论》，择善而从，号曰'张侯论'，最后而行于汉世。禹以《论》授成帝，后汉包咸（字子长，吴人，大鸿胪）、周氏（不详何人）并为章句，列于学官。郑玄就《鲁论》张、包、周之篇章，考之《齐》《古》，为之注焉"。盍、毛今无可考。校记中有一石，盍、毛上有一从弓之字，罗振玉氏谓即张禹之张，是校记中又添一家矣。以是知后汉博士之所授，石经之所刻，确为《鲁论》也。

石经《论语》每行约七十四字，以今本校之，异文特多，字数时有盈绌。篇题发见《公冶长》《子张》二篇，皆顶格书，其下当有大题"论语"字。每篇分章处空格加点。每篇之末记其章数曰"凡若干章"。最后记其全经之篇数及字之总数，如《隶释》所录者是也。

（本文系由马衡遗著《汉石经》稿本整理录出，原载《考古学报》1955年第 2 期。）

魏石经概述

　　魏立石经之事,虽不见于《魏志》,而《晋书·卫恒传》及《魏书·江式传》,皆有其纪载。《恒传》云:"魏初传古文者,出于邯郸淳。恒祖敬侯(觊)写淳《尚书》,后以示淳而淳不别。至正始中,立《三字石经》,转失淳法。"《式传》云载式上表曰:"陈留邯郸淳以《书》教诸皇子,又建《三字石经》于汉碑之西。"是魏《三字石经》为齐王芳正始中所立,信而有征。以其每字具有古文、篆书、隶书三体,世谓之《三体石经》,又谓之《正始石经》。

　　汉石经之立,下距正始,不过六十余年,中经董卓之乱,虽略有残损,魏初已皆修补,且正始所立之二经,汉石经已皆有之,何须再立? 此关于今文学与古文学问题,前于《汉石经概述》中已略及之。"自后汉以来,民间古文学渐盛,至与官学抗衡。逮魏初复立太学,暨于正始,古文诸经盖已尽立于学官,此事史传虽无明文,然可得而微证"(王国维说)。太学所有之汉石经皆今文,故刊古文经以补之。

　　其所补之经,为《尚书》《春秋》二部,亦表里刻。表为《尚书》,里为《春秋》,与汉石经之诸经自为表里者,微有不同。据《汉书·艺文志》及《说文叙》言,《书》与《春秋》皆有孔壁本,是即汉魏间传据之古文。以此二经立诸太学,以应古文学家之要求,实当时必要之举。其所以用三体者,以古文难识,列篆隶二体于其下,以为释文,所谓"以今文读之"是也。

旧说,魏初传古文者,出于邯郸淳,有谓石经即淳书者,胡三省已辟其谬。是犹汉石经之书丹,世皆归美于蔡邕,同出一辙。其实二经未必为同一人所书,即每字三体,亦未必出自一手,此可由现存字中体验而知者也。

汉石经在宋时曾在洛阳出土,而魏石经则不闻有所发见。其惟一流传者,则为洛阳苏望摹刻故相王文康家之本,三体合计凡八百十九字。其后胡宗愈刻诸成都西楼者,盖自苏氏本出。今诸本悉已亡佚,仅存其字于《隶续》中,谓之《左传遗字》。清臧氏琳著《经义杂记》,始从其中分出《尚书》残字;孙氏星衍著《魏三体石经残字考》,复以其中《春秋》残字分系诸公;其后王氏国维著《魏石经考》,又详加分析,辨为《尚书》《大诰》《吕刑》《文侯之命》六段,《春秋》桓公、庄公、宣公、襄公七段,《春秋左氏》桓公传一段。于是九百年来久失其次之石经遗字,始能循图复按,各通其读,诚一快事。

一八九五年(清光绪二十一年),洛阳故城龙虎滩出一残石,存字一百有九(三体合计),为《周书·君奭篇》残字,是为魏石经之第一次发见。一九二二年冬,洛阳朱圪垱村又发现大碑半截,其碑阳为《周书》《无逸》《君奭》三十四行,碑阴为《春秋》僖公、文公三十二行;同出者尚有一小石,一面为《周书·多士》,一面为《春秋》文公,存字二百三十。其先出之《君奭》残字,正与大碑衔接。其后又历十余年,《君奭》之最下截,即大碑之左下角出土,上有第廿一三字,碑阴则为第八二字。字大二寸余,刻工草率,盖刻工记碑次第之符号,故其所在地,适当碑之最下层,陷入碑趺处。盖每行有二十格,每格直书三体,距末格下约三寸处,画一平行横线,当系碑趺之高度。此线以下陷入碑趺,即有文字,亦不可得见。

魏石经之碑数,戴延之《西征记》以为三十五碑,《洛阳伽蓝记》以为二十五碑,自来记载亦无确数。此记数之石出土,初以为碑之都数必为二十八,而考其实际,不无疑窦。《尚书·君奭》以下共有二百二十八行,以每碑三十四行计,七碑固足以容之。而《春秋》自僖公二十八年以上,并隐至僖五公篇题在内,共得二百五十四行,假定容以七碑,则必二碑为三十七行,五碑为三十六行,行款未免太密。且第六第七两碑皆有残石存在,第七碑分明为三十二行,与第八碑相同,则所余之二百二十二行,势必平均以三十七行容纳于六碑之中。但第六碑末行之后尚空一行,如为三十七行,则末行之后不可能留一行之余地。凡此疑窦,实为记数石与二残石之矛盾。过信记数石,则《春秋》最前五碑与以后各碑行款不能相应,若益一碑,则记数石即须推翻。此不能解决之问题,只可留待将来解决矣。

《隶续》所录洛阳苏望摹刻之石经遗字,称之曰《左传遗字》。其中除《尚书》《春秋》二经外,确有《左氏》桓七年传九字、桓十七年传二十六字。因此,王国维著《魏石经考》,疑当时所刊《左传》,实未得十之二三。此说殊嫌牵强。碑石之断有直裂,有横裂,大抵无定型,故所存之字亦参差错落分占数行。此桓七年传所存之字,为"君子曰善"四字,合各体计之则为九字;其十七年传为"疆事也于是齐人疆来公曰"十一字,合各体计之则为二十六字。两段文字皆是一行直下,亦无前后行之字阑入其间,石之断成一窄行,决无是理,故知其非正式经文也。盖魏石经不同于汉石经者有一特点,即除两面经文外,往往有刻工试刻之字。意当时刻工对通行之隶书已有把握,而古文、小篆二体,非所素习,不能不以他石先行试刻。此事可以数事证之:一、试刻之文多为古、篆二体,或古文一体,罕见三体具备者;二、试刻之文不必为《书》与《春秋》,如"蟁六"一石,蟁字见《汉简》虫部,注云"蟁,在则切,古《礼记》",又有一石有《论语》篇首文,一石有《急就篇》首文,不得目为《礼记》《论语》《急就篇》皆立于太学也;三、此类试刻之单词只句,大都不按每行六十字排列,随宜书写,如《高宗肜日》之"宗雏惟"为每行五字,《多方》之"之克开于民之"为参差不等之行款;四、刻于他石者如《禹贡》篇首之三行,石作半月形,必非经碑,其刻于经碑之隐蔽处者,如《君奭》、僖公碑之下截陷入碑跌者,除刻记数之字外,尚有不成文之残字是也。此《左氏传》两段,三体具备,杂于二经之间,毫无不同之处,故极易误认为正式经文。所幸者,其排列方法不同于正经,即不按每行六十字排列,犹可推知其为试刻之字,不过较《禹贡》等石更为整齐耳。

正式经碑每行二十字,每字三体则为六十字。每三体直书于长方形界格之内,是为三体直下式。又有书古文于上,而并列篆、隶二体于其下,如品字形,每行三十七格,三体得百十一字,是为品字式。品字式经文只有《尧典》《皋繇谟》二篇,其余尚无发见。或仅刻二碑为止,亦未可知。品字式古文与直下式古文时有异同之处,如帝字古文,品字式作帝,直下式作帝;其字古文,品字式作𠔏,直下式作𠔏;予字古文,品字式作𠔏,同于篆文,直下式作𠔏;水字偏旁,品字式作川,直下式作彡。可见所据之古文传写本各有不同,因而有此岐异也。

此外尚有一事,不同于汉石经者,魏石于《春秋》一面,往往有补缀痕,因高八尺广四尺之碑材,难免不有小病,于是凿去其有病之处,而以小石补缀之,所补之石约占四字地位,亦无甚大者;半截大碑《春秋》僖三十二年及文二年文中即各有一处,可证也。汉石经碑尚未发见,或熹平选石较正始为严欤?

汉石经《易》用梁丘本证

汉灵帝时,议郎蔡邕以经籍去古久远,文字多谬,俗儒穿凿,疑误后学,熹平四年,乃与五官中郎将堂谿典、光禄大夫杨赐、谏议大夫马日磾、议郎张驯、韩说、太史令单飏等奏,求正定六经文字。灵帝许之。邕乃自书丹于碑,使工镌刻,立于太学门外。于是后儒晚学,咸取正焉。是时立于学官者:《易》有施、孟、梁丘、京氏;《书》,欧阳、大小夏侯;《诗》,齐、鲁、韩;《礼》,大小戴;《春秋》,严、颜,凡十四博士。诸家章句,颇有异同,传经者又各有其师说。刻石之事,本极繁重,若同时并刻十四家之经,似又为事理所不许。无已,则惟有每经以一家为主,而以他家异同列于各经之后,此可以测知者也。今各经多有校记发见,又多在经首数碑之背面。如《诗》有齐言、韩言等字,《春秋公羊传》有颜氏言及颜氏有无等字,以是知校记必列于诸经之后,《诗》必用《鲁诗》,《春秋》必用严氏也。

余曩著《从实验上窥见汉石经之一斑》一文,中有经数、经本二节。其关于经数者,《后汉书》或言五经,或言六经,《隋书·经籍志》则言七经。宋时发见残石,有《书》《诗》《礼》(《仪礼》)《公羊》《论语》五种。今所发见者,于五种之外,又有《易》《春秋》(经文)二种。知熹平所刻,实为《易》《书》《诗》《礼》《春秋》五经,《公羊》《论语》二传。数经不数传则称五经,合《公羊》于《春秋》则称六经,目二传亦为经则称七经。盖隋唐以后,不论经传,皆目之为经矣。其关于经本者,《春秋经》只《公羊》一家,而《公羊传》有严、颜二家(七经之中,恐惟《春秋经》无校记)。其有校记可证者,《诗》为《鲁诗》,《公羊》为严氏,已如上述。其余诸经,皆从旁证参互钩稽而得者:《易》为京氏,《书》为欧阳,《礼》为大戴,《论语》为《张侯论》,亦即《鲁论》。当时考证,自以为毫无剩义,未始不踌躇满志。但旁证钩稽,全凭推断,其中如《书》之有序,惟欧阳有之,《礼》之篇次合于大戴,其说或仍不可易。《论语》之篇章与鲁合,断为《鲁论》亦可自信,而以校记中有盍、毛、包、周字,即断为张禹之《张侯论》(见余所著《汉石经〈论语·尧曰篇〉残字跋》),则仍为假定之说也。至《易》之为京氏,则以《易》之残石异文多与陆德明《经典释文》所引之京氏合(见余所著《汉石经〈周易〉残字跋》),亦为假定之说,较《论语》之为《张侯论》,证据尤为薄弱。前为蔡子民作纪念论文时,论及经本,以《易》之残字发见不多,舍此又别无他说,姑取此以备吾一说,不敢谓之定本也。今直接证据发见,而前说果被推翻,于此益见考证之难也。

近年洛阳出一《春秋》残石,一面刻僖十三至三十三年经,一面刻昭三至二十一年经,存六百五十一字。三十一年春,李涵初(培基)以拓本见寄,久而未至。今年春,复寄一本来,而媵以他经小凷拓本二纸(余昔在洛阳拓汉魏石经,凡遇两面存字者,必命工拓于一纸之上,俾表里之文不至分散。墓志之有盖者亦然。至今洛工尚多遵用此法。此二小凷虽分拓二纸,但《易》与《春秋》错杂拓于一纸,恐为拓工之误)。审之,一为《春秋》僖十六至二十五年及昭十二至十六年文,存五十一字,即上述大石之下截。其一为《易》上经《蒙》至《比》卦及《易》校记,存五十四字。校记虽仅二十余字,而两见孟、施、京氏字,是可证《易》用梁丘,正可纠正前此之误。不觉为之狂喜,亟驰书询以石之所在。他日当假归,精拓数本,以广流传。

《易》之残石,有原为一石,分裂归诸两家,其文仍相衔接,一面刻下经《家人》至《小过》二十六卦,凡二十八行,一面刻《下系》《文言》《说卦》,凡二十一行。其文与今本异者,多与《释文》所引之京氏本合,余据以定为京氏《易》。如《蹇》卦"大蹇朋来"之朋作崩,《复》卦《释文》朋来条注曰:"如字,京作崩。"《困》卦"于臲卼"作"于劓刖",《释文》于"劓刖困于赤绂"之劓刖条曰:"荀、王肃本劓刖作臲卼,云不安貌,陆同,郑云,劓刖当为倪仉,京作劓刖。案《说文》,刖,断也。"而于臲卼条曰:"臲,《说文》作槷,薛同。卼,《说文》作𡕜,云𡕜不安也,薛又作扤,字同。"荀、王肃本劓刖作臲卼,京作劓(按《说文》劓为劓之重文)刖,则于臲卼之臲卼,京亦当作劓刖矣。《说卦》"坎者水也"之坎作欿,《坎》卦《释文》曰:"本亦作埳,京、刘作欿,险也,陷也。"是皆与京本合者。嗣又于《上系》《释文》见洗心条注曰:"京、荀、虞、董、张、蜀才作先。石经同。"陆德明所见之石经,当然为《熹平石经》,或即《隋书·经籍志》所称秘府之相承传拓本。石经所用之本,不外四家。此言与石经同者,四家中独有京氏,则石经用京氏《易》,不得谓之毫无根据也。

　　顾考证之事,首重证据。若文献不足,无由引证者,则亦徒费钩稽,终无所获也。陆德明《经典释文·序录》曰:"永嘉之乱,施氏、梁丘之《易》亡。"故《周易音义》中所引只孟喜、京房之说,而孟说仅十余条。其《孟喜章句》十卷下注云:"无上经。《七录》云:'又下经无《旅》至《节》,无《上系》。'"则《孟喜章句》十卷亦非完书。四家之中,亡佚太半,所可得见者只京氏一家,故用京氏《易》之说,根本不能成立。陆氏所称与石经同者,必梁丘、京氏二家之偶同,未可据以为石经用京氏之确证。犹有进者,余昔整理石经残字,见有月既望一石,定为《周易》(手头无拓本,仅就记忆所及者举之,是《归妹》抑《中孚》之文,亦复不审,皆待他日补之)。今本《归妹》《中孚》,皆有月几望句,《释文》于《归妹》下云:"几,荀作既",于《中孚》下云:"几,京作近,荀作既。"(荀爽传费氏《易》,此作既,亦梁丘与费氏偶合者)石经不作近,可谓非京氏之反证矣。此皆昔日考证之疏,故详辨之以纠前失。幸赖地不爱宝,出此一石以弥补缺憾。今而后诸经之本,皆可确定矣。

汉石经《鲁诗》校文

《国风·周南》

　三章

　其一桃

　　公侯

　　　采

　　右一石四行：首行为《樛木》篇题；次行为《桃夭》首章之末，次章之首；三行为《兔罝》次章"公侯好仇"之公侯二字；四行为《苤莒》三章"采采苤莒"第二句之第二采字。以今本《毛诗》计之，每行得七十二字（惟《大雅》以下每行七十字）。是此数篇之章句，鲁殆与毛同也。

《国风·召南》

　　　何斯

　其谓之其三

　我以不我以

　楸野有

右一石四行：首行为《殷其雷》之末章；次行为《摽有梅》三章之末；三行为《江有汜》之首章；四行为《野有死麕》之次章。每行七十二字。惟二行三行之间，仅得七十字，或《鲁诗》有异也。

《国风·邶》

		日
东	不卒胡	报我
日有曀寤言不	曀曀其阴虺	寤言
居爰处爰丧其马	于林之下其_三死	子
其_一凯风自南	母氏圣善我无	
	下上其	

右三石，自《日月》至《雄雉》凡六行。第一行为《日月》次章之首；第二行为《日月》第四章；第三行为《终风》第三章及第四章；第四行为《击鼓》第三章及第四章；第五行为《凯风》首章之末及第二章；第六行为《雄雉》第二章。每行皆七十二字，章句殆与毛同。

《国风·邶》

飞泄	贻伊阻	其二瞻
匏	则漘浅则	鸣求其
	谷风以阴	体德音莫
		后其三

《国风·邶》

毋逝我梁	二曰蓄
及（？）尔颠覆既	
微式微胡不	其二式微

右五石，自《雄雉》至《式微》，凡六行。第一行《雄雉》第一二三章；第

二行《匏有苦叶》第一二章;第三行《谷风》首章;第四行《谷风》第三章;第五行《谷风》第五六章,第六行《式微》第二章及篇题。每行七十二字,只第二三行之间七十一字。濿,《毛诗》作厉,《说文》水部,砅,履石渡水也,从水从石。《诗》曰深则砅,重文作濿,云砅或从厉。《尔雅·释水》,深则厉。《释文》厉本或作濿。陈乔枞云:考刘向《楚词·九叹·离世》云,櫂舟杭以横濿兮,王逸《章句》曰,濿,渡也,由带以上为濿。又《远逝》云,横汨罗而下濿,子政、叔师并用《鲁诗》,字同作濿。则《尔雅》厉字,亦当从或本作濿为正。今有此石可为陈说作左证矣。

宋范祖禹书《古文孝经》石刻校释

　　《孝经》有今文古文二本。汉兴,河间人颜芝之子贞所藏;长孙氏、江翁、后苍、翼奉、张禹所传者,今文本也。鲁恭王坏孔子宅所得,昭帝时鲁国三老所献者,古文本也。今文旧传有郑氏《注》,亡于五代之乱。古文旧传有孔安国《传》,亡于梁乱,隋开皇间,王逸得之,因与王劭而转示刘炫,炫因序其得丧,讲于民间,渐闻朝廷。儒者皆云炫自作之,非孔旧本。今文凡十八章,古文则以《庶人》章分为二,《曾子敢问》章分为三,又多《闺门》一章,凡二十二章。唐开元七年三月,诏令群儒质定今古。右庶子刘知几主古文,立十二验以驳郑。国子祭酒司马贞主今文,摘《闺门》章文句凡鄙,《庶人》章割裂旧文,妄加"子曰"字及注中"脱衣就功"诸语,以驳孔。相争不决。玄宗乃参会六家(韦昭、王肃、虞翻、刘劭、刘炫、陆澄)以为之注,经本今文,章凡十八。开元十年颁行天下,天宝二年五月,重注,亦颁天下,至天宝四载九月,以《御注》刻石于太学,今谓之《石台孝经》。至是今文行而古文废矣。宋时秘阁所藏《孝经》,有郑氏(此郑《注》疑即咸平中日本僧所献)、明皇及古文三家。古文有经无传,司马光据以作《古文孝经指解》,范祖禹又作《古文孝经说》,至南宋,朱熹复删定古文经为经一章,传十四章,谓之《孝经刊误》。元吴澄深嗤朱子之分经传,而不以专据古文为然,乃用古文今文及《刊误》本参校，今文古文有不同者，定从所长，所不从者，附注于下，《刊误》本所涂之字并删去之。传文章次，亦更定先后，分为经一章，传十二章，谓之《孝经定本》，亦称《草庐孝经》。元董鼎之《孝经大义》，朱申之《孝经注解》，则皆述朱子之书。《古文孝经》传本，略具于此矣。《知不足斋丛书》所收日本旧传《古文孝经》及《古文孝经传》，杨守敬观海堂旧藏日本古抄本《古文孝经》二种（一白文，一孔《传》本，今并藏故宫），皆不足据，不录。

宋范祖禹书《古文孝经》，摩崖刻于四川大足县北山，始著录于宋王象之《舆地碑记目》（《滂喜斋丛书》本）卷四昌州条，而不著书人名氏。清朱彝尊《经义考》引之而以为已佚。清嘉庆间，武威张澍令斯邑，尝游此山，犹及见之，见所著《游北山记》（《养素堂集》卷八）。而著录石刻之书未有收及者。盖自象之著录以后，湮没无闻者七百年矣。三十四年四月大足县修志委员会陈习删先生约游大足，首至北山。山为唐末昌州刺史韦君靖所建之永昌寨，寨中多摩崖或石窟造像，自唐乾宁以后，历五代宋初皆有增刻，知其地为历来名胜之区。中有一窟，深不及三尺，高约丈余，就崖石凿一碑于其中，为宋《赵懿简公神道碑》，范祖禹撰，蔡京书并篆额，碑两旁石壁，则刻《古文孝经》，末署"范祖禹敬书"五字。字大三寸许，列于《神道碑》左右壁上各三十三行，行二十八字，虽漫漶百余字，而大体完整，不禁为之惊喜赞叹。盖《孝经》石刻，如唐玄宗之《石台孝经》及见存唐清两代之石经，绍兴府学之宋谢景初书《孝经》，杭州之宋高宗御书《孝经》等，皆为今文。《古文孝经》向惟北京国子监之明蔡毅中《集注》，为天启三年监丞金维基等所刻。不分章，小注双行列于各句之下，末署"唐著作郎太子中舍人虞世南书"，或集虞字所成。今存历史博物馆。此刻署范祖禹书，可称唯一最早之古文本。且范为拥护古文人，著有《古文孝经说》，所据之本，当即其时秘阁所藏。此刻不亡，即秘阁本至今存在。其可宝贵，岂在敦煌新出之北魏和平二年写本（见《东方杂志》第四十卷第三号）下耶？顾范为华阳人，距大足六七百里，何以大书深刻于此山？赵懿简名瞻，陕之盩厔人，既曰"神道碑"，当树之墓道，瞻墓不应在大足,窟之上下前后,又无冢墓遗迹,皆不无疑问。意者此窟为范之门生故吏所凿,以志其景仰之私。遂以赵瞻墓前范撰碑文复刻于此,又以其手写或他处刻石之《孝经》橅勒其旁欤?颜鲁公《中兴颂》,蜀中有二本,《干禄字书》原刻毁于吴兴墨妙亭,而蜀中存复刻本,《元祐党人碑》广西有二本,皆其例也。

宋陈振孙《直斋书录解题》载司马光《古文孝经指解》一卷,范祖禹《古文孝经说》亦为一卷。而《四库》所收,则以范《说》合于《指解》。《通志堂经解》所收,则以司马《指解》、范《说》合于唐玄宗之今文《注》,谓之《孝经注解》。皆不知谁氏所合并者。今校此刻,自应以范校范,范《说》既无单行本,则惟有取《四库》及《通志堂》之二合编本校之,而参之以朱子《刊误》本,其余自《刊误》本出者,则无取焉。蔡氏《集注》晚出,且有脱字("聿修厥德"之"聿","民具尔瞻"之"瞻"),衍字("然后能守其守宗庙"之"守"字),误字("然后能保其寿禄"之"寿"字,"是以其孝不肃而成"之"孝"字),亦不足据。

古文二十二章,原无异说,而分章之处,则碑本与合编本(指《四库》与《通志堂》本)小有出入。碑本第六章"此庶人之孝也"下,即接"故自天子"一段二十三字,又下接"曾子曰"九字,通为一章。而合编本则"故自天子"一段别为第七章,而以"曾子曰"以下九字属下章。朱子《刊误》以"仲尼闲居"至"故自天子"一段止为经,而以"曾子曰"以下为传,谓后人妄分以为六七章。并注云:"今文作六章,古文作七章。"是朱子所见之本与合编本同而与碑本异也。碑本"先王见教之可以化民也"以下别为第八章,合编本及《刊误》本则皆属上为一章。故章数虽同,而分章小异也。碑本第三第四第五第八章首各有"子曰"二字,而合编本无之。碑本"昔者明王之以孝治天下也",合编本无"之"字。碑本"非圣人者无法",合编本无"人"字。范《说》曰:"圣人者,法之所自出也,而非之,是无法。"是明有"人"字也。碑本"先之以博爱""先之以敬让"二"以"字,为《通志堂》本所无,证以"陈之以德义""导之以礼乐""示之以好恶"等句,知《通志堂》本之误夺也。碑本"然后能保其禄位"及"卜其宅兆而安厝之",并与今文同,而合编本之经与《说》及《刊误》本,"禄位"并作"爵禄","厝"作"措"。碑本"则天之明""治家者不敢失于臣妾""恐辱先也"诸句,并与今文及《刊误》本同,合编本"则天"作"因天"(《说》中亦作"因"),"失"作"侮","先"作"亲"。合编本"是何言与"下有"言之不通也"五字,碑本、《刊误》本及今文并无之(蔡《注》本亦无此句)。明胡爌《拾遗录》尝讥祖禹所说,以光注"言之不通也"句误为经文。今范书此碑无此句,正可为祖禹辨诬矣。碑本"皆在于凶德"与《刊误》本同,合编本"皆"上有"而"字,同于今文,但《说》中亦无"而"字,可知碑本与《说》符合。碑本"而名立于后矣",合编本、《刊误》本并作"后世",与今文同。碑中孝悌之"悌"凡四见。前二字作"弟",与合编本同,后二字作"悌",与今文同。惟《刊误》本前一字作"弟",后三字作"悌"。碑本"岂弟君子"不从心旁"恺悌",与古今文诸本异,而同于《诗·大雅·泂酌》原文。"德义可尊",碑作"遵",亦与古今文诸本异。至"曑参""于於""灾災""槥椁""踊踊"等字,或与诸本不同,则为古今字,不足异也。其有避讳字,则空格不书,如二十一行"让"字,避英宗父讳,六十行"匡"字避太祖讳,是也。五十行"慎"字(今石已泐,旧拓本空格),避孝宗讳,祖禹卒于哲宗元符元年,下逮孝宗即位,相距六十五年,不应避讳。然因此益可证明为后人景仰祖禹而补刻者,且补刻之年代,当在孝宗以后。惟"丧"字凡三见,亦皆空格不书,不避"死"字而避"丧"字,似非偶然者。意者避其家讳之嫌名欤?司马光父讳"池",每与韩持国书,改持为秉,是其例也。碑中"敬"字凡二十余,独不避翼祖讳,亦可异也。碑本、合编本同而《刊误》本异者,第一章"夫孝德之本"下有"也"字,第六章"因天之道"因作"用",第十七章"宗庙致敬不忘亲也"致作"至"。至今古文之异同,前贤考之者详矣,宋黄震《日钞》云:"《孝经》一尔,特所传微有不同。"其说可谓持平之论。然如今文"各以其职来祭",古文作"来助祭";"言思可道,行思可乐"二"思"字,古文作"斯"。则似较今文为长。今附录碑文(拓本篇幅太大,不便影印),而以《四库》《通志堂》二合编本所校异同识于各字之右方：凡碑本有而校本无者为⊙，碑本无而校本有者为○，字有异文者为·，分章有异者为△，其碑文泐者代以□，以便观览，经文凡千八百一十五字（中有空格不书者六字），标题及书款九字，已泐者六十三字（据旧拓本），都计存字千七百六十有一。每章之首，以点间之，犹存汉石经之遗制，惟其点特大耳。

古文孝经●仲尼闲□□子侍坐子曰曑先王有至德要道以顺天下□│
用和睦上下无怨女□□乎曾子避席曰曑不敏何足以知之子曰夫□│
德之本教之所由生□□吾语女身体发肤受之父母不敢毁伤孝之□│
□立身行道扬名□□□以显父母孝之终也夫孝始于事亲中于事□│
□于立身大雅云无□□祖聿修厥德●子曰爱亲者不敢恶于人敬□│
者不敢慢于人爱敬□□事亲而德教加于百姓刑于四海盖天子之□│
甫刑云一人有庆兆□赖之●子曰在上不骄高而不危制节谨度满□│
不溢高而不危所以□守贵满而不溢所以长守富富贵不离其身然后│
□保其社稷而和其□人盖诸侯之孝诗云战战兢兢如临深渊如履薄│
□●子曰非先王之□服不敢服非先王之法言不敢道非先王之德行│
□□行是故非法不□非道不行口无择言身无择行言满天下无口过│
行满天下无怨恶三者备矣然后能守其宗庙盖卿大夫之孝也诗云□│
夜匪懈以事一人●子曰资于事父以事母而爱同资于事父以事君而│
敬同故母取其爱而君取其敬兼之者父也故以孝事君则忠以敬事长│
则顺忠顺不失以事其上然后能保其禄位而守其祭祀盖士之孝也诗│
云夙兴夜寐毋忝尔所生●子曰因天之道因地之利谨身节用以养父│
母此庶人之孝也故自天子已下至于庶人孝无终始而患不及者未之│
有也曾子曰甚哉孝之大也●子曰夫孝天之经地之义民之行天地之│
经而民是则之则天之明因地之义以顺天下是以其教不肃而成其政│
不严而治●子曰先王见教之可以化民也是故先之以博爱而民莫遗│
其亲陈之以德义而民兴行先之以敬　而民不争导之以礼乐而民和│
睦示之以好恶而民知禁诗云赫赫师尹民具尔瞻●子曰昔者明□之│

以孝治天下也不敢遗小国之臣而况于公侯伯子男乎故得万国之□
心以事其先王治国者不敢侮于鳏寡而况于士民乎故得百姓之□□
以事其先君□家者不敢失于臣妾而况于妻子乎故得人之欢心以事
其亲夫然故□则亲安之祭则鬼享之是以□□和平灾害不生祸乱不
作故明王之以孝治天下如此诗云有觉德□四国顺之●曾子曰敢问
圣人之德其无以加□□□子曰天地之性□为贵人之行莫大于孝孝
莫大于严父严父莫大于配天则周公其人□昔者周公郊祀后稷以配
天宗祀文王于明堂□配上帝是以四海之□□以其职来助祭夫圣人
之德又何以加于□□□□□之膝下以养□□日严圣人因严以教敬
因亲以教爱圣人之教不肃而成其政不严□治其所因者本也●子曰
父子之道天□君臣之义父母生之续莫大焉君亲临之厚莫重焉●子
曰不爱其亲而爱他人者谓之悖德不敬其亲而敬他人者谓之悖礼以
顺则逆民无则焉不在于善皆在于凶德虽得之君子所不贵君子则不
然言斯可道行斯可乐德义可遵作事可法容止可观进退可度以临其
民是以其民畏而爱之则而象之故能成其德教而行政令诗云淑人君
子其仪不忒●子曰孝子之事亲居则致其敬养则致其乐病则致其忧
　则致其哀祭则致其严五者备矣然后能事亲事亲者居上不骄为下
不乱在丑不争居上而骄则亡为下而乱则刑在丑而争则兵此三者不
除虽日用三牲之□犹为不孝也●子曰五刑□属三千而罪莫大于不
孝要君者无上非圣人者无法非孝者无亲此大乱之道也●子曰教民
亲爱莫善于孝教民礼顺莫善于弟移风易俗莫善于乐安上治民莫善
于礼礼者敬而已矣故敬其父则子悦敬其兄则弟悦敬其君则臣悦敬
一人而千万人悦所敬者寡而悦者众此之谓要道●子曰君子之教以
孝也非家至而日见之也教以孝所以敬天下之为人父者教以弟所以
敬天下之为人兄者教以臣所以敬天下之为人君者诗云岂弟君子民
之父母非至德其孰能顺民如此其大者乎●子曰昔者明王事父孝故
事天明事母孝故事地察长幼顺故上下治天地明察神明彰矣故虽天
子必有尊也言有父也必有先也言有兄也宗庙致敬不忘亲也修身

行恐辱先也宗庙致敬鬼神著矣孝悌之至通于神明光于四海无所不|
通诗云自西自东自南自北无思不服●子曰君子之事亲孝故忠可移|
于君事兄悌故顺可移于长居家理故治可移于官是故行成于内□名|
立于后矣●子曰闺门之内具礼已乎严父严兄妻子臣妾犹百姓□役|
也●曾子曰若夫慈爱恭敬安亲扬名黲闻命矣敢问从父之令可谓孝|
乎子曰是何言与是何言与昔者天子有争臣七人虽无道不失其天下|
诸侯有争臣五人虽无道不失其国大夫有争臣三人虽无道不失其家|
士有争友则身不离于令名父有争子则身不陷于不义故当不义则子|
不可以弗争于父臣不可以弗争于君故当不义则争之从父之令焉得|
为孝乎●子曰君子事上进思尽忠退思补过将顺其美　救其恶故上|
下能相亲诗云心乎爱矣遐不谓矣中心藏之何日忘之●子曰孝子之
|亲哭不偯礼无容言不文服美不安闻乐不乐食旨不甘此哀戚之情
|三日而食教民无以死伤生毁不灭性此圣人之政　不过三年示民有
|终为之棺椁衣衾而举之陈其簠簋而哀戚之擗踊哭泣哀以送之卜其
|宅兆而安厝之为之宗庙□鬼享之春秋祭祀以时思之生事爱敬死事
|哀戚生民之本尽矣生死之义备矣孝子之事亲终矣　范祖禹敬书

余初校时，假大足修志会新拓本，以为除此外盖无第二本。以刘喜海搜录蜀刻之勤，而所著《三巴金石目录》（存古书局刊本）犹未之及，遑论其他。不意是年冬游成都，于市上得一本，较新拓多出四十余字，犹是百年前拓本，或即张澍所拓，亦未可知。盖陆耀遹《续金石萃编》所收之《韦君靖碑》，即为张所赠也。因据以重为写定。如第五十行“修身慎行”之“慎”字，明为空格，而新拓本已漫漶。由此而证明碑为孝宗以后所补刻，岂不快哉？

著者附识

明赵崡《石墨镌华》卷五，收宋《枢密赵瞻碑》云：“赵懿简公瞻，敝邑（盩厔）人，卒葬城南四里，茔地为耕者所侵殆尽。碑仆而泐，仅有数十字可辨。观其书法劲健，知书撰人必非没没者。惜先达为敝邑志，不收其文,遂无所考,为之一慨!"是明时原碑已泐,致不知书撰人姓名。则余之假设为复刻,可由此证之矣。

三十七年八月衡识

（本文原题《大足石刻〈古文孝经〉校释》,载《民国重修大足县志》卷首附载《大足石刻图征初编》,1946 年出版;后经修订,改题今名,发表于《历史语言研究所集刊》第 20 本上册,1948 年 6 月出版。）

石　刻

一、周秦

石鼓　秦刻石　陶文

中国最早的石刻要数石鼓。它的形制像高脚馒头，后人叫它做石鼓，其实是最早的刻石的形式，流行于西汉以前，到东汉时才有碑的定型。石鼓是唐初在今凤翔县发现，同样的共有十个，每个石上刻着一篇有韵的诗，如同《诗经》的体裁，所以后人根据《诗经》的"车攻""吉日"等篇定它为周宣王时代的作品。三十年前甘肃出了一件铜器叫秦公簋，字体与石鼓文相同，于是石鼓为东周时秦国之物遂成定论。其时代，我以为是穆公，马叙伦氏以为文公，郭沫若氏以为襄公，要皆在纪元前六、七世纪。这十个石鼓经过二千多年之久，又由凤翔迁到开封，由开封迁到北京，石质已经风化，其中一石已经一字不存。在北京的孔庙存放了五、六百年，到日寇侵华时，随故宫的文物南迁，现在虽已运回来，但为陈列地点未能确定，始终还未打开箱子。

与石鼓同时的刻石尚有秦"诅楚文"共有三石，都是北宋出土，文皆相同，惟告祭之神三石各异：一为告巫咸，一为告大沈厥湫，一为告亚驼，皆水神之名。三石在宋时已经亡佚，惟"锋帖""汝帖"中尚存摹本，字体与石鼓文大致相似。唐宋以后帝王信奉道教，告神求福地投龙简，就是这"诅楚文"的遗制，不过作用不同而已。"投龙简"有铜有玉，玉的是用台阶石头改做的。唐朝有明皇李隆基的铜简，宋朝有徽宗赵佶的白石简。民国初年，江苏宜兴清理张公、善卷、庚桑三洞，在水底发现宋朝皇帝的"投龙简"不少，盖皆投之名山水府者，是道家愚弄皇帝的玩意。

　　《史记》记载秦始皇东巡刻石凡七次，除碣石刻石说是"刻碣石门"，或为摩崖外，其余如泰山、琅邪、会稽、之罘，都说"立石"或"刻所立石"，可见所立之石都像石鼓一样的东西。现在泰山惟存十字的残石，琅邪台刻石最近也已崩毁，其余各刻更是早不存在了。但据以前见到琅邪刻石的人所说，正是馒头的形式，在四面刻字。这种刻石的制度现在还存在着的，西汉有赵群臣上寿刻石（赵二十二年当文帝后六年）、麃孝禹刻石（河平三年），东汉有裴岑纪功刻石（永和二年），三国时有吴禅国山刻石（天玺元年）和绍兴禹陵窆石。（辽东辑安所存高句丽《广开土王碑》四面刻字，尚存此制。）以后刻碑盛行，这制度就被淘汰了。

　　陶器发明虽早，但到战国时始有文字。最初在土坯上盖印，陶文就是印文，后来在土坯上用刀划字，大小可以随意。战国时的齐国、燕国，盛行盖印的做法，所以山东的临淄和河北的易县发现最多。齐陶多记地名，燕陶多记工名，文字与先秦的古玺相同，确是晚周六国文字。秦始皇并兼六国以后，他制造度量衡器，照列要把始皇廿六年同一度量衡的诏书刻上，铜做的当然刻在器上，木做的量器也可以刻块铜版钉在上面，惟有陶量既不可刻又不能钉铜版，他却想出方法，在烧造以前将诏文刻成戳子印在土坯之上，诏文共有四十字，不可能做成整个戳子，他就排成每行二字，而以二行四字做成一个戳子，依次印在量上，成为整篇的诏文。这实在是中国活字排印的开始，不过他虽已发明，未能广泛应用。但这一发明还不在始皇时代，远在秦穆公时已经创始。前面讲的"秦公簋"，全文共有一百字，器与盖上分铸各五十字，每字一格，界限分明，显系用戳子印在土范之上,再铸铜的。这真是活字的创作了。划字的陶文大概都是隶字,是两汉时代器物。模范是用绳子编成的,所以器的表面上都是编绳纹,于绳纹上划字,笔画细而长,介乎隶草之间。魏晋以后就渐渐少了。

二、汉魏晋

碑　摩崖　刻经　建筑物附刻

碑的名称虽古,但到东汉时才用来刻文,形制也成了一定格式。从此以后,凡一切记事文字,需要传久的,都利用石碑来刊刻。这种风气一直流传到现在。碑是长方形的扁石头,所以有阴阳面,前面是碑阳,后面是碑阴,上面有碑头,又叫做额,下面有碑座,又叫做趺。碑文刻在正面,姓名刻在阴侧。大的有一、二丈高,小的仅二、三尺。汉碑的额下往往有一个孔,魏晋以后就不多见了。

碑是采石特制的,摩崖是就岩上镌刻的,方法不同,而其作用则一。如汉之《鄐君开褒斜道记》《杨孟父石门颂》《刘平国通道作城阙》等,以及北魏以后石窟造像,题诗、题名,皆就地刻于山壁上。北魏郑文公上下两碑(永平四年),名为碑而实是摩崖,并在下碑的后面说明:因为这种石头好,所以再刻一碑。龙门的唐《伊阙佛龛碑》(贞观十五年)在山壁上凿成碑的形状然后刻字。可见魏晋以后把摩崖也当作了碑。

刻经包括儒家、道家、佛家的一些的经典,有刻在碑上的,有摩崖刻的,有做成经幢的。此外还有其他书籍和书目等,都和图书版本有关,但数量不多。

儒家的刻经以汉灵帝熹平四年的石经为最早。当时因为读书的人各自抄写,错误百出,所以刻一个标准本子立在太学,以便读者传抄校对。刻的经一共有七种:(一)《鲁诗》(非现在的《毛诗》)、(二)《尚书》、(三)《仪礼》、(四)《易经》、(五)《春秋》(《公羊经》)、(六)《公羊传》、

（七）《论语》。东汉的太学在都城的南面，即现在洛阳故城南朱圪垱村，三十年前出土残石甚多，现在还时有发现。

汉末魏初古文经学已盛行，而熹平石经都是今文，没有古文，所以在正始年间，又刻了两部古文经，一部是《尚书》，一部是《春秋》，与汉石经同立于太学。魏石经既是古文，不是人人所认识，所以在每一个古文之下，又写上一个小篆，一个隶书，因之后人称之为"三体石经"。

唐朝也有过一次石经，因为是开成二年刻成的，所以又叫《开成石经》。它一共刻了《易》《书》《诗》《周礼》《仪礼》《礼记》《春秋》《左传》《公羊传》《谷梁传》《孝经》《论语》《尔雅》计十二经，清贾汉复又补刻《孟子》，合成十三经。这部石经大致完整，今尚保存于西安碑林。

蜀石经孟蜀广正七年开始在成都刻的，其经为《易》《书》《诗》《周礼》《仪礼》《礼记》《春秋》《左传》《论语》《孝经》《尔雅》十种。宋补刻《公羊》《谷梁》二传，至皇祐元年毕工。宣和年间，席贡补刻《孟子》，合成十三经。乾道中晁公武又刻《古文尚书》，并著《石经考异》附于石经之后。历代石经只刻正文，惟蜀石经并刻注文，所以占碑独多，虽不知确数，大概估计总有上千块。最奇怪的，这样费了一百多年的时间刻成最完备的经典，竟不知道什么时候全部毁了，从来也没有见过记载。听说抗战时期成都开辟城墙缺口时，发现过一些残石。估计毁灭的原因，大概是修了城墙了，此后拆城墙，应注意收集保存。

宋朝嘉祐六年刻成的石经，是一行篆书，一行真书，所以叫做《嘉祐石经》，又叫"二体石经"。其经数大概是《易》《诗》《书》《周礼》《礼记》《春秋》《论语》《孝经》《孟子》等九经。也久已亡佚，现在开封只剩几块残石了。

南宋高宗好写字，就拿经来练字，秦桧把它刻石，现在杭州尚存有几十块残石。

清石经是乾隆五十六年刻的，计十三，共有 190 块，碑现在北京国子监，大致完整。

其他经书刻石的只有《孝经》。唐有《石台孝经》（天宝四载），宋有

《高宗真草二体孝经》(绍兴十四年)和绍兴府学石经(熙宁五年)。还有《古文孝经》,据我所知道的,一为宋范祖禹书,在大足,一为明蔡毅中书,在历史博物馆。此外不见著录的恐怕还有。

道经刻石始于唐朝,刻本最多的是《老子道德经》,易县有三本(一、景龙二年,一、开元二十六年玄宗御注本,一、景福二年),邢台一本(开元廿七年亦御注本),丹徒焦山一本(广明元年)。宋高宗《御注道德经》则在石幢上(唐玄宗御注的两本也刻在幢上);元刻说经台本《道德经》,又《古文道德经》(至元二十八年)(皆在盩厔)。此外尚有《黄帝阴符经》《常清净经》《消灾护命经》《生天得道经》《北方真武经》《九幽拔罪心印妙经》《升玄经》《日用妙经》《洞玄经》等。经的种类远不及石经之多。

自佛教传入中国,历汉魏至隋唐,译经工作,累代不绝。迷信之徒,于造像之外,又大量刻经,都当作一种功德。如房山云居寺刻经,从隋大业年间一直到辽,继续刻了四百多年,几千块石头,装了七个石洞一个地穴,石洞的门,皆用石条做成窗棂,从外面望进去,石碑排列整齐,地穴封口后,于其上镇以石塔。自来刻经工程之伟大无过于此者。灌县青神山亦有唐朝刻经,但规模较小,其他北齐北周刻经碑,多已残缺不齐。此外尚有附刻他碑之阴者,则非专刻之经矣。

摩崖刻经多径尺大字,山东之泰山、徂徕山、尖山、葛山、冈山、小铁山,山西之风峪、屋騋嶝,皆是摩崖刻经之大观。

至唐始有经幢,皆刻《佛顶尊胜陀罗尼经》。因为经里说道,有人能写此《陀罗尼》安在高幢上,幢的影子映在人的身上,一切罪业都可消灭。所以迷信的人都把这经写在幡幢之上,后来因为木幢不能持久,为了一劳永逸,才用石头做成幢的样子,把经刻在上面。现在所见的经幢,无论大小都是八面,上有莲花盖,完全木幢的形式。此风始于唐朝而盛于辽金,到元以后,就渐渐的少了。幢本为刻《陀罗尼经》而设,后来有刻他经或其他文字者(如唐开元《道德经》也刻在幢上),就失去原意了。

佛经刻石,始于北齐而终于元,居庸关的蒙古、八思巴、维吾尔、西夏、西藏、梵、汉六体文字佛经,可说是最后一刻了。

其他书籍刻石的,有唐张参《五经文字》,唐玄度《九经字样》,皆在西安,与唐石经并存。颜真卿书《千杂字书》,原石虽亡,潼南尚有重摹本。宋释梦英,书《说文偏旁字源》,刘敞《先秦古器记》,皆在西安碑林。明宋克,补宋叶梦得摹三国吴人皇象书章草《急就篇》今在松江府学。其刻书目的碑,始于宋朝的书院,如太原的《宋太宗书库记》(大中祥符四年),杭州的《西湖书院重整书目记》(元泰定元年),诸城的《密州重修庙学记》(至正十年),碑阴皆列书目。这些石刻都与目录学有关。

建筑物上往往有明刻的文字。现在例举如下:(一)石阙,(二)石柱,(三)井阑,(四)桥梁,(五)塔,(六)墓门,(七)黄肠石,(八)石人石兽,(九)砖瓦。

石阙有二种。一在庙前,如登封的嵩山太室(元初五年),少室(年月泐),开母庙(延光二年),华阴的华岳庙,都是;一在墓前,如嘉祥的武氏二阙(建和元年),费县的南武阳三阙(一、元和三年,一、章和元年,一、无年月),雅安的高颐二阙(据碑为建安十四年),渠县的沈君二阙(无年月),冯焕阙(无年月),夹江的杨宗阙(无年月),都是。魏有霍君阙(无年月),苏君阙(无年月),晋有王君阙(太康五年),杨阳阙(隆安三年),韩寿阙(无年月),赵君阙(无年月),梁有萧宏、萧景、萧绩、萧正立、萧映等阙,亦皆墓阙。四川最多。无论庙阙墓阙,都谓之神道阙。各阙的形式也不尽相同,有的垒石四五层,上小下大,如方形塔,有的状如华表。大概也因时代性和地方性而稍有改变。但不论在庙前或墓前,总是左右对峙,其仅有一阙者,盖毁其一耳。

寺观的建筑,材料皆出于募化,施舍石柱者,往往将自己的姓名刻上,或刻佛经佛名。如华阴华岳庙(唐大中乾符间),正定开元寺(武周时),晋城青莲寺(北宋时),登封嵩阳宫(北宋时),肥城孝堂石室(唐大中、宋崇宁间),济宁普照寺(北宋时)等,皆石柱刻字。还有铁柱铸字的,如凤仪铁柱庙(唐南诏建极十三年),桐泊淮源庙(左柱为宋庆历二年,右为三年)等都是。在柱础上刻字的有元氏开化寺(北周时),海宁广福寺(宋天圣三年),嘉定菩提寺(宋治平四年,建炎二年),吴县宝林寺(宋淳熙十五年)等。还有一个泰武殿前猿戏绞柱石孔,是后赵石虎建武四年刻的,也是柱础之类,不过它是为耍猴戏用的。其他房屋的材料上刻字的有益都太虚宫螭首题字(元延祐元年),吴县玄妙观(南宋时),济源济渎庙(金时)的石阑干题字。

井阑题字当以梁天监十五年一刻为最早。古代凿井,多有立碑记其事者,但为简便起来,即井阑上刻文以记之。梁刻之外,唐有天宝八载刘氏井阑,元和六年零陵寺井阑。宋元以后井阑则江浙各省随处有之。从前的人对于井,认为博施济众的意义,故多叫做义井,有时也刻着佛像的。

桥梁之有题记,据《水经注》所载,知汉以来即有之。但现所存在的,只有造桥碑而无附刻之字。洛阳白马寺附近一小桥,桥洞中所垒之石,皆有隶书人名,或系利用汉魏建筑材料,非为造桥而刻。其附刻于桥阑或桥柱者,宋以后尚有留存。桥洞上端刻桥名,两旁刻对联者,大都明清两朝之物。

塔是佛教的建筑。唐新进士有雁塔题名之举,现在塔虽存在,而题名竟无片石。建塔时附刻的文字,所见亦不甚多,惟登封会善寺刻于石盖(北魏神麚三年),吴县治平寺刻于塔盘(隋大业七年,已佚),陵县石浮图刻于塔座(隋仁寿间)。舍利塔如青州胜福寺、岐山凤泉寺、邓州兴国寺等刻,或为方版,或为石匣,皆舍利石函之盖,非塔本身附刻文字。

墓门多有画像,而刻字者甚少,二十余年前西山出左表墓门二扇,是西汉河平元年,可说是最早的了。惜为奸商盗往国外,连拓本也不可得。其次是琴亭国李大夫灵第之门,虽无年月,面有"汉二十八将佐命功苗"等字,当在东汉中叶。宝应射阳故城之孔子见老子画像,有题字三榜,也是墓门。凡有门轴而门面刻着兽首衔环的都是墓门。

黄肠石是皇帝坟墓中砌墙铺地的石头。本来是用木头做的,广州曾发现南粤王墓,中有方一尺余,长一丈余的大木头数十根,上刻"甫一""甫二"等字,就是《汉书·霍光传》所说的"黄肠题凑"。后汉皇帝的墓则用石头,上刻年月人名及尺寸,所记年号多为顺帝、灵帝两朝,必系宪陵和文陵之物。又有长条空心砖,俗称琴砖者,亦为墓中砌墙铺地所用,可以名之为黄肠砖。

石人题字惟曲阜鲁王墓二石人,字刻胸前,中岳庙前石人,字刻顶上,皆为汉刻。掖县大基山石人,题曰"甲申年造,乙酉年成",为北齐郑述祖所题。此外不见有他刻。石兽有石狮子石羊等,汉有刘汉作狮子,文曰:"雒阳中东门外刘汉所作师子一双"(无年月),元有三刻:一元贞元年造,一延祐二年造,一泰定二年造,皆立于建筑物前者。石羊则有汉孝子徐奂造者二枚(永和五年),寿县出居巢刘氏墓中者六枚(大者二,小者四,皆无年月),皆镇墓之物。陕西发现夏真兴六年石马题字,此为赫连勃勃之石刻,尤为仅见。

建筑之用砖瓦,瓦较先而砖较后。战国时已知用瓦,易县燕下都遗址所出筒瓦版瓦甚多,但无文字。"羽阳临谓""羽阳万岁"等瓦当,传为秦羽阳宫之瓦,是瓦当有文字之始。所谓当者,即筒瓦之头露在檐头者,故又叫做瓦头。其字皆作篆书,以文字作图案,颇具美术意义。到符秦北魏时,字体又在隶楷之间。自此以后,它的文字,有的记着宫阙、关、仓、官署、冢墓的名称,有的写着吉祥的语句,有的画着动物及各种的图案,种数甚多,蔚为大观。砖的应用,大概在西汉时候,以前盖房,都用土坯或版筑。现在所见的砖,以墓砖为最多,而且为造墓而特制的。发现的地方,南方比北方为多,南方的都用模子把字作在砖的侧面,全是阳文,北方的多刻在平面,字作阴文。从汉末到六朝,禁止在墓上刻石,所以相沿用砖,并在砖上记载着年月日及墓葬人的官职姓名,其用意与北朝的墓志完全相同,在绥远一带,出有十二字的方砖,字体为篆书,把两砖合在一起,一面阳文正书,一面阴文反书,这大概是房屋建筑上所用的了。

三、南北朝

造像记　墓志

造像刻经始于南北朝,但南朝的少,等于北朝百分之一二。大同的云冈、洛阳的龙门，都是北魏时开凿的石窟，因山造寺，就石雕像，为佛教美术之大观。造像必有记载造像之缘由及施主的姓名。惟云冈造像文字不过二三段，可称例外。此外如泾川之南石窟寺、敦煌之千佛洞、太原之天龙山、巩县之石窟寺等，皆北朝石窟造像之渊薮。南朝则仅有南京之栖霞山，为齐梁时所造，而文字寥寥，一如云冈。造像碑则北方随处皆可发现，南朝则仅宋元嘉二十五年《□熊造像记》，齐永明元年《释玄嵩造像记》，及永明六年《吴郡造维卫尊佛记》，梁普通四年《康胜造像记》及中大通二年《虞思美造像记》等数种。造像之风，至唐宋时尚盛行，龙门石窟造像中，北朝不过十分之三，唐以后占十分之七。如广元之千佛崖、济南之千佛山、杭州之灵隐山等，皆唐宋以后造像。

墓志之起源甚早，而体制之形成，则在西晋，普遍流行则自南北朝以后一直到现在。前面说的西汉左表墓门，把死者官职、姓名和年月详细记载，就是墓志的用意。东汉《马姜墓记》（延平元年）也是这一类的。到了西晋，如荀岳（元康五年）、石尠、石定（皆永嘉二年）等石皆为方版，阴侧皆有文字，形式与后来墓志相近，但并无墓志字样。且除上述三石外，其余或迳作碑形，额题某某之碑，可见当时并无定式，作者任意为之，是为创作时期。及至北魏之初，其制尚与晋同，后来渐渐的成为一种定式，下底上盖，合之则如覆斗钮之印，北魏元显（延昌二年）作龟钮，隋杨居（开皇四年）作兔钮（尤类印形），底刻志铭，盖刻标题。经唐宋到现在，其制不改。南朝墓志数量之少，也像造像一样，屈指可数。现在所见到的只有宋《刘怀民墓志》（大明八年），齐《吕超静墓志》（年月泐），梁《程虔墓志》（太清三年）三种。六朝墓志大都无书撰人姓名，到唐初才渐渐有署名的，中唐以后，署名的多了。和尚及居士死后多火化建塔，其志墓之文或称塔铭。

买地券亦系墓中之物，为汉以来丧葬习俗之一种，往往以铅版或铁版刻字置于墓中。其以砖或石作的，汉有《潘延寿地券》（建宁元年），吴有《浩宗墓地券》（黄武四年），晋有《杨绍冢地券》（太康九年）和《朱曼妻薛墓地券》（咸康四年），宋有《王佛女墓地券》（元嘉九年），北魏有《张神洛墓券》(正始四年),唐有《乔进臣墓地券》(元和九年),南汉有《马二十四娘墓地券》(大宝五年),宋有《朱近薛地券》(绍兴元年),明有《朱秀墓地合同》(隆庆二年)和《李孟春墓地券》(年月泐)等数种。数量虽不多,可见由汉以来,历代都有。

四、隋唐至明清

帖与业帖

以上所述的石刻种类虽不能包括无遗,但大致略具于此。隋唐以后,有因袭而无特创。但有一种东西是隋唐以后才有的,那就是帖。一般人把碑帖并称,以为一切石刻,原石是碑,拓在纸上的都是帖,这是错误的。当时人刻的石,记载当时的事实,有直接史料的价值,我们叫他做石刻,也可以广义的叫做碑。至于古人的手迹,后人把它重摹上石,这种石刻,我们叫做帖。什么是业帖呢?把不同时代、不同人的墨迹汇刻在一起,叫做业帖。

最早的帖要数王羲之的《兰亭诗叙》,它原是六朝以来流传的墨迹,唐太宗喜欢王羲之字,叫拓书人赵模、韩道政、冯承素、诸葛贞四人双钩响拓数本,以赐皇太子诸王近臣,又刻石于学士院。五代时,朱温把这石搬到汴梁,后来又被辽人劫夺了去,弃置在正定,正定在宋朝曾名定武军,所以这个最早的拓本叫做《定武兰亭》。同时(贞观年间)并将王羲之的信札刻为一帖,因开头有"十七日"字样,就叫做《十七帖》。其他如宋胡宗愈、洪适刻汉石经,清阮元、翁方纲刻石鼓文,都可以叫做帖。就是上面说的明杨政刻的宋叶梦得摹皇象书《急就篇》,和西安碑林的唐刻智永《千字文》,都可以归在这一类。

业帖始于宋初,宋太宗于淳化三年把历代的字,汇刻法帖十卷,称为《淳化法帖》,又称《淳化阁帖》;徽宗建中靖国时,又刻十卷,称为《秘阁续帖》;大观三年,又刻《太清楼帖》,以《秘阁续帖》十卷,易其标题,去其岁月,以为后帖,又刻唐孙过庭《书谱》,及贞观《十七帖》总为二十二卷。《淳化帖》初刻为木刻,其后皆为石刻。两宋刻石之风,极为盛行,多以官帖为蓝本,展转翻刻,任意增减,遂有《绛帖》《汝帖》《潭帖》《新绛帖》《武冈帖》等种种名目,其实皆陈陈相因,徒乱耳目,明清以来,跳出展转抄袭的圈子,而各自搜集墨迹,独立模刻者,或依其收藏种类,或以一家为主,其途径更为宽泛。业帖所收,多为各体书,尤以真行草书为多,其专集一体者,如宋薛尚功之《历代钟鼎彝器款识法帖》、刘球之《隶韵》,一集金文,一集汉隶,在宋朝可谓别树一帜。清曹载奎之《怀米山房吉金图》,诸城刘氏之《清爱堂法帖》继之,亦皆刻石,是亦业帖中之一种。

　　(本文系马衡1952年于第一届全国考古工作人员训练班上授课讲稿,后登载于《考古通讯》1956年第1期。)

历代度量衡之制

一、研究历史应先知历代度量衡之差异率

度量衡为测验一切物品之标准。欲知物之长短，不得不资于度；欲知物之多少，不得不资于量；欲知物之轻重，不得不资于权衡。历史所纪物之长短多少轻重，自各依其时代度量衡之制，与今日之制无与也。吾侪读史者遇此等纪载，若以今制准之，无有不疑窦丛生，百无一是者。但史家于此等形容之词，每多夸大，转滋吾人疑虑者，亦往往有之。孟子所谓"尽信书，则不如无书"，正谓此也。今吾试就人而言，举其写实之纪载而又极平凡之例。古人称人曰丈夫，今未见长一丈之人也。《汉书·食货志》（上）言："食，人月一石半"，则人日食五升，今未见日食五升之人也。《左传》（定八）："颜高之弓六钧"，三十斤为钧，六钧则百八十斤，今未见能挽百八十斤之弓者也。岂今人之体格、食量、膂力不如古人耶？非也，盖度量衡今与古异制也。吾侪既研究历史，不可不知历代度量衡之制度。对其差异率有相当之认识，而后事实乃不至混淆。

二、度量衡之产生

度量衡之产生,说者皆谓由于律。其实律之长度空径,非度不能成立。律、度、量、衡四者,盖同时产生者。故《虞书》称"同律度量衡";《汉书·律历志》分《备数》《和声》《审度》《嘉量》《衡权》为五篇,除《备数》外,其余四篇,即律度量衡也。其述律曰:"声者,宫、商、角、徵、羽也。五声之本,生于黄钟之律,九寸为宫,或损或益,以定商、角、徵、羽。"其述度曰:"度者,分、寸、尺、丈、引也,所以度长短也。本起黄钟之长,以子谷秬黍中者,一黍之广度之,九十分黄钟之长。一为一分,十分为寸,十寸为尺,十尺为丈,十丈为引。"其述量曰:"量者,龠、合、升、斗、斛也,所以量多少。本起于黄钟之龠,用度数审其容,以子谷秬黍中者千有二百实其龠,以井水准其概。合龠为合,十合为升,十升为斗,十斗为斛。"其述衡曰:"衡权者:衡,平也;权,重也。权者,铢、两、斤、钧、石也,所以称物平施,知轻重也。本起于黄钟之重,一龠容千二百黍,重十二铢,两之为两,二十四铢为两,十六两为斤,三十斤为钧,四钧为石。"是律、度、量、衡四者皆生于秬黍。因黍生度,因度生律,因律与黍而生量与衡,此产生先后之程序也。宋司马光亦曾据此以驳范镇由律生尺之说矣。

三、度量衡之所以差异

人类之活动皆前进者,故古今一切之事物,皆有其演进之定律。度量衡既为测验一切物品之标准,当然不能违此定律。然则今度长于古度,今量大于古量,今之权衡重于古之权衡,乃当然之事实而无可致疑者也。然历史之时期甚长,自有明确纪载以来至于今日,其差异之率吾人虽可知之,而其逐渐演变,某一时期至某种程度,其中之经历,盖难言之矣。又况古人制器,其方法与工具,往往不如后世之精密。甚有一时期之所造,而差异至若干类者。如日本奈良正仓院所藏之唐尺,皆中国唐代输入彼国者,材质艺术大致相同,而六尺之中,长短约为四类,以最长与最短较,竟相差至四分寸之一(二分五厘)。可知古人对此极应精密之用具,而制造乃如此之不精密也。吾人求之于文献既如彼之渺茫,求之于实物又如此之粗疏,则将何所适从欤?无已,则惟有取文献与实物互相参证,求得其概念而已。

其所以差异之故,一为因袭之差,一为改创之差。因袭之差小,而改创之差大。

度量衡之于人类生活,息息相关,几于无时无地无事无人不与之发生关系。制定标准器者虽有专官,而民间所用则依颁定之标准器而仿制之。经多数人之仿制,遂不能必其一无差异。故古之为政者,于每岁仲春仲秋之月日夜分,则同度量,钧衡石,角斗甬,正权概(见《礼记·月令》)。一岁而再行之,所以防其相差太甚也。商鞅为秦变法,平斗桶权衡丈尺(见《史记·商君传》),秦始皇帝灭六国,一法度衡石丈尺(见《史记·秦始皇本纪》),皆谓齐其不齐者也。夫度量衡有待于同一,则不同不一者是其常矣。此因袭之差也。

古今典章制度之改革者众矣。然苟非有大破坏,则改革之中,尚寓因袭之意。纵有差异,亦甚微细。如秦灭六国,焚书坑儒,改封建为郡县,其改革不可谓不大也,而当时之度量衡,亦只以其固有之制同一其他之不齐者,有如上述。故自周至于西晋,其制无甚变更也。自晋永嘉之乱,天下骚然,文物荡尽,中原分裂,人各为政,江东则更始建设,莫所遵循。干戈扰攘,不得宁息者,几历三百年。斯时之度量衡,不为因袭而为改创,故与西晋以前异其系统。隋唐而后至于今日,又皆因袭此系统而略加改变者矣。此改创之差也。知此而后可与言历代度量衡之制。今分三节叙述如下。

四、序历代度制

《独断》云:"夏以十寸为尺,殷以九寸为尺,周以八寸为尺。"夏商二代,在孔子时已言文献无征,吾人今日所可考者,最早当自周始。《隋书·律历志》据徐广、徐爰、王隐等《晋书》所纪荀勖作晋前尺之事云:"武帝泰始九年,中书监荀勖校太乐八音不和,始知为后汉至魏尺长于古四分有余。勖乃部著作郎刘恭,依《周礼》制尺,所谓古尺也。依古尺更铸铜律吕,以调音韵。以尺量古器,与本铭尺寸无差。又汲郡盗发魏襄王冢,得古周时玉律及钟磬,与新律声韵暗同。"因此定周尺及王莽时刘歆铜斛尺、后汉建武铜尺、荀勖晋前尺四种并同。然此为李淳风一家之说,未可据以为信。近洛阳出一古尺,相传与𪊛羌钟等同出。𪊛羌钟出于洛阳周王城故址之东北隅,为春秋时器。假定此尺出土之地而可信者,则为春秋时之尺矣。其长短与余所定之刘歆铜斛尺正同,则李淳风之说可得一证矣。蔡邕所谓"周以八寸为尺"者,乃八寸尺与十寸尺并用,非谓周尺当汉尺八寸也。八寸尺自有其专名,所谓八寸曰咫,八尺曰寻,倍寻曰常,是也。先秦故书之言及尺寸者,如不举专名,无从知其为八寸尺或十寸尺。其有二种名词错举者,如《考工记》云,"庐人为庐器:殳长寻有四尺,车戟常,酋矛常有四尺,夷矛三寻";《左传》(僖九)云,"天威不违颜咫尺";《国语》《鲁语》云,"楛矢石砮,其长尺有咫"。皆以八寸尺与十寸尺合计者,是二尺并用之证也。王莽及光武时皆与之同制。其后沿用差误,增长至三分余,至魏而相差至四分七厘,《隋志》所谓"至于后汉,尺度稍长;魏代杜夔,亦制律吕,以之候气,灰悉不飞"是也。至晋泰始间,荀勖以古器七品校正之,始复与周汉之制相合。至晋氏南迁,重定晋后尺,增至六分二厘。北朝则魏前尺增至二寸七厘,中尺二寸一分一厘,后尺二寸八分一厘。至东魏竟增至三寸余,为当时最高之纪录。《隋志》云:"魏及周齐,贪布帛长度,故用土尺。"盖庸调皆征绢布,其时连年战争,徭役繁兴,欲多取之于民,乃增长其尺度也。北周市尺与魏后尺同。隋氏统一,又因其制以作官尺;唐亦因之。是为魏后尺之系统,为改创之新尺。于此有一问题,即旧籍所纪调钟律,测晷景,合汤药及冠冕之制,皆晋前尺之系统也。若以新尺计之,则多违牾矣。故周、隋、唐皆以新尺为大尺,当旧尺一尺二寸。调律、测景、合药等皆用小尺,内外官司悉用大者。所谓小尺者亦非晋前尺,而略当于晋后尺,即《隋志》十五种尺之第十二种,所谓宋氏尺、钱乐之浑天仪尺、后周铁尺、开皇初调钟律尺及平陈后调钟律水尺也。宋代尺度,昔有三司布帛尺,未见原物。今有钜鹿故城木尺,为徽宗大观间之物,凡三尺:其二同一尺度,较今尺长二分半;其一当今尺九寸六分强。二者相差七分有奇。按程大昌《演繁露》云:"官尺者,与浙尺同,仅比淮尺十八。而京尺者,又多淮尺十二。公私随事致用,元无定则。余尝怪之,盖见唐制而知其来久矣。金部定度,以北方秬黍中者为则,凡横度及百黍即为一尺。此尺既定,而尺加二寸,别名大尺。唐帛每四丈为一匹,用大尺准之,盖秬尺四十八尺也。今官帛亦以四丈为匹,而官帛乃今官尺四十八尺,准以淮尺,正其四丈也。国朝事多本唐,岂今之省尺即唐秬尺为定耶?"然则宋之淮尺当于唐之大尺,宋之官尺,亦即省尺或三司布帛尺,当于唐之秬尺。惟其长度皆略有增进,是殆经五代以来因袭之差,非改创之差也。钜鹿尺之大者近于今尺,或即程氏所谓淮尺。其小者一端有缺口,或木工所用之尺欤?自宋至于今日,大抵无甚差异。明官尺与宋淮尺略同,清工部营造尺又与明官尺略同。此历代尺度之大较也。

五、序历代量制

《考工记》(《㮚氏》)云:"㮚氏为量:甐深尺,内方尺而圆其外,其实一甐;其臀一寸,其实一豆;其耳三寸,其实一升。"郑玄据《左传》(昭三)"齐有四量,豆、区、釜、钟;四升为豆,各自其四,以登于釜"之文解之曰:"四升曰豆(即斗),四豆曰区,四区曰甐,甐六斗四升。"依郑氏之解,仍少二升八十一分升之二十二。自来解此经者,亦皆不得正确之解答。然苟如郑说,与汉量相差亦甚微矣。刘歆为王莽作铜斛,盖依据此经以仿作者,其制详载于《汉志》。惟不载五量之铭,致其算法及容积无从推测之。刘徽注《九章算术》,荀勖定乐律,皆于晋武库中亲见此器,形制与《汉志》吻合,五量皆有铭。今故宫博物院藏有此器。其所记之尺度与余所定之货布尺（即刘歆铜斛尺）全同。刘半农曾详加校量，嘉量一斗当今营造尺库平制一升又十分升之九三七六二四。是今之制四倍于莽量而有余矣。魏时尺度增进四分七厘，而其时之大司农斛积一千四百四十一寸十分之三（见刘徽《九章算术·商功注》）。《隋志》以徽术计之，莽斛当魏斛九斗七升四合有奇。则魏量之增进率较之尺度尚略少也。六朝之际，当为最紊乱之时期，而史志语焉不详。《隋志》仅言："梁陈依古；齐以古升五升为一斗；后周斛积玉尺（当晋前尺一一五八）一千一百八十五分七厘三毫九秒；开皇以古斗三升为一升。大业初，依复古斗。"而唐孔颖达《左传正义》（定八）云："魏齐斗称于古二而为一，周隋斗称于古三而为一。"《唐六典》亦言"三斗为大一斗"。是周、隋、唐之量，已二倍于古矣。《隋志》所谓大业初依复古斗者，乃小斗与大斗并行，顾炎武所谓"大史大常大医用古"耳。此改创之差也。其后增进之率，史志不载，无由考核。《日知录》云："宋大于唐，元又大于宋。"然则五倍于古者，盖宋元间之所增进也。此历代量之大较也。

六、序历代衡制

考定度量衡之制，以权衡为最难，以权本身之重，历年久远，不免差减故也。故宫之刘歆铜斛，虽为考古度量者惟一之资料，独不能依此以定权衡，盖器之本铭，无纪重之文也。《汉志》纪此器之形制，有"其重二钧"一语，刘半农据之以权此器，考得莽之一斤当今库平十分斤之三·七九七九三七五，为六两又十分两之〇·七六七〇，假定《汉志》之文而苟不误者，则今制一倍半于莽权而有余矣（十八年，定西出王莽时权衡一具，为天平式之器。其八十一字之铭与嘉量同。惜出土时亡其半，仅存直干一、钩一、权四。其四权大小不一，形如环，与《汉志》所谓"圜而环之令之肉倍好者"完全符合。其器存于甘肃省立民众教育馆。后忽以被窃闻，仅余一大权，此诚学术界一大损失也）。《隋志》云："梁陈依古称。齐以古称一斤八两为一斤。周玉称四两当古称四两半。开皇以古称三斤为一斤,大业中,依复古称。"其所纪六朝间之制,亦如量之纪载,不可得而详也。《唐六典》言"三两为大两",是唐因隋之制也。孔颖达言"魏齐二而为一,周隋三而为一"者,恐即举其成数,非必有精确之计算也。所谓"三而为一"者,安知非嘉量二斤又十分之六三三等于今一斤之比耶?然则权衡之制,自六朝间之改创,其后未有增进也。盖取于民间者为菽米布帛,与权衡无关,故自唐迄今未改也。此历代权衡之大较也。

七、总序度量衡增进率之比例

度量衡三者,皆以六朝之际为改创时期,其余皆因袭之差也。改创之后,度与衡之增进尚少,而量则于无形之中,又增进五分之二。故三者之比例,以今制与改创以前之制相较,量则古一斗当今一升又十分之九三七,其增进率为最甚。其次则为衡,古一斤当今十分斤之三八。又其次为度,古一尺当今七寸二分。然则前举之例不难解答矣。

所谓丈夫者,据《说文》夫字注云:"丈夫也。从大,一以象簪也。周制以八寸为尺,十尺为丈;人长八尺,故曰丈夫。"《考工记·总序》亦言人长八尺。是八尺为常人之长度也。以七尺二寸乘之,则当今尺五尺七寸有奇,与今之人无以异也。所谓日食五升者,乃汉时所计民食之数,宜若有盈而无绌。诸葛亮日食三四升,司马懿料其不能久,言其食少也。以今量一九三七乘古五升,则得一升弱,与今之人亦无以异也。所谓挽弓百八十斤者,乃当时之力士,故士皆取其弓而传观之。以今权三八乘之,则得六十八斤强,与今之力士亦无以异也。今之读史者,眩于数字之多,每有今不如古之感想。明乎此而后不为所惑。吾故曰:研究历史,不可不知历代度量衡之制也。

(本文系马衡于北京大学史学系专题讲稿。)

《隋书·律历志》十五等尺

唐李淳风撰《隋书·律历志》,以晋前尺校诸代尺,列为一十五等。其第一等为周尺;《汉志》,王莽时刘歆铜斛尺;后汉建武铜尺;晋泰始十年荀勖律尺——为晋前尺;祖冲之所传铜尺。其余十四等皆依此为标准,以相参校,说其异同。此第一等之五种尺中,祖冲之之所传,即荀勖之所造,其实只有四种。苟于此四种中得其一,则十五等之尺,皆可以确定矣。宋皇祐中(公历一〇四九至一〇五四),高若讷曾依《隋志》仿造之,其所根据之实物,乃以汉王莽时大泉、错刀、货布、货泉四物之首足肉好长广分寸皆合正史者(一、大泉五十,重十二铢,径一寸二分;二、错刀,环如大泉,身形如刀,长二寸;三、货布,重二十五铢,长二寸五分,广一寸,首长八分有奇,广八分,足股长八分,间广二分,围好径二分半;四、货泉,重五铢,径一寸),互相参校,定为汉钱尺——为刘歆铜斛尺。更以汉钱尺定诸代尺,上之,藏于太常寺。今所传宋王复斋拓本之晋前尺(见阮元《积古斋钟鼎彝器款识》及王复斋《钟鼎款识》),据王国维先生所考定,即若讷所造十五等尺之一也。

余尝读《西清古鉴》(卷三十四),载有汉嘉量,五量备于一器:上为斛,下为斗,左耳为升,右耳为合、龠。按《汉书·律历志》曰:

> 量者,龠、合、升、斗、斛也;所以量多少也。本起于黄钟之龠,用

度数审其容,以子谷秬黍中者千有二百实其龠,以井水准其概。合龠为合,十合为升,十升为斗,十斗为斛,而五量嘉矣。其法用铜,方尺而圜其外,旁有庣焉。其上为斛,下为斗,左耳为升,右耳为合、龠。其状似爵,以縻爵禄,上三下二,参天两地,圜而函方,左一右二,阴阳之象也。其圜象规,其重二钧,备气物之数,合万有一千五百二十。声中黄钟,始于黄钟而反复焉,君制器之象也。

班固之作《律历志》,自言取刘歆之义。颜师古谓《备数》《和声》《审度》《嘉量》《衡权》五篇皆歆之辞。然则此篇之文,正言歆为莽所作之制度也。故以此器证《汉志》,殆无一不合。惟五量之铭,《汉志》不载,兹录于左:

律嘉量斛,

方尺而圜其外,庣旁九厘五豪,冥(同冪,刘徽《九章算术·方田注》"凡广从相乘谓之冪",《西清古鉴》误释作宽,下同)百六十二寸,深尺,积千六百廿寸,容十斗。

律嘉量斗,

方尺而圜其外,庣旁九厘五豪,冥百六十二寸,深寸,积百六十二寸,容十升。

律嘉量升,

方二寸而圜其外,庣旁一厘九豪,冥六百卅(《西清古鉴》误释作世)八分,深二寸五分,积万六千二百分,容十合。

律嘉量合,

方寸而圜其外,庣旁九豪,冥百六十二分,深寸,积千六百廿分,容二龠。

律嘉量龠,

方寸而圜其外,庣旁九豪,冥百六十二分,深五分,积八百一十分,容如黄钟。

又有铭辞八十一字,曰:

黄帝初祖,德帀于虞;虞帝始祖,德帀于新。(此王莽自述其世系之所出也。《汉书·王莽传》云:"居摄三年十一月甲子,改元为初始元年。戊辰,下书曰:'予以不德,托于皇初祖考黄帝之后,皇始祖考虞帝之苗裔。'"是莽以黄帝为初祖,虞帝为始祖也。帀,周也。遍也。新为莽有天下之号。)岁在大梁,龙集戊辰,(岁,岁星也。龙,苍龙,即太岁也。初始元年,太岁在戊辰。大梁,其星次也。)戊辰直定,(居摄三年十一月甲辰朔,廿一日甲子,改元初始。戊辰乃廿五日也。定,建除之次也。《戊辰诏书》曰:"以戊辰直定,御王冠,即真天子位。"颜师古注曰:"于建除之次,其日当定。"周寿昌《汉书注校补》云:"定,即建除家所谓定日也。《淮南子·天文训》云:'寅为建,卯为除,辰为满,巳为平,主生;午为定,未为执,主陷;申为破,主衡;酉为危,主杓;戌为成,主少德;亥为收,主大德;子为开,主太岁;丑为闭,主太阴。'"今日者书以随月日为转移,十二干无定属,大要以除、危、定、执为吉;建、满、平、收为次;成、开亦吉;破、闭则凶。是知其法自汉已然。)天命有民,(《戊辰诏书》曰:"神明诏告,属予以天下兆民也。")据土德,受正号即真,(莽自谓以土继火,据土德,色尚黄。正号,谓定号曰新也。即真,谓由摄位而即真天子位也。)改正建丑,长寿隆崇。(丑,十二月。谓以初始元年十二月癸酉朔为始建国元年正月朔也。[按居摄三年十一月廿一日改元初始,是年仅得十有一月。])同律度量衡,稽当前人。(同律度量衡,用《虞书·尧典》之文。律,候气之管也。度,所以度长短也。量,所以量多少也。衡,所以称物知轻重也。同,齐也。稽,考也。当,合也。谓齐壹律度量衡,考合于前人也。《律历志》言:"征天下通知钟律者百余人,使羲和刘歆典领条奏。"《王莽传》云:"莽策群司曰:'太白司艾,西岳国师。典致时阳。白炜向平,考量以铨。'"国师者,刘歆也。故新嘉量世传为刘歆铜斛。)龙在己巳,岁次实沈,(始建国元年太岁在己巳,岁星次于实沈也。)初班天下,万国永遵,子子孙孙,亨传亿年。(此言以是年班度量衡于天下也。亨即享,古本一字。)

按此斛铭三十三字,见于《隋书·律历志》。晋刘徽注《九章算术》,亦屡言晋武库中有汉时王莽作铜斛,据其所言之形制,亦同《汉志》。《方田篇》引斛铭,《商功篇》引斛铭、斗铭,并言升、合、龠皆有文字,其后又有赞文。所引斛、斗铭字句,与此小有异同,要当以此为正。所谓赞文者,即此八十一字之铭,《隋书·律历志》载后魏景明中,并州人王显达献古铜权,上铭八十一字(《隋志》夺"戊辰"二字,误"新"为"辛"),与此正同。

窃以为形制既与《汉志》相合,铭文又与《九章算术注》及《隋志》相合,其器或非向壁虚造之伪器。是晋刘徽及符秦时释道安(见《高僧传》卷五《道安传》)所见二器之外,天壤间尚有此一器巍然独存,岂非学术界之瓌宝? 顾虽见著录,而物之存亡,莫可究诘,则亦喟然兴叹,徒劳梦想而已。不得已乃效高若讷之所为,以货布四枚制一尺,择其首足长广之比例合度者用之,以度王莽时诸货币,其尺寸乃无一不合。然私心犹以为未足,仍欲得《西清古鉴》之汉嘉量一证之,盖此器若出,不特尺度可知,而王莽时之衡量皆可以确定。耿耿此心,固未尝一日忘之也。十三年冬,清废帝溥仪出宫,清室善后委员会成立,开始点查故宫物品。余亦与点查之役,以此事白诸委员会,请其特别注意。是年十二月三十一日,此器果见于坤宁宫——为清帝行婚礼之所。余闻之喜而不寐。越二日,怀货布尺以往,见其器一如《西清古鉴》所图,而文字为铜锈所掩,不如端方所藏残器之清晰(《陶斋吉金录》卷四新莽残量,仅存残铜一片,而八十一字之铭完好无缺,闻系清末时孟津所出)。因以货布尺置斛中,而尺与口平,乃知“深尺”之文之可据;又以此尺度其他各部,悉与铭合。于是此器之为刘歆铜斛,确然可信;而此货布尺之为刘歆铜斛尺,亦确然可信矣。

今以此尺为本,以校其余十四等之尺,并以公尺(Metre)准之,列表如左:

一　周尺;

　《汉志》,王莽时刘歆铜斛尺;

　后汉建武铜尺;

　晋泰始十年荀勖律尺——为晋前尺;

　祖冲之所传铜尺。

　　　比公尺〇·二三一

二　晋田父玉尺;

　梁法尺。

　　　比晋前尺一·〇〇七

　　　比公尺〇·二三二六一

三　梁表尺。

　　　　比晋前尺一·〇二二一

　　　　比公尺〇·二三六一

四　汉官尺；

　　晋时始平掘地得古铜尺。

　　　　比晋前尺一·〇三〇七

　　　　比公尺〇·二三八〇九

五　魏尺——杜夔所用调律。

　　　　比晋前尺一·〇四七

　　　　比公尺〇·二四一八五

六　晋后尺——晋氏江东所用。

　　　　比晋前尺一·〇六二

　　　　比公尺〇·二四五三二

七　后魏前尺。

　　　　比晋前尺一·二〇七

　　　　比公尺〇·二七八八一

八　中尺。

　　　　比晋前尺一·二一一

　　　　比公尺〇·二七九七四

九　后尺；

　　后周市尺；

　　开皇官尺。

　　　　比晋前尺一·二八一

　　　　比公尺〇·二九五九一

十　东后魏尺。

　　　　比晋前尺一·三〇〇八

　　　　比公尺〇·三〇〇四八

十一　蔡邕铜籥尺；

后周玉尺。

比晋前尺一·一五八

比公尺〇·二六七四九

十二　宋氏尺；

钱乐之浑天仪尺；

后周铁尺；

开皇初调钟律尺；

平陈后调钟律水尺。

比晋前尺一·〇六四

比公尺〇·二四五七八

十三　开皇十年万宝常所造律吕水尺。

比晋前尺一·一八六

比公尺〇·二七三九六

十四　杂尺；

赵刘曜浑天仪土圭尺。

比晋前尺一·〇五

比公尺〇·二四二五五

十五　梁朝俗间尺。

比晋前尺一·〇七一

比公尺〇·二四七四

按《隋志》，"十、东后魏（武英殿本作"东魏"）尺，实比晋前尺一尺五寸八毫"。以今营造尺校之，尚长八分有奇。虽北朝以调绢之故，逐渐增长（本王国维先生说），亦不应骤增至二寸以上，而此后又复减短。揆之事理，皆有未合。故余疑《隋志》当有误字，然取校各本，其文悉同。嗣检《宋史·律历志》中高若讷之所定，其文曰："十、东魏后尺（疑"后魏"二字误倒），比晋前尺为一尺三寸八毫。"乃知《隋志》之"五"字，实"三"字之误（王应麟《玉海》、马端临《文献通考》并已作"五"，知《隋志》之误，自南宋时已然，若讷所见尚不误也）。以校后魏后尺，仅增一分九厘八毫，似较近理,故依《宋史》为之改正。

李淳风之定此十五等尺,剖析厘毫,比校精审,苟非依据实物,必不能若此之详尽。今吾人所以知自周迄隋之尺度者,亦惟刘歆铜斛是赖。使无此实物,虽有钱币可准,亦终不敢自信。然则此刘歆铜斛者,在考古学上,其价值为何如耶?他日更当就衡量以校古今之差异,余敢断言其增进之率必校尺度为更多也。

(本文原题《〈隋书·律历志〉十五等尺模型说明书》,1927年由北大研究所国学门铅印;1932年修订重印,改题今名。)

新嘉量考释

　　此器发见之后,余既据以作《〈隋书·律历志〉之十五等尺》,并刊印小册子行世。复搜集资料草成此文,欲就正于王静安先生而未果。十七年夏,王先生归道山,其遗稿中有《新莽嘉量跋》一篇,所辑资料,大致相同,盖讲学清华研究院时之讲稿也。后刻入《观堂集林》增订本第十九卷。因据以修正此文。今年夏,励乃骥君作《新嘉量五量铭释》,载之北京大学《国学季刊》五卷二号。励君精算术,于庑旁之义反复阐明,亦刘歆之功臣也。遂再据以修正之。盖自十五年冬草成后,至此三易稿矣。顷本院发行年刊,以此器为故宫重宝,关系于学术者至钜,爰检旧稿附入,愿与海内外学人共商榷之。励君别有算稿,列表详尽,为便于省览计,商得励君同意,以此表附列于后。书此志谢。

一、总铭

黄帝初祖,德帀于虞;虞帝始祖,德帀于新。

　　此王莽自述其世系之所出也。《汉书·王莽传》云:"居摄三年十一月甲子,改元为初始元年。戊辰,下书曰:'予以不德,托于皇初祖考黄帝之后,皇始祖考虞帝之苗裔。'"是莽以黄帝为初祖,虞帝为始祖也。帀,周也遍也。新为莽有天下之号。

岁在大梁,龙集戊辰,

257

岁,岁星也。龙,苍龙,即太岁也。初始元年,太岁在戊辰。大梁,其星次也。

戊辰直定,

居摄三年十一月甲辰朔,廿一日甲子,改元初始,戊辰乃廿五日也。定,建除之次也。《戊辰诏书》曰:"以戊辰直定,御王冠,即真天子位。"颜师古曰:"于建除之次,其日当定。"周寿昌《汉书注校补》云:"定,即建除家所谓定日也。《淮南子·天文训》云:'寅为建,卯为除,辰为满,巳为平,主生;午为定,未为执,主陷;申为破,主衡;酉为危,主杓;戌为成,主少德;亥为收,主大德;子为开,主太岁;丑为闭,主太阴。'"今日者书随月日为转移,十二干无定属,大要以除、危、定、执为吉;建、满、平、收为次;成、开亦吉;破、闭则凶。是知其法自汉已然。

天命有民,

《戊辰诏书》曰:"神明诏告,属予以天下兆民。"

据土德,受正号即真,

莽自谓以土继火,据土德,色尚黄。正号,谓定号曰新也。即真,谓由摄位而即真天子位也。

改正建丑,长寿隆崇。

丑,十二月。谓以初始元年十二月癸酉朔为始建国元年正月朔也。(按居摄三年十一月廿一日改元初始,是年仅得十有一月,而初始元年又仅得九日也。)

同律度量衡,稽当前人。

同律度量衡,用《虞书·尧典》之文。律,候气之管也。度,所以度长短也。量,所以量多少也。衡,所以称物知轻重也。同,齐也。稽,考也。当,合也。谓齐壹律度量衡,考合于前人也。《汉书·律历志》言:"征天下通知钟律者百余人;使羲和刘歆典领条奏。"《王莽传》云:"莽策群司曰:'太白司艾,西岳国师。典致时阳。白炜向平,考量以铨。'"国师者,刘歆也。故新嘉量世传为刘歆铜斛。

龙在己巳,岁次实沈,

始建国元年太岁在己巳,岁星次于实沈也。

初班天下,万国永遵,子子孙孙,亨传亿年。

此言以是年班度量衡于天下,故《隋书·律历志》载并州人王显达献古铜权有此铭,而甘肃新出铜衡亦有此铭也。亨即享,古本一字。

二、斛铭

律嘉量斛,

《周礼·考工记》(《桌氏》):"嘉量既成,以观四国。"《汉书·律历志》:"四曰嘉量。"又曰:"量者,龠、合、升、斗、斛也。所以量多少也。本起于黄钟之龠。用度数,审其容,以子谷秬黍中者千有二百实其龠,以井水准其概。合龠为合,十合为升,十升为斗,十斗为斛,而五量嘉矣。"颜师古曰:"嘉,善也。"王莽自比周公,一切典章制度皆取法于周,故用《周礼》之文而称曰嘉量。《尔雅·释诂》:"律,法也。"马融于《尚书·尧典》"同律度量衡"注曰:"律,法也。"是王莽之所谓"律嘉量",亦犹秦诏之言"法度量"也。或云度量衡皆出于律,故王莽于度量衡上皆冠以律字,亦通。

方尺而圜其外,

此亦《考工记》之文。《汉志》同。自来释之者多不得其解,甚有谓其器内方外圜者,其误孰甚。励君解之曰:"古时以矩勾为枢,环其股端以为圜,故不言方而圜之大小不能定。言方者,假设以定圜也。"又引《周髀算经》商高"圜出于方,方出于矩,矩出于九九八十一,是为积矩"之说以证之,其说是也。

庣旁九氂五豪,

《汉志》:"旁有庣焉"注引郑氏曰:"庣音条桑之条。庣,过也。"师古曰:"庣,不满之处也。"《说文》(斗部)作斛,云:"斛旁有斛。"段玉裁云:"庣旁者,谓方一尺而又宽九氂五豪也。不宽九氂五豪,则不容十斗。"《隋志》曰:"祖冲之以圜率考之,此斛当径一尺四寸三分六厘一毫九秒二忽,庣旁一分九毫有奇。刘歆庣旁少一厘四毫有奇,歆术数不精之所致也。"氂字,斛铭从"ᚨ",斗铭从"ᚨ",升铭从"ᚨ",即《说文》(犛部)从犛省从毛之氂。解曰:"犛牛尾也。"《汉志》:"不失豪氂"注引孟康曰:"豪,兔豪也。十豪为氂。"

冥百六十二寸,

冥与幂、幎(幂)、幕同,又作幭、羃、羅。《周礼·秋官·冥氏》,先郑读如《冥氏春秋》之冥,后郑谓冥方之冥。段玉裁云:"冥方,即算法之方幂。"按刘徽《九章算术·方田注》:"凡广从相乘谓之羃"。是所谓冥者,即今面积之谓也。其正字当作冥,亦即《说文》训"幽也"之冥,惟从大不从六。《西清古鉴》《两汉金石记》释宽,并误。

深尺,

亦《考工记·桌氏》之文。

积千六百廿寸,

积,谓体积也。以深尺乘冥百六十二寸所得之数也。

容十斗。

上言体积,此言容实也。

三、斗铭

律嘉量斗，

方尺而圜其外，

庣旁九氂五豪，

冥百六十二寸，

深寸，

积百六十二寸，

容十升。

此器在斛底，即《汉志》所谓"其上为斛，其下为斗"也。故圜径及庣冥同于斛。惟深度当斛十之一耳。

四、升铭

律嘉量升，

此器附着于斛之左，即《汉志》所谓"左耳为升"也。

方二寸而圜其外，

庣旁一氂五豪，

励君谓方与庣之数皆当斗斛五之一，其说是也。

冥六百卌八分，

励君谓五之一自乘得廿五，以廿五除斗斛之冥数得六百卌八方分，是也。《西清古鉴》《两汉金石记》并误卌为卅。

深二寸五分，

积万六千二百分，

容十合。

五、合铭

律嘉量合，

方寸而圜其外，

庣旁九豪，

> 励君谓方与庣皆当斗斛十之一，所以不言九豪五丝者，以其微而略之也。

冥百六十二分，

深寸，

积千六百廿分，

容二籥。

> 《说文》（龠部）："龠，乐之竹管，三孔，以和众声也。"又（竹部）："籥，书僮竹笘也。"此以书僮竹笘之"籥"为乐之竹管之"龠"。

六、龠铭

律嘉量籥，

> 合龠皆附着于斛之右，上为合，下为龠，即《汉志》所谓"右耳为合龠"也。

方寸而圜其外，

庣旁九豪，

冥百六十二分，

深五分，

积八百一十分，

> 当合之半也。

容如黄钟。

> 《汉志》："黄帝使泠纶，自大夏之西，昆仑之阴，取竹之解谷生，其窍厚均者，断两节间而吹之，以为黄钟之宫。制十二筒以听凤之鸣，其雄鸣为六，雌鸣亦六，比黄钟之宫，而皆可以生之，是为律本。"黄钟之龠之所容，量之所由起也。

此器载在《西清古鉴》卷三十四，凡一器而龠、合、升、斗、斛五量咸备。每种皆有刻辞，说明其尺寸及容积之数，每句一行。又有铭辞八十一字，凡二十行，述其制作之事。盖王莽时之物也。翁方纲著《两汉金石记》，录其全文于第四卷中，并云："愚按王莽铜量未知存否，今所见摹本篆文五段(实有六段)如此,依而录之。"翁氏不言出处,初不知与《西清古鉴》所录者是一是二。吾友徐森玉君藏一拓本,其剥蚀处多与此本同,有赵秉冲印记及翁方纲题字。翁谓据此录入《两汉金石记》中。是翁所据之本,即赵之所摹。赵在乾隆时,尝参与编录内府铜器。今故宫博物院及古物陈列所诸器之函座,多有赵之题字或释文。阮元著《积古斋钟鼎彝器款识》,所据赵之摹本六十余器,大半见于《西清古鉴》《西清续鉴》甲乙编、《宁寿鉴古》四书。则徐氏所藏之本,亦即《西清古鉴》之物,可断言也。翁所以不言出处者,以说有异同,或与官书相抵牾,惧因此获谴也。阮氏之书,只言摹本而不言曾见著录,亦此意也。此器不知其所自来,经此二书著录以后,亦绝无道及之者。此器之若存若亡,二百余年于兹矣。十三年冬,办理清室善后委员会点查故宫物品,得之于坤宁宫,虽已炱掩尘封,而物犹无恙,此不独古物之幸,抑亦学术界之幸也。

《汉书·律历志》曰:"至元始中,王莽秉政,征天下通知钟律者百余人,使羲和刘歆等典领条奏,言之最详。故删其伪辞,取正义著于篇:一曰《备数》,二曰《和声》,三曰《审度》,四曰《嘉量》,五曰《权衡》。"颜师古曰:"班氏自云作《志》取刘歆之义。自此以下,讫于'用竹为引者事之宜也'则其辞焉。"是《备数》至《权衡》五篇,皆歆之辞,所言皆王莽之制也。其《嘉量篇》所述五量之制,乃与此器若合符节。所谓"上三下二,参天两地"者,言五分其器之高,设两耳于上三下二之间也(或说五器中,仰而向上者三,俯而向下者二,亦通)。所谓"左一右二"者,言升与合龠之左右分列也。惟五量之铭及八十一字之铭,《汉志》皆不载,而有三篇散见于他书。晋刘徽注《九章算术》,屡言晋武库中有汉时王莽所作铜斛。其《方田注》引斛铭一篇,《商功注》引斛铭及斛底斗铭各一篇(王氏引《九章算术注》,只引《商功》而遗《方田》)。并云:"合龠皆有文字,升居斛旁,合龠在斛耳上,后有赞文,与今《律历志》同。亦魏晋所常用。"唐李淳风撰《隋书·律历志》,于《嘉量篇》中引《汉志》,而续以"其斛铭曰"云云。于《衡权篇》中记后魏景明中并州人王显达献古铜权一枚,上铭八十一字,其铭曰云云(今本《隋志》夺"戊辰"二字,并误"新"为"辛",又因避讳而改

"民"为"人"），亦即刘徽所谓赞文也。惟升合龠之铭未见著录，赖此器知之。然玩刘氏《商功注》之语，及李氏《嘉量篇》所引，似《汉志》旧有铭辞而今佚之者，是不能无疑也。王静安先生《跋》以《商功》之注归之李淳风，云："按此条虽无'淳风按'三字，然实李注。云'后有赞文与今《律历志》同'者，谓此量后铭与淳风所撰《隋书·律历志》中莽权铭同也。云'今祖疏王莽铜斛文字尺寸分数'者，祖，盖谓祖冲之。《隋志》载祖冲之以密率考此量，其证也。云'不尽得升合龠之文'者，谓祖冲之仅录斛斗二铭及后铭不录升合龠三铭也。"王氏既解"今《律历志》"为淳风自撰之《隋志》，则余所疑《汉志》有佚文，似可以涣然冰释。然《商功》此注之下，仍有"淳风按"云云，则以上又不似淳风语（淳风既于《隋志》之权铭称铭，不应于此独称赞文）。且晋武库之铜斛，祖冲之实不及见。据《晋书·五行志》："惠帝元康五年（公历二九五）闰月庚寅（是年闰十月丁亥朔四日为庚寅），武库火。累代异宝：王莽头，孔子屐，汉高祖断白蛇剑，及二百八（疑余字之误）万器械，一时荡尽。"虽未明言王莽铜斛，而刘徽屡言斛在武库，此后亦即失传，是必在二百余万器械之列，从可知矣。祖冲之生于宋文帝元嘉六年（公历四二九），卒于齐东昏侯永元二年（公历五百），距武库之灾已百有余年，无缘见其器，录其文也。祖氏以密率考此量，亦第依据旧文耳。是则此注之文仍属疑问也。

铭辞中既有"初班天下，万国永遵"之语，则刘歆当日所造，必不止一器。颜师古《汉书注》引郑氏曰："今尚方有王莽铜斛，制尽与此同。"郑氏不知何时人，晋灼《集注》云："北海人，不知其名。"据洪颐煊《读书丛录》所考，殆为魏以后人。此魏晋尚方之铜斛也。刘徽于武库中见汉时王莽所作铜斛，此晋武库之铜斛也。《晋志》《隋志》记荀勖所造晋前尺铭，言泰始十年中书考古器七品，五曰铜斛。次于古钱及建武铜尺之前，当即刘歆铜斛。古钱亦指莽时钱币。此晋荀勖所见之铜斛也。《高僧传》卷五《释道安传》云："有人持一铜斛于市卖之，其形正圆，下向为斗，横梁昂者为升，低者为合；梁一头为龠。龠同黄钟，容半合。边有篆铭。坚（符坚）以问安，安云：'此王莽自言出自舜皇，龙戊辰（夺集字），改正即真，以同律量，布之四方，欲小大器钧,令天下取平焉。'"据其所纪之形,乃上斛下斗,左右升合龠。惟其辞不甚详,以耳之上下为横梁之低昂,又误以升合属之一头,致疑其为别一形制。安之说解,亦即八十一字之铭辞也。此符秦时道安所见之铜斛也。郑氏、刘徽、荀勖等所见者,或同属一器。而释道安见于长安市上者,当别为一器也。自是以后,不闻更有实物。唐李淳风著《隋书·律历志》,校诸代尺度一十五等。其第一等中有刘歆铜斛尺,而冠以"汉志"二字,是非根据实物可知。其《嘉量篇》中所录之斛铭,或依据《汉志》旧文,或录自《九章算术注》,未可知也。宋司马光《答范镇书》云:"汉斛者,乃刘歆为王莽为之,就使其真器尚存,亦不足法。"是唐宋以来,久不知有此实物矣。今人或有疑此器为出自宋人仿造者,不知宋人未睹实物,何从仿造。为此说者,不知其亦有根据否也。公历一千九百一年(清光绪二十七年),山西河东某县出一残器,有八十一字之铭,后归端方(见《陶斋吉金录》)。其残形与此器正合。尤可证刘歆当时所造不止一器也。

附录

此器通高,周制一尺一寸三分有奇(清制八寸二分,米制 0.26 公尺)。通阔,周制二尺二寸九分有奇(清制一尺六寸六分,米制 0.529 公尺)。其重,周制九百六十两即二钧(清制三百六十三两,米制 14695.5 公分)。

五量各度以米制(Metric System)准之,列表如后:

(案刘复氏校量莽量莽权,得一尺之值,为米制 23.0887 公分(cm.)。一升之值,为米制 200.634 立方分(c.c.)。一斤之值,为米制 244.925 公分(gr.)。又实测得斛容量为米制 20187.66 立方分。其容量与下表稍有出入者,实量与计算,有相当误差也。)

度别 ＼ 量别		斛	斗	升	合	龠
函边方长	周制	1.0000 尺	1.0000 尺	2.0000 寸	1.0000 寸	1.0000 寸
	清制	0.7290 尺	0.7290 尺	1.4580 寸	0.7290 寸	0.7290 寸
	米制	0.2310 公尺	0.2310 公尺	4.6200 公分	2.3100 公分	2.3100 公分

续表

度别 \ 量别		斛	斗	升	合	龠
庑长	周制	0.0095 尺	0.0095 尺	0.0019 寸	0.0009 寸	0.0009 寸
	清制	0.0069 尺	0.0069 尺	0.0013 寸	0.0013 寸	0.0013 寸
	米制	0.00219 公尺	0.00219 公尺	0.004389 公分	0.00207 公分	0.00207 公分
圜径且长	周制	1.43619 尺	1.43619 尺	2.871386 寸	1.43619 寸	1.43619 寸
	清制	1.04708 尺	1.04708 尺	2.09416 寸	1.04708 寸	1.04708 寸
	米制	0.33176 公尺	0.33176 公尺	6.6352116 公分	3.3176 公分	3.3176 公分
冥（面积）	周制	162.000 方寸	162.000 方寸	648.000 方分	162.000 方分	162.000 方分
	清制	86.101 方寸	86.101 方寸	354.40 方分	86.100 方分	86.100 方分
	米制	864.448 方分	864.448 方分	34.5779 方分	8.6444 方分	8.6444 方分
深（即高）	周制	1.0000 尺	1.0000 寸	25.000 分	10.000 分	5.000 分
	清制	0.7290 尺	0.7290 寸	18.200 分	7.290 分	3.640 分
	米制	0.2310 公尺	2.3100 公分	5.775 公分	2.3100 公分	1.155 公分
积（体积）	周制	1620.000 立方寸	162.000 立方寸	16200.00 立方分	1620.00 立方分	810.00 立方分
	清制	627.676 立方寸	62.7679 立方寸	6276.76 立方分	627.676 立方分	313.83 立方分
	米制	19968.753 立方分	1996.8753 立方分	199.6875 立方分	19.9688 立方分	9.98437 立方分
容量	进位量	10 斗	10 升	10 合	2 龠	1 龠
	龠量	2000	200	20	2	1

（本文原载《国立北平故宫博物院年刊》创刊号，1936 年 7 月出版。）

中国书籍制度变迁之研究

书籍是介绍文化的工具,其制度变迁之历史,应有研究之价值,可惜年湮代远,不易得到很完全很有系统的知识;所幸载籍的纪录,实物的流传,虽说是"东鳞西爪",尚可得其大概。我这所谓制度是单指材质和形式而言,并不包括撰述或流传的方面。近人对于这个问题也有研究过的;关于最古的,有王静安先生(国维)的《简牍检署考》;关于近代的,有叶焕彬先生(德辉)《书林清话》中的几节。我现在采取两家之说,再加以自己的意见,草成此篇,以见书籍制度变迁之程序。

一、材质及其兴废之时期

我们现在一提到书籍两个字,一般人的观念,总以为是用纸印刷而装订作一册一册的。但这是现在已经进化的制度,并不是初有书籍时就是如此的。凡是创造的东西,必定先有笨办法,而后逐渐改为巧妙的。纸是二世纪之初的产物(见下),以之写录书籍,却又是以后的事,在未用纸以前是先用缣帛,缣帛以前又先用竹木。

竹木始于何时,今不可考,也许是自有书契以来就如此的。缣帛之用,却也不很晚,《墨子·明鬼篇》曰:"故书之竹帛,传遗后世子孙。"《韩非子·安危篇》亦曰:"先王寄理于竹帛。"都是以竹与帛并举。可见在周朝的时候,虽用竹木,已经兼用缣帛了。《汉书·艺文志》撮录群书,或以篇计,或以卷计。以篇计的是竹木,以卷计的是缣帛。卷的数目不如篇多,可以晓得西汉时候,缣帛虽已流行,而用处尚不如竹木之广。《后汉书·儒林传》里说:"及董卓移都之际(纪元一九〇年),吏民扰乱,自辟雍、东观、兰台、石室、宣明、鸿都诸藏,典策文章,竞共判散。其缣帛图书,大则连为帷盖,小乃制为滕囊。"当东汉末年,缣帛用处之广,已可想见。但是《阳球传》载灵帝时(一八〇年顷),球《奏罢鸿都文学》的文里,说当时为鸿都文学的人,有"鸟篆盈简,笔不点牍"的话。《荀悦传》记悦作《汉纪》时(献帝建安初,当纪元二〇〇年),献帝诏尚书给笔札,所用的都还是竹木。大概应制之作,以及官府的文书,各有定制,不能随意变更,所以仍用竹木,其余或者都趋于便易,多用缣帛了。官府文书之用竹木,不但汉末如此,直到南北朝的时候,还有一部分用的;那么竹木的命运也就不为短了。

　　至纸的创造家,虽是蔡伦,而纸之名却仍是因于缣帛。据《后汉书·蔡伦传》说:"自古书契,多编以竹简;其用缣帛者,谓之为纸。缣贵而简重,并不便于人。伦乃造意用树肤麻头及敝布鱼网以为纸。元兴元年(纪元一〇五年),奏上之。帝善其能,自是莫不从用焉;故天下咸称蔡侯纸。"然则蔡伦所造的,并未锡以新名,还是因缣帛之旧称,所以蔡伦以前所谓纸者,都是指缣帛而言,即如《意林》引应劭《风俗通》说:"光武车驾徙都洛阳,载素简纸经凡二千两(同辆)。"《后汉书·贾逵传》说:"(章帝)令逵自选《公羊》严、颜诸生高才者二十人,教以《左氏》,与简纸经传各一通。"都不是现在之所谓纸。但是蔡伦以后,纸之名遂为树肤麻头等所造的东西所专有了。

　　照《蔡伦传》所说,似乎造纸的动机,是感觉到缣与简的不便,要以它来代替。但初造之时,不甚通行,惟家贫不能用缣帛者用之。《北堂书钞》(一〇四)引崔瑗《与葛元甫书》曰:"今遣送《许子》十卷,贫不及素,但以纸耳。"可知当时犹以纸为不敬。魏晋之际,书籍还有缣帛,到南北朝时才通行用纸。《隋书·经籍志》曰:"魏秘书郎郑默始制《中经》;秘书监荀勖又因《中经》更著《新簿》,分为四部,总括群书。……大凡四部合二万九千九百四十五卷,但录题及言,盛以缥囊,书用细素。"又曰:"其中原则战争相寻,干戈是务;文教之盛,符姚而已。宋武入关,收其图籍,府藏所有,才四千卷,赤轴青纸,文字古拙。"又曰:"及平陈以后,经籍渐备,检其所得,多太建时书,纸墨不精,书亦拙恶。"《北堂书钞》(一○四)引王隐《晋书》曰:"陈寿卒,诏河南尹华澹下洛阳令张泓遣吏赍纸笔,就寿门下写取《三国志》。"张怀瓘《二王等书录》曰:"桓玄爱重二王,不能释手,乃选缣素及纸书正行之尤美者各为一帙,常置左右。"据这几段纪载书籍的事参稽起来,晋的时候,纸与缣帛兼用。大概纸之完全代替缣帛,是在南北朝之时。以上三种材质兴废的时期虽不敢确定其起讫的界限,然行用的时期我们可以大略得到以下的结果:

(一)竹木　从有书契以来迄于三、四世纪。

(二)缣帛　从前四、五世纪迄于五、六世纪。

(三)纸　　从二世纪迄于今日。

二、形式及其装置之法

材质既然不同,所以形式也就跟着不同了。缣帛的性质是柔软的,可以卷舒,用的时候展开来,藏的时候卷起来。这种形式就叫做卷轴。纸的性质与缣帛相近,行用的初期,又在缣帛的卷轴盛行时代,所以它的装置的形式,和缣帛一样——也是卷轴。但性质虽然相近而略有不同,缣帛是完全柔软的,纸则于柔软之中含有坚致的性质。后来到感觉不便的时候,因这坚致的一点而得到改良的方法,就是由卷舒的卷轴一变而为折叠的叶子。这种叶子的形式也改变过很多种,我们现在对卷轴而言,可以叫作册叶。至于竹木,是当初最笨的制度,论其性质是坚硬的,分量既重,体积又大,就我们现在看来,可谓不方便极了。其形式系用竹木削成狭而长的片子,更写字于其上。这种竹木的片子谓之简,把许多简编在一起就谓之册——或写作策，总名即谓之简册。现在依时代的先后，列各种形式如下：

　　（甲）简册（竹木）。

　　（乙）卷轴（缣帛与纸）。

　　（丙）册叶（纸）。

　　以下再分段的说明。

（甲）简册

　　简册二字的意思，上头已经说过，现在引贾公彦、孔颖达二人的话来证明一下：《仪礼·聘礼》疏："简谓据一片而言，策是编连之称。"又《既夕礼》疏："编连为策，不编为简。"《春秋左传序》疏："单执一札谓之为简，连编诸简乃名为策。"这些策字都是册的通假字。《说文》曰："册，符命也；诸侯进受于王也。象其札一长一短，中有二编之形。"甲骨文的"册"作"𝍖"，钟鼎文作"𝍖"，都象编简之形。所以简册两个字可以包括竹木制的书籍。若讲到它的种类，名目也很多，其字大半属于形声一类，竹做的从竹，木做的从木或片：如牍、札、牒、椠、版、簿、籍等皆然。由文字上看，也略略可以考见简册的制度了。

　　简册的长短，也分好几种：有长二尺四寸的，有长一尺二寸的，有长八寸的。贾公彦《仪礼·聘礼》疏引郑玄《论语序》云："《易》《诗》《书》《礼》《乐》《春秋》，策皆尺二寸（当作二尺四寸，见阮元《校勘记》）；《孝经》谦，半之；《论语》八寸策者，三分居一，又谦焉。"孔颖达《春秋左传序》疏亦曰："郑玄《论语序》以《钩命决》云：'《春秋》二尺四寸书之，《孝经》一尺二寸书之。'故知六经之策皆称长二尺四寸。"《通典》（五十四），封禅使许敬宗等奏亦引《孝经钩命决》曰："六经册长二尺四寸，《孝经》册长尺二寸。"荀勖《穆天子传序》曰："以臣勖前所考定古尺度其简，长二尺四寸。"凡此所言，皆周时写六经、纪、传及国史的简，是用二十四的分数。到了汉以后，其制又略有变更，据王静安所考：有长二尺的，有长一尺五寸的，有长一尺的，有长五寸的，都是二十的分数。敦煌所出汉木简之属于书籍类的,如《急就篇》一尺五寸,而《相马经》、医方等皆长一尺;元康三年历书长一尺五寸,而其余神爵三年、永光五年、永兴元年等历书,又皆长一尺。这是秦以前和汉以后简册长短不同的地方。

每简所容的字数,多少也不一定,据《汉书·艺文志》曰:"刘向以中古文(《尚书》)校欧阳、大小夏侯三家经文,《酒诰》脱简一,《召诰》脱简二。率简二十五字者脱亦二十五字,简二十二字者脱亦二十二字。"《仪礼·聘礼》疏曰:"郑注,'《尚书》三十字一简'之文;服虔注《左氏》云,'古文篆书一简八字'。"荀勖《穆天子传序》曰:"一简四十字。"照这样说,有四十字的,有三十字的,有二十五字的,有二十二字的,有八字的。那容字多的,都是长二尺四寸的简;《左传》八字,或即同于《论语》用八寸简欤。然同是二尺四寸的简,最多的容到四十字,最少的只容二十二字,可见是没有一定的了。敦煌所出的《急就篇》,以一章为一简,每章六十三字。有面背分作三行写,每行二十一字者;有分作两行写,一行三十二字,一行三十一字者。因为这是字书,所以写的整齐画一。据《汉书·艺文志》云:"汉兴,闾里书师合《苍颉》《爰历》《博学》三篇,断六十字以为一章,凡五十五章,并为《苍颉篇》。"字书为讽诵之书,故编辑时即有一定字数,如乐歌之分章,与其他书籍不同也。

编简为册之法,据《说文》说,"中有二编"。据蔡邕《独断》说:"策,简也,……其制长二尺,短者半之。其次一长一短,两编下附。"古文册字作"**册**""**冊**"诸形,可以考见"二编""两编"之说,乃以绳横贯诸简,上下各一道,使诸简排比成册。其编之之物,有用皮的,有用丝的。《史记·孔子世家》云:"孔子晚而喜《易》,读《易》,韦编三绝。"韦是熟皮,以熟皮为缕以编简,谓之"韦编",这是用皮编成的。《太平御览》(六〇六)引刘向《别录》曰:"《孙子》书以杀青简,编以缥丝绳。"荀勖《穆天子传序》曰:"皆竹简,素丝纶。"《南史·王僧虔传》曰:"楚王冢书青丝编。"这是用各种颜色丝编成的。治竹木之法,古籍中也略可考见,《论衡·量知篇》曰:"夫竹生于山,木长于林,未知所入。截竹为筒,破以为牒,加笔墨之迹,乃成文字,大者为经,小者为传、记。断木为椠,析之为版,力加刮削,乃成奏牍。"《风俗通》引刘向《别录》曰："杀青者,直治竹作简书之耳。新竹有汁,善朽蠹,凡作简者,皆于火上炙干之。陈楚间谓之汗,汗者,去其汁也。吴越曰杀,杀亦治也。"可见治竹比较治木手续更为烦难。简册上的字,据叶焕彬所考,一为刀刻,一为漆书。而王静安所考,书刀用以削牍,而非用以刻字,虽殷周之书亦非尽用刀刻。这两说,我以为王说为长。《考工记》:"筑氏为削。"郑注云:"今之书刀。"《释名》(《释兵》)云:"书刀,给书简札有所刊削之刀也。"所谓刊削者,谓有错误则以刀削去之也。《史记·孔子世家》曰:"至于《春秋》,笔则笔,削则削,子夏之徒,不能赞一辞。"这笔与削的解说,据颜师古《汉书·礼乐志》注云:"削者,谓有所删去以刀削简牍也;笔者,谓有所增益以笔就而书也。"古人以刀与笔并称,与所谓笔削的是一个意思,并非说以刀刻字也。至于写字所用之材,大概是以漆为墨。因为照进化的程序说,总是先用天然的材料,而后有比较进步的人工制造的材料。漆是木汁,无待于发明;文字最初用漆写,也是很合理的事实。况且古人对于黑的东西都可称之为墨,不一定专指写字的"书墨"——也许书墨之称,是因袭黑色的旧名,和纸之因袭缣帛的旧名是一样的。但是《后汉书·杜林传》所说的"漆书《古文尚书》一卷",及《后汉书·儒林传》所说"贿改兰台漆书经字",恐怕不是真的漆书;因为当后汉的时候,人造的书墨已经盛行,不应还有漆书了。这或者是古代名称不如后世之严,漆及一切黑色可称为墨,而真的墨书(人工所制)又可因旧制而称为漆书也。

(乙) 卷轴

卷轴的形式,现在所可考见的,都是隋唐以后的纪载。其时已完全用纸,不知缣帛之制如何;敦煌所出六朝的卷子也是纸的,形式与隋唐以后的相同。所以可考的只限于纸的卷轴。然推测起来,缣帛的卷轴大概也无甚区别吧。卷轴皆横行,高约一尺,长短无定制,简册编为一篇者,则卷轴写作一卷。今之书籍虽改作册叶,而犹称为卷者,乃沿卷轴之旧名也。缣帛本是仄而长的,以之为长卷,可以无接缝。《初学记》(二十一)谓"古者以缣帛,依书长短随事截之"是也。纸之篇幅不如帛长,则以数纸连为一幅。其接缝之处以胶黏连之,如有钤印或署名者,则谓之印缝,或曰押缝,或曰款缝。敦煌所出卷轴,虽至断烂,而黏连之处未有脱落者,不知其装潢之法如何也。梁徐陵《玉台新咏序》曰:"五色花笺,河北胶东之纸。"谓以五色纸连成一幅。今日本奈良正仓院藏唐写卷子本《王子安集》,即系此制,知徐文非铺张也。古纸厚于今纸,单层之纸即可装治成轴,不似今之手卷必以数层装背之。古时抄书,必以墨画直格,唐时谓之"边准",宋时谓之"解行"。宋程大昌《演繁露》(卷七)引《李义山集·新书序》(卷七)曰:"治纸工率一幅以墨为'边准'(原注:'今俗呼解行也'),用十六行式(原注:'言一幅解为墨边十六行也'),率一行不过十一字。"而宋赵彦卫《云麓漫钞》(三)曰:"释氏写经一行以十七字为准,故国朝试童行诵经,计其纸数,以十七字为行,二十五行为一纸。"据程氏、赵氏所说,行数字数各有定式,今所见唐以前之卷子本,似不尽相符,惟释氏写经则以每行十七字者为最普通耳。

缣帛或纸之横幅可以卷舒者谓之卷,卷心之轴两端露出于卷外如车轴者谓之轴。轴之材或用琉璃,或用牙,或用玳瑁,或用珊瑚,或用金,或用紫檀,或用斾檀,或用漆。其牙与琉璃之色,或红,或绀,或白,或青,或绿。《隋书·经籍志》曰:"炀帝即位,秘阁之书限写五十副本,分为三品:上品红琉璃轴,中品绀琉璃轴,下品漆轴。"《唐六典》注(九)记集贤院四库书曰:"其经库书钿白牙轴,黄带,红牙签;史库书钿青牙轴,缥带,绿牙签;子库书雕紫檀轴,紫带,碧牙签;集库书绿牙轴,朱带,白牙签,以为分别。"唐武平一《徐氏法书记》曰:"先后(则天)阅法书数轴,将拓以赐藩邸;时见宫人出六十余函于亿岁殿曝之,多装以镂牙轴,紫罗褾,云是太宗时所装。其中有故青绫褾,玳瑁轴者,云是梁朝旧迹。"唐张怀瓘《二王等书录》记宋明帝所装之二王法书,有珊瑚轴者二十四卷,金轴者二十四卷,玳瑁轴者五十卷,斾檀轴者五百三十七卷。记梁武帝所装者凡七百六十七卷,并珊瑚轴。记唐太宗所装者凡一百二十八卷,并金镂杂宝装轴。然则古书之装轴,有这种种材质,可谓穷奢极侈了。但余疑轴之制不尽通体一律,或卷心用木而两端以杂质饰之。观唐张彦远《法书要录》(卷十)《右军书记》中记褚河南监装之卷,率多紫檀轴首,白檀身,可证也。

缣帛或纸之一端既卷入轴内,而他端则以其他材质黏连之,裹于卷外,以防护之,今俗称包首,古谓之褾。褾字之本义为领袖之缘饰;此装于卷端,故亦称为褾。褾首系丝织品以缚之,其名谓之带。梁徐陵《玉台新咏序》所谓"散此绦绳",即指此也。褾有用紫罗者,武平一、张彦远记唐太宗装轴用紫罗褾是也。有用锦者,窦臮《述书赋》所谓"鸾舞锦褾",张怀瓘《二王等书录》记张芝、张昶书用骈檀轴锦褾是也。有特织者,徐浩《古迹记》记路琦家所得羲之书,"其褾是碧地织成,褾头一行,阔一寸,黄色织成"是也。有用纸者,武平一记安乐公主取二王书,"去牙轴紫褾,易以漆轴黄麻纸褾"是也。其带则有分色者,有用织成者。唐四库书分黄、缥、紫、朱四色(见上),分色者也。张怀瓘记梁武帝装二王书以织成带,张彦远记唐太宗命褚河南监装之二王书亦以织成带,用织成者也。

卷之外有帙,《说文》(七):"帙,书衣也。袠,帙或从衣。"此乃防卷轴摩擦易损,故为物以裹之;又或因一书卷轴繁多,易致散失或紊乱,故为物以束之。卷轴在内,帙在外,如人之衣服,故谓之书衣。但无论如何裹束,其两端则仍露于外也。《御览》(六〇七)引《中经簿》曰:"盛书有缣袠、青缣袠、布袠、绢袠。"《后汉书·杨厚传》:"(厚祖父)春卿自杀,临命,戒其子统曰:'吾绨袠中有先祖所传《秘记》,为汉家用,尔其修之。'"张怀瓘《二王等书录》记唐太宗装二王书卷用织成帙。而梁《昭明太子集》(卷一)《咏书袠诗》曰:"擢影兔园池,抽茎淇水侧。……幸杂细缃囊用,聊因班女织。"似书帙虽用缣、布、绢、绨等为之,而仍以竹为里也。罗叔言《鸣沙山石室秘录》记敦煌所出卷子,其外皆以细织竹帘包之。日本正仓院藏唐代杂物,有经帙,皆以细竹为纬,各色绢丝为经以织成之,四周有锦缘,一端有带。其一并织成"依天平十四年岁在壬午(公历七四二年,当唐天宝元年)春二月十四日敕天下诸国每塔安置《金字金光明最胜王经》"等字,殆即所谓织成帙也。现在卷轴的制度,尚因书画而保存,而帙之制度则已久废矣。其每帙所包之卷轴，数亦不等，大概以卷轴之大小多寡定之，其最普通的是每帙十卷。晋葛洪《西京杂记序》曰："（刘）歆欲撰《汉书》，编录汉事，未得缔构而亡。故书无宗本，止《杂记》而已，失前后之次，无事类之辨，后好事者以意次第之，始甲终癸为帙，帙十卷，合为百卷。"此后汉之以十卷为帙也。梁《昭明太子集》前有刘孝绰《序》曰："谨为一袟十卷，第目如次。"《隋志》有"《周易》一袟，十卷，卢氏注"。此六朝之以十卷为帙也。唐陆德明《经典释文序》曰："合为三袟，三十卷，号曰《经典释文》。"魏徵《群书治要序》曰："凡为五帙，合五十卷。"此唐之以十卷为帙也。宋李清照《金石录后序》曰："装卷初就，芸签缥带，束十卷作一帙。"此宋之以十卷为帙也。然此殆于卷轴繁多者，匀分之为若干帙。梁阮孝绪著《七录》，每录分若干部，每部分若干种，而又总计其帙数与卷数。其一部中之种数多者，无由确知其分帙之卷数，而一部仅一种者，其帙数卷数则显而易见，如《子兵录·阴阳部》一种一帙，录外之《声纬》一帙，皆为一卷；《子兵录·农部》一种一帙，则为三卷；录外之《文字集略》一帙，三卷，《序录》一卷，则为四卷；录外之《古今世代录》一帙，则为七卷；录外之《杂文》一帙，则为十卷；录外之《高隐传》一帙十卷，《序例》一卷，则为十一卷；录外之《序录》二帙，一十一卷，则以十一卷分置二帙，必五卷或六卷为一帙矣。若然，则无论卷轴之多寡，皆有帙以防护之，而卷轴多者，分帙亦无标准也。

卷轴以帙裹束，置于架上，每患不易检寻，故有签以为标识。《唐六典》注谓集贤院四库书用牙签，以红、绿、碧、白分经、史、子、集。唐韩愈《送诸葛觉往随州读书》诗亦曰："邺侯家多书，插架三万轴，一一悬牙签，新如手未触"，都说签之材质是以象牙制成的。但余以为普通书签不一定用牙，必有用木或纸或帛的。此种书签，既为便利而设，则其上当有字，记其书名及卷数，此又可推测而知者也。

（丙）册叶

卷子的长幅，一端有轴，一端有褾，如欲检阅后幅，非将全卷展开不可，手续既极繁重，时间又不经济，故不得不谋改革之法。纸的篇幅本来不长，当时以欲因袭缣帛的形式，不能不将各纸黏连以就卷子的制度。现在既感觉不便，只有使之不连，解为散叶之一法。这种散叶便谓之叶子。宋欧阳修《归田录》（卷二）曰："唐人藏书皆作卷轴，其后有叶子——其制似今策子。凡文字有备检用者，卷轴难数卷舒，故以叶子写之，如吴彩鸾《唐韵》，李邰《彩选》之类是也。"程大昌《演繁露》（卷十五）曰："古书不以简策，缣帛皆为卷轴，至唐始为叶子。"是叶子即未经黏连之散叶；对卷子而言便称叶子——俗又写作页。这种散叶既为便于检阅而设，则装置之法，自应变卷舒为折叠。此种折叠之制，仍因袭编连众简之称，谓之为册。所以唐宋以后之册子，即指册叶而言，非复简册之册。《演繁露》（卷七）曰："近者太学课试，尝出'文武之道布在方册'赋，试者皆谓册为今之书册。不知今之书册乃唐世叶子，古未有是也。"可见宋时简册久废，册之一字久为纸叶书籍之定名矣。今称散叶谓之叶，积叶谓之册，总称折叠之制，则谓之册叶。

在卷子解散为叶子之时，先有旋风叶而后有散叶。宋张邦基《墨庄漫录》（卷三）曰："裴铏《传奇》载成都古仙人吴彩鸾善书小字，尝书《唐韵》鬻之。……世间所传《唐韵》犹有□旋风叶，字画清劲，人家往往有之。"所谓旋风叶者，谓以卷轴之长幅，变卷舒而为折叠，自首至尾可以循环翻检，今俗称经折式，唐、宋之时谓之旋风叶。释教经典至今犹有作此式者。

自册叶之式发明，而后有刊版印刷之法。盖卷轴为长幅，无从割裂；自有叶子，而后每叶有一定之字数，由一叶以至于十叶百叶，自为篇幅而递相衔接，以一叶为一版而编次其数。积行而成叶，积叶而成册，积册而成部，而后书籍之制日臻于进化，至今日而不变。其装钉之法，最初以每叶反折之，黏其板心之背，使两旁之余幅向外，不用线钉，谓之蝴蝶装，谓摊书之时，中有黏着，两旁各半叶，如蝴蝶之有两翼也。其外则以纸或帛为护叶，裹于书背而亦黏其中缝，今俗谓之裹背装，以别于线装之护叶上下各半叶也。宋时初改册叶，多为蝴蝶装，书板之左上角，往往于阑外刻书之篇题一小行，为便于翻检而设。今之装法既以板心向外，而刻书者犹于此处刻字，殊可笑也。蝴蝶装所以有板心者，一以志书版之名目卷第，使印刷或装钉时不致紊乱，一以留黏贴之余地，使读者不致碍目。故书名之在二三字以上者，往往摘取其一二字以著之，绝无意义可言也。其度置之法，乃以书背向上，书口向下，排比植立，不似线装之平列者。何以知之？以京师图书馆藏原装宋本之《欧阳文集》《册府元龟》等书，其书根上皆写书名卷第，自书背至书口一行直下，而书口余幅之边际皆曾受磨擦也。其分卷之法不一定以一卷为一册，有一册之中容数卷者，则以异色之帛或纸黏贴于每卷首叶之书口，以为识别，如西文字典之标 A、B 等字母之法，为其便于检寻也。京师图书馆藏《文苑英华》为宋景定元年（公历一二六〇年）装背，其每卷首叶即有黄帛标识，可以为证。此种装式，至元初犹存，不知废于何时也。

蝴蝶装之书，叶皆单层，纸薄者尤易使正面与正面黏着，致翻检时多见纸背。故其后以书叶正折之，使书版两旁之余幅皆向书背，而版心之书名卷第皆向书口，于检寻更觉便利；于是版心遂有书口之称。其实蝴蝶装时并不谓之口也。叶既正折，则两旁余幅可以钻钉，故以纸捻钉之，仍加护叶以裹背法装之。其后复以裹背装不便于裁切书背，乃改护叶为上下各一叶，而以线钉其书背，即今所谓线装也。线装之书，固较蝴蝶装易于检寻，然其弊则书口往往易裂，今书贾装旧书最喜衬纸，一衬纸而书口必不能保，此尤可恨也。改蝴蝶装为线装，不过略变其装置之法，于版片绝无问题，且蝴蝶装之版心，至线装时而更著其效用；惟图画之书利于反折，若改线装则判而为二。如阮元仿宋刻绘图《列女传》，原书为蝴蝶装，仿刻则为线装，阅者即感其不便矣。

册叶之有函，亦如卷轴之有袠，所以防护之也。现在的制度有二种：一种是以硬纸为里，而外糊以布，函其四面而露其两端，其名谓之袠，俗谓之函；其制即由卷轴之袠蜕变而来，不过改软为硬耳。一种是以木板两块上下夹之。其名亦谓之袠，俗又谓之夹板。函之口为牙或骨之签二以键之，遂因牙签之旧名。板之两端横贯两带以束之，遂因带之旧名。

其实并与卷轴异制矣。此两种制度,以言防护,则板不如函,然函是糊成,易生蠹,不适于卑湿之地,故南方多用夹板。

以上所说古今书籍的材质和形式的变迁,都是根据已往的记载,更证以遗留的实物,考其大略如此。罣漏的地方恐不能免,还希望当世博雅之士补其阙遗,正其谬误,则幸甚矣。

(本文原载《图书馆学季刊》第 1 卷第 2 期,1926 年 6 月出版。)

记汉"居延笔"

我国古代之笔之保存于世者,曩推日本奈良正仓院所藏之唐笔为最早,此外无闻焉。不意今竟有更早于此者,此诚惊人之发现矣。爰就研究所得,尽先发表,以介绍于世之留心古代文化者。

二十年(一九三一)一月西北科学考查团团员贝格曼君(F. Bergman)于蒙古额济纳旧土尔扈特旗之穆兜倍而近地方(其地在索果淖尔之南,额济纳河西岸,当东经一百至一百一度,北纬四十一至四十二度之间),发现汉代木简,其中杂有一笔,完好如故。今记其形制如下:

笔管以木为之,析而为四,纳笔头于其本,而缠之以枲,涂之以漆,以固其笔头。其首则以锐顶之木冒之。如此,则四分之木上下相束而成一圆管。笔管长公尺〇·二〇九,冒首长〇·〇〇九,笔头(露于管外者)长〇·〇一四,通长〇·二三二。圆径:本,〇·〇〇六五;末,〇·〇〇五。冒首下端圆径与末同。管本缠枲两束:第一束(近笔头之处)宽〇·〇〇三,第二束宽〇·〇〇二。两束之间相距〇·〇〇二。笔管黄褐色,缠枲黄白色;漆作黑色;笔毫为墨所掩作黑色,而其锋则呈白色。此实物之状态也。

按索果淖尔即古之居延海,汉属张掖郡,后汉属张掖居延属国。额济纳河即古之羌谷水,亦即弱水。穆兜倍而近之地,据木简所记,在当时为甲渠侯,为居延都尉所属侯官之一。复就所存木简中之时代考之,大抵自宣帝以讫光武帝,若以最后之时代定之,此笔亦当为东汉初年之物,为西纪第一世纪,距今且千八百余年矣。羽毛竹木之质,历千八百年而不朽,非沙碛之地,盖不克保存也。今定其名曰"汉居延笔"。

自来器物,必利用天然之材,而后事半功倍。笔管皆圆形,虚其中以纳毫,宜于用竹。而此以木者,盖西北少竹,材不易得,木则随地有之。征之简牍,亦木多而竹少,可以知其故矣。崔豹《古今注》言蒙恬造笔曰:"以柘木为管。"《晋书·五行志》曰:"晋惠帝时谣曰:'荆笔杨板行诏书。'"是古有以木为笔管者矣。惟析而为四,而又冒其首,不知是何取义耳。

其笔头之制法,则《齐民要术》载魏韦诞《笔方》言之最详,惜多误字,致文义晦涩。其言曰:

> 作笔当以铁梳梳兔毫及羊青毛,去其秽毛,使不髯茹(以上据《御览》六〇五所引订)。讫,各别之。皆用梳掌痛拍整齐,毫锋端本各作扁极,令均调平好。用衣羊青毛缩羊青毛(疑有脱误),去兔毫头二分许,然后合扁卷令极圆。讫,痛颉之(颉义未详)。以所整羊毛中或用衣中心(疑有脱误),名曰笔柱,或曰墨池、承墨(《御览》引作"羊青为心,名曰笔柱,或曰墨池")。复用毫青衣羊青毛外(疑有脱误),如作柱法。使中心齐,亦使平均,痛颉,内管中,宁随毛长者使深,宁小不大。笔之大要也。

宋苏易简《文房四谱》载王羲之《笔经》,亦详言其制法,其言曰:

> 采毫竟,以纸裹石灰汁,微火上煮令薄沸,所以去其腻也。先用人发杪数十茎,杂青羊毛并兔毳(原注云:"凡兔毛长而劲者曰毫,短而弱者曰毳"),惟令齐平。以麻纸裹柱根令治(原注云:"用以麻纸者,欲其体实,得水不胀")。次取上毫薄薄布柱上,令柱不见,然后安之(《初学记》二一《纸部》引"探毫竟,以麻纸裹柱根,次取上毫薄薄布令柱不见,然后安之"廿四字)。

又晋崔豹《古今注·问答释义篇》曰：

> 牛亨问曰："自古有书契以来，便应有笔。世称蒙恬造笔何也？"
> 答曰："自蒙恬始造，即秦笔耳（《御览》六〇五引'造'作'作'，无"即"
> 字）。以枯木（《御览》及马缟《中华古今注》并作柘木）为管，鹿毛为
> 柱，羊毛为被，所谓苍毫（《御览》作鹿毫），非兔毫竹管也。"

据以上之所述，是笔头之中心谓之柱，其外谓之被。柱用兔毫或鹿
毫，被则独用羊毫。羊毫弱而兔毫鹿毫较强。以强辅弱，而后适用。晋
王隐《笔铭》曰："岂其作笔，必兔之毫，调利难秃，亦有鹿毛。"（《类聚》五
八引）所谓调利难秃者，即取其强也。然则作柱者必以此二者为主要之
材矣。此"居延笔"之柱已秃，不辨其为鹿为兔。而毫端呈白色者，必羊
毫之被也。

其纳笔头于管也，必固之以漆。管外之缠束，或以麻，或以丝，而涂
漆于其上。汉蔡邕《笔赋》言："削文竹以为管，加漆丝之缠束。"晋傅玄
《笔赋》言："缠以素枲，纳以玄漆。"成公绥《弃故笔赋》言："加胶漆之绸
缪，结三束而五重。"（以上并见《类聚》五八）此笔纳柱于管中，是否用漆，
无由得见，证以纳以玄漆之文，似当有之。其缠之之物似麻而非丝，即傅
玄之所谓枲，《说文》："枲，麻也。"所谓三束五重者，当指每笔三束，而每
束五重。今此笔只二束，而每束不止五重，斯为异耳。素枲之上，犹存残
漆，是殆防缠束之不固也。

笔之敝也，敝其笔头，管固无恙也。故古人之于敝笔，易笔头而不易
管，如今之钢笔然。唐张彦远《法书要录》载何延之《兰亭记》曰："智永即
右军第五子徽之之后，与兄孝宾俱舍家入道，俗号永禅师。常居永欣寺
阁上临书，所退笔头，置之大竹簏，簏受一石余，而五簏皆满。"观于此笔，
既析其管，又缠以枲，与今制不同，而与唐人之说合，知唐以前人之易柱
不易管，犹是汉以来相承旧法也。

笔制之长短，载籍罕有述之者。《方言》载扬雄《答刘歆书》云："故天
下上计孝廉及内郡卫率会者，雄常把三寸弱翰，赍油素四尺，以问其异

语。归即以铅摘次之于椠。"此言三寸者也。王充《论衡·效力篇》云：
"智能满胸之人，宜在王阙，须三寸之舌，一尺之笔，然后自动。"此言一尺
者也。汉之三寸，只当今尺二寸二分弱，颇不便于把持，意者扬雄采录方
言，随时随地写之，故怀小笔及油素，为其便于取携，归而录之于椠，非常
制也。王充所言一尺之笔，乃常人所用者。王羲之《笔经》言："毛杪合
锋，令长九分，管修二握"（《文房四谱》引），亦与一尺之数相近。此笔通
长公尺〇·二三二，以余所定"刘歆铜斛尺"准之，每尺当公尺〇·二三
一米，则正与王充之说合矣。

日本正仓院之笔，号称"天平笔"。《东瀛珠光》第二一六图所载天平
宝物笔，其管上有墨书"文治元年八月廿八日开眼法皇用之天平笔"云
云。据其说明所记，则后白河法皇启敕封库，取天平胜宝时，菩提僧正用
以开眼之笔墨，亲为佛像开眼（吾俗谓之开光），见诸史籍。是墨书虽为
文治元年所书，而笔仍是天平笔也。考天平当我国唐玄宗开元十七年至
天宝八年，为西纪七二九至七四九年。天平胜宝当玄宗天宝八年至肃
宗至德元年，为西纪七四九至七五六年。文治元年当南宋孝宗淳熙十
二年，为西纪一一八五年。天平时代为我国文化输入日本极盛之时。
正仓院所藏古物，多为唐制，故天平笔之制作，与王羲之《笔经》所记类
多相合。《笔经》是否为晋时作品，虽不敢必，而非唐以后人所作，则可
断言也。《笔经》言："先用人发杪数十茎，杂青羊毛并兔毳，惟令齐平。
以麻纸裹柱根令治。次取上毫薄薄布柱上，令柱不见，然后安之。"此
天平笔被毫已脱，惟存其柱，柱根有物裹之，约占笔头之长五分之三，
疑即麻纸也。今奈良有仿制之天平笔，卸而验之，则柱以羊毫为之，柱
根裹麻纸数十重，纸之体积几倍于柱毫，故柱短而根粗，颇不相称。更
以鹿毫薄薄布于其外。设去其鹿毫，则与二一六图完全相同。是知天
平笔之制法，即本于《笔经》也。大笔柱所以受墨，何以裹之以纸，且原
注中又有"欲其体实得水不胀"之解，曩颇疑其非是，今见天平笔，始知
确有此制矣。

汉居延笔制法不裹纸，柱虽短而根不粗，与今制略同。疑与韦诞《笔

方》所述者同法,而非王羲之《笔经》之法也。今人见天平笔以为近古者,睹此可以废然反矣。

（本文原载《国立北京大学国学季刊》第 3 卷第 1 号,1932 年 3 月出版;又载《艺林月刊》第 56 期,1934 年 8 月出版。）

汉代的木简

　　我从未到过西北，对西北各项问题，实在一无所知。但是我曾经参加过整理木简的工作，只好就我所知道的木简问题，大略报告一下。因为我所整理的只是一小部分，而且在三年以前，材料现在又都在北平，所以只能就印象较深而至今还记得的说一说，不能很详细，这是非常抱歉的。

　　在民国十六年，北京学术团体听到瑞典国学者斯文赫定博士（Dr. Sven Hedin）到了北京，要到西北去考察。因此成立了"中国学术团体协会"，与赫定博士办交涉，共同组织"西北科学考查团"，以徐炳昶先生为中国团长，赫定博士为外国团长，所考查的有气象、考古、地质、生物等学科，这些木简就是民国十七八年考古组所采集的成绩。

　　木简发见地点是在宁夏的额济纳旧土尔扈特旗，即汉时的居延海，沿额济纳河两岸都是烽墩的遗址，是汉代驻兵防匈奴的地方，所发见的都是戍卒们所遗留的文书用具，当时的文书系用木简写的，大半记载着年月，其时代自汉武帝起至东汉初年，最有趣的是汉武帝第十个年号，史书上所记的都作"征和"，并且应劭替他下一注解，说是"征伐四夷而天下和平"，而木简上所写的都作"延和"，没有一个作"征"字的，当时人所记一定不会错，而后来书本子上把他写错，就以讹传讹的一直到了现在，但是这个问题,早就有人怀疑过,说是"征"字或为"延"字之误,大概见于清嘉庆道光间人的笔记,人名书名都记不清了。现在有了这个物证,把这位先生的话给征实了。其字体有作隶书的,有作章草的,有隶书与章草夹杂着写的,其隶书往往含有篆法,与现在所传东汉碑版上的字微有不同,其章草往往一个字前后有各种写法,与魏晋以后有定式者不同,所以辨认这些字有相当的困难,常有一个字费了若干时间才识出来,或者竟有始终不能识的。

关于发见木简的事实,从前史书上所记载的有两三起,其中以晋太康间汲郡魏安釐王冢为最大的发见,现在所传的《穆天子传》及《竹书纪年》等书,就是那次的成绩,可惜实物无由得见了。此外要算清末英国斯坦因爵士(Sir A. Stein)在新疆的罗布诺尔等处所发见的为较多了。其实物现存英法两国的博物院,罗振玉印了一部分,书名叫《流沙坠简》,其后有正书局把全部分印出来,书名叫《西陲汉晋木简汇编》,但那次的发见,只有简而无册,只不过断简残编而已。盖古代的文书,除了写在帛上之外,大概都是写在竹片或木片上的,这种竹片或木片,单独一根叫作简,用许多简编连起来就叫作册,所以小篆的册字,五直画并列,三长两短相间,象五简之形;在五简之间,上下各写一横画,则象两绳编连之形,甲骨文和钟鼎文的册字,大都写作四直画,两长两短相间,而中间两横画在右边一头连起来,好像半个环子似的,这一定是完全象形的了。我们看了罗布诺尔所出单独的简,不能知道编册的方法——虽然简上所写的字,有在靠近两头的地方各空出半个字的地位,但也都忽略过去,不曾注意到是编绳之迹,现在西北科学考查团所得的,虽也是断简残编,但居然有两个完全的册子:其一是兵物簿,用七十七根编成的,发见时裹成一卷;其一是候长上长官的公文,用三根简编成的,两道绳子在右边连起来,与象形册字一样,这真是惊人的发见了。兵物簿虽是一册,但子细看起来,又是两册合编的,绳子可以拆开,前四十八简是三个月的月言簿,后十九简是两季的四时簿。所谓月言簿者,是每月的报销册,而所谓四时簿者,是每季的报销册,本来两簿各自为册,到归档的时候,又把他合编起来，我们由此可以晓得：（一）每册的简数，自二简三简以至于数十简，多少没有一定。（二）已编成之册还可连续合编，但其间要夹一根无字之简，以示前后分开。（三）简数太多的可以裹成一卷，以便取携，大约与纸帛的卷子是一样的用意。还有编册的东西，据我们所知的，如：《史记·孔子世家》所说，"孔子读《易》，韦编三绝"，是用一种熟皮作的。刘向《别录》称缥丝绳，《穆天子传序》称素丝纶，《南史·王僧虔传》称青丝纶，都是以丝作的。这两册所编之绳，都是麻的。大概因为是寻常文书，非珍贵书籍，又地处边塞，故用麻来作，既图简朴，而又取材方便的缘故吧。即如简字从竹头，古人制简，又曰杀青，似乎普通都用竹子来作，罗布诺尔及额济纳河所发见的，几乎都是木材，虽有竹简，其数甚微，这无疑的是西北不产竹子，而木料却易得也。

以上所说的不过是木简中之小小问题，已有这许多新奇可喜的收获，若是全部分整理出来，一定在历史文化上有更多的贡献，现在参加整理工作的人，又增加了好多位先生，不久即可毕功，庶几可以慰一班人的渴望了。还有与木简同时发见的，有不少的文物，其价值亦不在木简之下，西北地方高燥，雨量稀少，所以这些易朽之物，经二千年而犹能保存，现在开发西北的呼声日高，希望各学术机关联合起来，组织大规模考查团，分别担任这些开发的工作。

（本文原载西北文物展览会编《西北文物展览会特刊》，1936 年 5 月出版。）

汉永光二年文书考释

永光二年三月壬戌朔己卯甲渠士吏彊以私印（第一简）
行侯事敢言之侯长郑赦父望之不幸死癸巳（第二简）
予赦宁敢言之（第三简）
　　　　令史充（第一简背）

　　古之简册，以竹木为之。单独者谓之简，编连者谓之册。《春秋左传序》疏所谓"单执一札谓之为简，连编诸简乃名为策"是也。册策，二字古通。册为象形字，甲骨文及金文皆作⾍、⾍、⾍、⾍等形。《说文》所谓"象其札一长一短，中有二编之形"也。余曩著《中国书籍制度变迁考》（见《图书馆学季刊》第三期）仅据载籍为言，今见此编，始得一实证矣。惟载籍所记编连之物，或曰韦编（《史记·孔子世家》），或曰缥丝绳（刘向《别录》），或曰素丝纶（《穆天子传序》），或曰青丝纶（《南史·王僧虔传》），未有言以麻绳编者。此册为寻常簿书，非书籍之比，故用麻耳。以"刘歆铜斛尺"（以故宫博物院藏铜斛仿制，比公尺〇·二三一）准之，简长一尺。《论衡·谢短篇》曰："汉事未载于经，名为尺籍短书，比于小道"，谓此制也。永光二年为元帝即位之七年（公元前四十二年），距今一千九百七十三年矣。

　　此册为甲渠侯长上其长官之文书。甲渠者,居延都尉所属侯官之一。士吏、令史,皆官名。彊、充,皆人名。士吏者,主士卒之吏。《史记·绛侯世家》所谓军士吏、壁门士吏(《汉书》脱"吏"字)是也。其位当在侯长下,故侯长有故,士吏得摄行侯事也。令史者,主书之官,故署名于简背,犹今之主稿人然。"敢言之"者,下白上之辞,《论衡·谢短篇》:"郡言事二府曰'敢言之'"是也。以私印行侯事者,侯长丧父,出于仓卒,士吏依例摄行侯事,非侯长之职,故不得以官印行之也。予宁者,汉时成语,犹今言给丧假也。《汉书·哀帝纪》诏书有"博士弟子父母死予宁三年"之语。颜师古注曰:"宁谓处家持丧服。"盖汉制:仕者不为父母行服三年。其予宁者,不过自卒至葬后三十六日。己卯为三月十八日,癸巳为闰三月二日,彊以十八日摄侯事,则郑望之之死当在是日。逾十五日始予宁,不知何说也。"赦"字从"亦",与《说文》书体同。"父"字从"又",从"丿",同于篆书。"令史"二字近于章草。"壬""士"二字,下画特长,为隶书所习见。盖西汉文字变化,故一篇之中兼有篆、隶、草也。

　　(本文原载《考古通讯》1957 年第 1 期,释文部分又编入《居延汉简甲编》。)

汉兵物簿记略

•广地南部言永元五年六月官兵釜硙月言簿
承五月余官弩二张箭八十八发釜一口硙二合
今余官弩二张箭八十八发釜一口硙二合

　　　　赤弩一张力四石木关

　　　　陷坚羊头铜镞箭卅八发

　　　　故釜一口鋞有锢口呼长五寸

　　　　硙一合上盖缺二所各大如□

•右破胡燧兵物

　　　　•赤弩一张力四石五木破切缴往往绝

　　　　盲矢铜镞箭五十发

　　　　硙一合敝尽不任用

•右涧上燧兵物

•凡弩二张箭八十八发釜一口硙二合　毋入出
永元五年六月壬辰朔一日壬辰广地南部
侯长信叩头死罪敢言之谨移六月见官兵物
月言簿一编叩头死罪敢言之

　　•广地南部言永元五年七月见官兵釜硙月言簿

288

承六月余官弩二张箭八十八发釜一口硫二合
今余官弩二张箭八十八发釜一口硫二合

　　　　　•赤弩一张力四石木关

　　　　　陷坚羊头铜镞箭卅八发

　　　　　故釜一口鍉有锢口呼长五寸

　　　　　硫一合上盖缺二所各大如□

　•右破胡燧兵物

　　　　•赤弩一张力四石五木破切缴往往绝

　　　　盲矢铜镞箭五十发

　　　　硫一合敝尽不任用

　•右涧上燧兵物

　•凡弩二张箭八十八发釜一口硫二合　毋出入
永元五年七月壬戌朔二日癸亥广地南部
候长　叩头死罪敢言之谨移七月见官兵釜硫
月言簿一编叩头死罪敢言之

　•广地南部言永元六年七月见官兵釜硫月言簿
承六月余官弩二张箭八十八发釜一口硫二合

　　　　　•赤弩一张力四石木关

　　　　　陷坚羊头铜镞箭卅八发

　　　　　故釜一口鍉有锢口呼长五寸

　　　　　硫一合上盖缺二所各大如□

　•右破胡燧

　　　　　赤弩一张力四石五木破切缴往往绝

　　　　　盲矢铜镞箭五十发

　　　　　硫一合敝尽不任用

　•右涧上燧

　•凡弩二张箭八十八发釜一口硫二合　毋出入
永元六年七月丙辰朔二日丁巳广地

南部侯长　叩头死罪敢言之谨移七月见官兵

釜硙月言簿一编叩头死罪敢言之

·广地南部言永元七年正月尽三月见官兵釜硙四时簿

承六年十二月余官弩二张箭八十八发釜一口硙二合

　　　　　·赤弩一张力四石木关

　　　　　陷坚羊头铜镞箭卅八发

　　　　　故釜一口鍉有固口呼长五寸

　　　　　硙一合上盖缺二所各大如□

·右破胡燧

　　　　　·赤弩一张力四石五木破切缴往往绝

　　　　　盲矢铜镞箭五十发

　　　　　硙一合敝尽不任用

·右涧上燧

永元七年三月壬午朔一日壬午广地南

部侯长　叩头死罪敢言之谨移正月尽三月见

官兵釜硙四时簿一编叩头死罪敢言之

·广地南部言永元七年四月尽六月见官兵釜硙四时簿

承三月余官弩二张箭八十八发釜一口硙二合

　　　　　·赤弩一张力四石木关

　　　　　陷坚羊头铜镞箭卅八发

　　　　　故釜一口鍉有固口呼长五寸

　　　　　硙一合上盖缺二所各大如□

·右破胡燧

　　　　　·赤弩一张力四石五木破切缴往往绝

　　　　　盲矢铜镞箭五十发

　　　　　硙一合敝尽不任用

·右涧上燧

永元七年六月辛亥朔二日壬子广地南部侯

长　叩头死罪敢言之谨移四月尽六月见官兵釜

砲四时簿一编叩头死罪敢言之

入南书二封　居延都尉九年十二月廿七日廿八日谨诣府封完

永元十年正月五日蚤食时时狐受孙昌

　　右汉永元五年至七年《兵物簿》，凡七十七简为一编，出土时裹作一卷。其入南书云云一简，即卷入编中。以如此之巨册，经千八百年而其编不绝，自汲郡竹书以后，盖绝无仅有者也。

　　前十六简为五年六月月言簿，次十六简为同年七月月言簿，又其次十五简为六年七月月言簿，又其次间一无字之简，又其次十四简为七年正月至三月四时簿，又其次十四简为同年四月至六月四时簿，又其次为无字之简一。所谓月言簿者，月报也；四时簿者，季报也。月言与四时各自为编，而又联属之，于此可以考见汉时簿书之程式矣。

　　其字为章草，颇难辨认，侯名姑定为"南部"。"羊"下一字与"叩头"之"头"同，盖"羊头"也。《方言》九云："凡箭三镰者谓之羊头。"今遗物中有矢，其镞正为三镰，可以证之。"盲矢"即《墨子·备穴篇》之"虻矢"，盖短矢也。《方言》云："其三镰长尺六者谓之飞虻。"遗物中之矢，即此。"呼"即"嘑"字，《说文》："嘑，裂也"，谓釜口裂长五寸也。

　　入南书一简乃受书时之簿，犹今时收发簿也。细审此简与此簿无涉，不知何以阑入此编也。

　　（本文原载《考古通讯》1957 年第 1 期，释文部分又编入《居延汉简甲编》。）

金石杂记

一

神爵四年铜斗,旧为阳湖董方立所藏,今归武进庄蕴宽。据《汉书·郊祀志》:宣帝又祠成山于不夜,莱山于黄。成山祠日,莱山祠月。《地理志》:东莱郡不夜有成山日祠。是成山宫即成山日祠之宫也。《宣帝纪》及《郊祀志》皆不言始祠日月之年。今观此铜斜,可知其为神爵四年也。是年,为宣帝即位之十六年,距今一千九百八十九年。斗从金作斜,字书所无,当即斗字。《诗·行苇》:酌以大斗;《释文》字又作枓。盖以木制者作枓,以铜铸者作斜也。斗为酌酒之器,亦谓之勺。渠,大也,渠斜,犹言大斗也。卒史、右尉、少内佐,皆官职之名。任欣、司马赏、王宫为人名。杜阳、糵、河南,皆诸人之籍贯也。

二

十六年十二月,有自洛阳经上海而至北京者,携有金错铁尺一,折而为二,且短寸许。每寸间有花纹,反面亦然。每寸之长短,又各自不同(第一寸长三六·〇毫米,第二寸三三·〇毫米,第三寸三四·〇毫米,第四寸三〇·〇毫米,第五六寸共六一·〇毫米,第七寸三三·五毫米,第八寸三三·五毫米,第九寸三一·五毫米,九寸共得二九二·五毫米,平均记之,每寸得三二·五毫米,则每尺得三二·五厘米)。不能确知其全尺长度。若以每寸之平均数(三二·五毫米)计之,则每尺应得三二·五厘米。若以九寸之实长(二九·二五厘米)加平均数(三二·五毫米),则每尺应得三二·三五厘米,均较今营造尺长二分或三分有奇。或云:同出者,有刀一、剪一及红土胎之俑,而无墓志。颇疑为唐尺,以唐俑有红土胎故也。余问以五代宋初之有墓志者,曾出红土俑否? 则曰皆有之。余曰,此宋尺也。钜鹿宋故城中所出者,长三二·九厘米,与此尺相同,均较今营造尺为大。与刀剪同出,则是当时之裁衣尺,为妇人殉葬之物无疑也。

三

魏石经碑数,自来记载亦无确数。此石所记表里之数为二十一与八,则都数为二十八审矣。既知都数,则二经之如何安排,即不难推定。惟经文有异同,石经之文未必同于今本。但《尚书》《春秋》二经,《春秋》之异同当较《尚书》为少。今以《春秋》第八碑为准,先求得其前后各碑之行数,再以每碑之行数除之(每碑行数,不尽一律,如第八碑为三十二行,第九碑则为三十四行),即得《春秋》各段之碑次,然后据表里经文以求《尚书》各段之碑次,如此不但今所发见之二经可完全了解,即苏望所刻之次第凌乱者,亦可得其梗概矣。

《春秋》第八碑为三十二行,其前七碑并隐至僖五公篇题在内,共得二百五十四行,当是二碑为三十七行,余五碑为三十六行。苏望刻本之桓公十四年"御廪灾"等字为第七十三行,当在第三碑之首行。自文公二年以下至宣公十一年共得百有二行,是为第九至第十一碑,三碑平均数为三十四行。苏刻本之宣十一年"于攒函"等字,当在第十二碑之首行。自此以下至襄公三年,共得百二十一行,当占十二至十五四碑。其中三碑为三十行,一碑为三十一行,苏刻本之襄三年晋夏等字,当在十六碑之首行。自晋夏至齐世子光之光一段，计有三十一行，亦即第十六碑全碑之行数。苏氏所刻《春秋》三大段经文，既已求得其碑次，而后《尚书》二大段始可得而推计。《吕刑》最后三行及《文侯之命》十二行，皆在碑之行首，与《春秋》桓公"御廪灾"之部位相同，此二石当为表里；《春秋》之第三碑，即《尚书》之二十六碑，以下之《秦誓》《秦誓》二篇共得二十五行，仅刻至第二十七碑而止。自《大诰》至《吕刑》五刑等字，计得四百六十四行，与《春秋》桓十四年至襄三年之四百三十七行约略相当，则《尚书·大诰》与《春秋》桓十四年相为表里；是为《尚书》之第十三碑。至今所发见之表里刻者，《多士》与文公一石为《尚书》之第二十碑，《春秋》之第九碑；《君奭》与僖公一石为《尚书》之第二十二碑，《春秋》之第七碑；《多方》与僖公一石为《尚书》之二十三碑，《春秋》之第六碑；（下阙）

四

余尝读唐高宗《摄山栖霞寺明征君碑》，谓明僧绍以齐永明二年卒，其第二子仲璋，琢彼翠屏，爰开叶座。是摄山之有造像，实肇始于仲璋也。又云："有沙门法度，即此旧基，更兴新制，又造尊像十有余龛。及梁运载，与临川王（萧宏）以天监一十五载造无量寿像一区，带地连光，合高五丈。"则由齐及梁，代有兴造，可于碑文征之。顾造像虽多，文字极少，著录金石之书，罕有及之者。余屡游其地，见佛像摧残，无一完整，辄为之惋惜不置。然于残像之侧，搜得梁时题记，不知昔之访古者何以忽之。窃思大河南北，所在多有。云冈龙门，其尤著者。南朝造像，则希如星凤。今并此江南仅有之名刻，复遭浩劫，不亦大可悲乎？二十四年秋，余在金陵，季弟相约游山，同看红叶。见残石成堆，弃置道左，俯身检视，得一侧面像，只存一耳。欢忭持归，命工以香楠装饰，承以莲座，永充供养。

五

按狮子宜作师子。《说文》虎部：虓，虎鸣也（《诗·大雅》：阚如虓虎);从虎,九声;一曰师子。《尔雅·释兽》曰:狻麂如虦苗(即俗猫字),食虎豹。郭璞注曰:即师子也。《汉书·西域传》称:乌弋有师子。《东观汉记》称顺帝阳嘉时,疏勒国献师子、封牛(即犎牛,盖大牛也)。师子,形似虎,正黄,有髯耏,尾端茸毛大如斗。司马彪《续汉书》谓章和元年,安息国遣使献师子。就此观之,古书皆作师子。盖师子产自西域,非中国兽(佛经亦盛称师子),故师子二字,疑出译音,但不知其原语出自何民族何国也。《说文》一曰师子云者,亦非虓字之本义(武君石阙铭是建和间物,在章和阳嘉后)。许君别义殆以东汉时人假虓字以称师子欤?

六

宋张淏《云谷杂记》(卷二)论庄献皇后父讳云:"庄献上仙,臣寮即上言云:'自大行皇后同听政之日,天下章奏,臣寮白事,皆回避通字,从其先讳。今辒车上仙,山园将毕,不可滥九庙而孝讳,宜尽复三朝之遗法。欲乞有若以通进司为承进司,通奉大夫为中奉大夫,通事舍人为宣事舍人,通州为崇州,通判为同判,通直郎为同直郎,通引官为承引官,普通门为普和门之类,及将来举人程试,一切俾复如旧,无有所避。'"然则宋时尚有通引之官,不独唐五代也。

七

汉贤良方正允残碑下截,于清嘉庆三年出于安阳丰乐镇西门君祠旁,旋移置孔庙,与刘君、元孙、正直等碑,大小凡五石,谓之安阳四种。至清末,五石皆失所在,而贤良方正一石,适于此时出土,即此碑之上截。文相衔接,中间只缺一字。碑存十二行,以铭文推测,每行当为二十九字。第八行元初二年六月卯卒,卯上夺一字,即允卒之日,不知为辛卯,抑癸卯(是年六月乙酉朔,辛卯为七日,癸卯为十九日)?下截永初年号,为允举贤良方正之时。《后汉书·安帝纪》永初五年,有闰月戊戌诏书,令三公、特进侯、中二千石、二千石、郡守、诸侯相，举贤良方正，有道术达于政化，能直言极谏之士，各一人。永初下当是五年二字。其文当为戊戌诏书，以有“羌寇，广延术士，永初五年举贤良方正”云云也。碑第三行有至莒郡太守、荆州牧，乃述其先世之官职，故下接“□载不陨以传于□”，而铭词有“昔乃显祖节义高明□在圣汉有莒有荆”也。考其时，当在前汉成、哀之际，以成帝绥和元年始改部刺史为牧，哀帝建平二年复为刺史，元寿二年复为牧，后汉建武十八年复为刺史。

八

汉豫州从事孔褒碑，清雍正间出土，吴山夫、翁苏齐、王兰泉辈，皆经著录。碑凡十四行，行三十字。文字残泐，几不可读。而其事实之大概，尚可推求。文内叙其藏匿张俭兄弟争死，吴山夫引《三国志》崔瑗注以证之。下有“丧予英彦”之语，是褒即以此事获罪而死也。碑为鲁相陈府君所立，年月不可见，当在中平元年以后，党禁已弛，故敢直书。此本纸墨俱旧，必系初出土时拓本。因详加校读，释录全文，较诸家所释多出数字，以是知旧拓之可贵也。

考古学

新郑古物出土调查记

自来我国古器物之出土，类皆耕夫牧竖偶然发现，随时随地残毁消灭；其得寓士大夫之目而为史传所纪载者，皆断缺散佚之余，什存一二。问其出土之地，则展转传讹，莫明真相。至器物之种类若干，数量若干，位置之状况若何，……更无从究诘矣。我国历史上最有价值之发见而又号称完全保存者，莫若晋太康二年汲郡所出之竹书；当时经公家之搜集，多数学者之厘订，得书凡七十五篇。然当发见之初，盗墓者烧策照取宝物，所残毁消灭者当已不少，故官收之烬简残札，文多残缺也。（见《晋书·束晳传》）窃以为古物既偶然发见，当于发见之地集合专家作有计划之发掘，虽破铜、烂铁、残砖、断甓，亦必记其方位，纤悉靡遗。如此，则（1）地点不致谬误，可藉以知为古代之某时某地；（2）器物之种类、数量、方位不致混淆，可以明各器物之关系及其时之风俗制度；（3）建筑物不致有意毁坏，可以觇其时之工艺美术；凡此种种，胥于学术上有所贡献。其价值视寻常无意识之发见，为何如耶？

此次新郑所出之古物，虽未能以科学之方法发掘之，而能全数保存，不令散佚——今存开封第一学生图书馆，李氏所售出者亦并追回——实为我国历史上未有之盛事。衡于九月二十日承北京大学研究所国学门之委托，前往新郑调查。距始发见之期已将匝月，其发掘情

形,不及目睹,仅于发见地点详加审度,并从监工之人询得梗概,爰略记之如左:

（一）发见之时日　民国十二年八月二十五日。

（二）发见之地点　新郑县城内东南隅邑绅李锐宅旁园圃中。

（三）发见之始末　李锐凿井为灌园之用,凿地深至三丈,发见鼎甗等数器;以三鼎售诸许昌,得银八百余元。该县知事姚延锦闻之,出而干涉,李以发见地点在私宅范围以内,非外人所得过问,彼此互相争执。时适第十四师师长靳云鹗巡防至此,闻其事,以为钟鼎重器,文化所关,亟宜归公保存,垂之久远,商诸李氏,得其许可,爰派员驻其地,监视继续发掘,先后开井口四,略有所得。其后划定范围——南北长三丈五尺,东西宽四丈五尺——层层发掘,深至三丈,而所有古器物遂完全呈露矣。衡至新郑时,古器已搬运殆尽;又复于上述范围以北发掘新坑。衡以黍稷器、酒器等之未经发见者甚多;其已发见者位置多在西北,疑西北两方尚有掘之未尽者,请其于范围以西亦同时发掘。其结果所得,仅陶器及砖瓦等,此外更无铜器。

（四）器物之种类及其数量

镈钟四　大者高二尺四寸五分(以农商部所制营造尺计,下仿此),钮高九寸二分;舞纵径一尺三寸二分,横径一尺六寸二分;铣间二尺;鼓间一尺八寸。余三钟,以次递小。

编钟十八　大者高一尺二分;甬高四寸八分;舞纵径四寸九分,横径六寸三分;铣间七寸五分;鼓间五寸八分。

鼎八　附耳前后复有两小耳,作牛形,意即牛鼎。大小不一。大者高一尺九寸五分;深一尺四寸;口径二尺四寸三分;耳高七寸五分强,宽一寸七分强。

鼎三　耳在唇上;高约一尺。

鼎二　附耳有盖。

鼎三　附耳有盖。

破鼎四　分盛四蒲包。

鑑一　为盛冰之器。高一尺二寸二分；口径二尺三寸五分。

方甒一　通高一尺七寸。

大壶二　通盖高三尺。

大壶二　通盖高二尺七寸五分。

罍一　高一尺二寸六分；口径六寸七分；腹围四尺八寸。

罍二　通盖高一尺一寸九分。

盘三　大小不等。

匜二　一大一小。

兕觥一　背有小盖，以连环系于鋬。

尊二　高一尺九分；口径四寸九分；腹围二尺五寸八分。

敦八　通盖高八寸二分。

簠六　通盖高六寸三分。

山卢一　形如方盘，侈口。纵径一尺一寸一分；横径一尺四寸一分；深三寸。周围有柱二十三枚：左右各四，前七后八。两端有连环，两旁亦各有一环。唇内有文七字。

鬲九　高四寸；深二寸；口径四寸一分。

舟五　大小不一。

盒一

瓦豆一

戈一

矛一

镦二　一大一小，中皆有柲。

车𨍯一

马勒四

凫二　疑为器饰。

玉三

（五）发掘之图及器物之位置

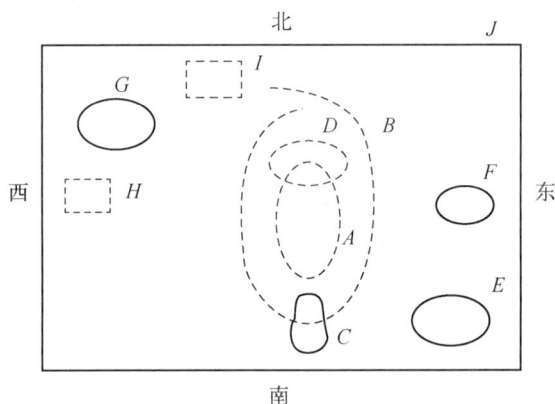

上图之说明：

A. 墓穴　椭圆形，深三丈，朱砂底，中有残骸三（首在北，足在南），残玉三。

B. 器物环列之形　亦椭圆形，深亦三丈，环绕墓之周围，惟北面不衔接。诸器之位置，就所知者略举之如左：

甗鼎在南面，最先出；器之内外有贝数百枚。

大钟、大鼎在东南。编钟三四枚相累，植立于大钟之侧。

大壶四在北面尽头——即不衔接之处——前二后二。

簋、敦、鬲等器，不详其位置。有三鬲覆于敦中。

C. 李锐所开之井口

D.
E.
F. ｝并靳云鹗所开之井口
G.

H.
I. ｝古井口　横四尺，纵二尺，深亦三丈。四壁之土坚实平滑，如堵墙然，为人工所筑。中实之土则否，色亦有别。疑为竖柱下窆之用者，《记·檀弓》所谓"桓楹"是也。

J. 靳云鹗发掘之范围　纵三丈五尺,横四丈五尺。其先仅凿 D. E. F. G. 四井。后乃掘此。

(附记)在 E. F. G. 等井附近亦发见数器。器名不详,闻以鼎为多。惟其深不及三丈,此为一疑问。

在东隅深丈余之处见骸骨全具。旁有磁盈,类宋磁,此殆后人葬于其上者。

(六)器物之制作　自来所出大器——如齐侯镈克鼎之类——铜质极精,冶工不苟,故虽历年久远,而锈蚀之处甚少,花纹文字,并皆清晰。此次所出者虽多大器,而铜质冶工较之远逊。其中惟钟、镈等器,以音律所关,不杂土质。其余诸器之耳足等部中皆实土,经火冶铸,悉作红色,故其器折足堕耳者比比皆是;花纹虽亦工致,而多为铜锈所掩。独卢一器,制作之工,迥乎不同,而又独有文字;铜质较精,不呈锈色,一望而知为同时所作者。其为平时服御之器而非祭器,可断言也。

(七)器物之时代　以诸器之形制及卢之文字定之,确为东周之器。以新郑在东周时之沿革言之,始为郑都,后为韩。韩都此在周烈王元年,此器不类战国时文字,故可确定其为郑国之器(别有考)。

(八)埋藏器物之原因　在初发见之时,群以为如此重器,必非殉葬之具,或谓其地为郑之宗庙,国亡而沦为丘墟,或谓郑当亡国之际,迁其宗器以埋藏于此;衡以为二说皆非也。按《记·檀弓上》:"原宪言于曾子曰,'夏后氏用明器,殷人用祭器,周人兼用之'。"知商周之世有以祭器为送终之具者。今传世商周礼器如是之多,大抵皆出自墟墓间者也。此次发见古物之地,居中椭圆形朱砂底者,即为埋棺之故处,故残骸残玉,皆出其中。(古墓中多有朱砂,疑为水银所化。吾友王抚五先生云,"水银遇含有硫黄质之物即化为朱"。)其外环列之器,皆殉葬之祭器也。(其鼎甗器之底积煤甚厚,在未埋藏以前必曾用以烹煮者。)故此地为郑伯之墓,殆无疑义。

(本文原载《东方杂志》第 21 卷第 2 号,1924 年 1 月 25 日出版。)

调查河南孟津县出土古器报告书

　　孟津县出土古器，前经本校研究所驻洛阳调查员郭玉堂君亲往发见地点调查。其时土人已遭横祸（此事详后附录），相戒讳言，不特器之下落无从探悉，即其出土之地点及状况亦言人人殊，此行可谓毫无结果。衡到洛后，知实地调查未必能得真相，且土匪遍地，中途绑票之事时有所闻，亦不免有戒心。闻谢达夫君（孟津县人，而寄居洛阳者）言，该县侯家庄有金兼（字倍常，号寅卿，今年九十九岁）者，为该村之耆老，村人咸敬服之，于此事颠末知之甚详，因乞其作书迓之来洛。据金君所述，发见之地在侯家庄、望家庄二村之间（距孟津城三十里，距洛阳城五十里），其地为黄河南岸。本年（十二年）七月下旬（阴历六月望前），大雨河涨，二村之人争往河滨捞取薪柴，见高岸土崩。一铜壶杂土块坠于崖下，因相率自其崩处搜求之，见累累者皆铜也。一昼夜间，搬运殆尽。其实数若干，无从知之。该村保卫团（保卫团虽属地方上所组织，队长则由县官委派）队长赵凤祥得信，亟向村人收买，共得器五十二件，作价四百二十元；名为收买，实未付款。时金君告村人曰："匹夫无罪，怀璧其罪，祸且至矣！"众问计将安出，金曰："本地长官以吴巡阅使为最尊；若以一部分献之，可以弭祸。"众如其言，搜集得十一件（在保卫团五十二件之外），计方甗一（上下二器作二件），壶二（失盖），铜碗一（疑敦盖），小鼎三，大鼎一，敦二,藏金君家;将举金君为合村代表,献之巡阅使署。八月十二日(阴历七月初一日),忽有北京商人李小亭者,带护兵三人,先至保卫团,由团长赵凤祥引至金君家。李自称为巡阅使署师爷,奉巡阅使命来取古器者。金君不知其伪,待之如上宾,将上述古器十一件一一在家塾中点交。当时李出纸币二百五十元赏之(此款后仍由赵凤祥诈取以去)。交付既毕,李自得方甗一(作二件),壶二。护兵(中有一蒋姓者)得铜碗一,小鼎三。其余三件,则为赵凤祥所得。金君见其瓜分,心窃疑之。因派二人赍甗、壶等随李送去。送达之地,为洛阳城内中火巷;据李自称为其私宅,实系第三师团长邵某之家。送器人回村报告,金君乃率村人向巡阅使、河洛道尹二署递禀控告;旋奉批追究。今存吴巡阅使处之方甗一,壶二,即李小亭诈取之物也。方甗有铭十五字,已派人拓有墨本。二壶无文字。吴巡阅使言,此三器当于案件结束后归公家保存。又河洛道尹署中亦存有鼎一,戈一,车饰二十七,皆无文字,已雇工摄影。据由道尹言,此系由民间追出者,俟了案之后,当呈请吴巡阅使归公保存。又陕西督军署副官长孙经武君得一石磬,已抚得墨本。此外尚有散见于洛阳古玩肆中者,多为零碎车饰。大都讳言孟津之物,惧充公也。后知为价买,乃始承认为孟津所出。计前后收买车饰百十件,出价百余元。此孟津发见古器之始末也。其中除购得者不计外,所亲见者为吴巡阅使处之方甗一(有铭),壶二,由道尹处之鼎一、戈一,车饰二十七,孙副官长处之石磬一。知而未见者为李小亭带去护兵所分得之铜碗一,小鼎三,保卫团队长赵凤祥所分得之大鼎一,敦二,及赵凤祥由村人处诈取之各器五十二。此外见闻所未及者,尚不知凡几。可见孟津之古器匪特不易追缴,并调查实数亦非易事也。就以上所述,其急应追缴而属大宗者,为该村保卫团队长赵凤祥之物,既为官厅所不知,又为乡民所不敢言。衡得此报告,为时较晚,教育部所派高、裴二君已至洛,适在座,因会商追缴之策,拟将详情报告两湖巡阅使及河洛道尹,请其指名追究原件。其价四百二十元,由我等发还村人;并拟将李小亭所给之款二百五十元一并追出,交由金兼君转给村人。衡以居洛已及一星期,又感寒疾,因以追缴之事属之高、裘二君。并与之约,若器果归中央,当分别陈列于大学及历史博物馆两处,其款亦分担之。二君承诺。衡乃先归。

此外尚有一极黑暗之事,既有所闻,不得不附带报告。八月十八日(阴历七月初七日,时金兼君正在洛控告李小亭),有何学宪(向在洛阳城内商场卖药,极不安分)及张姓者二人,携带护兵四名至侯家庄保卫团,自称奉韩旅长(韩名清臣,系第五旅旅长,在洛声誉尚好)之命,来取古物者。由保卫团引至村人王根锁、王根泰、王有、王须、王轩、王六、杨根柱、金壬子等八家,大肆搜索;虽未见古物,而首饰等均被劫去。旋又勒派村人四十名,偕往发见地点发掘;经一昼夜仍无所得。次日(十九日)回至村中金氏家祠,将王根锁、王须、王志学(即王六之子)三人反缚拷问,鞭之见血,始终不承。何学宪遂命将王根锁、王须二人捆载马上,称言将带交韩旅长治以死罪。村人环跪请求,何终不允释放。旋护兵中有名梅金鼎者,出而排解,谓不得古器,不能覆命,莫如由村人集款交何带去,另购古器,献之旅长,始可销差。村人为救人起见,不得不承认此苛刻条件,遂由十三家凑集得洋五百五十元。乡村偏僻,一时又无从得此现款。梅令其派人同至洛阳城内南大街永义成京货铺兑款,拨交梅金鼎取。村人无奈,一一应允。二十日晨,即派人随同何、梅等至永义成兑款。嗣梅等在洛城购得铜瓿一,骑马瓦俑一,持示兑款人,言共用价三百十元,此案已了,汝等即可回去。村人明知尚余二百四十元,亦终不敢究诘。受害人迫于淫威,惧招后祸,抱息事宁人之旨,只可自认晦气,糊涂了事而已。

(本文原载《国立北京大学国学季刊》第 1 卷第 4 号,1923 年 12 月出版。)

参观朝鲜古物报告

十四年九月下旬，日本京都帝国大学教授滨田耕作，东京帝国大学助教授原田淑人两先生，先后来华。两先生皆考古学专家，尤关心于东方考古事业。近来朝鲜古迹之调查，成绩昭著，两先生与有力焉。此次来所参观，多所指导。并以为东方考古学之研究，非中日两国学术机关互相联络不易为功。今年秋，朝鲜总督府发掘汉乐浪郡古墓之事，由该两校主持，邀余前往参观。余深感盛意，欣然许之。两先生以十月十日归朝鲜，约发见遗物时来电报告。

十五日，大新矿业公司理事小林胖生君来告，昨晚得电，问余行期，余允即日晚车启行。盖两先生曾托小林君招待同往也。小林君因事不克同行，介绍其同乡至友智原喜太郎君为导，并任繙绎。智原君留学于北京畿辅大学，谙华语，服华服，俨然一华人也。此行之旅费，小林君担任代垫，嘱回京时再行结算，殊可感也。

十七日午后抵平壤，原田先生在车站相候，滨田先生则已返京都矣。下车后住柳屋旅馆，即往发掘地参观。其地距城市约十余里，在大同江南岸。大同江即古之浿水（钱坫《新斠注地理志》纪之甚详），《水经注》谓其水西流迳故乐浪朝鲜县，是也。朝鲜县为乐浪太守治所，故城至今犹存——俗谓之土城里，即故王险城也。城北临江，东西南三面，累累者皆汉以来之古墓也。今所发掘者在城南,地名石岩里,南北二坟,并在发掘中。原田先生导余先观北坟,坟东西向,三棺并列,四周皆以方径八寸之木为椁,棺上纵列九木,已撤去,以新板覆之,仅露其牀,似亦髹漆者。棺之西横列一椁,中贮漆器陶器,正在涤治检取中,闻其手续至繁,非旦夕所能竣事也。其南又为一椁,尚未启视。兹附略图及影本如下:

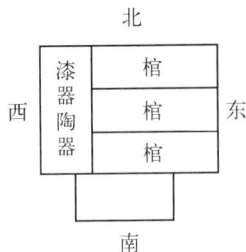

```
              北
        ┌──────────┐
   漆 │ │   棺    │
   器 │ ├──────────┤ 东
 西 陶 │ │   棺    │
   器 │ ├──────────┤
        │ │   棺    │
        └─┬──────┬─┘
          │      │
          └──────┘
              南
```

漆器仅取出奁一,杯一,皆完好。奁径尺余,黑地朱彩,启其盖,有夹屉,中贮铜镜一,有铭曰,"长宜子孙",镜钮系以帛,犹无恙,惟色黯淡耳。夹屉胶固不能启,意其下必为脂粉之属。杯形椭圆,唇有两耳,《西清续鉴》谓之羽觞,腹内有隶书"利王"二字。其余漆器之在椁中者,有奁、盘、杯等可见,已大半残损矣。陶器则壶属之器,犹在椁中。其南坟发掘未深,仅露木椁及陶器等。尚有一坟为砖椁,分南北二室,南小而北大,棺在北室内,仅余残木数片。此圹为土人私掘,故其中遗物已无有,惟建筑足资参考耳。砖侧皆有花纹,未见文字。

在发掘地晤贵族议员细川护立侯爵及京都大学教授(建筑学)天沼俊一,东京大学教授(西洋史)村川坚固,东京大学田泽金吾,朝鲜总督府博物馆小泉显夫,东京美术学校讲师小场恒吉诸先生。原田先生为余言,朝鲜发掘事业向归总督府主持,今年由两大学担任,实为第一次,细川侯爵即捐助经费者也。从前发掘之成绩,皆陈列于总督府博物馆中,近年所出漆器多有文字,其纪元皆为西汉。余闻之怦然心动,欲往参观,时馆长籐田亮策先生适在平壤,因订于明夜同车行。

朝鲜之气候温和,与江浙相似。鸭绿江以东,多平坦之山,水皆作碧色。人无论男女,喜服白色,虽劳动者亦然,男子负物而行,女子则戴于首,未见有担物者。长髯峨冠之人,驱蹇驴,挽牛车,时隐现于山麓水涘,恍如身入画图,几忘其为二十世纪人物矣。

十八日,原田先生约游江西郡观高句丽时代古墓中之壁画,同行者有细川侯爵及地方行政长官等。江西去城市约十余里,墓不止两所,而有壁画者只大小二墓,皆发现已久,十余年前,始由总督府封锁保存者也。大墓为石顶石壁,画尚清晰,小墓为石顶粉壁,画多剥落。石顶所画图案,与北魏及隋唐时墓志边侧之花纹相类,四壁所画,则皆苍龙、白虎、朱雀、玄武也。又至龙岗郡真池洞观双楹冢,亦高句丽时代之墓,以墓门内有双柱得名。墓亦为石顶粉壁,建筑与江西郡大致相同。北壁画朱衣男女并坐,意即死者之像,左壁画一僧一贵妇人及随侍人等,右壁已剥落不可见,亦有苍龙白虎等图。午后,复至发掘地,昨日未启之奁已启矣。其中有小漆函六:其一为长方形,疑即钗合,中有玻璃料质之器(形与俗称玉功者相似)三及残粉一堆。其四为圆形,二贮粉,一贮黛,一贮胭脂。其一为椭长形,一端圆而一端方,中无所有。椁中涤治亦有进步,发现同样之杯一,亦有"利王"二字。漆盘上有画人物者,似为一男一女,金尚未脱。圹中工作皆田泽、小泉二君任之,图画则小场君任之,撮影则田野君(未悉其名)任之。凡涤治一次易一状态,则绘图撮影以存其真,故进行不能速也。

夜十二时,乘车赴京城,时适大雨,原田先生送至车站。先生招待殷勤,无微不至,两日汽车值及膳费皆先生代偿,殊令人不安也。同行者有籐田亮策、名越那珂次郎(京城大学豫科教授)、鸟山喜一(新潟高等学校教授)三先生,登车后即睡。十九日侵晨,抵京城,雨霁,籐田先生伴余等至朝鲜旅馆。九时,复来,介绍京城大学豫科校长小田省吾先生来谈,并约午后参观该校。十时,偕籐田君赴博物馆,沿途谈朝鲜历史,并指示其遗迹,其南门曰崇礼门,宫门曰大汉门,建筑亦颇壮丽。博物馆在新建总督府之后,为朝鲜王景福宫故址。庭前罗列古碑及石塔甚夥,皆自附近各古寺院移置于此者,余心恋乐浪遗物,不及审视,拟于出馆时周览焉。是日犹在朝鲜神祠纪念期内,未开馆。籐田先生启钥导余往观,乐浪郡之遗物陈列于楼上，十年来发掘之成绩咸在焉。有"朝鲜太守章"及"訷邯长印"封泥各一，其形正方，背有木理及绳缠之迹，盖封于印窠木检者也。"乐浪礼官""大晋元康"等残瓦当，"半两""五铢""大泉五十""小泉直一""货泉"等钱，及"半两"钱残范等，以上皆出自故城中者也。永光三年造孝文庙铜钟一，有铭十九字，曰："孝文庙铜钟，容十斗，重卌七斤。永光三年六月造。"汉初，祖宗庙之在郡国者六十有八，元帝永光四年十月乙丑悉罢之。此必乐浪郡之孝文庙，器造于罢庙之前一年者。出土地为大同江面，在故城东北约十余里。其余诸器物，多出自古墓中，铜器有鼎、鍑、钟、洗、炉、奁、镜之属，陶器有鼎、甑、壶、案、杯、盘之属，漆器有奁、案、杯、盘之属，余如含殓之玉器、金、银、琥珀、琉璃之饰，铜、铁之兵器马具等，皆各依其出土原状排比陈列之。乃知璧所以镇胸，玉豚所以实掌握，剑之长迥异周器，戈之直刃同于汉画，此皆实验所得者也。参观三小时，复至研究室中观近年所出未陈列之漆器，器为杯、盘楂、奁等，虽多残破而皆有铭。其纪元有始元（昭帝）、阳朔、永始、绥和（成帝）、元始（平帝）、居摄、始建国（王莽）等，皆西汉之物。其造作之处曰蜀郡西工（始元、永始、元始三器），广汉郡工官（阳朔一器），子同郡工官（纪元阙，仅有五年等字，《汉书·地理志》，广汉郡梓潼县莽曰子同。则五年之上，或为始建国或始建国天凤等字。然梓潼在汉为县，而此曰郡，或莽既改广汉郡为就都郡，又分广汉所属梓潼等县为子同郡，未可知也），供工工（绥和一器）等，《汉书·贡禹传》，"蜀、广汉主金银器，岁各用五百万，三工官官费五千万"。如淳注曰，"河内怀，蜀郡成都，广汉，皆有工官。工官，主作漆器物者也"（据汲古阁本）。是则漆器之作于蜀、广汉工官，固其宜也。有一器铭曰，"常乐大官，始建国元年受，第千四百五十四至三千"。以常乐大官之所受，竟至千五百四十七器之多，则贡禹所谓官费五千万，不为夸矣。其造作之事，有造之者，有主之者。造之之工，有素工、髹工、上工、铜扣或铜耳黄涂工（盘楂为铜扣，杯为铜耳，皆涂金）、画工、羽工、清工、造工。主之之官，有护工卒史、长、丞、掾、令史等。其器名有曰髹羽画木黄耳棓、髹羽画贮黄扣饭盘，上皆冠以"乘舆"字，是天子服御之器颁赐臣下者也。所谓"木"与"纻"者,谓以木或纻为胎也。此项漆器,远在一世纪以前,据吾人理想推测,当为极幼稚之工艺,然以今日之漆器较之,不过形式图案之不同,而工艺则无甚区别也。故一方面不得不叹服古代工艺发达之早,一方面又感觉今日之工艺,历千九百余年而仍无进步也。在研究室中约经四小时之久,出馆时已暮色苍茫,致庭前碑碣等不及周览,而京城大学亦无暇参观,不能无遗憾焉。晚间,小田省吾、黑田干一、名越那珂次郎、高田真治、鸟山喜一、籐田亮策诸先生,招饮于朝鲜旅馆。小田君先籐田君为院长,今始创办京城大学,黑田、高田二君皆京城大学豫科教授,黑田君有钱癖,蓄古钱甚夥,以极短促之时间,与诸先生作竟夕之谈,诚绝好之机会也。散后已十时,欲略观朝鲜风景及其风俗,竟不可得,因与智原君同游街市,于书肆中购朝鲜本小说歌谣等数种,皆韩汉文合璧或竟无汉字者,将归赠歌谣研究会。翌晨,附车归。

此行所得,一为发掘之经验,一为空前发现之漆器,时间虽短而获益良多,不能不感谢滨田、原田二先生也。吾国豫陕诸省古器出土,近年尤多,漆器虽无所闻,而铜扣铜耳则所习见,意漆质松脆,盗发者不知护持耳。是则公开发掘之事愈不容缓矣。

（本文原载《北京大学研究所国学门周刊》第 1 卷第 4 期,1925 年 11 月 4 日出版。）

燕下都考古调查及发掘计划

考古工作之重要部分,为实地搜集考古之材料;近年来外人学术团体,多用科学方法,在各地古迹从事掘发,均得有极良好之结果,贡献于考古学界,独中国尚无此种动作。民国八年时,本校校长蔡孑民先生,因悉河南安阳有发掘之价值,曾计划进行,因故未果。至民国十二年,余曾到洛阳安阳两处调查,嗣后屡欲进行掘发,终以战事关系,该地不靖;且其时本校经济亦不甚充裕,故未进行。安阳则已经中央研究院掘发,惟后来与河南当局起交涉,恐亦未有极良好之结果。近因本校经费比较充足,为实现考古工作起见,拟于就便之易州,作考古之发掘。

易州为燕下都故址,燕昭王时迁此,或谓桓侯迁此,或谓文公迁此;总之:约在纪元前三百年时,燕为应付中原起见,实有迁都于此之必要。按其时燕之文化甚盛,故极有发掘价值。余曾亲至其地调查,系根据三事:(1)《水经注》,(2) 故老传说,(3) 事实证据,结果甚为圆满。《水经注》谓燕下都城东西二十里,南北十七里,但就遗址考察,东西仅十三里,南北九里。按此城本名武阳城,因易水又名武水,城在水之阳,故名武阳城。又有武阳台,其村名武阳。另一城角村,因位在城角,故名。其周有土岗,为城遗址,有一段如城墙者,上有板筑之痕迹,层叠整齐,每板长六尺许,高尺余,并有钉孔。知确为当日城壁。《国策》云:"水啮城不没三板",正与此相符合。可见当时概为板筑之土墙。此外则尽为土岗。在城角村东,得瓦当,约为燕下都南门之瓦当。下都南近,有汉故安城(或称贯城,疑系声韵所讹),亦系东西长而南北短,现在新城亦如是,或因某种关系使然,亦有兴味之问题也。武阳台在武阳城东,今之定兴县。该处台基多至三十所,城东南亦有二十余处。大小不一,高者四丈,低者亦二三丈,惟以武阳台为最大。二十年前,该处曾发现铜龙,疑系建筑物上之装饰品。并有及甸井圈,及甸豆、鬲等,及唐时之残缺佛相,与明代之碑文。又在台之离地四五尺处发现瓦片,上有战国时文字,及被火烧余之土渣,想系燕都被烧毁后之遗迹。然所发现甸瓦虽多,但尚无砖发现,故疑其时建筑纯用土瓦而不用砖。

此次由中央研究院[①]、古物保管委员会及本校共同组织之考古团,前往发掘,已请该地建设局测绘地图,并与地方当局约妥,完全由考古团经手掘发;所得之古物,俟运平研究后,仍送回易县博物馆。同行人数约十余人,拟掘发四台,先共同掘一台,然后再分掘三台。纵不能获得文献,如魏安釐王墓中之发现《竹书纪年》,但至少亦可推知当时之建筑情形。掘完,拟仍保存其台址,故掘发时须极慎重。似此浩繁工作,据专家云,须六年,始可竣事。此次为初期工作,拟于六月间告一结束。余甚相信定能获得良好之结果也。

(本文系马衡 1930 年 4 月 7 日于北京大学第二院大讲堂讲演稿,梦苏记录,原载《北大日刊》第 2385 号,1930 年 4 月 16 日出版。)

① 编者按:应为北平研究院。

南京朝天宫发现之古迹

南京朝天宫在土山上,本为建筑之名,后为此山之名,今并其附近一带之街市亦谓之朝天宫矣。此山旧名冶城山,为吴冶铸之所。杨吴时建紫极宫,宋改天庆观,明洪武中改朝天宫,凡大朝贺,百官习仪于此。清同治初,改建江宁府学。惟俗称仍谓之朝天宫。未建府学之前,皆道士居之,今犹有乾隆间石刻存焉。山在南京水西门内,占地百余亩,高略如北平之景山,登其巅则全城在望。山之西有晋卞壶墓,碑碣牌坊,皆为清代所立。而《太平寰宇记》谓冢在今紫极宫后,似不在西偏矣。相传明太祖实葬此山,而钟山之孝陵,则为疑冢。纷纷传说,几于无人不知。今年春,故宫博物院建筑分院保存库于山之东偏,三月初,兴工掘土,金以为此种传说,或可由此证明。乃掘土之面积大至十余亩,深度达三丈余,终于毫无踪迹可寻。但在所掘之地,得古迹二处,皆与历史考古有关,值得吾人注意者也。

其一为陶制之井甃。在山之东南隅,掘土约丈许,发现一陶器之口,圆径二尺余,厚寸许,表面皆绳纹。余谓此当为井甃,非陶器也。其制高不过尺余,上下相通,节节累置,深入地层。命工人掘之,果如所言。移置其第一节,复露一口,状与前者同。逐渐下掘,共得十一节,仅最后一节完整,余皆破裂矣。余所以敢于下此断语者,实根据已往之经验。盖余于十九年，发掘河北省易县燕下都故址，得此类陶甃十余，中有一器，且有文字，曰陶工某某，确为六国时文字。其制法系以反文之印印于土坯，而后以火烧成，与其他陶器之文字同。所以断其为井甃者，以其形如井阑，圆径亦等于今日之井口，深达丈余。且阑内之土黝黑，与阑外之黄色原土不同，是以知其为井也。《说文》（瓦部）："甃，井壁也。"《易》，"井甃无咎"，《释文》："马云，'为瓦裏下达上也'，干云，'以砖垒井曰甃'，虞翻亦云，'以瓦甓垒井称甃'。"按今日之甃井者，皆以砖垒为圆筒，与干、虞之说同。余以为砖甃之用，至汉始广。秦以前之建筑，墙垣则多为版筑，冢墓则多为土圹或木圹，砖之为用，不如陶瓦之普遍。故战国时之井，非以砖垒，乃烧陶为甃，节节垒置。此种推测，颇有其可能性。江逌《井赋》："穿重壤之十仞兮，构玉甃之百节"，盖谓此种制度也。其后砖甃之利普，垒砖之制多，而陶甃之制少矣。朝天宫之甃，与燕下都完全相同。惟甃之腰际有二孔并列，相距约三寸。其他一面亦有二孔遥遥相对，故每节中有四孔，此为异耳。形制花纹既与燕物无异，则其时代或亦相当。曩考冶城始于三国之吴，今得此证，至迟亦当为六国之楚矣。

其一为古墓。在井甃之北，相距约二丈，同时发现一砖砌之墓。墓为圆形而有四出，如✛形。中为穹隆顶，四出皆作法圈式，为东西南北四室，皆以砖砌成。地下亦铺以砖。砖作长方形，两侧多弧线形之图案，无虑数十种。仅一笵有文字，亦非年号及姓名。东室之外，有砖墙一堵，似为墓门。盖其墓东向，适在山坡之上。发现时墓顶本已毁，棺亦无存，惟余青釉陶器十余事，盖殉葬之物也。最奇者，墓之中央为一井，深二丈，以砖层层累置以为井甃，砖之形式图案，与砌墓之砖无异，必系同时所作。从来发现之古墓，未有作此形者，此所以称奇也。按冶城山除卞壶以外，未闻更有他人葬此者。史称壶于咸和三年与二子眕、盱皆死苏峻之难。义熙九年，群盗发壶墓，剖棺虏掠，壶尸僵，须发苍白，面如生人。两手悉拳，爪甲穿达手背。安帝诏给钱十万，重营兆域。此墓砖文，正为六朝之物。其初亦曾被发，不知是否即壶墓也。墓中有井，为特殊之制，故有人疑其非墓。但除此一点以外，其余条件，无不合于墓者，是又将何说以解之？余以其有研究之价值，且所在地并不妨碍新建筑，因商之中央古物保管委员会，特别保存之，为冶城山留一特殊古迹。

余因此次之发现而有感想焉。夫朝天宫之工程，占地不过十余亩，深度亦仅三丈余，竟发现奇迹二处。去年江南铁路公司兴工筑路，有考古家与工程师相识者，谆谆以留意古迹嘱付之。至冬间，南京各骨董肆有梁钱范出售，且大富大吉等五铢，为从来所未见。询以出土地点，则谓在洪武门外，江南铁路公司筑路时所发现。履勘其地，则铁路已成，路旁低洼处残范犹有存者。其地必为梁代铸钱之所。其所以发现者，以增高路基，取土于路旁，见有红土烧成之土块无数，碎之则每块中含钱范数十片。依吾人推测，路基之下未经发掘者，必尚有之。今路已筑成，无从探检矣。其后考古家向工程师责问，则曰未之闻也。于此可见凡事必须专心注意，尤须有考古常识。否则虽有发现，亦熟视无睹，发现之日，即其湮灭破坏之时，后此无复再见之希望，岂不重可惜哉。余今日报告此新发见之事实及其感想，即所以希望诸君对古迹古物发现问题稍加注意，不容忽视也。

（本文系马衡于北平大学女子文理学院史地系讲演稿，原载《新苗》11卷1号，1936年10月16日出版。）

本校筹备考古学系之计画

今日世界历史学家皆感到以前之所谓史者，都是少数的特殊阶级之史，而非普遍的全人类之史，在近数十年中，都努力于改造之工作。此工作之最重要者，厥惟考古学。盖考古学者，是从人类的遗迹或遗物中求其进化之过程，是求其真的，是客观的。故欲改造旧史，非从考古学入手不可。现在世界各国考古学之成绩，都已斐然可观，而我国号称东方古国，对于此学，犹在萌芽时代。若能急起直追，努力于我们自己的工作，不特在中国史上有很大的成绩，抑且于世界人类史上有相当的贡献，可断言也。兹将其进行之事项及其预算条列于左：

一、设历史博物馆。往古之遗迹遗物（包括人类一切有意识或无意识之作品及文书等而言）属于史料范围以内者，其遭损坏、散佚、湮没者，盖不知凡几，例如宋人著录之古器古碑，存于今者不过什之一二；清室所藏之古器书画及善本书等，曾经清初官书（《西清古鉴》《续鉴》《宁寿鉴古》《石渠宝笈》初二三编、《天禄琳琅》等书）之著录者，以今所存者校之，亦不过什存二三，其他概可知矣。今宜为普遍的搜集，谋合法的保存，并作有系统的陈列，俾学者得以比较研究，不使之再遭损坏、散佚、湮没。故历史博物馆之设，实不容缓也。广州地处卑湿，非有特别设备，实不易延长古物之生命，故建筑方面尤宜注意焉。

二、史料之调查与搜集。古代之遗迹遗物虽随在皆是,但有属于史料范围者,有不属于史料范围者;亦有经前人之揭橥,或载在方志,而实际为点缀湖山,并非实迹者;又有以前曾经发见,而其后又复湮没者;又有湮没之后,而又重新发见者;又有穷乡僻壤偶然发见,而当地人未经注意,或他处人不及闻知者;又有以前之风俗习惯,今已渐成陈迹,当地之人以其习见而忽之者。凡此皆有待于调查者也。调查之方法宜分二种:

(甲)普通的调查　此事宜先由省教育机关制定表册,详列方法,分发各县教育行政机关责成各城镇之中小学历史地理教员分别就地调查,其经费即由各县担任。其有调查翔实,或特别发见者,宜订定奖励之法以资提倡。第一次之调查,限期呈报,其后遇有新发见或初期所遗漏者,许其随时报告,□年之内,由省教育机关汇齐作一总报告。苟各省踵而行之,则一省有一省之报告册,中国之古迹古物,虽不能网罗无遗,亦可以知其概要矣。

(乙)特别的调查　如有遗迹遗物认为重要史料者,或某一地域虽未发见遗迹物,而在历史上确认为重要,有调查之必要者,则宜派专门学者特别调查之,以为将来搜集史料之预备。最近北京大学集合各学术团体,成立一"学术团体协会",并承受瑞典赫定博士 Dy. Sven Hedin 之经费及其人材,往甘肃新疆等处调查采集科学材料(其材料皆由协会保存,有复出者,得由协会自动的赠予之)。考古学一科,亦为调查任务之一,凡属经过之古城市、冢墓,或其他建筑物之沦于沙漠者,皆一一作精密之调查,俟两年后回京,由协会自筹钜款,组织大队前往采掘。此为特别调查第一次之伟大工作也。

其次则为搜集之工作,亦分二种:

(甲)普通的搜集　一切属于史料之遗迹遗物,既已随时随地发见,即有随时随地损坏、散佚、湮没之可能,例如十余年前广州市发见之南越王墓,其中遗物,多数为私家所有。今宜悬价征求,归诸公有。虽不能恢复旧观,亦可得其大概。又参与此役之人,今日犹有存者,亦宜设法召集,详细咨询,作一较详实之纪录。及今不问,后更难求矣。又如二十余年前安阳所出之甲骨,为商代第一等史料,虽有一部分已经传摹影印,而大多数尚散在私家,及今采购,已自不易,若再阅十年,将不可究诘矣。又如四年前之孟津,一年前之洛阳,皆发见周代铜器,虽流出海外者已不知其几何,而留存于乡民或估人之手者,犹有一小部分。是皆宜及早购求者也。

(乙)特别的搜集 前条所言,皆以前之所发见,其埋藏之状态,及所出之副品,多已无从根究。盖此等发见,无论其为无意或有意的,要之参与其事者皆无学识无经验之人,往往有物品之位置或微细之副品,为极重要之史料,而彼等熟视无睹任意毁弃者。此之所谓搜集,则集合若干有关系之各学科专门人材,用科学的方法,从地层下亲自去采掘。例如前言出甲骨之安阳,在洹水之南,古称殷虚,为商武乙时之故都。其遗迹遗物岂仅甲骨而已哉?其他史料必多未尽之藏。宜勘定区域,作大规模之发掘,虽一年二年之工作,亦在所不惜也。又如钜鹿之宋故城,大观二年为水所淹,今之新城即筑于其上。是宜迁其新城,就旧址发掘,使当日故城完全再现。如此则宋代之人民生活历历可睹,游此城者,即不啻置身于十二世纪之社会矣。又如《史记》称封于泰山者七十有二代,今泰山之无字石,或为古代封禅之遗迹。苟从其石而发掘之,焉知不为古史开一新纪元耶?又如河间献王为汉初之征求文献者,今其墓犹在献县,若果发掘,焉知汲冢竹书不再见于今日耶?凡此种种,皆今日考古学界最重要迫切之工作也。

三、造就专门人材。史之改造,既须奠基于考古学之上,则此类之专门人材,为最需要矣。然环顾国中,此类人材最为缺乏,即如我自己,就是一知半解的。盖中国昔日之所谓考古学,多为无系统的,不科学的,且偏重于有史时期的,焉能负改造中国史之重大责任?故宜首先造就之。然此科与其他科学不同,盖(1)改造者为中国之史;(2)所考之史料皆中国之史料;(3)中国史又如此之悠久;(4)中国古代之史学在世界各国中又为最发达。故必须遴选史学或国学有根柢之人——教员或学生,派赴欧洲各国,研究考古学及其他有关系之各科,夫然后乃为今日最需要之人材。

四、经费之预算，分特别、经常二种：

（甲）特别费

A. 博物馆开办费

（1）采购古物　　五万元

六万元

（2）厨柜等设备　一万元

B. 博物馆建筑费　　　　元

以上计　　　　　　元

（乙）经常费

A. 调查搜集费

（1）特别调查　五千至一万元

二万六千元

（2）普通搜集　六千元

（3）特别搜集　一万元

B. 留学费（二人）　　元

以上每年计　　　　元

（本文原载《国立第一中山大学语言历史学研究所周刊》第1集第10期，1928年1月3日出版。）

考古与迷信

　　孙伏园先生来信，叫我做篇文章，将年来考古事业的发展进行方面说一说。我对于这个题目实不敢奉命。何以呢？因为我们国内就从来没有什么考古事业，讲不到进行，更讲不到发展，真是可笑的很，惭愧的很。有人以为我这句话太过火了，问我道："我们谈到各种科学，或者跟不上人家，但是讲到考古，或者还可以傲人家吧。人家所得的材料多么寒俭，偶尔发现几百年前的东西，便矜为希世之宝；我们这里所发现的材料，动不动就是纪元前的，甚而至于人家来了一年半载，就发现许多几万年前的动物化石，满载而归。我们国内岂不是一个考古学的实验室吗？讲到事业方面，如北京的古物陈列所啦，历史博物馆啦，故宫博物院啦，各省地方的古物保存所啦，都是各有各的成绩；做这项买卖的，北京的城里城外就是几百家，每天火车运来的古物也不晓得有若干箱；他们的这些主顾，或是买铜器的，或是买石头的，或是玩古钱的，或是盘汉玉的，终日带着老花眼镜，在那里摩挲赏鉴；那一样不是考古事业？怎么好说没有呢？"咳！这都不是我所说的考古事业，也不是孙先生所问的。我所说的和孙先生所问的，是一种有计划的，有组织的大规模事业，我们国内实在是没有有过，叫我从何说起呢？但是所以没有这种事业的原因，倒不能不说一说。记得十一月十七日的本刊中有龙云君的《考古与吊阴》一文,伏园先生在它的后头加上很长的按语,说得很透彻。当时我看了这篇文章,也想说两句话补充孙先生的意思,后来因为懒得动笔,就搁下了(也像疑古先生一样,要在"周"字上加上无数的"来"字)。现在被孙先生一逼,只得写出来聊以塞责。

讲到考古这件事,有些人或者以为有"开倒车"的嫌疑。其实不然。我们所以要研究历史的,并不是想复古,是要晓得我们的老祖宗怎样的工作,怎样的进行,才有这份遗产交给我们;我们承受了这份遗产,应该怎样继续着工作,继续着进行,再传给我们的子孙。有许多是他们——老祖宗做错了的事,走错了的路,我们就应该改变方针,不要再上他们的当。换句话说,就是因为现在的"果"而去求从前的"因",又由现在的因,而希望后来的果,并不是想恢复到从前的"因"的地位。我们的老祖宗传遗产给我们的时候,虽然也有许多零碎的帐簿交给我们,让我们查点;但是我们现在感觉到这些帐簿都是些残缺不齐的,有许多实在要查的帐倒反而没有,并且还有许多假帐在里面。所以我们不能不在他们所走过的那几条路上再找一找,也许还有落下的帐簿,也许还有落下什么别的东西,也许还有什么脚印子,让我们得到些比较完全些的知识,这才是考古的真正意义呢。

我们要在前人走过的路上去找,是怎样的方法呢?有的是在地面上的,有的是在地底下的。地面上的东西,找起来固然容易,但是毁坏起来也容易,所以存留的就不多;地底下的,找起来虽然比较的难一点,可是保存得好,发现出来是有系统的。所以要讲考古,是非发掘不可的,不但是刮地皮,简直是挖地心子。

中国的土地这么大,这地心子从何挖起呢?我们应当定一个标准才是。要定标准,先要晓得那些东西所以埋藏的原因;这种原因不外乎两种:一种是无意识的埋藏,例如地震陷落,火山爆发,河流变迁,兵燹摧残等等皆是;他们在城市都会中牺牲了许多生命财产,结果就不过给后人一些考古的材料,我们若是不去发掘,他们都是白牺牲了,我们怎么对得住呢?一种是有意识的埋藏,例如丧葬之礼,凡生前所享用的,都可当作送死之具,而且应有尽有,陈设井井,我们见到某一时代的坟墓,就可以知道某一时代的社会生活状态,这岂不是比较的实在,比较的有系统的历史材料么?孙先生说得好,"二十四史是一部地面上的历史,还有一部比它更重要,更精确,更复杂的二十四史在地下呢"。这话真不错呀!

中国掘坟的事,在历史上找起来,几乎无时无地不有,差不多可以说百分之九十九是为盗宝而掘的——是强盗阶级做的事。但其中也有值得注意的,至今引为美谈的,即如《晋书·束皙传》说:"太康二年,汲郡人不准盗发魏襄王墓——或言安釐王冢,得竹书数十车。……武帝以其书校缀次第,寻考指归,而以今文写之。皙在著作,得观竹书,随分释皆有义证。"这可算是空前的发现了,至今历史家还在感谢那不准呢,可惜他的动机是很不正当,所以虽有贡献,而不能不说是盗发的。

我们现在应当分开来讲,一种是私盗的,一种是公开的,一种是想发财的,一种是研究学术的,一种是个人的,一种是团体的。私盗的,想发财的,个人的,应当严厉的禁止;公开的,研究学术的,团体的,应该竭力的提倡。现在国内大多数人的心理,不晓得公私的区别,往往视同一律,以为一概都应禁止的;不但如此,甚至于对于私盗的人倒可不闻不问,而对于公开的事反而群起反对之。这是怎么一回事呢?一言以蔽之曰,迷信而已矣。其先因迷信的心理而反对发掘,后来又因责备贤者的心理而反对学术团体的发掘。我们可以把这班人们的迷信心理分析的观察一下子。

一种是迷信鬼神:这是中国四千年来牢不可破的思想,以为人死了就变鬼,鬼的起居饮食,应该同生人一样,坟墓是给鬼盖的房子,祭祀是请鬼吃饭。假使把鬼的房子——坟墓毁坏了,鬼就无所凭依,要作起祟来的。这不但中国如此,世界各国都有这种迷信,不过科学发达之后,人家渐渐的觉悟,而我们中国人因为教育不普及的缘故,还是依然故我,甚而至于受过高等教育的人,因为环境的关系,还不能打破这一关。他们反对发掘的理由,并不说是怕鬼作祟,却是主持人道的招牌。要晓得人道两个字,是专指人类的同情心,护持人类的生命而言,与死人的躯壳是无与的。假使我们无缘无故的把死人的遗体拿来残毁，做损人不利己的事情，那当然失了人类的同情心，受人家的唾骂。但是为了研究医学，去解剖死人的遗体，即使牺牲了几百个死人，而不能得到一些贡献，也没有人说是不人道的。于是有人要驳道："医院里解剖的尸体，都是些有罪的死囚，或是无主的路倒尸，所以没人说闲话。其余何以就不行了呢？"我说这是主权问题，而非人道问题，如果讲人道，难道死囚、路倒尸就不是人了吗？反过来说，若是死囚、路倒尸是有家属的，也就不容你解剖。除非是死者犯了疑难病症，有遗嘱叫解剖的，那虽非死囚、路倒尸，也得解剖。这岂不是主权问题吗？发掘坟墓也是一样，若是有子孙的，非得了他的子孙许可，是不能发掘的。若是没有子孙的坟墓，那是应当发掘的。无论是没有鬼，即便有鬼，鬼也应当赞成的——因为一般信鬼的人都说鬼的智识比人高，所以鬼应该明白这个道理。

一种是迷信风水：中国的坟墓是向来讲风水的，但是上头说过，无主的坟墓才可以发掘，那么所掘的坟墓，是风水不好已经绝后的了。所以发掘坟墓，似乎与风水倒没有多大关系，然而你要是发掘故城或坟墓的时候，他们也可以借风水题目来阻止，譬如说这一城一村一镇的人所以能够平安过日子，全靠这块地的形势如何如何的好。若是掘断了地脉，那这全城全村全镇的人都要倒霉了。竟可以鼓动全城全村全镇的人鸣起锣来同你为难，驱逐你出境。在这种情形之下，是无理可喻的。记得陕西澄城县北寺村有一块碑，是北魏太和十二年立的，叫做晖福寺碑。从前这碑的拓本很少见，据说因为这碑有风水的关系，若是有人拓了它，这村里就要死孩子，所以禁止人家去拓。前几年，这庙里住了好些丘八太爷，他们听说这碑的拓片值钱，就拼命的拓了卖，倒也没有听说那村的孩子都死完了。你看破庙里的一块碑，尚且有许多的风水传说，何况大计划的发掘呢？

有了这两种的迷信，所以大多数的人才把考古与吊阴两件事相提并论，以为这是残酷的，不人道的，是强盗的行为。你看糟不糟？我现在希望大家把这个意思宣传，让大多数人了解这公私的区别，竭力提倡公开的发掘,总要使得"地下的二十四史取地上的二十四史而代之"才好。但是有两件事要请大家注意的:一,是不要胡乱的发掘,须要罗致许多的专门人材,用科学的方法。二,是互相监督,不要白牺牲了有用的材料,或是据为己有。我希望大多数的人,能够拿反对的精神,用在提倡和监督的责任上,那才是正当的办法。

还有一句话,我要附带的说一说。学问这件事,原来是世界的,是人类共同的,本来不分什么国界。可是研究中国史,搜集中国的史料,是我们中国人应尽的天职,也就是应有的主权。若是我们都放弃了不管,让外国的无论什么人,来替我们"越俎代谋",已经是件可耻的事,结果如把中国的史材搬空了,我们要研究本国史的人,都要出洋留学,那岂不是一件笑话。我希望大家一面谢绝人家的代劳,一面要自己努力的去干呀!

十四年十二月六日　马衡

(本文原载《京报副刊》第 395 号,1926 年 1 月 25 日出版。)

篆刻书法

谈刻印

余常闻之人曰"某人善刻印,今之金石家也"。一般人以为刻印即是研究金石,于是乎路旁及邮局门前设摊刻印者,无一非金石家矣。金石二字,岂是指一支铁笔(刻字刀)与几方印石之谓? 依此解释,未免浅之乎视金石学矣。盖金石学者,乃指金文及碑版而言。金文者,商周以来铜器之文字;碑版者,秦汉以来刻石之文字也。治史学者每患文献之不足,乃于书籍之外搜寻其他史料。金石文字为当时人所记载,所谓直接史料,其可信之成分远胜于展转传写之书籍。研究此项直接史料,始得谓之金石学。印为古代用为凭信之物,或刻于铜,或刻于玉,或刻地名官名,或刻私人姓名,当然为史料重要部分,而在金石学范围之内。刻印家欲知印之源流沿革,形式文字之变迁,应先研究古印,自属当然之事。即以文字源流而言,不但古印应研究,即一切金石文字,也在研究之列。故金石家不必为刻印家,而刻印家必出于金石家,此所以刻印家往往被称为金石家也。人有难之者曰:"文字随时代而应用,一切文字皆当用现代的。何以刻印不用现代通行文字,而用已经废止之篆书?"此事从来尚少有人怀疑,但理由亦不难解答,盖印既是用为凭信之物,自应防人作伪。凡人之签名画押,无论古今中外,皆各有其一定形式,他人几乎难以辨认。印之所以利用废止之篆文,其用意亦同于签押。故自汉至于现代,不论官印私印，皆沿用篆文而不改。其意盖正欲利用其不现代化，除用者自身外莫能辨其真伪也。今既欲谈刻印，不能不先谈古印。

古印之起源，约当春秋战国之世。《周礼》虽有"玺节"之说，但其书绝非周公所作。春秋时始有玺书，至战国时而盛行，卫宏《汉旧仪》所称"秦以前民皆为方寸玺"也。当时只谓之玺，尚无印之名称。此可谓为印之第一时期。秦始皇并兼天下，同一文字，印之制度亦成为"方寸"之定式。历两汉魏晋以至南北朝，大致相同。此可谓为印之第二时期。在此两时期中，公私文书皆用竹木之简牍，简牍之上覆之以检，题署受书人于检上，又以绳约束之，封之以泥，钤之以印，如今之火漆封信者然。简牍狭长，故只适用方寸之印（晋以后纸虽盛行，但公文仍多用简）。隋唐以后简牍完全废止，公私文书一律用纸。纸之篇幅较为宽大，方寸之印不甚适用，始改为大印。但其大之限度亦不过二寸余，且不论官阶之尊卑皆同一式，直沿用至元代，此可谓之第三时期。明清两朝之印又稍大，并以官阶为大小之等级，最大者可至四寸，一律用宽边。此可谓之第四时期。以上所述皆为官印。至于私印，从第一时期以来，皆用姓名印，至唐李泌始有轩堂印（泌有"端居室"一印），宋贾似道始有闲章（似道有"贤者而后乐此"一印）。其实第一时期之"敬上""敬事""明上""千秋""正行无私"等，第二时期之"日利""大吉""利行""大幸""长幸"（幸字从犬从羊，前人误释年字）等，亦皆为闲章，但皆千篇一律，非如后世之个人专用者耳。兹将各时期之沿革变迁分述于下：

一、名称　第一时期，不论尊卑贵贱皆称为玺，已如上述，玺字或从金作"鉩"，或从土作"坏"，或仅作"尔"字。秦并天下以后，惟天子称玺，普通官私印则皆称印。唐武后以玺音类死，改称为"宝"，故其后玺又或为宝。汉丞相、将军、御史大夫、二千石印皆曰章，盖以此等官职皆可直接奏事，印为封检所用，用之于章奏，故即变文曰"章"（古代检署之文，皆并印文读之，《汉书·王莽传》曰："梓潼人哀章作铜匮，为两检署，其一曰'天帝行玺金匮图'，其一署曰'赤帝行玺某传予黄帝金策书'。某者，高皇帝名也。"天帝行玺、赤帝行玺盖皆封泥之文）。有连称"印章"者，为官名字少欲配合五字。《汉书·郊祀志》:"汉改历,以正月为岁首,而色尚黄,官更印章以五字,因为太初元年。"张晏《汉书·武帝纪》注曰:"汉据土德。土数五,故用五,谓印文也。若丞相曰'丞相之印章',诸卿及守相印文不足五字者以'之'足之"即其证也。第三时期印有称"记"或"朱记"者,犹今时之称"钤记"也。以其朱色,故又称朱记也。第四时期方者称"印",长方者称"关防"。大抵因事添设之官或临时差遣者,则发关防。其卑微之官,印不由朝廷颁发者,则称"钤记"或"戳记"。以上皆为官印,名称皆见于印文。但自第二时期以后,"印"仍为普通称谓也。至私印又或称为"图书"或"图章",盖宋代以后,用于收藏图书者,其文即曰"某某之图书",一般人不明此原因,以为"图书"即私印之代名词,沿习成风,是犹用之章奏者即称为"章"也。图章二字,则又以图书与印章凑合而成者也。总之,在第三时期中,必有一般俗人误会印为官印之专称,私人不敢僭越,遂别造一名词以称私印耳。

二、形制 第一第二时期之印既以封简牍,又应系绶佩之于身,故尺寸只限于方寸,而其上必有钮,钮中有孔,用以贯绶。印之本身,高不过二分左右,连钮计之亦不过半寸余。官印面积多为方寸,第一时期官印亦有小于方寸者,至秦始整齐画一而为一律方寸。但亦有长方者,恰当方寸印之半,其名谓之"半通"或"半章"。扬子《法言》十二曰:"五两之纶,半通之铜。"仲长统《昌言·损益篇》曰:"身无半通青纶之命。"李贤注引《十三州志》曰:"有秩啬夫得假半章印。"今封泥中常见此等印文,多为乡官,盖卑微之职所用也。私印最大者亦不过方寸,而普通尺寸约当官印十之六七。第一时期私印较小,约三四分左右,甚有小至二分者。且形式复杂,甚多例外。第二时期虽较画一,但普通形式之外,尚有子母印及穿带印。以小印函于大印之内,谓之子母印。无钮而两面刻字,中有扁孔以穿革带者,谓之穿带印。大抵母印刻姓名,子印刻姓字,穿带印则姓名姓字分刻两面,或两面皆名而一面名上著"臣"字而不著姓。第三时期之印,方二寸余,尊卑一律,已如上述,但严格言之,并不正方,纵盖略赢于横。印大则不能佩,故隋唐虽有"金紫""银青"(金银指印,紫青指绶)之官号，事实上已非指所佩印绶而言。印钮之制亦与第一二时期不同（详后）。第四时期之印或关防等皆细字宽边，大小随官阶而异。其钮略同于第三时期。

三、钮式　卫宏《汉旧仪》述印钮之制甚详，但只有橐驼、龟钮、鼻钮三种。今所见有文饰者，橐驼、龟钮之外，尚有其他动物如鹿钮、蛇钮等。无文饰者，除鼻钮之外，尚有坛钮、瓦钮、覆斗钮、橛钮等。坛者，祭祀之坛也，天坛、地坛、社稷坛等，筑土为之，分为阶层，上层小而下层大。印钮之形象之，故称坛钮。其形如坛。瓦钮者，形状如覆瓦。覆斗者，形如覆斗。鼻钮者，形如鼻，略如瓦钮而较小。橛钮者，形上设扁柄，可以两指夹之。第一时期印式虽繁，但钮形尚不复杂，多为坛钮。其余皆属第二时期。惟橛钮为第三时期所专有，因其时印大，又无佩绶作用，故适用橛钮也。然第一时期有狭长之印，亦皆用橛钮，他种印未之见也。第四时期之印更大而重，橛钮尚嫌太小，故又加长其柄，改扁为圆，以便把握。所以俗语称服官为"抓印把子"也。私印多为鼻钮，亦有用龟钮者，则为有官阶而合于定制者，非平民之制也。

四、文字与章法　许慎《说文解字序》曰："诸侯力政，不统于王，……分为七国，……言语异声，文字异形。"今所见第一时期之玺，文字诡奇，多不易识，与战国时其他文字如钱币及铜器、陶器、兵器之字皆自相似，且可相通。从前搜集古印之人因其不易识，往往摒而不录，故早期之印谱鲜见第一时期之印。潘氏《看篆楼印谱》已见收录，盖其时阮元等正搜集古器，研究金文。至晚清咸丰同治之时，研究金文之风气大开，陶器古玺文字亦大事搜集，故晚出之印谱多有古玺。但一般人称为秦印，其实非尽秦国之物。第二时期之文字，字体在篆隶之间，即《说文序》所谓"摹印"或"缪篆"也。就文字以分时代，大体亦不难辨别。大抵秦与西汉字体最正，后汉魏晋文字，则不尽合于六书，故马援有正郡国印章之议。南北朝小学不讲，楷书尚多别体，何况篆书？故印文离奇不能绳以六书者，皆南北朝之物也。第三第四时期之文字，有屈曲盘回，使笔画填满以求匀称者，谓之九叠文，仅官印中有之耳。其文字排列之法，第一第二时期大抵分作两行。汉太初印尚五字,则分作三行,末行往往一字,如"□□将军章""偏将军印章"等,章字必独占一行,虽"□□□千人"人字笔画较少,亦为一行。蛮夷印字多者亦分作三行。私印姓名两字或三字者必作两行,复姓双名两字占一行(第二时期后期双名多有分行写者),其双名而有印字者,姓与印字为一行,双名独占一行,盖回文读也。亦有姓名二字之外,加"之印""私印""信印""印信"等字者。第一时期之三字姓名有并列者,复姓之下往往著二小画以识之。第三四时期私印,大致与第二时期同。

五、材质与刻铸　印之材质,第一时期最为复杂,卫宏《汉旧仪》曰:"秦以前民皆佩绶,以金玉银铜犀象为方寸玺,各服所好。"今所流传之先秦官私玺,确如卫说,但仍以铜质为多。第二时期者,据卫宏所载,铜质之外,有金银二种。诸侯王、列侯、丞相、大将军、御史大夫、匈奴单于皆金印,御史二千石银印,余皆铜质。以今所见实物证之,亦不尽符合。大抵铜质涂金涂银,即称金印银印,其以金银铸者,千百中之一耳。此时期之私印,铜之外亦有用玉者,其他材质,则不多见也。第三四时期官印用铜,私印初亦用铜,自元王冕用花乳石刻私印,于是第四时期私印遂盛行用石矣。铜印多拨蜡所铸,文字亦同时铸成,亦有出自镌刻者。然武职皆临时封拜,则就铸成之印凿刻官名以授与之,昔人谓之凿文。刻文先书而后刻,尚有笔意可寻。凿文成于仓卒,多不先书,即书亦极草率,故多倾斜之势。此刻与凿之别也。玉印有琢者,有刻者,犀角象牙则皆刻文矣。

六、阴阳文之别　顾大韶《炳烛斋随笔》曰:"凡物之凸起者谓之牡,谓之阳,凹陷者谓之牝,谓之阴。惟今之言印章者,则以凹陷者为阳文,凸起者为阴文,盖古来之传说固然。古人之印章以印泥,故凸起处其印文反凹,而凹陷处其印文反凸,盖从其所印言之,非从其所刻言之也。"其言甚是,可见明代之称阴阳文,正与所刻相反,尚是古来传说。今则一般人只就所刻之阴阳称之,不知古说矣。自今以后,不复有封泥之制,吾人为免于混淆起见,不妨就纸上之颜色区别,称为朱文白文,较为显明易解。第一时期之印,朱文白文皆有之,惟官印白多于朱,私印则朱多于白。第二时期官印尽为白文,私印虽亦多白文,但间有朱文者,亦有一印之中朱白相间者。第三第四时期官印尽属朱文,私印则不拘朱白。其用于图书者则多用朱文,以其不掩字也。

七、施用之方法　第一第二时期,印以封检,其法已见上述。《汉旧仪》称天子六玺皆以武都紫泥封。《东观记》谓邓训好以青泥封书,其故吏举国过赵国易阳,载青泥一襆遗之。《续汉书·百官志》载守宫令所主有封泥,皆指封书之泥。其实即是地下之黏土,或更加以胶质,亦未可知。武都、易阳所产或尤为适用也。平时搓作小团,临用时以水湿透,黏于检上,以印钤之,印文即现于泥上。《后汉书·隗嚣传》言王元说嚣,请以一丸泥东封函谷关,言封函谷关如封书之易耳。余曾见一铜印,文曰"双弟印",印面三字分作三层,不可印纸,此正用以封泥者也。以前一般人未见封泥,不明此制,自晚清时始有发见,简牍已朽而泥独存,当时人尚有疑为铸印之土范者。吴式芬、陈介祺始著《封泥考略》,余亦曾就北京大学所藏编为《封泥存真》(商务出版)。十余年前,西北科学考查团在甘肃额济纳河附近发见两汉木简,尚有封泥附着简上者,更可互相印证。至第三时期,以纸代简,泥不适用,乃改用水调朱,涂于印面以印于纸上,故又称"水印"。亦有用蜜调朱者,又谓之"蜜印"。所以必用红色之故,当缘字以墨书,红色盖于其上,不至掩字。涂朱总难匀称,故印文常有粗细。至第三时期中,始改用油艾调治,因古有封泥之名,即称为印泥,亦称印色。

古印之沿革变迁既已明了,方可进而言刻印。

近数十年来,刻印家往往只讲刀法。能知用刀,即自以为尽刻印之能事。不知印之所以为印,重在印文,一印之中,少或二三字,多或十余字,字体之抉择,行款之分配,章法之布置,在未写出以前,先得成竹于胸中,然后落墨奏刀,乃不失为理想中之印。周亮工《因树屋书影》曰:"古人如颜鲁公辈,自书碑间自镌之,故神采不失。今之能为书,多不能自镌。自书自镌者,独印章一道耳。然其人多不善书,落墨已误,安望其佳？予在江南，见其人能行楷，能篆籀者，所为印多妙，不能者类不可观。执此求之，百不一爽也。"周曾选辑明以来诸家刻印为《赖古堂印谱》，去取至为精审，又作《印人传》，深知各作家之工力，故所言确有心得，非泛泛批评语也。盖刀法者，所以传其所书之文，使其神采不失。唐李邕书碑，多书"黄仙鹤""伏灵芝""元省己"刻，昔人有谓为邕之托名者。要之，书家恐俗工不谙笔法，不能传神耳。印之与碑，其理正同。且其设计之难有甚于碑者，故必自书自镌，而后能踌躇满志。若徒逞刀法，不讲书法，其不自知者，非陋即妄，知而故作狡狯者，是为欺人也。往见一刻印家，摹拟近代人书画，亦有似处。至于刻印，则不知六书为何物，案头置《增篆康熙字典》一部，翻阅几烂，而印文仍多谬误。徒恃其运斤之力以攻方寸之石，剑拔弩张，狰狞可怖，毫无美感可言。彼辄沾沾自喜曰："此汉凿印之遗法也。"一何可笑至此。此盖代表陋而妄者也。汉印中之凿印，有刀法而无笔法，有横竖而无转折，为当时之急就章。作者偶一效之，原无不可，不能专以此名家也。

　　刻印古无专书，有之，自元吾丘衍《学古编》始。编首列《三十五举》，前半只言写篆书，后半始言刻印。次列《合用文集品目》，亦皆言篆书之取材，且第七八两则兼及隶书。可见刻印必自写篆隶始，吾丘氏固未常专授人以刀法也。刀法为一种技术，今谓之手艺，习之数月，可臻娴熟。研究篆体，学习篆书，则关于学术，古谓之小学，今谓之文字学，穷年累月，不能尽其奥藏。其难易岂可以同日语哉？此所以刻印为研究文字学者之余事，不必成为专家，北海鲁公何尝以刻碑名耶？篆印等于书碑，自书自镌者固佳，即或不然，使熟谙我之篆法者镌之，亦无不可。杨沂孙善篆书，而不闻能刻印，余尝见一印，沂孙篆而他人刻之，是即等于沂孙所作之印也。《学古编》之后，有桂馥之《续三十五举》，聚前人之说而略举己意以补其阙，较吾丘之书尤为完备。后又有姚晏之《再续三十五举》，黄子高之《续三十五举》，于写篆刻印之法各有发挥，几无剩义。学者于此数书留心研究，庶几不入歧途矣。

　　《说文解字》为研究文字学者唯一必读之书，即研究甲骨文金文，亦舍此别无途径。许氏于小学废绝之际，愤巧说邪辞之变乱常行，乃遵修旧文而作此书，厥功伟矣。但其时隶书盛行已久，其中积非成是，相沿不觉者，仍所不免。幸今日古器日出不穷，足资订正者亦复不少，如"有"字从月，"非"字旁画上出而下垂，皆与金文不合。盖有当从肉，非当作非。许氏次"非"于"飞"下而曰"从飞下翅"，是明当作非，为传写者摹误。况汉碑中隶书犹如此作，绝无似今楷书者，可证也。惟"有"字次于"月"下而"从月又声"，则不得不谓为许氏之误矣。学问所以求真，既明其非，则当从其是，不必如汉学家之笃守师说也。《说文》未收之字，见于汉印者正复不少。盖"摹印""缪篆"本自为体，其体在篆隶之间。隶书所有之字皆可入印。周亮工曰："刘为汉姓，六书中竟无刘字，仆名亮，每为仆作印者多作谅，予甚以为不然。若刘若亮，安得谓之俗字？"其言甚是。但亦有普通之字，《说文》遗漏而见于金石文字者，如"铭"字见汉碑额，又见于"麤羌钟"，"免"字见《三体石经》，又见"免簠""免簋"等器，知许氏所遗者当不少也。此外又有本为俗字，若易以正字，反为不合者，如佘姓本为余姓所改，余字本有二音，从余之荼入虞韵，读如涂，入麻韵者则读为池牙切，而减其一画。余字本有蛇音，后与余氏区分，则改其字为从入从示。今汉印中从余之徐，即有写作入下未者。又闫本阎姓，后亦分立，因改省写之闫以示区别。又如昶字杰字为名字中习见之字，昶字从日从永为会意字（似已见于金文，但手头无书可检），杰字从木从火，不知何以读为傑。凡此等字，皆应名从主人，依隶楷所从偏旁，而以缪篆之体写之。但以之写作小篆或古文，终嫌未安。往见吴昌硕刻印有一盧字，系仿先秦古玺者，其字则采自礼器碑碑侧。汉隶从虍之字往往书作而，与雨头无别，在汉印中常见。此又变作田，成为皿上二田，则为别体。若为好奇而写作缪篆，尚无不可。今吴氏写作古文，则不无好奇之过。尤可笑者，乐山城内有一人家，榜其门曰某庐，亦效其体书之，则为贻误后学矣。学者可不慎诸？

文字之取材，吾丘氏于《学古编》中列《合用文集品目》，分为八则。在今日视之，已多不适用。盖材料日出不穷，如积薪之后来居上。况印刷之术今胜于古,尤不可同日而语。兹分临写、参考二目于左以便观览。

一、关于临写者：

《殷虚书契前后编》(罗振玉辑,珂罗版影印本。)

《殷虚书契菁华》(罗振玉辑,珂罗版影印本。)

以上为商甲骨文,为吾国最早之文字,近四十年来所发见。自孙诒让、罗振玉、王国维等作初步之研究,后之继起者不下数十人,专门论著,斐然可观。中央研究院在安阳发掘,所得有系统之材料,尤是惊人。此举其最初出版之二三种以见一班。

《殷文存》(罗振玉辑,珂罗版影印本。)

《周金文存》(邹安辑,影印本。)

以上为金文,影印本较薛尚功、王俅、阮元、吴荣光等之刻本为正确,足供临写之用。邹书间有伪器,以其搜罗完备,故选之。其实影印之金文拓本固甚多也。

《石鼓文研究》附安国藏先锋本(郭沫若著。以明安国藏"先锋"本付影印,而以"中权""后劲"二本之佳处附印于后,为石鼓文最善之本。商务出版。)

《北宋拓石鼓文》(明安国藏后劲本,中华出版。)

《秦金石刻辞》(罗振玉辑,珂罗版影印本。嬴秦一代文字搜罗略备。)

《秦泰山刻石》(明安国藏宋拓本。存字与宋刘跂所作《泰山秦篆谱》不相出入。艺苑真赏社出版。)

《秦琅邪台刻石》(艺苑真赏社影印。)

《汉孔林□□□刻二种》(居摄二年,在曲阜孔庙。)

《汉祀三公山碑》(元初四年,在元氏。)

《汉司徒袁安碑》(年月泐,中华影印本。)

《汉司空袁敞碑》(元初四年,中华影印本。)

《汉嵩山少室石阙铭》(延光二年,艺苑真赏社影印。)

《汉开母庙石阙铭》(延光二年,艺苑真赏社影印。)

《汉鲁王墓石人胸前题字二种》（无年月，在曲阜。）

《汉碑额》（何澂辑，双钩刻本。今中华有影印本，非何原书，但影印终较刻本为佳。）

《魏三体石经》（正始中立，金佳石好楼影印本。）

《吴天玺纪功刻石》（又名《天发神谶碑》。天玺二年，影印本。）

《吴禅国山刻石》（天玺二年，在宜兴。）

以上为秦汉三国石刻文字。峄山刻石非秦原刻，不录。晋以后不录，以去古愈远，篆书多不合法也。

二、关于参考者：

《说文古籀补》（吴大澂辑）

《说文古籀补补》（丁佛言辑）

《金文编》（容庚辑）

《缪篆分韵》（桂馥辑）

《选集汉印分韵》（袁日省辑）

《续集汉印分韵》（谢景卿辑）

《玺印文字征》（罗福颐辑）

《隶韵》（宋刘球辑）

《汉隶字原》（宋娄机辑）

《隶辨》（顾蔼吉辑）

《隶篇》（翟云升辑）

许书为学者必读之书，不录。《汗简》等书虽较古，传刻失真，《六书通》等更属陋书，皆不录。

临写、参考二目之外，宜多读古玺印谱，但此类谱录流传较稀。其原因为制谱不易，作谱者每次所钤拓，多或数十部，少或数部，较之金文拓本尤难搜集。无已，则求其采录最富而曾经影印者，则有商务出版之《十钟山房印举》。是书为潍县陈介祺所辑，选择既精，搜罗又富，当时号为《万印楼印谱》，钤拓虽多，亦只百部。讫其身后，犹未装订，二十年前，始由陈氏后人装成传布，商务印书馆取以影印。印谱之中，此为集大成者矣,手此一编,无烦他求。惟其中皆第二时期之印,先秦古玺,尚付缺如。苟欲上窥第一时期之制作,非于晚出诸谱中求之不可。但购求不易,又不免望洋兴叹。有正书局曾印行《匋斋藏印》共四集,为刘鹗遗物,后归端方者。此书编次芜杂,前后复出者甚多,钤拓既不精,印刷亦复窳劣。中收古玺为数不多,尚可窥见一斑。此外与印谱相辅而行者,则有封泥拓本。有影印本传世者,则有吴式芬、陈介祺之《封泥考略》,王国维、罗振玉之《齐鲁封泥集存》,周明泰之《续封泥考略》《再续封泥考略》,及余所辑之《封泥存真》。此类封泥,印文多属西汉,字体章法,尤足取法也。

明以来刻印家,周亮工《印人传》及叶铭《续印人传》言之详矣。然其沿革变迁,亦有其历史因果。当宋元之际,印章壹以新奇相矜,鼎彝壶爵之制,迁就对偶之文,水月木石花鸟之象,盖不遗余巧也(赵孟頫《印史序》语)。赵孟頫遂创为圆朱文,文字一以小篆为宗,一洗新奇纤巧俗恶之弊。至明文氏父子(文徵明、文彭),刻印卓然成家,与书画并立于艺术之林,成为文人治学之余事。文徵明作品不多,文彭则作品虽多,而流传亦少,今之赝品充斥,等于宋徽宗之画鹰,赵孟頫之画马,千百中不能见一真迹。所可得见者,惟其本人书画之押尾印耳(书画亦多赝品)。其后何震、梁千秋等皆宗文氏,世称文何,直至清初,流风未泯。其中惟程邃崛起于文何之后而稍变其法。黄易称文何为南宗,程邃为北宗,盖有故也。自丁敬出而独树一帜,由元明以上溯秦汉,集印学之大成,遂成浙派。黄易、蒋仁、奚冈、陈鸿寿、陈豫钟、赵之琛等,皆其最著者,但亦各得其一体。邓石如善各体书,其作篆用汉碑额法,因以碑额入印,又别开蹊径,是为皖派。继之者则有吴让之。于是有目浙派为南宗而皖派为北宗者矣。赵之谦汇合浙皖二派而自成一家,并镕冶钱币、诏版、镜铭及碑版之文以入印,故能奇趣横生,不为汉印所囿,此其所长也。其后研究古文字学者如陈介祺、潘祖荫、吴大澂等,访求先秦遗文,不余遗力,鼎彝之外,兼及兵器、陶器、古玺之属。于是玺文乃大出,与六国钱币、兵器、陶器之文多可相通。吴昌硕曾入吴大澂幕,又与杨沂孙同时,杨写小篆,大澂写金文,而昌硕写石鼓文。其时明安国所藏宋拓石鼓十本未出。号称宋拓者，只有天一阁范氏藏本，而又久佚，所传惟阮元及张燕昌之复刻本耳。吴氏又惑于赵宧光草篆之说，思欲以偏师制胜，虽写石鼓而与石鼓不似。吾友某君尝调之曰："君所写者，乃实行写石鼓文耳。"吴氏亦笑而自承。其刻印亦取偏师，正如其字。且于刻成之后，椎凿边缘，以残破为古拙。程瑶田曰："今之业是者，务趋于工致以媚人。或以为非，则又矫枉而过正，自以为秦汉铸凿之遗，而不知其所遵守者，乃土花侵蚀坏烂之剩余。岂知藐姑射之神人，固肌肤若冰雪，绰约如处子者乎?"可见貌为古拙，自昔已然，不自吴氏始也。独怪吴氏之后，作印者什九皆效其体，甚至学校亦以之教授生徒，一若非残破则不古，且不得谓之印者，是亟宜纠正者也。

兹为之结论曰：印章既为古制，又为凭信之物，所用文字，又为废止二千年之篆书，则作一印宜如何慎重，岂可标新立异，率尔操瓢? 况收藏印多用于古书籍及书画，尤不可以恶劣之印污损名迹。此责应由刻印家负之，固无疑也。故刻印家有其应具备之道德，有其应充实之学识，亦有其应遵守之规律在。（一）篆文须字字有来历，不可向壁虚造不可知之书。圆朱文尤以此为重要之条件。惟人名地名遇后起字为《说文》所无者，宜以缪篆写之，所谓名从主人也。（二）近来古玺日多，用印及刻印者多喜仿效，宜视其文字恰合者应之。否则宁拒其请求，免贻不识字之讥。（三）刀以传其所书之文，故印章首重篆文，次重刀法。不可徒逞刀法而转失笔意。刻印家苟能遵守此简单规律，则道德学识自寓于其中。而非陋即妄之弊，狡狯欺人之风，或多少可以矫正之欤?

（本文原载《说文月刊》第 4 卷合刊，1944 年 5 月出版。）

中国印信的问题

中国社会，自古以来，不论公私，都以印章为凭信之物，因此，印章又叫作"印信"或"信印"；秦以前不称印而称玺，又叫作"信玺"。这可说是中国特殊的、传统的一种制度。

它的起源很早，在安阳已出过铜玺，但那时还不是昭示信用之物，不过是铸铜器或烧陶器时印在土模或陶坯上用的。其专门用作昭示信用之物，据文献上的资料，大约始于春秋。因为《左传》(襄公廿九年)上有玺书的记载，就是印有印信的文书；《周礼·掌节》又有"玺节"的名称，郑玄注解说就是印章。到了战国时代，已是盛行，不但公家的文书用玺，就是老百姓，都有私人的玺，并且人人佩带在身上。秦始皇统一六国之后，定出制度，只有皇帝才能称玺，其余只许叫作印，直到现在成为定制了。

古时的公私文书都用竹简，简是狭长的竹片，面上盖的叫作检，也就是文书的封面，检上有绳捆着，绳上有泥封着，印信就盖在封泥上面。因为地位的限制，所以印不能太大，不论公私，不论贵贱，都不得超过方寸。在二世纪里，虽然发明了纸，但应用不广，公私文书都还用竹简。有人考证，到隋唐时才把竹简完全废除。这可由隋唐以后一律改用大印来证明这一事实。隋唐以后印虽改大，但还不到今尺的二寸见方，大小官职也都一律，不以尺寸的大小来分等级。从此以后，尺寸渐渐放大，到了明清,有大到三四寸见方的了,而且大小也渐成等级的区分了。

隋唐以后官印的文字,印在纸上,都是阳文,又叫作朱文,但六朝以前的官印,大都是阴文,印在纸上,又叫白文。这是由于那个时期的印本不印在纸上,而是印在泥上,阴文的印一到泥上,文字也就凸出,成为阳文了。现在看出土的封泥,就可明白了。先秦的古玺阴阳文都有,尤其私玺阳文的更多,这或者因为创始时期,还没有"约定俗成",一切形制还是"各服所好"吧。

古时印绶并称,是因为官私印都佩带在身上,必须有绶才能佩带,印上必须有纽才能系绶。所以印纽的装饰和印绶的颜色,就是区别官阶的标志了。隋唐以后改为大印,不能佩带,虽有印绶之名而无系绶的纽了。

中国文字变迁是很复杂的,由古文变为小篆,由小篆变为隶书,同时又变为草书,最后又变为楷书。其实严格说来,只有三种字体:一篆书,二隶书,三草书。不管古文、大篆或小篆,都是篆书系统;唐朝人称楷书也叫隶书,因为笔法虽有些不同,还是隶书系统;草书则是另一系统。应用一切文字,都是依着时代走的,独有印信文字始终是用篆书系统不曾变过。这或者因为印信文字本不是"俾众周知",而是用作信物,为要使得一般人不易作伪,特别利用篆书,也未可知。这和每个人的花押签名,故意弄得离奇怪诞,使人家认不得,是一个道理吧。

论汉碑书体

书法研究社成立，鄙人得追随诸君之后，共相讨论，诚幸事也。惟鄙人素惭谫陋于书法一道，知识殊浅，恐不足以补益高深，今以见闻所得贡献于诸君之万一，幸匡其不逮焉。

吾国文字变迁甚繁，要而言之，可分三种。一曰篆书，凡古文、大篆、小篆皆属之；二曰隶书，八分、真楷皆隶书也；三曰草书，章草、行草等是也。

篆书之源流，想诸君皆研求小学者，必能道其梗概，无待赘述。今举要其遗文可考见者言之。古文则有新出土之甲骨文字，大篆则有太学石鼓，其皆有者则有钟鼎文字，小篆则有秦始皇、二世刻石。汉世篆刻往往不合六书，为言小学者所不取。然欲求其用笔之法则，汉隶亦为必需也。

隶书始于秦，为八体之一。然尔时所谓隶书者，不过增减大篆，去其繁复，虽曰变体，盖犹未出篆之范围。今秦世隶书虽不可见，而西汉《麃孝禹刻石》《朱博残碑》及东汉《鄐君开褒斜道刻石》《裴岑纪功碑》等，其字在篆隶之间，是或秦隶之遗欤？至东汉之世渐趋整齐，竞逞姿势，于是有波折起伏，俯仰向背之法，而人有以善书名者矣。汉末魏初人材辈出，今所传世者如《白石神君》《三公山》及《魏受禅表》《上尊号奏》等碑，整齐严肃为汉隶之极轨。凡事造于极则变，文字亦然。三国以后书体为之一变，吴则有《谷朗》，晋则有《郛休》《爨宝子》，前秦则有《邓太尉祠》，宋则有《爨龙颜》，北魏则有《嵩高灵庙》等碑。去其姿势，存其方整，为今隶之权舆。其后又渐趋整齐，竞逞姿势，遂为隋唐以来之今隶，其变迁之迹可得而寻也。

汉许叔重《说文叙》曰"汉兴有草书"，段玉裁注曰："草书之称起于草稿"，其说是也。褚少孙补《三王世家》，谓求太史公所撰世家不能得，谨论次其真草诏书，编于左方，是即草稿之证，又以知真者别于草，而定非今隶之专称。草者盖犹今之速记法耳。唐张怀瓘《书断》曰："章草者，汉黄门令史游所作"，又引宋王愔之言曰："汉元帝时，史游作《急就章》，解散隶体粗书之。"今所作见叶梦得模皇象本，挑笔与汉魏隶书相似，知所谓解散隶体者，信而有征也。法帖中所模晋以来草书如《十七帖》等，虽展转模刻，不免失真，然舍此别无可以取法者。唐人书碑间用行草，似较法帖为可据。今欲习草书宜取法帖之结体，而运以唐碑之笔法，似为得之。

以上所述，第略举书体之源流及其变迁之梗概。至论作书之法则，包世臣之《艺舟双楫》，姚配中之《学书拾遗》言之甚详。吾国旧习，无论一技一艺之能，苟有心得，莫不自矜，为不传之秘。甚而故神其说，使学者兴望洋之叹。书法虽文士陶情之具，其实亦手工技艺之一，故不能免此陋习。惟包氏、姚氏之书，举其所得，出以示人，尽属经验之言，不为高深之论，学者循是以求，庶几事半而功倍矣。

（本文系马衡为北京大学书法研究会成立而作。）

中国书法何以被视为美术品

　　《周易·系辞》讲到吾国文字之起源,曾说过上古结绳而治,后世圣人易之以书契。可见初民人事简单,仅以结绳为记事的符号,后来人事渐趋复杂,结绳的符号,不足以应付,才以文字代替之。其新文字也还是一种符号,不过比结绳复杂些而已。以文字为记事之符号,世界各民族无不皆然,只要写出来能使人认识,可以传达自己的意志,就算收到了功效,对于字的本身本没有使人欣赏的必要。独有吾国文字,除了传达意志的功用以外,竟有人下了苦工毕生学习,悟出许多微妙的道理,传授了不少的专家。那些作品,和绘画雕刻一样,教一般人欣赏着,在美术界占一席地位。这道理很令费解,但□之二千余年,事实也不容否认。我想这不是偶然的事,一定有他的理由存在,是值得我们研究的。

　　古代有一种文字,或铸在铜器上,或织在丝绸上,或装饰在建筑物上,一方面是记事,一方面又是作为图案。铸或刻在铜器上者,例如周蛟篆钟(见宋王黼等《博古图》,王俅《啸堂集古录》,薛尚功《历代钟鼎彝器款识》。但薛题曰商钟),于每一应有笔画之外,又加上许多繁文,或象鸟虫之形,即《说文序》所称"鸟虫书",又曰"虫书"者是也。战国时的兵器亦常有此等文字,或嵌金银丝,或嵌绿松石,近人容庚尝著《鸟书考》,登载于《燕京学报》,搜集这类文字不少。又如汉印上亦有蟠屈的文字,即

《说文序》所称为"缪篆",又曰摹印者,也是图案化的。织在丝绸上的材料很不容易见到,记得苏联某考古家在外蒙古发掘汉墓,曾发见丝织品,将文字制成图案,织在花纹的当中。听说还保存在某博物馆里。装饰在建筑物上的,例如瓦当文,将宫殿名称或吉祥语写在筒瓦的头上,烧成阳文的圆字,排列在檐口,当他一种图案的装饰。像这一类的图案化的文字,本来是求其美观,当然属于美术范围,不是本文所要研究的。还有历史上有名人物,其手迹流传于后世,得其片纸只字者,珍同拱璧,这是字以人重,不一定有美术的价值。也非本题所要研究的。现在要研究的乃是书家之字,被人视为楷模,奉为法则,楷书法正因此而名,受人欣赏,等于一切美术品者。此类书家之字,所以被人视为美术者,约而言之,大概不外下列诸条件,兹逐条说明之:

一、中国书画本属同源:我国文字笔端于象形,皆书而兼画,一望可识。其后虽然孳乳浸多,而文字之结构姿态,种种不同,自有一种美感。请看商周铜器之文字,一时有一时之风俗,一地有一地之风俗,即使器盖同文者,也一定疏密参差,各具姿态,绝非刻板之文章一般,使人对之索然无味者可比。也许较之铜器本身上之图案花纹,更感兴趣。由此递嬗,由古文而变为小篆,由小篆而变为隶书与草书,由隶书而变为今之楷书,其结构姿态无不力求其美。所以每一书体,每一时代,皆有专工之代表作家传名后世,与绘画名家并驾齐驱。这因为文字本身具有美的条件,故今许多作家,致力于点画之间,研求其用笔之法,自神入化而能各成名家,也还是字体本身有合乎美术的条件。

二、书法为一般人基本技能:《说文序》说:《周礼》,八岁入小学,保氏教国子先以六书。又引"尉律":"学僮十七以上,始试讽籀书九千字,乃得为吏。又以八体试之,郡移太史并课最者,以为尚书史。书或不正,辄举劾之。"可见古代课士,书体为重要科目之一。假使书体不正,尚要受到弹劾,这是何等严格的考试?考试书体既如此的严格,所以能养成练习书法的习惯。两汉数百年间,遂造成许多书家,而人们欣赏的也渐成为风尚,即如《汉书·陈遵传》说:"遵性善书,与人尺牍,主皆藏弄以为荣。"这已经开晋人的风气了。大概最初写字的人力求其美，以之自娱，并不想以此得名，而人们亦不过自然欣赏之。东汉写碑的人多不署名，不像现在人写块招牌也要署个名。直到东汉灵帝时刊刻石经，找了许多书家如蔡邕等人来书册，才算是特别重视书法的表现。从此以后，书法遂成为被欣赏的美术了。这是以书法为必修科，所以能演进为美术品。

三、帝王之笃好与提倡：前汉元帝，史称其多材艺，善史书。后汉灵帝，史亦称其好书法。据《后汉书·蔡邕传》云："帝好学，自造《皇羲篇》五十章。……后诸为尺牍及工鸟篆者皆加引召。"所以选书手写石经亦在其时。魏武帝、晋武帝亦皆善书。至唐太宗乃笃好王羲之字，二王遗墨，讲求殆尽。甚至派监察御史萧翼用诈欺的手段，去向和尚辨才骗取王羲之写的《兰亭序》。等他自己死后，遗命以一《兰亭序》殉葬。像这样嗜好之深，简直入魔道了。宋徽宗、高宗亦皆善书。徽宗的字号称"瘦金体"，高宗并且手写经书刻石，世称《高宗御书石经》。明清帝王善书者亦代有其人。这种提倡，魔力很大，古语说：上有好者，下必甚焉者矣。又说："城中好高髻，四方高一尺。"所以从汉以来，以书法名家者不绝，往往传授笔法，各有渊源。父子兄弟，转相师法，晋王氏一门号称极盛。尤其唐朝一代，书家特别的多，这不能不归功于太宗了。这是由奖励而造成美术的结果。

四、工具之特殊：写字用手，而各有工具不同，不能说不是一种手艺。凡是手艺，都离不了工具，孔子说的"工欲善其事，必先利其器"，这话固然不错，但是运用工具还得用手。工具精良，则手可以省些事，工具不精良，则运用工具的手必得先有练习。木匠平光木板，现在都用推刨谓之刨光，这个字大概在宋时才有的，所以推刨这种工具发明得并不早。在未有推刨以前，木匠平光木板都是用斤，现在叫锛斧，谓之削平。削平和刨光，其难易相差很多，而且削平的成绩也远不如刨光。《庄子》(徐无鬼)说："郢人垩慢其鼻端若蝇翼，使匠石斫之。匠石运斤成风，听而斫之，尽垩而鼻不伤。郢人立不失容。"恐怕不全是夸诞之词。因为用斤削平木板，非有好手术的人不能办，一毫一厘都不能差，匠石一定是有名的老手，所以尽垩而鼻不伤。不过庄子说得更神奇些而已。写字的工具，第一是笔。所以学写字必以先学执笔，而后学用笔。关于执笔的方法，仅靠文字来形容，犹不够使人明了，所以古人画图来说明。若是亲得传授，现身说法就要比画图更易了解了。至于用笔之法，尤其神妙。大概手艺高明的人，运用工具之法愈巧，不高明的人，不怨自己不能运用，反怪工具不好，并且工具也容易坏。常见普通写字的人，用了书家习用的笔，总觉得比自己的笔好写，这可以用《庄子》上一段话来证明。《庄子》（养生主）说："庖丁为文惠君解牛……文惠君曰：'善哉！技盖至此乎？'庖丁释刀曰：'……良庖岁更刀，割也，族庖月更刀，折也。今臣之刀十九年矣，所解数千牛矣，而刀刃若新发于硎。彼节者有间，而刀刃者无厚。以无厚入有间，恢恢乎其于游刃必有余地矣。是以十九年而刀刃若新发于硎。虽然，每至于族，吾见其难为，怵然为戒，视为止，行为迟，动刀甚微，謋然已解，如土委地。提刀而立，为之四顾，为之踌躇满志，善刀而藏之。'"善书人之用笔，犹之乎庖丁之用刀。笔为毫制，必须运用的人能顺笔之性而使毫不伤，所以前人论用笔法，有"笔笔中锋，辅牵裹墨"的话，也就是顺笔之性的道理。还有一层，凡是构成美术的条件，与工具的刚柔有莫大关系。吾人试取铅笔或钢笔来写中国字，无论任何书家，恐怕都是英雄无用武之地，惟有运用柔软才能发挥效能，达到审美的境界。但是自矜秘诀，是中国的通病，要得到用笔之法，也是不容易的事。魏钟繇见蔡邕笔法于韦诞坐上，苦求不与，及诞死，阴令人盗开其墓以得之。像这样不择手段的追求艺术，实为使人惊奇之事。然由此可知运用工具之难，苟有机会可得，虽发掘朋友的坟墓亦所不惜，简直视艺术为第一生命了，这是因工具而构成的美术条件。

凭了以上四个条件，经过二千余年之薰陶，得到无其数人之努力研究，才能把书法造成美术的地位，所以说这事并非偶然的。但是有人推测，第二第三条件，今后已不存在。况且世界大同之后，中国文字也有改革之可能。书法之为美术品，究竟与绘画雕刻之雅俗共赏者不同。恐怕以后要渐渐的被淘汰了。这话固然有相当的理由。但是今所通行之书体为行书楷书,其余篆隶草等体,久已不适用于今日,在应用方面已渐废除,而在美术方面仍可存在。苟中国文字一日不废除,则书法亦不至屏诸美术界以外,可断言也。

（本文原载《社会教育季刊》第 1 卷第 2 期,1943 年 6 月 30 日出版。）

金石题跋

汉延寿宫铜镫跋

　　右延寿宫铜镫,铭三十五字,为汉成帝元延四年正月造。按是年所造之器,见于著录者:一、临虞宫镫,诸城刘喜海藏(见《长安获古编》)。二、万岁宫镫,三、临虞宫镫,并潍县陈介祺藏。合此而四矣。第一器亦正月造,第二第三器不纪月。其造器工人之姓名:第一器为张博(刘释传);第二器常宣;第三器马宽。此为张谭,而主者、省者之官号、人名,则四器尽同;惟第二器令史上无守字。守者,非真拜也,犹今之署理也。意三器曰守令史者,皆正月同时所造,而第二器则略后。盖其时赛已真除令史矣。赛于元延二年守左丞(见元延钫),至四年正月左迁守令史,正月后乃真除令史,张谭即造绥和雁足镫之人,后此器一年作。越五年(建平三年)而为掾(见孝成鼎),此可于汉诸器中推寻得之者也。前三器,高皆二尺。此高尺六寸,当今尺一尺一寸七分。第一器重十六斤四两,第二第三器并重二十斤,此重十八斤。此为考证西汉权度最真确之资也。延寿宫在长安,见于《汉宫阁名》,《艺文类聚》六十二、《初学记》二十四、《太平御览》百七十三、《玉海》百五十六并引之(《类聚》《御览》所引作《汉宫阙名》)。

北魏虎符跋

　　右虎符八,左右完具,长今尺三寸二分,出山西大同县城东北百余里之贵人村。文字形制,与晋以前虎符不同,而与宋高平太守、凉酒泉太守二符近似。凡为太守符三:曰博陵,曰上党,曰辽西;护军符五:曰离石,曰吐京,曰阳曲。其中离石有三符,故都数凡八。护军有符,为前此所未闻也。凡虎符之制,皆右者进内,左者颁发在外,故自制成颁发之后,皆分置二地。发兵时一会合之,旋又分离矣。今此八符,左右皆完,而郡县异地者,亦同在一处,是为制成而未颁发者可知。既未颁发,则存贮之地为当时之都城,又可知矣。古之都于大同附近者惟北魏。未迁都洛时曾都平城,其地在今大同之东,闻至今故址犹存,是此符当为北魏时物。惟其制作之年,或尚在都平城以前。盖十六国之时,称帝者比比皆是,故虎符之上,必冠以国号。此符不著国号,而曰皇帝,与他符不同。按道武帝拓跋珪于皇始元年(三九六年)七月称帝,越二年至天兴元年(三九八年)六月,始定国号,七月,迁都平城,为自来罕有之制。此符之作,当在称帝之后,建号之前。其后既有国号,或一律改铸,而此符遂废欤?吐京之名,亦始于北魏。惟据《魏书·地形志》云,汾州吐京郡,真君九年置。吐京县,世祖名岭西,太和二十一年改。似作符之时,不应已有吐京县(护军皆属县)。但《魏书·地志》最称芜杂,未必即可征信。据《水经注·河水篇》云,吐京郡治故城,即土军县之故城也,胡汉译言音为讹变矣。然则,吐京,即汉之土军县。

（本文原载《社会日报·生春红副刊》第 87 号,1926 年 3 月 1 日出版。）

明安国藏拓猎石碣跋

　　猎碣，世谓之石鼓，余昔著《石鼓为秦刻石考》，辨其名称为刻石，为碣，定其时代为秦，不取周宣王石鼓之说。顾猎碣、石鼓二名，其源皆甚古。猎碣始见于苏勖《载记》（见吴曾《能改斋漫录》），石鼓始见于李贤《后汉书注》（见《邓骘传》注）。勖，贞观时人；贤，高宗时人，皆在初唐。意石鼓为流俗之传说，而猎碣为学者之定名。定名晦而传说彰，天下事往往然也。

　　世所谓宋拓之字数，欧阳修所见者四百六十五字，胡世将所见者四百七十四字，吾丘衍所见者四百七十七字，至元潘迪作《音训》时，只存三百八十六字。二百余年之中，损字逾五分之一。宋王厚之、元虞集皆有填金之说，明王祎且谓金人剔取其金而弃去之，故余颇疑剔金为损字之最大原因。二十二年春，榆关告警，北平古物，多数南迁，此石亦在议迁之列。余适董其役，得以摩挲而审辨之。石质坚顽，审为花冈岩。其剥泐之状，异于常石。乃石皮受风雨寒暑之侵蚀，渐次与石骨分离，日久则脱落一层，石骨暴露，十石如出一辙。存字之处，石皮完好。亦有已分离而犹未脱落者，扣之，则其声虚廓而不实。倘遭外力压抑，可即时脱落。当靖康之际，剥泐程度虽不若今日之甚，当已入于此种状态，填金势有所不能。窃疑填金以绝摹拓之说，盖谓以泥金涂入其字，如新出《唐仵钦墓

356

志》(北平大木仓胡同中国大学出土)。然王祎所谓剔取其金者,当是传闻之误。前此之疑,殆非事实。其损字原因,必系北徙之时,修緪大索,长途挽致,遂使石皮脱落,可断言也。自虞集、潘迪以后,至于今日,皆在孔庙大成门左右,有大厦盖覆之,有疏棂扃鐍之,保护不可谓不周,然五百年来,又损五十余字,皆分离之石皮,经椎拓而脱落者也。余鉴于此种情状及既往之事实,知保护石皮,为先务之急,乃就存字之处,糊之以纸,纵使石皮脱落,犹可黏合。次乃裹以絮被,缠以枲缠,其外复以木箱函之。今日之南迁,或较胜于当日之北徙也。

此本为明安国所藏,题为前茅本,与中权、后劲二本鼎峙,皆宋拓也。此外尚有七本,较此三本稍逊,并同时拓本,安氏因号所居曰十鼓斋。后劲本未见,中权本及七本之一,皆先后印行。而唐立庵得此摄影本,亟取中权本校之,仅而师一石少四字,其余皆胜于中权本,盖剪装时所截去者也。中权本存字五百,此本存字四百九十有七,合两本得字五百有一,较之欧、胡、吾所见者,摹拓更早矣。

立庵既以摄影本归中华书局印行,并为跋尾,详述其流传之绪。以余曾为此石作考证,并与于徙石之役,属赘一言。爰就见闻所及,记其剥泐之由如右。

汉三老赵宽碑跋

三十二年四月,青海乐都城东公路旁发见汉《三老赵宽碑》。询之附近居民,知为一年前筑路时出土。石虽中断,损字无多,全文皆可属读。或疑为建碑未久,仆埋土中,故能文字完好。今藏青海图书馆,余于翌年始见墨本。今则流传较多,惜多湿拓,罕见精者。此碑详载世系,至十世之远,为汉碑中罕见之例。所载名字官位,多可补正两《汉书》之缺误,意盖出自其家谱牒,或较史家所纪为正确也。如充国之先,本传不详。碑言:文景之际,仲况为少府,子圣为谏议大夫。圣子二,长字翁仲,为新城长,以功拜关内侯。次字君宣(宣字残,未敢确定),密靖内侍,报怨禁中,徙陇西上邽。翁仲之封侯,君宣之谪徙,皆当在武帝之初。充国卒于宣帝甘露二年,年八十六,则当生于武帝建元四年甲辰也。传载:子卬,为右曹中郎将,以辛武贤之谮,下吏自杀。充国传子,至孙钦。钦尚敬武公主,无子,主教钦良人习诈有身,名它人子。钦薨,子岑嗣侯,习为太夫人。岑父母求钱财亡已,忿恨相告,岑坐非子免,国除。碑于卬之自杀,钦之名它人子,略而不书,盖子孙讳之也。碑称袭侯者为卬弟而无名,《外戚恩泽侯表》则载其名曰弘。平帝时修功臣后,复封充国曾孙为侯。传著其名为伋,碑则为蓁,此应以碑为正,盖史与碑互有详略也。自充国至丰四世,皆居上邽,至孟元始徙金城之破羌。孟元与子子长(子字残,

未敢确定)、仲宝、叔宝战没。后宽冒突锋刃,收葬尸死(汉人多以死为
尸,但尸死连用者尚未之闻),徙家冯翊。按《后汉书·西羌传》:"永初元
年冬,遣车骑将军邓骘、征西校尉任尚副将五营及三河、三辅、汝南、南
阳、颍川、太原、上党兵,合五万人,屯汉阳。明年春,诸郡兵未及至,钟羌
数千人先击败骘军于冀西,杀千余人。其冬,骘使任尚及从事中郎司马
钧,率诸郡兵与滇零等数万人战于平襄,尚军大败,死者八千余人。"(《安
帝纪》略同,惟系遣骘等于元年六月,系平襄之战于二年十月)孟元等之
战殁,当在是役。又云:"五年春,……羌既转盛,而二千石令长多内郡
人,并无战守意,皆争上徙郡县,以避寇难,朝廷从之,遂移陇西徙襄武,
安定徙美阳,北地徙池阳,上郡徙衙。百姓恋土,不乐去旧,遂乃刈其禾
稼,发彻室屋,夷营壁,破积聚。时连旱蝗饥荒,而驱蹙劫略,流离分散,
随道死亡。或弃捐老弱,或为人仆妾,丧其大半。"宽之内徙三辅,当在是
时,故有郡县残破、吏民流散之语。然则,宽在冯翊潜心学问,且二十年
矣,至永建六年,始归破羌,旋徙占浩亹,又二十年而卒。以年六十五推
之,孟元战殁时,宽才二十一岁耳,孟元为护羌校尉假司马。按永初二
年,段禧以西域都护代侯霸为护羌校尉。平襄之败,死者且八千人。碑
言战斗第五,大军败绩,校尉所部,亦必与于斯役,从可知也。第五盖地
名。《太平寰宇记》:凉州姑臧县有第五山,或地因山而名欤?宽归里后,
为金城太守阴嵩、浩亹长兰芳所推重,盖皆贤长吏也。宽为三老,能听讼
理怨,教诲后生,则所掌不止于教化,盖宽以掾属而兼为县三老之职
耳。此碑为叔子潢为长陵令时所立,距宽卒时已二十有七年。碑制特
小,与孔谦碑相似。字之大小,与《熹平石经》略同。石经之刻,始于熹
平四年,成于光和六年,时代亦正相当也。碑书度作渡,研几为研机,贯
作貫,皆别体,他碑亦恒见之。袸字从衣,从庍,疑即祏字。《说文》,祐
训衣袷,有开展之义。《玉篇》,祏,广大也。《白石神君碑》,开祏旧兆,
《桐柏庙碑》,开祏神门,皆取开展广大之意。此从庍者,以与梓同音而
通假耳。

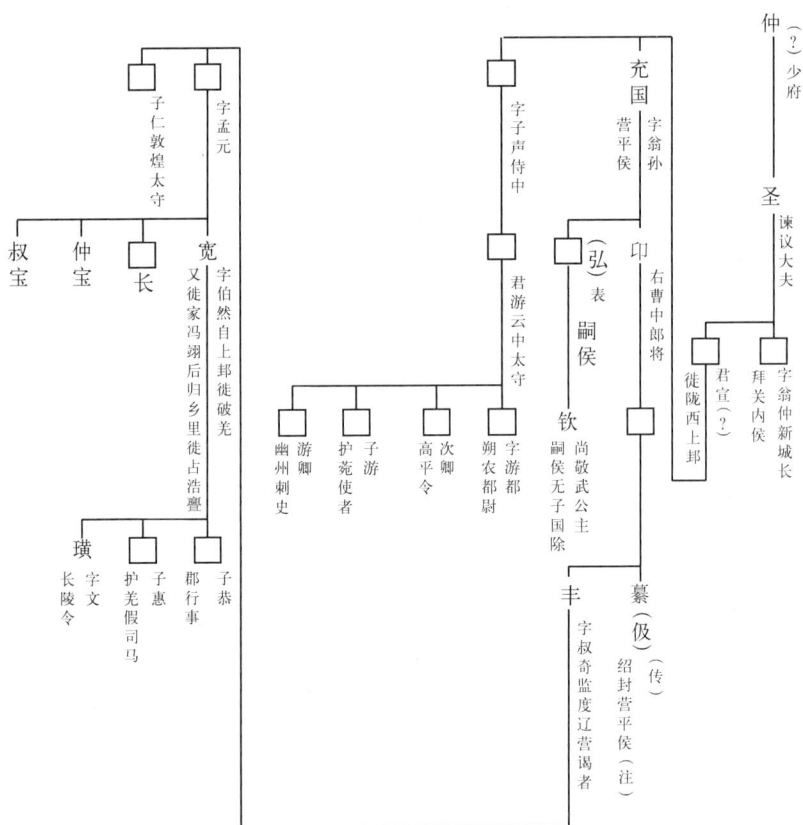

仲（?）少府

圣 谏议大夫

字翁仲新城长 拜关内侯

君宣（?）徙陇西上邽

充国 字翁孙 营平侯

字子声侍中

君游云中太守

印 右曹中郎将

（弘）表 嗣侯

钦 嗣侯 尚敬武公主 嗣侯无子国除

幽州刺史 游卿

护羌使者 子游

高平令 次卿

朔农都尉 字游都

子仁敦煌太守

字孟元

叔宝 仲宝 长

宽 字伯然自上邽徙破羌 又徙家冯翊后归乡里徙占浩亹

璜 字文长陵令

子惠护羌假司马

子恭郡行事

丰 字叔奇监度辽营谒者

纂（伋）（传）绍封营平侯（注）

附赵氏世系

注：纂与丰，皆为充国曾孙，但是否为印之孙，抑印、弘之外，充国尚有他子，又纂与丰是否亲兄弟，皆不可知，姑并系于失名者之下。

汉司徒袁安碑跋

　　袁敞碑出土后八年，而此碑始出。碑之广一如敞碑，篆书十行，行存十五字，下截残损，行各缺一字。计完碑当每行十六字。碑穿居第五六二行、第七八二字之间，此式为汉碑中所仅见。书体与敞碑如出一手，而结构宽博，笔画较瘦。余初见墨本，疑为伪造，后与敞碑对勘，始信二碑实为一人所书。石之高广，亦同式也（广今尺二尺二寸六分，高当为四尺六寸）。安卒于和帝永元四年，碑称孝和皇帝，则非葬时所立可知。或因敞之葬，同时并立此碑，未可知也。碑中所叙事迹，与《后汉书》明帝、章帝、和帝等纪及本传合。除郎中及给事谒者见《后汉纪》，惟《纪》作为郎谒者耳。和帝加元服为永元三年正月甲子事，诏安为宾见《东观汉记》。"召公"，传作"邵公"，当以碑为正。汝南女阳又见《西岳华山庙碑》。按《汉书·地理志》，汝南郡作汝，女阳、女阴并作女，《续汉书·郡国志》则皆作汝，疑县名之字当作女。《地理志》所记，非无因也。闰作閏，甍作甉，葬作葬，并与六书不合。许叔重云：向壁虚造不可知之书，变乱常行以耀于世者，此类是也。拜司徒之月日，《章帝纪》作癸卯，碑作己卯。按元和四年六月己卯为十三日，不值癸卯，即此亦可作不伪之证也。

汉司空袁敞碑跋

此碑于十二年春出于洛阳,篆书十行,存七十余字。是年冬始得拓本,初不知其为谁氏之碑也。以其有延平□初年号,知其确为东汉文字而已。十三年夏,取此碑反复紬绎,见第九行"□初二年十二月庚戌"等字,在"延平元年"之后,知所谓□初者,非永初必元初矣。因检《后汉书·安帝纪》,元初二年是月是日,有"光禄勋袁敞为司空"之文。更取《敞传》读之,历官事实,大半相合,始知确为敞碑。今取碑中存字,以今文释之,并考证其事迹如左。

君讳敞字叔平司徒公之第三子(下阙)

□□□□月庚子以河南尹子除太子舍人(下阙)

□□□□五月丙戌除郎中九年(下阙)

□□□黄门侍郎十年八月丁丑(下阙)

□□□□◯十月甲申拜侍中(下阙)

□□□□◯步兵校尉延平元年(下阙)

□□将作大匠其十月丁丑拜东郡太守(下阙)

□□□□□丙戌征拜太仆五年(下阙)

□□□□元初二年十二月庚戌拜司空(下阙)

年四月戊申薨其辛酉葬

第一行当叙其名字及其所自出。按本传云，"敞字叔平"。此"平"字上犹存二字，验其残画与"字叔"二字之结构正合。其上当更有"君讳敞"三字。"司徒公"者，其父安也。安终于司徒，故云。其下当有"之第三子"等字。第二行"月"上所阙，当为"四"字。"以河南尹子"云云者，指安为河南尹也。《汉仪注》云，"吏二千石以上视事满三岁，得任同产若子一人为郎"（《汉书》卷十一及《文献通考》三十四并引之）。安于明帝永平末为河南尹，至章帝建初八年迁太仆，凡历十余年。尹秩二千石，故得任子为郎。据本传云，"以父任为太子舍人"。以是知"子"字下当为"除太子舍人"五字（"除"字昌旁尚可辨）。惜"月"字上已阙，不能知其除授年月。以《汉仪注》"满三岁"之文计之，当在建初初年无疑。第三行"五月丙戌除郎中"，不能确知其年，惟下有"九年"字，四行有"十年"字，六行有"延平元年"字。建初以后，延平以前，有九年十年者，只有和帝之永元。以此推之，其年必在永元九年之前一年或二年。盖永元七年八年五月皆得有丙戌日也。第四行"侍郎"上"门"字犹存残画，当为黄门侍郎。其迁转必仍在永元九年也。"十年八月丁丑"者，永元十年八月十六日也。第五行"拜侍中"，与本传合。"十月甲申"，不知应属何年，以永元十年至十四年十月皆得有甲申也。第六行"步兵校尉"，本传不载。"延平元"下当为"年"字。以上两行，适居碑之正中，存字之上作半规形，其界格中亦不类有字者。知此两行之第五第六字当为碑穿也。第七行存字之首一字为"匠"字，当是将作大匠。本传谓"历位将军大夫侍中"。疑"将军"乃"将作"之误。"其十月"者，其年十月也。"拜"下存"东"字之上半。据本传云，"出为东郡太守"。知"东"字下当为"郡太守"三字。殇帝延平元年，安帝永初元年，十月皆无丁丑日。永初二年至四年十月皆有丁丑。不知此月当属何年。第八行"丙戌征拜太仆"，此丙戌不知属于何年何月。征者，征还京师之谓也。时敞出守在外，故曰征拜。"五年"者，永初五年也。本传云，"征拜太仆光禄勋"。则"五年"下所阙，当为迁光禄勋之文。按《安帝纪》，是年正月甲申（十五日）光禄勋李脩为太尉。敞或代脩为之也。第九行"初"上一字虽阙，然上行五年既属永初，则此为元初无疑。

"庚"下残画是"戌"字。《安帝纪》,"元初二年十二月庚戌(廿九日)光禄勋袁敞为司空"。知此为拜司空之年月日矣。本传谓元初三年代刘恺为司空者,盖指其任职之年也。第十行"薨"字上阙,据《帝纪》于元初四年四月戊申(五日)书司空袁敞薨。则所阙者当为"四年四月戊申"等字。"其辛酉"者,四月十八日也。本传谓敞坐子与尚书郎张俊交通,漏泄省中语,策免,自杀。俊得赦后,朝廷薄敞罪而隐其死,以三公礼葬之。记述较详。以碑书葬日计之,则张俊之得赦,必在四月十八以前也。

(本文原载《北京大学研究所国学门周刊》第 1 卷第 2 期,1925 年 10 月 21 日出版。)

汉袁敞碑跋

此碑于十二年春,出于偃师,篆书,十行,行存五字至八字不等,上下皆已残阙,存延平及□初年号,知为东汉时物,初不知为谁氏之碑也。余得其墨本,悬之座右者数阅月。一日雨窗无俚,对碑籀读,见第九行为"□初二年十二月庚戌"等字,因思延平之后,以初字建元者,有永初元初二号。乃检《后汉书·安帝纪》读之,元初二年十二月庚戌有"光禄勋袁敞为司空"之文。复检《敞传》,则此碑所纪,历官事迹,十之八九,与传相合,遂断其为敞碑。尤奇者,敞字叔平,与余巧合,岂此中亦有缘耶?碑第一行"平"字上为"敞""叔"二字,残画犹存。"司徒公"者,其父安也。次行"以河南尹"下存皁字旁残画。按《汉仪注》云,"吏二千石以上,视事满三岁,得任同产若子一人为郎"。安于明帝永平末为河南尹,至章帝建初八年迁太仆,凡历十余年。尹秩二千石,故得任子为郎。据本传云,"以父任为太子舍人"。知"子"字下,当为"除太子舍人"等字。第三行有"九年"字,而其上有"五月丙戌除郎中"字,则此五月丙戌,当在和帝永元七年或八年。以长历推之,此二年五月,皆得有丙戌日也。第四行"侍郎"上似"门"字之残画,当为黄门侍郎。其下为"十年八月丁丑"等字,是年八月壬戌朔丁丑乃十六日也。第五行六行之上有一穿。"十月甲申拜侍中",不知为何年。侍中之官,与传合。"步兵校尉",则传不载。殇帝延平仅一年,"平"下半字,乃"元"字也。

第七行首一字为"匠"字。传云"历将军大夫侍中"，义颇可疑。"将军大夫"，疑"将作大匠"之误。当据碑以正《后汉书》之误也。"匠"下似"其七月丁丑拜东"等字。延平元年七月丙子朔丁丑为二日，十月为乙巳朔，不得有丁丑日，"月"上当是"七"字也。传云，"出为东郡太守"，则"东"字下为"郡太守"等字。第八行"丙戌征拜太仆"，与传合。"五年"当为永初五年，其下当有"拜光禄勋"等字。第九行"初二年十二月庚戌"，"初"上当为"元"字，即记拜司空事。庚戌为是月廿九日，明日即三年矣。故传云元初三年，代刘恺为司空也。第十行"薨"字上当有"四年四月戊申"等字。"其辛酉"者，其月辛酉也。戊申为五日，辛酉为十八日，盖越十三日而后葬也。传云，坐子与尚书郎张俊交通，漏泄省中语，策免，遂自杀。朝廷由此薄敞罪而隐其死，以三公礼葬之。《安帝纪》于元初四年四月书"司空袁敞薨"，而无策免之文。史于三公策免后，例不书卒。此其书卒而不书免者，意即所谓隐其死也。十九年秋，其父安碑，亦出于偃师。碑广与此碑同，亦篆书，十行而下阙，书体与此碑如出一手。以文义求之，行当得十六字，其下所阙者仅一字。全碑当得今营造尺四尺六寸。每字之界格，广与此同，而高略羡。是彼碑十六字，此碑当得十七字。今以意补之如左。

司空公袁敞叔平司徒公之子授易孟氏学

建初□年□月庚子以河南尹子除太子舍

人永元□年五月丙戌除郎中九年□□月

□□□□黄门侍郎十年八月丁丑□□□

□□十□年　○　十月甲申拜侍中□□年

□月□□拜　步兵校尉延平元年□月

□□拜将作大匠其七月丁丑拜东郡太守

永初□年□月丙戌征拜太仆五年□月□

□拜光禄勋元初二年十二月庚戌拜司空

四年四月戊申薨其辛酉葬

（本文原载《文社月刊》1934 年第 4 期。）

晋荀岳墓志跋

　　右晋中书侍郎荀岳墓志，三面载其世系及卒葬时日，而附写诏书于其后。阴面记其名字、生日及历官岁月。后又详记夫人氏族、子女嫁娶，纤悉靡遗。左侧记夫人之卒日葬日，右侧补记其子之官职，兼及孙之名字。文体虽似琐屑，而皆据实直书，无繁缛之铭语，铺张之谀辞，可谓得作志之本恉矣。岳之事实，史传无征。隐之名字，见《晋书·陆云传》，所谓"日下荀鸣鹤"者也。《世说新语·排调》注引《荀氏家传》曰："隐，祖昕，乐安太守。父岳，中书郎。隐，历太子舍人、廷尉平，蚤卒。"据《志》，则乐安当作乐平，中书郎当作中书侍郎。岳生于谯郡府丞官舍，知昕必曾历此官。又岳以咸宁二年出仕本郡，时年三十一，后不云丁忧去官，是昕之卒，当在岳出仕之前。三年七月司徒府辟，是时何曾正以太傅领司徒。太康十年历始平王司马，参楚王军事，参镇南将军事，盖皆仕楚王玮也。玮，初封始平王，历屯骑校尉，太康十年十一月，徙封于楚，出为平南将军，转镇南将军，悉与《志》合。刘仲雄名毅，王士玮名琛，《晋书》并有传。杨士彦名髦。《八王故事》曰：杨淮有六子，曰乔、髦、朗、琳、俊、仲，皆有美名（《世说·赏誉》注引）。《世语》曰：淮字始立，弘农华阴人（同上引）。荀绰《冀州记》曰：髦，字士彦，清平有贵识（《世说·品藻》注引）。《晋诸公赞》曰：髦为石勒所杀（同上引）。恭所适之弘农杨士彦，殆即其人欤？夫人刘氏之卒，隐正为司徒左西曹掾，故《志》称卒于司徒府（时王戎为司徒）。时晋乱已作，张方以先一年陷京师，是年又大掠洛中，故曰其年多故。女和适陈敬祖，而曰三日妇，其义未详。刘氏附葬时，陈已先卒，故有和夫卒之文。《志》作于元康五年十月，越九年而夫人刘氏卒，附葬旧茔，因复刻其两侧。先后文字，如出一手，当是隐自为之。盖墓志之作，本以陵谷变迁，使后之人识其墓处。故六朝志多无撰书人名，大半皆出自子孙之手，不似后世假手他人，以褒扬先德也。

北魏恒农太守寇臻墓志跋

    寇臻，《魏书》附《寇赞传》。《魏书》云上谷人，《志》作上谷昌平人。《魏书》云征为都将，《志》作振武将军、四征都将。《魏书》云拜振武将军、北阳镇将，《志》作转振武将军、沘阳镇将、昌平子。《魏书》云迁建威将军，《志》作迁假节建威将军、监安远府诸军事。《魏书》云高祖南迁，除弘农太守，《志》作皇京迁洛，又除建忠将军，重临恒农太守。是皆《魏书》略而《志》详者。《志》云正始二年，甫履从心，疾薨路寝，则臻年七十卒；《魏书》但云卒于家。《志》云赠龙骧将军、幽州刺史，谥曰威；《魏书》不载，此可补《魏书》之缺者也。其云恒农太守，《魏书》作弘农太守。按《魏书·地形志》无弘农郡，惟陕州恒农郡原注云：前汉置，以显祖讳，改曰恒，领县三，曰陕中，曰北陕，曰崤；原注云太和十一年置。而《地形志》义州下又出恒农郡，原注云兴和中置，领县三，曰恒农，曰北郏，曰崤；原注皆云兴和中置。此二恒农郡皆领县三，其实即一地。太和所置，乃改前汉弘农郡名而成者。此为北魏之恒农郡。兴和所置，乃承北魏之恒农郡而成者。惟易陕中为恒农，易北陕为北郏，而崤未易。此为东魏之恒农郡。魏收作《志》，既误以一郡为二郡，而《寇臻传》又两称弘农太守，而又出恒农大盗云云，其自相牴牾谬戾，有如此者；《志》作恒农是也(《魏书·地形志》荆州下亦有恒农郡，领县四，曰国，曰恒农，曰南郦，曰邯郸；而陕州下有西恒农郡,荆州下有东恒农郡,疑荆州下之恒农郡上,当有南字,或有北字,谅非同时有二恒农郡也。其陕州之恒农郡乃弘农所改,必系太和原置无疑)。《魏书》北阳镇将,亦当据《志》作沘阳为是,此可以证《魏书》之误者也。《志》谓臻为南雍州使君河南宣穆公之少子,宣穆公者,寇赞也,《魏书》有传。赞父脩之,即《志》所谓秦州刺史冯翊哀公也,亦见《赞传》。曾祖晋武公令不见于《魏书》。《志》又云汉相威侯之裔,侍中荣十世之胤。《魏书·释老志》,道士寇谦之,南雍州刺史赞之弟,自云寇恂之十三世孙,好仙道,少修张鲁之术。《后汉书·寇恂传》,恂曾孙荣,臻为荣十世孙,则为恂之十四世孙,臻乃谦之之从子,则《志》与《魏书》相合者也。《志》言臻男九人,而《魏书》仅载其长子祖训,祖训弟治,治弟弥三人。《魏书》言臻为中川太守时,阿附冯熙,因转弘农太守,坐受纳为御史所弹,遂废而卒。《志》云以德革弊,方登槐棘,奄焉薨殂,其虚实相去,何其辽哉?

北魏卢奴令姚纂墓志跋

　　右北魏卢奴令姚纂墓志,不详出处,今藏天津姚氏。据《志》云卜壤于定州,燕之旧都卢奴城西南廿里,当在今定州界,后燕慕容垂所都也。《志》文仅记葬地及其年月,后又详举墓碑、羊虎、梓柏之数,与南齐《虞愿墓专》同一体例。其父中山太守,亦必同葬一处,故《志》中兼及之。世系事迹,备载于碑。不知二碑,今尚存否? 羊虎之制,由来已久,详封演《闻见记》羊虎条。石经凿损,文字模黏,详细辨认,犹得概略,阙者不过十余字耳。或云本村塾阶石,塾师惜字,因凿损之,此与煮鹤焚琴何异?

魏故持节督幽豫二州诸军事冠军将军豫州刺史乐陵王元君墓志铭跋

　　乐陵王景略，《魏书》附《胡儿传》，密王思誉子，字世彦，幽州刺史。《志》作讳彦，字景略，迁幽州刺史（《志》有"克莅西蕃，民钦教遵风，昔文王流化，未之殊也"等语）。皆当以《志》为正。胡儿赠征北将军，谥曰康，《志》皆遗之，而独举侍中，则《魏书》与《志》互有详略也。

魏张满墓志跋

　　右张满墓志石，高宽各二尺三寸，字径五分。《志》称渤海王权众晋川，东出釜口。满于是时，委质幕府。按《魏书·节闵帝纪》普泰元年三月癸酉，齐献武王封渤海王。《北齐书·神武纪》，建明改元神武，受尔朱兆委，统兵镇兵，乃建牙阳曲川。居无何，使刘贵请兆以并肆频岁霜旱，请令降户就食山东，而处分之，兆从其议。神武乃自晋隆出滏口。《山海经》注滏水，今出临水县西釜口山，与《志》作釜口合。《志》又称群凶告殄，朝廷除王丞相，满亦寻补府属。《神武纪》永熙元年四月，斛斯椿执天光度律送洛阳，长孙承业遣都督贾显智、张欢入洛阳，执世隆、彦伯，斩之。兆奔并州，仲远奔梁州，遂死焉。孝武即位，授神武大丞相。并州平，神武以晋阳四塞，乃建大丞相府而定居焉。据《魏书·废帝纪》，中兴初元，以齐献武王为侍中丞相，二年二月甲子，以为大丞相。神武除丞相，不自孝武始，惟在群凶殄灭后，则当是孝武时，群凶指天光、世隆辈也。《志》又称建忠王万俟普拨等隗嚣据河西，以狼顾属满，晓导解除，翻为我有。《神武纪》，天平三年二月，神武令阿至罗逼西魏秦州刺史建忠（《周书》误中）王万俟普拨，神武以众应之。三月甲午，普拨与其子太宰受洛干、幽州刺史叱干宝乐、右卫将军破六韩常及督将三百余人，拥部来降。据《志》所称当时普拨降附，满有劝谕之力焉。不然普拨虽见逼于阿至罗,要未尝丧师败绩,何为而降心纳款,则《志》言亮非饰美矣。其谥为恭惠四字,刻在铭后一行,亦变例,当是予谥在刻石后也。

东魏华山王元鸷墓志铭跋

东魏华山王元鸷墓志铭，新出河南安阳。鸷，《魏书》《北史》(《魏书·神元平文诸帝子孙列传》亡，后人补以《北史》)皆附《高凉王孤传》，为孤五世孙。其历官拜爵，史略而《志》详。惟史云陵子璨，璨子鸷，《志》称祖陵，父胘。常景自称友人，既为撰《志》刻石，传之久远，必无误书父讳之理，或《北史》偶误欤？又本传云兴和三年薨，而《孝静帝纪》兴和二年载六月壬子，大司马华山王鸷薨，本传与《帝纪》自相纰谬，得此《志》而后知《帝纪》之误。北朝墓志不书撰人姓名，此志常景自述其为《志》之由，在当时为创例。景有才思，尝与邢峦、高聪、徐纥辈同为高显作碑铭，崔光简之以景所造为最，遂以刊石。可知景在北朝，亦称能手，故能典雅若此。

魏徐州刺史吴郡王萧正表墓铭跋

　　右墓铭,石高宽各二尺二寸五分,字径五分。标题只称铭不称志,殊仅见。《铭》称:"王讳正表,字公仪,梁临川靖惠王第六子。弱冠封封山县开国侯,除给事中,转太子洗马,以忧去职。征为骁骑将军、光禄勋,不起。服阕,出为宁远将军、淮南太守,迁征东将军,假节晋安太守,特征为侍中,县侯如故。旋授使持节都督北徐、西徐、仁、睢、安五州诸军事,北徐州刺史。俄而贼臣构逆,王于是投身魏阙,朝廷遣中使道授兰陵郡开国公,封吴郡王。入朝,拜车骑大将军、侍中、特进开府仪同三司、太子太保。以武定七年十二月丙午薨,赠侍中使持节都督徐、阳、兖、豫、济五州诸军事、骠骑大将军、徐州刺史、司空公,开国王如故,谥昭烈。"按《梁书·太祖五王传》:临川王宏,有七子,正仁、正义、正德、正则、正立、正表、正信,正表封封山侯。《魏书·孝静帝纪》:武定七年正月戊辰,萧衍弟子北徐州刺史、中山侯萧正表以钟离内属,封兰陵郡开郡公、吴郡王,并与《铭》合。《铭》称贼臣构逆,即侯景之变也。唯《南史·梁宗室传》:正表封封山侯,后奔乐山,与《铭》及《魏书》《北史》不合。乐山,南齐县,广州乐昌郡。以投北为奔南,殆为之讳耶,不知何所据而云然也。正表,字公仪,其在梁所历官,自除给事中至征为侍中,奔魏,道授郡公,封王,入朝拜车骑、侍中等官,殁后赠官,予谥,于史并无征。正表仅附《宏传》,

宜其语焉弗详也。正表封县侯,《梁书》《南史》并作封山,《魏书》《北史》并作中山,据《铭》,知《魏书》《北史》误也。中山,北魏郡定州,非县,非梁地。封山,南齐县,交州新昌郡。

汉熹平石经《周易》残字跋

　　吾友孙伯恒君以景印汉《熹平石经》残石墨本见贻,云洛阳新出土而转徙至于上海者。石两面刻:一面为《周易》《家人》迄《归妹》十八卦,存二百八十六字,一面为《文言》《说卦》,存二百有五字。通计存字四百九十有一。此诚旷代之瓌宝矣。盖宋人录《熹平石经》,多至千七百余字,独未见《周易》,不意后八百年,更得此经数百字。吾辈眼福突过宋人,何其幸欤?

　　以今本校读,每行七十三字。惟碑阳第五、第八、第十行各盈一字,第十二行盈二字;碑阴第一行绌二字,第二、第九行各绌一字,第三行绌四字,第五行盈一字,第十二行盈二字,第十五行盈五字。盖经本有异同也。

　　兹录其存字之异文如下:

　　《家人》卦,"终吝"之"吝"作"呇"。《释文》于《说卦》"为吝"下云:"京作遴。"《说文》辵部"遴"下引《易》曰"以往遴"。而口部"呇"下引《易》则作"以往呇"(许君于《易》称孟氏,而前后所引有异文。段玉裁云:"或兼称他家,或《孟易》有或本,皆未可知。")。此不作"遴"而作"呇",当是吝之或体。《广韵》云:"呇,俗作丢",误矣。

　　《蹇》卦之"蹇"皆作謇。按"蹇""謇""寋"三字古多通用。汉《衡方

378

碑》："謇謇王臣"，用此爻辞，字作"謇"。《尔雅·释乐》："徒鼓磬谓之寋。"《释文》云："寋，本或作謇，字同；或作蹇，字非。"是蹇亦作寋矣。

《益》卦，"利有攸往"之"有"作"用"。此经屡见"有攸往"或"利有攸往"之文，他处或皆作"用"欤？

《困》卦，"于臲卼"作"于劓劊"。《释文》于九五爻辞"劓劊"下云："劓，徐鱼器反；劊，徐五刮反，又音月。荀、王肃本'劓劊'作'臲卼'，云：'不安貌。'陆同。郑云：'劓劊当为倪仉。'京作'劓劊'。案《说文》：'劊，断也。'"于上六爻辞"臲卼"下云："臲，五结反；王肃妍喆反；《说文》作'劓'，牛列反；薛同。卼，五骨反，又音月；《说文》作'黜'，云：'黜，不安也'；薛又作'扤'，字同。"按《说文》劓为劊之重文。又出部"黜，槷黜，不安也。《易》曰：'槷黜。'"段玉裁据《释文》于上六"臲卼"下引《说文》"劓""黜"二字，以为此之所引，亦即《困》上六爻辞，而疑剸字与今本不同。又小徐于此条引"《易》曰：劓黜，困于赤茀。"劓字与大徐异，而与陆氏合。"困于赤茀"则为《困》九五爻辞。段玉裁据《释文》于九五"劓劊"下所引"荀、王劓劊作臲卼，郑云当作倪仉"之文，疑两爻辞义同。按"劓"与"臲"，"劊"与"卼"，皆同纽同韵，本可互通。或此本两爻同字，未可知也（钱玄同先生疑九五"劓劊"二字为衍文，而上六作"劓劊"。但此行字数确为七十三，似非衍文）。《说文》刀部："劊，断也"，"劊，绝也"，其义正同；古音"劊""劊"又同属泰部。故劊可通劊也。

《革》卦，"虎变"之"变"作"辩"。按古音变属寒部，辩属真部，音近可通。故《释文》《易·坤》"由辩"下云："荀作变。"是二字可通之证也。

《艮》卦，"趾"作"止"。《释文》云："荀作止。"止、趾盖古今字也。

《文言》，"美在其中"无"其"字。

《说卦》，"生爻"之"爻"作"肴"。汉《孔彪碑》："《易》建八卦，拨肴系辞"，与此本同。

又"故《易》六位而成章"。"位"作"画"，"章"下多"也"字。《释文》云："本又作六画。"

又"向明而治"之"向"作"乡"。汉《曹全碑》两用此文，字皆作"乡"。

盖乡、向古今字也。

又"坤以藏之","坤"作"㘲"。《释文》于《坤》卦云："本又作㘲、㘲，今字也。"汉碑中凡乾坤字皆作"㘲"，无作"坤"者。是汉魏间通行之字矣。其字象卦形之三偶，非借川字为之也（川字之首笔皆左挑，无作右旋者）。

又"坎者水也"之"坎"作"欿"。《释文》于《坎》卦"习坎"下云："京、刘作欿。"知此本坎字皆作"欿"矣（石经《鲁诗》"坎坎伐轮兮"亦作欿）。

后汉博士十四人：《易》有施、孟、梁丘、京氏四家，《书》有欧阳、大小夏侯三家，《诗》有鲁、齐、韩三家，《礼》有大小戴二家，《春秋公羊》有严、颜二家。《熹平石经》之例，以一家为主，而箸他家异同于后。《隶释》所录《诗》有齐、韩校记，是以鲁为主也。《公羊》有"颜氏有无"语，是以严为主也。《论语》有"盍、毛、包、周"语，余曩据《尧曰篇》残字考为《张侯论》，包、周皆习张侯章句，是亦以某氏本为主而箸盍、毛、包、周之异同也。然则《周易》亦必于四家之中以一家为主。而此一家果谁氏乎？以此石证之，盖用京氏本也。陆氏谓"坎"京、刘作"欿"，又"劓刖"京作"劓剕"。此本悉与京氏合，是用京氏本无疑矣。其碑末校记中，当箸施、孟、梁丘之异同，如《诗》《公羊》《论语》之例，又可断言也。

（本文原载《北大图书部月刊》第 1 卷第 2 期，1929 年 12 月 20 日出版。）

汉熹平石经《论语·尧曰篇》残字跋

尧曰咨尔舜天之历数在尔躬允执其中四海困穷天禄永终舜亦以命禹曰予小子履敢用玄牡

敢昭告于皇皇后帝有罪不敢赦帝臣不蔽简在帝心朕躬有罪毋以万方万方有□

在朕躬(以上第一行。)

周有大赉善人是富虽有周亲不如仁人百姓有过在予一人谨权量审法度修废官四方之政行

焉兴灭国继绝世举逸民天下之民归心焉所重民食丧祭宽则得众敏则有功公

则说(以上第二行。)

子张问于孔子曰何如斯可以从政矣子曰尊五美屏四恶斯可以从政矣子张曰何谓五美子曰

君子惠而不费劳而不怨欲而不贪泰而不骄威而不猛子张曰何谓惠而不费子曰

□民之(以上第三行。)

所利而利之斯不亦惠而不费乎择可劳而劳之又谁怨欲仁而得仁又焉贪君子无众寡无小大

无敢慢斯不亦泰而不骄乎君子正其衣冠尊其瞻视俨然人望而畏之斯不亦威而

不猛乎(以上第四行。)

子张曰何谓四恶子曰不教而杀谓之虐不戒视成谓之暴慢令致期谓之贼犹之与人也出内之

吝谓之有司·凡二章(以上第五行。)

　　洛阳城东三十里朱家圪垱近出魏《正始石经》,皆古文、篆、隶三体;
又有隶书者数石,皆汉《熹平石经》也。其地为汉魏之太学,即《洛阳伽蓝记》所谓"劝学里"者是也。

右二石先后出土，为《论语·尧曰篇》残字，存字四行：第一行存"继绝世"三字；第二行存"惠而不费劳而不怨"之"费劳而"三字；第三行存"斯不亦泰而不骄乎"之"亦泰而"三字；第四行存"谓之有司"之"司"字，"司"下著一圆点，又其下存半字。《隶释》所录《尧曰篇》残字，即在此石之下方。据何晏《集解》本《尧曰篇》，"谓之有司"下有"孔子曰不知命无以为君子也"一章；今此半字既非"孔"字，又不类"子"字（朱子《集解》本无"孔"字），必非此章之文。惟《经典释文》云："《鲁论》无此章，今从《古》。"依《八佾》《阳货》等篇（见《隶释》）计章之例，此半字当是"凡"字，"凡"下所阙当为"二章"二字，以此篇仅《尧曰》《子张问》二章也。

按，《论语》有齐、鲁、古三家：《鲁论》二十篇；《齐论》多《问王》《知道》二篇，为二十二篇，其二十篇中章句多于《鲁论》；《古论》分《尧曰》下章《子张问》以为一篇，凡二十一篇。《释文》于此章下采《鲁》《古》，不言《齐论》之有无。《玉函山房》辑《齐论语》，言："《齐论语》，齐人所传。董仲舒，广川人，地属齐，《汉书》本传对策及所著《春秋繁露》多引《论语》，与《鲁》《古》不同，而与王吉（吉传《齐论》）所引有合，确为《齐论语》。"又辑其对策所引"孔子曰不知命亡以为君子"句云："'无'作'亡'，无'也'字，又与《古》少异，是董用《齐论语》之确证。"质以"二十篇中章句多于《鲁论》"之语，其说似当可信。汉石经《论语》所用何本，史无明文，今此石无"不知命"一章，又《隶释》所录校语有"凡廿篇"之文，与《鲁论》篇数合，则石经用《鲁论》本宜可确定。然校语中无鲁、古等字，而有盍、毛、包、周异同之说。按何晏《集解叙》曰："安昌侯张禹授《鲁论》，兼讲《齐》说，善者从之，号曰'张侯论'，为世所贵，包氏周氏章句出焉。"《汉书·禹传》亦言："禹为《论语章句》，……最后出而尊贵，……由是学者多从张氏，余家浸微。"盖自《张侯论》出而《齐》《鲁》不分，传至东汉，盛行已久，而三家益微矣。石经校语既有"盍、毛、包、周"之说，盍、毛今不可考，而包、周所传则皆《张侯论》章句，是石经所用之本为《张侯论》，殆无疑义。张氏以《鲁论》为本，兼采《齐》说，择善而从；此篇末无"不知命"一章者，必仍为《鲁论》之旧也。且《张侯论》在东汉时疑亦有《鲁论》之目：郑玄之为《论语注》也，何晏《集解叙》谓"就《鲁论》篇章考之《齐》《古》"；《隋志》谓"以《张侯论》为本，参考《齐论》《古论》"；《释文叙录》则谓"就《鲁论》张、包、周之篇章考之《齐》《古》"。郑氏所据，实为《张侯论》，而何、陆并称为《鲁论》，是东汉之所谓《鲁论》者即《张侯论》矣。然而石经所用之本，虽谓之《鲁论》，亦无不可。或以为《汉志》《鲁安昌侯说》二十一篇，石经之本凡二十篇，篇数不相侔，疑其非是。然《隋志》言："禹本授《鲁论》，晚讲《齐论》，后遂合而考之，删其烦惑，除去《齐论》《问王》《知道》二篇，从《鲁论》二十篇为定。"序述较详，当必不误。刘宝楠《论语正义》疑《汉志》"一"字误衍，又以为经二十篇，说一篇，《志》连经言之，得有二十一篇，说亦近是，不得以此而疑之也。

今依今本《论语》写定全文，用王昶《金石萃编》之例，以大字写其存字，而以小字录其佚文。所以知篇首必提行者，以洪氏录《八佾》《阳货》等篇，其下不接书《里仁》《微子》等篇也。所以知行七十三字者，以洪氏录《仪礼·大射仪》亦行七十三字也。惟第一第三第四行多出一字，或文有不同，不足异也。其圆点介于篇末及"凡若干章"之间者，所以别计章之文于正文也。推之《八佾》《阳货》等篇，当亦如是，洪氏并不言及，赖此知之。

（本文原载《国立北京大学国学季刊》第 1 卷第 3 号，1923 年 7 月出版。）

魏正始石经《尚书·多士》及《春秋》文公残石跋

　　《尚书·多士》残石，存十一行，行存三字至十六字，后阙二十三行。《春秋》文公存十行，行存三字至十五字，前阙二十二行，与《无逸》《君奭》及《春秋》僖公、文公一石，同时出土。亦表里刻之，上下皆有阙损，故不能知每行之起讫。取以校今本《多士》中异同之字，"诞淫厥逸"，今本逸作佚。"惟天弗畀"，今本弗作不。而"罔顾于天显民祇"罔字之下，"若兹大丧"大字之上，中间计十四字，今本则十五字。又"非我一人奉德不康宁"我字下，"不敢有后"后字上，中间计十六字，今本作十七字，均多一字。而"不敢有后"下，今本即接"无我怨"。此本则后字下有"王曰繇"三字，以下当更有三字（疑当是尔多士），乃合每行字数。今本佚六字。观石本知"无我怨"以下乃王三呼多士而告之，意周且挚，今本佚之者非也。《春秋》文公自九年三月至十有二年正月，与今本无甚异同，惟"曹恭公"今本作"曹共公"，"盟于汝栗"今本作"女栗"耳。此石闻归洛阳县长，友人游洛，归以墨本见赠，如获重宝，书其后以识之。

癸亥四月九日

晁公武刻《古文尚书》残石跋

宋晁公武所刻《古文尚书》，附于孟蜀石经之后，其意殆仿魏正始故事而踵行之欤？汉熹平间，刻石经立于太学，悉为今文。其时古文学已盛行，故魏正始间又刻古文《尚书》《春秋》二经，与今文石经并立。孟昶之刻石经于成都也，始于广政七年，以经注并刻，故文字增多倍蓰，石数愈千，历时八年始成。至宋皇祐元年，田况补刻《公》《谷》二传毕功。宣和间，席贡又补刻《孟子》。乾道中，晁公武刻所著《石经考异》时，又得《古文尚书》补刻之，与《考异》并附石经之后。其地在汉末所作礼殿之东南隅石经堂，堂为胡宗愈所建。可见两宋人对此之重视。且如此钜制，纵经兵燹，亦不至片石无存。乃自晁公武、张嶲之后，阒然无闻，仅知明时有《礼记》数段在合州宾馆，清乾隆间福康安修城时，有人于城址得残石数十片而已。其摧毁之时代及其原因，何以毫无记载耶？抗日战争初期，余至成都，尝以此促学术界注意。及成都遭受敌机空袭，疏散市民，拆除城垣缺口多处，以通行人，果得残石若干片。惜皆归私人所有，流传不广。余所得见者，有《毛诗》《仪礼》各二段，不知尚有他经否？此《古文尚书》《禹贡》《多士》各一段，闻亦其时所出。然则摧毁原因，或即以修筑城垣之故。摧毁之时，或在元代也。

壁画考语跋

　　本年一月,有山西估人运来壁画多箱,拟秘密售之外人以谋厚利。事为本所所闻,以年来国内之古物美术品等输出海外者,随时随地有之,国内好古之士,匪特无从竞买,并求一寓目之机会而不可得,是岂止考古家之憾事,抑亦国人之大辱也,亟侦訾物之所在,而谋所以保存之,嗣经山西骨董商关君之绍介,得睹原图凡五十九方,分装五十七箱。壁高约丈余,长约十丈,以五十余方凑合之,略得原状,惜中缺数方,不能恢复旧观耳。据估人言,旧在稷山县小宁村兴化寺之南壁,屋凡五楹,故如许之长;其东西配殿亦有壁画,尚未着手劚削云。因一面磋商价买此五十七箱,一面电请省长饬属保存其未劚各画。议价再三,始以四千元得之。

　　其画为七佛像,居中者最高大,两旁二菩萨侍立,次为二佛像,又其次为二女立像(缺其一),又其次复为二佛像,又其次为二女跪像,又其次复为二佛像,又其次复为二女立像。佛像之上,各有人首鸟身之飞天像环绕之。虽寻丈巨制,而前后照应,一气呵成,不能寻其讫起之迹,用笔则绸缪周密,设色则璀璨庄严,是必出自名手,非常工所能为,惜无当时字题,不能定其时代耳(叶浩吾先生已有专文论之)。据《稷山县志》(同治四年沈凤祥修)《古迹志·寺观门》:兴化寺……在县西南三十里(同书《城池志·坊里门》作三十五里)小宁村,隋开皇十二年建,未言其修葺之时代,意寺中尚有碑碣可证。本所原议派人实地调查,嗣以受时局影响,交通阻梗,尚未实行。估人之言,未必可信,是胥待于实地调查后之证实矣。

今年夏,清华研究院教授李济之先生游晋,道经稷山,曾亲往该寺调查,见未劓之壁,有年月一行曰:"甾大元国岁次戊戌仲秋冀生十四叶工毕"十七字。按历代记年月日之法,未有不书元号者,此但书大元国戊戌而无年号,必系太宗十年之戊戌,即宋理宗嘉熙二年,当公历一二三八年,距今已六百八十九年矣。此壁画之时代之能确定,不能不感谢李先生也。

(本文原载《北京大学研究所国学门月刊》第 1 卷第 1 号,1926 年 10 月 20 日出版。)

魏李相海造像碑跋

　　三村长幼化主李相海等造石像碑,高今尺四尺三寸,广一尺七寸五分,厚八寸,旧在山西临晋县。于右任先生得之厂肆英古斋,以赠本所国学门考古学室。碑首刻浮图一区,蟠以双螭,下凿佛龛,中坐佛像一躯,左右六像侍立,莲座两旁各立一虎,龛上编垂缨络。碑阴之首凿一小龛,二佛像并坐,其下又凿一大龛,一佛中坐,二菩萨侍立。碑两侧各刻像两列,每列二像。文凡一千七百余字,首题年月一行,年号已泐,而大魏之"魏"字尚存左半,记文中又有"周末魏前形像沉寂"之语,知为后魏所造,以"岁在壬寅"推之,当为正光三年之物。又碑正面佛龛左右侧题名各二行,碑阴佛龛右侧题名二列共五行,碑左侧题名三列共二十五行,碑右侧题名三列共二十六行,约七百字,似是后刻,非同时所作。其中屡称"七代父母",与记文中之称"七世父母"者不同,初以为唐刻,以唐避太宗讳,改"世"为"代"也。然题名中之以"世"为名者,又有数人,并不避讳。后见题名中有"前纯州司兵"及"益昌府司马"官号,始知其为周末或隋初所刻。按《周书》魏废帝三年正月,改淮州为纯州。《隋书·地理志》"淮安郡桐柏,梁置,曰淮安,并立华州,又立上川郡。西魏改州为淮州,后改为纯县,寻废"。今按其地当在河南桐柏县境。其称纯县,至多亦不过十余年耳。又府兵之制,亦起于西魏后周,而备于隋,唐兴,因之。《唐书·地理志》，河东道晋州有益昌府。其地当在今河东道境（此碑之所在地亦属河东道）。唐之府名，多因周隋之旧，此益昌府当即唐晋县之益昌府也。司马之官，唐折冲府无之，而《隋书·百官志》则言每府各有司马。故知此后刻题名，当为周末或隋初，而决非唐刻也。

（本文原载《北京大学研究所国学门月刊》第 1 卷第 1 号，1926 年 10 月 20 日出版。）

保定莲花池六幢考跋

衡按幢为布帛所制之幡幢,佛教中用以书佛名或经文。其后为保存久远计,乃以石仿其形制,上有盖,下有座,中有八角形之柱,远望之,俨如幡幢。石幢之起源,因刻《陀罗尼经》而设,因该经文有云:

> 佛告天帝:若人能书写此《陀罗尼》安高幢上,或安高山,或安楼上,乃至安置窣堵波中。天帝! 若有苾刍苾刍尼、优婆塞、优婆夷、族姓男、族姓女,于幢种上或见,或与相近。其影映身;或风吹《陀罗尼》幢等上尘落在身上。天帝! 彼诸众生所有罪业:应堕恶道地狱畜生、阎罗王界饿鬼、阿修罗身恶道之苦,皆悉不受,亦不为罪垢染污。

故佛教徒多以《陀罗尼经咒》刻于石幢之上。以意测之,最先必盛行于布帛之幢,后乃踵事增华,以求传久,遂创立一种石幢。

其原始时期虽不可考,但可以《陀罗尼》入中国时为断。慧琳《一切经音义》(三十五)略言,唐永淳中,婆罗门僧佛陀波利取其本入中国,至广德中已八译。据此则刻陀罗尼经幢之事,至早当在武周之世,前此未之有也。六朝时虽有六面八面十面石柱之造像,但皆非经幢,前人著录,名之为幢,实未确也。

经幢虽因刻《陀罗尼》而设,但盛行之后,其他诸经咒亦有刻之石幢者,如易县龙兴寺有唐玄宗注《老子道德经》,斯为最奇矣。

清叶昌炽最喜搜罗经幢拓本,所著《语石》卷四有论经幢数则,最为详备;因郑君文总说中尚有未尽之义,为述其源流以补充之。拓本中不可辨识之文字,郑君疑为金元国书,细审不似女真或蒙古字,或皆系梵文也。

（本文原载《北京大学研究所国学门月刊》第 1 卷第 1 号,1926 年 10 月 20 日出版。）

九十人造象碑跋

　　衡按东魏武定元年"清信士合道俗九十人等造像",赵之谦《补寰宇访碑录》著其目,云在河南河内。陆耀遹《金石续编》录其文,云在河南河内县北孔村。盖清道光间出土者,故先出诸书皆不之及。近代收藏拓本者,以缪氏艺风堂为最富,其所著《金石目》中未录此种,可知拓本流传之不多矣。

　　北朝造像,自成风气,几于千篇一律。此碑于像下记上刻释迦事迹图,自降生以至得道,莫不悉备——每图各有题字,凡十二榜,在北朝造像中尤属仅见。记下及两侧刻造像人之像,亦极庄严。绘画雕刻之工,虽不及"刘根造像",而在北朝美术作品中自有其相当之价值。今闻归沁阳(故河内县)图书馆保存,并限制椎拓,可为此碑庆得所矣。

　　《金石续编》所录记文,讹脱甚多。陆增祥据吴荣光《筠清馆金石录》(原书只刻金文,以下未刻)订补之,并补录题字。今以此本校之,其讹脱之处仍甚多,盖所据拓本各有精粗也。

　　(本文原载《北京大学研究所国学门月刊》第 1 卷第 1 号,1926 年 10 月 20 日出版。)

大代宕昌公晖福寺碑跋

右晖福寺碑,额三行,行三字。在陕西澄城。当地禁人摹拓,故传本极少。寺为宕昌公王庆旹舍宅建造。王名遇,为孝文时阉官,《魏书》有传,庆旹其字也。本名他恶,冯翊李润镇羌,与雷、党、不蒙俱为羌中强族。自云其先姓王,后改氏钳耳。世宗时,复改为王。碑为孝文时立,不云姓钳耳。又按《王叡传》,叡薨,高祖、文明太后亲临哀恸,赐温明秘器,宕昌公王遇监护丧事。据《孝文帝纪》,叡薨于太和五年六月甲辰,是遇之为王,不自世宗时始矣。碑称散骑常侍、安西将军、吏部内行尚书、宕昌公,悉与传合。中多别字,如于作捧,发作翐,磬作敳,临作臨,皆不见于他碑者。

记古师龚父器

　　师龚父器铭十一字,曰:"师龚父锡□毁曰永宝用事。""锡"下一字不可辨,当为人名。人名之下,则器名也。其事上左从力,下从豆,不审有无缺画,音义皆不可晓。惟字既从豆作,或为饮食之器。十九年夏,余为西湖博物馆征集古物,得之于上海。嗣来北平,又得一器,制作大致相似,而其筒有四,无文字,因一并购之,归于博物馆,以供此器之参证。向之研究古器物者皆不知有此物之器,余于一年中得见其二,宁非幸事?惟究是何器,尚难断定,愿与当世博雅君子共鉴定之。

民国二十年六月鄞县马衡识于北平

(本文原载《浙江省立西湖博物馆馆刊》第 1 号,1933 年 6 月出版。)

周代镇海鑑跋

夫三代之功勋，铭彝鼎而勒金石者尚矣。此系周代镇海鑑耳。盖周代凡镇守海洋将帅，名扬四岳，威振八荒，勋绩卓著者，朝廷必赐以镇海鑑，刻勒其姓名、功业于令箭之上，置此箭于鑑中，以垂永久而昭示天下后世。故其将帅得此殊荣，则筑鑑台于海口，置鑑于台上，以作镇于海洋，所以谓之镇海鑑。但此鑑之原质有混合五金之成分与否，以将帅之阶级大小而区别之。迨其人死后用以殉葬，所以珍重其鑑者，即所以宝贵其功勋也。

北京故宫博物院馆长马衡鉴定

（本文原载《湖社月刊》1935 年第 97 期。）

跋唐玄宗投紫盖仙洞告文铜简

右唐玄宗投紫盖仙洞告文铜简,高三五·五公分,宽一一·八公分,厚〇·八公分。简面刻玄宗告文四行,年月一行,凡八十六字,简背刻张奉国等题名三行,凡五十一字。都计百卅七字。按古时祭礼,施于山林者曰薶,施于川泽者曰沉,薶者,埋璧于地下,沉者,沉璧于水中。《周礼·大宗伯》"以薶沉祭山林川泽"是也。《秦诅楚文》三石,一为大沉久湫,一为巫咸,一为亚驼,皆水神之名,同时刻石投入者也。唐以后尊奉道教,帝王祈福,则书文于简,自称姓名,如祭天地之礼,命道士投入水中。其地则为名山洞府之潭水中。杜光庭《洞天福地记》云:"国家保安社稷,修金箓斋,设罗天醮,祈恩请福,谢过消灾,投金龙玉简于天下名山洞府。"盖道家禳解之礼也。十余年前,宜兴张公、善卷等洞,经邑人储君之整理,于水中得宋代各朝之简甚夥,大抵皆为玉石。张燕昌《金石契》载吴越王龙简,则范银为之。盖皆用金石之质,冀其传久耳。此铜简不知何时何地所出,文有"紫盖仙洞"之语,《洞天福地记》列紫盖山为第三十三小洞天,名"紫玄洞照之天"。其地当在荆襄之间。太岁戊寅,为开元廿六年,明皇时年五十有四,中年已过,春秋渐高,遂慕神仙长生之术,越六年而纳寿王妃杨太真为妃,又越十二年而禄山入关,乘舆幸蜀,禅位于肃宗矣。六月戊戌朔,与长历亦合,惟六字似为七字所改,或当时误书

396

而改作者耳。《资治通鉴》："开元十七年八月癸亥,上以生日宴百官于花萼楼下,左丞相(源)乾曜,右丞相(张)说帅百官上表,请以每岁八月五日为千秋节,布于天下,咸令宴乐。"顾况歌曰："八月五夜佳气新,昭成太后生圣人",皆与此文"本命乙酉八月五日降诞"相合。乙酉乃垂拱元年也。简载道士孙智凉、涂处道,掖庭局令张奉国,判官王越宾,傔人秦延恩五人姓名,皆待考。

此简藏南京古物保存所,知者甚鲜。廿六年故宫文物西迁时,附运二箱,中有此简。庄生尚严拓以见示,叹为精绝。因商诸主管者借拓数本,宇内始有流传。昔罗振玉跋钱武肃王投龙简,尝言长沙唐氏藏开元戊寅投龙告文,不知即此否? 盖以此典礼,可同时施于各地。但此简出于荆襄间,湘人得之,似有可能。疑即一物也。

(本文原载《书学》第 3 期,1944 年 9 月出版。)

新权衡跋

新莽权衡八事,计权五、衡一、柱一、钩一。于民国十八年出土于甘肃定西县称钩驿。时有北平估人朱姓者购其衡及律九斤之权以归,盖以其文字较清晰也。乡人见可货钱,遂起争执。铜柱亦折而为二且讼之官。教育厅长某君,偿其直,置之兰州教育馆。时铜柱之下截已不知所之矣。估人之一衡一权反归厂肆尊古斋,其主人黄伯川秘不示人。余屡询之皆不自承。兰州教育馆所藏者忽于二十年七月十七日被盗,六事中亡其五,得以保全者仅一大权耳。时余主古物保管委员会北平分会事,得甘肃电,属为访求。至廿二年夏果于天津得之,人赃并获,其数悉符。尊古斋之物亦同时缴出。今年夏又于北平厂肆访得柱之下截,于是称钩驿之所出除大权外悉卒于斯矣。今衡及律九斤之权归故宫博物院,余悉为中央博物院所得。闻称钩驿乡民尚有藏匿者,是否可信,则不知其详矣。此四权中惟第三权文字可得而读,曰:"律九斤始建国元年正月癸酉朔日制。"第一权之重当此权三之一,第二权三之二,则第一为三斤,第二为六斤矣。第四权十倍于第一权,是为一钧。其最大者为二钧、三钧或一石胥不可知矣。在此诸权中应更有律十二斤者,合之三斤六斤九斤则为一钧。姑拟此说,以待他日之证实。叔通先生博雅好古,幸有以教之。

马衡　廿五年八月

新嘉量跋

新莽嘉量，故宫博物院藏器，曾著录于《西清古鉴》及翁方纲《两汉金石记》，不知何处出土，亦不知何时入于内府。其器上为斛，下为斗，左耳为升，右耳为合、龠，与《汉书·律历志》所载悉合。即魏晋以来史志所称之刘歆铜斛也。五量皆有铭，记其尺寸容积。刘徽《九章算术注》引斛、斗二铭与此略同，其升、合、龠各铭，则绝无称引之者，赖此知之。五铭之外，又有总铭八十一字。《隋书·律历志》载之而略有脱误，亦赖此正之。叔通先生属题。

漯仓平斛跋

　　右斛铭四字,阳文,曰"漯仓平斛",为太谷赵氏藏器,向未著录。陈君万里游晋,始获见之,摄影拓铭,以一本见赠。形与故宫博物院所藏新嘉量相似。新量为籥、合、升、斗、斛五量,此仅斛耳。旁有两耳,可以两手挈之。底有三足。文字在底下,字体在篆隶之间,平字反文。斛字,斗旁泐左半。漯从水从累,即㵣字。古从㬥之字,如顯、隰等字,汉碑多省作顈、隰,或误从累,作顈、隰。《说文》(水部):"㵣水出东郡东武阳入海。从水,㬥声。桑钦云,出平原高唐。他合切。"《汉书·地理志》:"东郡东武阳,禹治㵣水,东北至千乘入海。"又平原郡高唐,桑钦言㵣水所出。又有㵣阴县,亦属平原郡。其字并从累,作漯。《续汉书·郡国志》于东郡东武阳及平原郡平原下,皆曰㵣水出。又平原郡亦有㵣阴县,其字并从㬥,作㵣,与《说文》合。《汉书·功臣表》:㵣阴定侯昆邪,《霍去病传》则误作漯。知㵣为本字,漯为省字,漯为误字。此作漯,正从㬥省耳。《水经注·河水篇》:"浮水故渎,又东北入东武阳县,东入河,又有㵣水出焉,戴延之谓之武水也。"又曰,"今㵣水上承河水,于武阳县东南,西北迳武阳新城东。水自城东北迳武阳县故城南"。此器之漯,盖即此水也。漯仓者,㵣水之上之仓也。按《水经注》:"河水又东北径委粟津,大河之北,即东武阳县也。"又曰,"河水于范县东北流为仓亭津,……《魏土地记》曰:'津在

400

武阳县东北七十里。'"东武阳既为漯水所自出,而委粟、仓亭二津又皆在其境内,是则东武阳之有漯仓,虽史志无明文,或亦有可能性也。仓亭津之名又安知不因漯仓而得名耶?以今地望准之,当在山东阳谷、莘县之间矣。《汉书·地理志》河东郡有涅仓。涅为古燥湿之湿字,今假设此器果为山西河东道境内出土者,则前之假设,皆不足凭,而此漯仓可断定为河东之涅仓矣,因东汉建宁五年《李翕析里桥郙阁颂》刻石,已以漯为涅矣。故古器出土之地,关于考证者甚巨,仍当询诸赵氏,一决此疑。并拟亲就此器,准其容量,以与新嘉量一校之也。

(本文原载《文物》1963 年第 11 期。)

汉代五鹿充墓出土刺绣残片跋

汉五鹿充墓在怀安县(旧属察哈尔,今属河北),1930 年旧县政府发掘,中藏漆器甚夥,有一盘隶书"安阳侯家"字样。有一漆奁中储印绶,印铜质,龟纽,文曰"五鹿充印"。圹中铭旌、棺中衣衾皆未毁坏,惜一经手触悉化灰尘。此为男棺中袍服,织成人物鸟兽之状,朱色虽暗淡,犹可辨认。县府中人以为无法保存,因乞得一包,已片片作胡蝶舞,整理以后,择其尚成片段者以玻璃夹之,舍此盖无从永其寿命也。

马衡识

五鹿当为代郡著姓,充未必即是充宗。安阳侯或其妇家,盘盖滕器也。汉五鹿充墓中之丝织品,山西怀安 1930 年出土。墓中所出漆器甚多,中有一器有隶书"安阳侯家"字样。漆奁中有一铜印,文曰"五鹿充印",不知即五鹿充宗其人否?

(本文原载《文物参考资料》1958 年第 9 期。)

书　序

石鼓为秦刻石考序

　　六年秋,余将北游,晤李平书君钟珏于昆山。李君曰:"石鼓为吾国石刻中之最古者,今犹存太学,惜考证家聚讼纷纭,尚不能确定其时代。吾子此去,得摩挲而考订之,意必能解此纠纷也。"余谨识之。后年余,天水新出秦公簋,余得其墨本,以字体笔法验之,与世之所谓"石鼓"者如出一手。因由文字之流变及秦刻之遗文证之,此石断为秦缪公时刻石。草成此文,揭载于《国学季刊》一卷一号,惜不得李君相与商榷之也。

　　十八年春,西湖博览会以征集北平历史文化物品见属。余以古刻石之制,与后世之碑截然不同。此石为刻石,为碣,而自唐宋以来多称之曰"石鼓",名之不正也久矣。因就原物摄影十帧,寄陈会中,以表章刻石或碣之形制。翌年,余南旋,朋好中多索取影片,亦有兼索旧文者,苦无以应之。会杨心诗君正试验凹版之印刷,怂恿以影片制版。杨君固擅摄影术而兼制版术者也。其言曰:"十石之形,于大同中有小异。当其摄影时,以位置之故,距离不能一致,遂使所摄之影,大小之比例不同。今若制版,可矫正此弊,量计各石之尺寸而伸缩之,使十帧之大小归于同一之比例,不较原影为更正确乎?"余韪其说,因一律缩成原形约十五分之四。又以石为圆形,有阴阳向背,虑文字之不能清晰也,更以最近之拓本附于其后,俾后之览者,知今日存字之确数也。阅半年书成,记其缘起于简端,并谢杨君之意。

时廿年十月　马衡识于北平寓庐之凡将斋

金文编序

文字为有形之语言，语言为有声之文字；时有古今之递嬗，地有山川之间隔，文字语言之有纷歧，势之所必然者也。顾形之纷歧者，同一之也易，声之纷歧者，同一之也难；故文字自李斯以秦文同一之后，始渐趋于大同，以前固皆纷歧之时代也。许慎以为言语异声，文字异形，自诸侯力政，不统于王，去其典籍，分为七国之时始，其理殊不尽然。试观殷商之甲骨刻辞，宗周之彝器款识，往往一字数形，随意增省，是其明证。许氏所言，特为纷歧尤甚之时代，非文字至是而始纷歧也。

吾人苟欲研究此纷歧之文字，必先就同文异体者综合之，剖析之，以求其相同相异之点，而后其所以纷歧之故始可得而言焉。自古字书，类皆取习用之字编纂章句，取便讽诵，自《史籀篇》以下至于扬雄、班固之书皆是也。自许慎《说文解字》出，分别部居，合以古籀，始一变昔日字书之例，使后之治文字学者得以窥见文字制作之原及其流变，不可谓非综合之功也。惜其于异体之文所收不广，其所谓“古文作某”者，谓壁中所出诸经及张苍所献《春秋左氏传》；所谓“籀文作某”者，谓《史籀》所存之九篇（用罗叔言、王静安说）：所采取者如是而已。叙中虽有“郡国于山川得鼎彝”之语，而篇中屡引秦刻石，不及鼎彝一字；吴大澂谓郡国所出鼎彝，许氏实未之见，非无因也。有宋一代，研求金石文字之学殆成专家。刘球、娄机辈之于汉隶皆有辑录之专书,而辑录古文者,惟郭忠恕之《汗简》,夏竦之《古文四声韵》,其所征引虽有数十家,而于彝器文字亦未采及。晚清之际,吴大澂箸《说文古籀补》,而后彝器文字始有辑录之专书,此所谓综合者也。其后孙诒让箸《名原》七篇,大抵皆取甲骨彝器等文会最比属以相参证,此所谓剖析者也。故欲窥文字之源流,必先自综合始。

吴书援据赅博,考释审慎,多所发明;然两次搜辑,遗漏尚多,疑似之字亦所不免;且于彝器之外兼收钱币、玺印、陶器等文,体例亦未尽善。容君希白因其书而补辑之,一以金文为限,分上下两编,上编为殷周,下编为秦汉,后出诸器并见采辑,稍涉疑似即入附录;其赅博矜慎之处,视吴书有过之无不及也。上编摹写既竟,思欲锓板以行,余怂恿其付诸石印以存其真。世之治文字学者,苟能资此编以施其剖析之功,继《名原》而有所阐发,则秦以前纷歧之文字,庶几得其指归欤。

马衡　十四年三月廿一日

古器物书目序

容希白君出示其女弟容媛女士所辑《古器物书目》嘱为之序,余受而读之。其目分八类而附以索引,所收书凡八百余部,而罗叔言氏之著作得十之一焉,因有感而书其端曰。

学术之盛衰,因时因人为转移,非偶然之事也。考古之学昌于宋,绝于元,续于明,而复盛于清,至近数十年来,势且蒸蒸日上,其成绩几超越乎前贤矣。此中最大之原因固由于学者之提倡,而所以造成此提倡之人者亦有二因焉,一曰环境,一曰资料。

晚清之际,藏器之家偻指难数,其中收藏丰富者,以端方为最,士大夫之好尚一时成为风气。时海舶往来,运输无禁,外人购致,相与竞争,于是东方古代之文化尤引起世界考古学者之注意,西北宝藏大半为外人所发见,即其例也。罗氏生当其时,既尽睹国内收藏家之古器物,又与国外学者游,得介绍其著述与研究之方法,故罗氏受国内外之影响而努力著书。今日考古学界又受罗氏著书之影响而日趋发展,皆环境使之然也。

此资料为研究之对象,有新发现而后有新发明。近数十年来地不爱宝,日出不穷,如殷商之甲骨,两汉之简牍,自汉迄唐之明器等,皆为自来考古家所未见,而罗氏皆得见之,故能著作等身,以成其伟大之业。罗氏既有此资料不以自秘，一一介绍于世人，其介绍之方能重客观而不偏于主观，一经整理即可发表，故其成书也易。印刷之术多出影印，既省时日而又不失其真，故其传播也速。穷乡僻壤，手此一编，即如睹原有之资料，此其因二也。罗氏以此二因得良好之收获，后人又因其所收获而发扬光大之。异日之著述十百倍于罗氏亦意中事耳，是则余所馨香祷祝者也。

十八年十二月九日　马衡

石刻名汇序

　　自孙星衍《寰宇访碑录》出，而金石目录之书始称大备。其后赵之谦之《补录》，罗叔言（振玉）之《再补》，吴式芬之《攗古录》，皆各有增益，蔚为巨观。余曩读诸书，未尝不叹其袰辑之富，然核其体例，窃病其有未尽善者。一采录之未广也。夫欧阳《集古》尚录五代，有明二百七十余年，碑碣遍于宇内，史志之阙误，将赖是以订补之者当复不少。采访辑录，不容或缓，而诸书所录仅迄元代，后之治明史者，欲求史材于金石文字，并目录而不可得，是不能无遗憾也。一采访之未详也。夫既曰访碑，则所在之地纪载不厌其详，庶使后之搜访者有所凭藉，而诸书则多著省县名，而不及其他，是虽详而未尽也。今黄君毅侯此作，分石刻为四类，凡所采录，以明代为限，断石之所在地，则就其见闻所及，详载靡遗，是诚先得我心也。顾明代石刻多于元代，兹编所录不过千百中之什一，他日苟广搜而增补之，则尤幸矣。抑余更有进者，有清享国亦二百余年，今日视为无足重轻之石刻，皆后日重要之史材，及今不辑，后更难稽焉，得好事如黄君者搜访而辑录之耶。

丙寅七月　鄞县马衡

411

顾氏金石舆地丛书序

昔郦道元注《水经》,尽录碑刻,王象之著《舆地纪胜》,别列碑目。良以治地理学者,必资金石以相验证,而治金石学者,尤贵分地著录而始详确也。金石之书,自宋以来始有专著,前人之辑为丛书者众矣,未有专辑分地著录之书以为一编者。吾友顾鼎梅君究心金石之学而又好游览,足迹所至,几遍长江黄河流域。十年以前,游幕于豫省之河北道,终日怀毡裹蜡,以访碑为事,成《河朔访古志》若干卷,中多未经著录之品。因念搜求遗佚非实地调查,分地著录,终有不详不备之憾,又以方隅之作较为罕僻,读书稽古之士购求不易,因选录前贤著述之传本希见或稿本未刊者,一以分地为准,辑为《金石舆地丛书》,分期分集刊布,是诚嘉惠士林之举也。方今海内藏金石书者,以闽侯林石庐君为最富。其著《石庐金石书志》,分地之作多至四卷,中多未见之书。若能择要续刊,由一集以至数十集,使家藏秘籍传播艺林,是则余所企望于顾君者也。

十有八年九月　郭马衡序

412

河朔访古新录序

昔欧阳永叔有言："物常聚于所好，而常得于有力之强。有力而不好，好之而无力，虽近且易，有不能致之。好之而有力，则无不至也。"斯言也，古今盖有同慨焉。吾友顾鼎梅君，性颛嗜古，而又精力过人，尝襆被裹粮，四出访碑，不问远近，不问寒暑，苟有所获，则遍拓以示同好，此所谓好之者也。然顾君寒士，虽好之而力有未逮，所谓仅得一二而不能使其聚也。其同邑（绍兴）范鼎卿君，与之有同嗜，而知之独深。会民国三年官河南省之河北道尹，其地居黄河北岸，为古物荟萃之区，乃发愿遍访境内古迹，聘顾君专任之。迄民国十年，范君去任，而《河朔古迹志》八十卷亦于是时告成，此所谓好之而有力者也。惜范君旋归道山，志稿由后嗣保存，顾君虽录有副本，以版权所属，未能付梓。去岁商诸范君家属，节录原志，厘为十四卷，更名《河朔访古新录》，付之手民，以公同好。余甚冀顾君他日整理全志，再付剞劂，与此书并行，勿负八年来凿幽绲险之劳，则更幸矣。夫微顾君不足以成范君之盛举，亦微范君不足以偿顾君之夙愿，相得益彰，此之谓欤。此书分县分区著录，凡村落之位置，道里之远近，纤细毕书，惟恐脱略，其有未见著录者，并录其全文于注中，体例之善，突过前人。吾知后之访古斯土者，手此一编，即可循迹以求，无烦他索矣。虽然物之显晦存亡固有其时，未著录之古迹得顾君而始显，顾君今日之所录,安知异日不复沦亡耶?以余所知者,第八卷中所录淇县浮山封崇寺之魏《武猛从事五百人等造像碑》,顾君叹为河朔魏碑之冠者,已于民国十四年(补注中谓为十八年,误)为强有力者截而为二,潜徙以去,展转货卖,流落海外。设无顾君此书,谁复知此碑之历史?古物沦亡,比比然也。近年以来,余等一二数同志,以保存古物事奔走呼号,不畏强御,卒之怨讟集于一身,而于事不克补救于万一,言念及此,不禁怃然。

十九年八月　马衡序于杭县西湖西泠印社

集拓新出汉魏石经残字序

　　世之言版本之学者,舍写本外,溯至五代宋椠本尚矣,然此犹非刻本之起源也。吾国版本之最古者,不能不推汉魏之石经,故阮元之校勘十三经,首采汉石经也。汉魏立经之事,载籍所纪,备极纠纷,今欲知其孰为汉,孰为魏,及同时同地出土之故,请先简单概括言之。盖自后汉时,经籍文字,谬误穿凿,而后有《熹平石经》;自魏立古文经于学官,而后有《正始石经》。《熹平石经》,今文也,故书体为一字;《正始石经》,古文也,故书体为三字(书古文于上,而以篆隶释之)。其所立之地,同在太学,其立之之时,前后相距不过七十年,是以后世之发见此残石也,二者亦同时同地。第一次之发见在北宋时,其地为洛阳御史台中,有汉石经二千一百余字,魏石经八百余字。第二次之发见在清光绪末年,其地为洛阳故城中之龙虎滩,仅有魏石经《尚书》百余字。第三次之发见在中华民国十有一年之冬,其地为洛阳故城南之朱圪垱村,有残碑半截,及一小凼,皆为魏石经,一面《尚书》,一面《春秋》,约千九百余字。盖汉魏石经至是,凡三次出土,综前后计之,汉与魏所出之字数,亦略相等也。十二年夏,余与徐森玉(鸿宝)君相约游洛,始知所出二石之外,尚有碎石甚夥,辨其残字,不尽三体,亦有汉石经焉。且魏石经《尚书》之前数碑,不为三字直列式,而为品字式,尤为前人所未及知者也。乃属洛中友人郭玉堂君,代觅碎石,约得二百宙,与徐君分购之。欲一观其出土之地,以多盗故,竟不果往。次年冬始得冒险一履其地,见所谓太学遗址者,已沦为丘虚,仅有碑趺十余,呈露于瓦砾丛中而已。然按其方位,与《洛阳记》《水经注》《洛阳伽蓝记》诸书所载,正相符合。知北宋时及近代之所出者,皆在汉魏立碑之故处,所谓迁邺迁长安之说,似有疑问。或所迁者为完整之碑,而残毁之石仍留故处欤?余等得石之后,相与理董而考订之者,惟王静安(国维)先生为最勤。其《遗书》之第二集中之《魏石经考》,大半取材于是。十六年春,孙伯恒(壮)君,议集拓余与徐君所藏石,而益以诸家之所藏。先生闻之欣然,且促成其事。今拓本告成,而先生墓有宿草矣。缅怀往事,能不怆然?兹编所集,共得八家:北京大学研究所国学门(目中标研字)二石,计一百五十九字;吴兴徐氏(标徐字)九十八石,计三百三十六字;鄞马氏(标马字)九十石,计三百六十七字;潢川吴氏(标吴字)三石,计十七字;胶柯氏(标柯字)五石,计二十字;闽陈氏(标陈字)四石,计十四字;江夏黄氏(标黄字)十石,计五十三字;尚有《公羊》二石,不知藏谁氏,计一百三十二字,都计得一千九十八字,由周希丁(康元)君精拓三十本,分致同好。拓成,孙君嘱余分类编次,录其目弁于简端。虽骐骥一毛,虬龙片甲,不足以窥熹平、正始之全,然于版本校勘之学,或不无裨益欤。

中华民国十有七年六月二十日

(本文又载《艺林旬刊》1928 年第 28—31 期。)

毓庆宫藏汉铜印序

印之有谱，盖始于宋徽宗之《宣和印谱》，前此未之闻也。徽宗之于古器物，搜罗不遗余力，虽以玺印之微，亦皆著为专书，可见当时学术之盛矣。清之高宗，嗜好与之略同，其所著述亦略同。既著《西清古鉴》等书以继《宣和博古图录》，复以藏印千余纽著《金薤留珍》五集，以继《宣和印谱》，其提倡之功，岂在宋徽宗之下哉？《宣和印谱》虽已不传，而前人之言印者尚时见征引。《金薤留珍》一书则仅钤拓成册，秘藏内府，并《四库》亦未收入，世人几不知有此书。去年秋，本馆依据原谱重拓流传，而后始显于世。此毓庆宫藏印者，数仅百纽，庋置一箧，箧分四层，层各二十五纽。既无谱录，又无序目，盖将继续收集以续前谱，如《西清续鉴》《宁寿鉴古》之例而未成者也。前谱之印大半见于其他旧谱，而此百纽者多为未见著录之品，此则较胜于前谱之处也。至其中希姓，如委、如中、如食、如过、如柏、如兼，亦皆可补前谱之阙。是其数虽不及前谱什之一，而其有关考证，实与前谱并重，是宜广其流传，与前谱相辅而行者也。爰分别排比，编目印行，以其原藏毓庆宫，即题曰《毓庆宫藏汉铜印》。其"过广大""过中公"二印实为子母印，原箧分置，今仍合之，故其数得九十九焉。其中亦有先秦古玺及元押等，而以汉名之者，则姚觐元《汉印偶存序》所谓统于众也。

中华民国十六年二月　鄞马衡

417

避暑山庄藏汉铜印序

　　故宫印谱之已印行者，前有《金薤留珍》，后有《毓庆宫藏汉铜印》，二书所收约得印千三百纽。初以为故宫藏印尽于此矣，而乃书成之后，又检得二箧。一箧为官私印二百四十纽，一箧为官印十纽，其编次释文，钤印成册，一如《金薤留珍》。惟《金薤留珍》之私印依百家姓为次，而此则以韵为次，斯为异耳。二百四十印又分为仁、义、礼、智、信五集，每集复冠以四字标题，仁集曰《制垂范古》，义集曰《考文纪职》，礼集曰《云篆征名》，智集曰《信章萃古》，信集曰《芝泥尚论》。十印之标题则曰《守宦遗范》。其中各印之文，一以明罗五常之《秦汉印统》校其同异。其仁、义、礼三集所载皆谓与《印统》相符，其余则否。然所谓相符者，未必因为印为原印。如义集之"无当突阵司马"印石见于《印统》，而《印统》中有"无当司马""陷阵司马"二印。又如礼集之"中山私印"，在《印统》中为"中山吴宫之印"。或则官号近似，或则姓名偶同，皆不得为之相符也。今以原书复校，疏其异同。凡非原印，各于目中标一异字。其有误入他韵者，如"廉"字应入"盐"韵而误入"先"，"炅"字应入"霁"韵（炅，姓，音古惠切，见《广韵》）而误入"迥"，"巩"字应入"肿"韵而误入"宋"，明知其误而不便更易原次，亦遂仍之。其有误释或释而未安者，则仍依《金薤留珍》之例，各注于原目之下。桂馥辑《缪篆分韵》多取材于乾隆以前之旧谱，此中各印

418

虽非全出于《印统》，但亦多见收于桂氏。由此可知，皆明末清初藏印家之旧物，至乾隆时收入内府者也。原谱钤有"避暑山庄"玺，因命名曰《避暑山庄藏汉铜印》。其官印十纽，虽在五集以外，而编次之法全同，故附于是书之后。

古玉印汇序

　　古者治玉之法，或琢或刻。琢以沙而刻以刀，琢之工繁复而刻之工简单，琢以渐成而刻以骤成，渐成者易工而骤成者难工，故图案多琢者而文字多刻者。古玉器舍玺印外，大抵皆为图案，欲求其有文字者，盖百不得一焉。玺印之文字，亦未始无琢者，第刻多而琢少耳。考人类之进化，有石器、铜器、铁器三时期，良以炼铜之法较易于炼铁，故发明较先。秦始皇收天下之兵，销以为钟簴金人十二，其时尚为铜兵时期。《禹贡》载梁州贡璆铁银镂，郑玄释镂为刚铁，谓可以刻镂，恐不足信。盖利用刚铁以为刀剑，当在秦汉之际。然则先秦古玺之文字，皆铜刀所刻也。古称昆吾刀刻玉如泥，其说虽近夸大，但亦未必非事实。观今日出土之戈矛，其犀利者，不减于刚铁，可以证之矣。所谓昆吾刀者，昆吾之铜所铸也。《山海经·中山经》云"昆吾之山，其上多赤铜"是也。今人以花乳石刻印，方之古人之玉印，其方法初无二致，惟以材质及工具之不同，宜有事半功倍之效。故今之刻石印者，宜取法于古之玉印。顾玉印之流传者较铜印为少，且无专书，学者颇感困难。方介堪君有鉴及此，爰集古今谱录中之玉印，不论存佚，择其精者，集摹成册，付之影印，以广其传。其嘉惠艺林，殊非浅鲜也。余与方君初未谋面，然睹其作品，默契于心者久矣。今年夏，游杭州，寓西泠印社。

方君自沪来,出示此编,而后知方君学艺之精,由于用力之勤,且取法乎上,不屑与时流竞一日之短长,故其成就有如此者。爰弁数言,以志钦佩。

十九年冬　马衡序于北平

古鉴斋藏印序

李涵础君好金石文字，尤喜历代官私玺印，足迹所至，辄事搜集，在绥远时，所得尤夥。曩岁辑其所藏，编为《古鉴斋藏印》，属余为之序。数年以来，未遑著笔。顷李君自汴来书，谓今春赓续理董，编次粗竟，属践前约。书来时，适唐立庵君在座，因纵谈玺印之起原。唐君以为玺印抑埴之制，昉自陶范。黄濬所辑《邺中片羽》有一玺，其文作▨（黄君慎倒印之，致不可识），象亚形中鸟在毕上之形，此字在甲骨文及金文中习见。甲骨文作▨、▨、▨等形（并见《殷虚书契》卷六第四十五叶），金文则罘文作▨，殷文作▨（并见《续殷文存》），与玺文尤肖，以意测之，此玺盖抑于土范之上，以铸造铜器者。玺出殷虚，或犹是商代遗制，在玺印中可谓最古者矣。抑于土范，则以之铸铜器，抑于陶坯，则火熟而为陶文。降及周秦，遂取此制以封简牍，成为昭示信用之具，然其法仍抑之于泥，与冶铜制陶初无二致，古所谓封泥是也。余韪其说，即书以质之李君。

中华民国二十五年十一月三日　马衡

赠桥川时雄印谱并序

　　人类生活因时制宜，故古今来文字、语言、衣冠、文物代有变迁，人群进化势所必然也。惟公私用印相沿二千年而不改，虽其用法有封泥、涂朱之殊，而涂朱之法亦且沿用千余年矣。文字虽已变迁，而印中之字犹是周秦汉魏通行之字也。此其故无他，盖印所以征信。已废之文字则习知者少，利用此文字以作印，正可以防奸杜伪，故公私仍沿用之也。职此之故，而刻印之事遂为研究古文字者课余遣兴之作矣。余喜研究古文字，兼喜刻印，然不敢轻为人刻，惧酬应之作妨害学业也。余见今之刻印家摹仿某家某派以得名者多矣，其有能仿周秦汉魏玺印者尚矣。然余以为于印中求印，仍落窠臼，能熔冶周秦汉魏之金石，刻以入印，斯为上乘，余病未能也。桥川时雄君知余好刻印，就余征求印稿，兹检旧存之稿得廿余页，并钤自用各印，装成一册钤赠之，幸是正焉。

封泥存真序

　　封泥之名,始见于《续汉书·百官志》,掌于少府官属之守宫令。盖古用简牍,封以玺印,非泥不可。后世易之以纸帛,泥不适用,乃改用朱印。相沿既久,几不知朱印之前尚有封泥之事。《后汉书·隗嚣传》,王元说嚣,请以一丸泥,东封函谷关。自来注家,多不为之注释,读者亦只知为易之之词,遂亦不求甚解。盖一丸泥者,封书之具,元意封函谷易如封书,故以一丸泥相拟耳。此殆汉时习用语,而今转晦也。清道光初,此物始稍稍出土,吴式芬、陈介祺著《封泥考略》,乃以之介绍于世。然仅考其印文,未及其封书之制也。光绪末,木简出于西陲,王静安据以著《简牍检署考》,而后古简牍之制,检署之法,始得大明。依王氏之说,牍之上必施检以禁闭之,而后缄之以绳,封之以泥,抑之以印,复于其检上署所予之人,其事始毕。凡检之平者,泥附于检上。检之剡上者,则刻印齿以容泥。其不止一札者,则为囊以盛之。泥与绳,皆封缄于囊外,今验之于封泥,其说殆无一不合。凡封检之泥,底平而有纵行之木理。封囊者,其底多凹入而无木理。缄检之绳细而圆,缄囊之绳宽而扁。封于有印齿之检者,其形正方,厚薄若一,绳纹三币,各不相萦。封于平检及囊外者,其形略圆,高下倾邪不一,绳纹亦无定例。亦有上下两端之泥坟起,而其上往往有指纹者,是盖钤印时,阑之以两指耳。此皆可由目验得之者也。

前人著录封泥之书,如《封泥考略》(吴式芬、陈介祺),《齐鲁封泥集存》(王国维、罗振玉),续及再续《封泥考略》(周明泰),除摹拓及考证其印文外,不言其形制,似不免犹有遗憾。本所藏有封泥百七十七枚,为潍县郭氏旧藏,大半出于临淄。其中十之八九为封于囊外者。其封检者,仅十之一二,且皆为平检。爰拓其印文,并影写其实状,编次而印行之,名曰《封泥存真》,俾读者由此以求玺印之用法,并考见简牍之形制焉。

廿年十有二月 马衡识于北京大学研究所国学门

西行日记序

　　陈万里先生精于医学,尤爱美术,赞研之暇,喜作远游。去年春,美国考古队华尔讷君 Langdon Warner 等将赴敦煌,北京大学研究所国学门以福开森先生 Dr. John C. Ferguson 之介绍,得派人参加同往调查;陈君闻之,欣然愿行,以二月十六日出发,七月三十一日归北京,历时几半载,成《西行日记》一卷,《附录》五种。同人以陈君此书,实为国人调查千佛洞者之第一次成绩,不可以不公诸海内。爰怂恿其印行,以供继起者之参考。惟陈君以半载之旅行,留千佛洞仅十五小时,浏览所及才十之七八,不可谓非憾事。然即此所录数十则之造像题名,其关于史材者已不少,如归义军节度使曹元忠,《续资治通鉴长编》《文献通考》《宋史·沙州传》并称其卒于宋太平兴国五年,继位者为其子延禄。罗叔言先生撰《瓜沙曹氏年表》,以英国伦敦博物院所藏敦煌遗籍有开宝八年归义军节度使曹延恭《施舍疏》,颇疑元忠之卒在开宝八年以前,史家因太平兴国五年之贡使误以是年为元忠卒年,并误嗣位之延恭为延禄。又疑延恭以后尚有延禄,史家佚延恭,而以延禄直接元忠。今《附录》第一种中所录者:第三〇〇洞梁上有开宝九年曹延恭题字,第八五洞梁上有太平兴国五年曹延禄题字,其结衔皆为归义军节度使。是罗君所假定之二点已可由此征实。惟诸史所纪太平兴国五年入贡者之为延禄,则确不误,又可

426

订正罗君者也。盖元忠之后为延恭,延恭之后为延禄;元忠之卒必在开宝八年以前,而延禄之继延恭,则又在太平兴国五年以前。是皆可补正《罗表》者也。又敦煌遗籍中有《节度使曹大王夫人赞》,蒋伯斧、曹君直均以为元忠之妻,且据史家所纪赠敦煌郡王以证之。今第六〇洞 e 梁上有乾德八年(即开宝三年)曹延忠("延"或为"元"字之误)题字,结衔称"平西王"。是元忠生前已借称王号,蒋氏、曹氏定曹大王为元忠固不误也。是时西陲隔绝,朝贡不至中土者十余年,乾德六年改元开宝,而元忠仍称乾德八年,无怪乎延恭一代史家阙而不录矣。《夫人赞》中有"辞天公主,……别男司空"之语,而一一七洞题字有曰:"大朝大于阗国天无皇帝第三女天公主李氏为新受太傅曹延禄姬供养。"知天公主者为延禄之妻,即夫人之子妇;而男司空或即指延禄——惟延禄诸题名,皆题检校太傅,不言司空,或由司空而晋为太傅,未可知也。又可知夫人之卒,当在延禄嗣位之初,其时元忠、延恭皆已前卒矣。偶阅前人考证敦煌遗籍之文,觉上举诸条有可以参证之处,爰拈出之以质诸留心西陲史迹者。

十五年四月十日　马衡

重修大足县志序

　　《大足县志》,清代凡四修,而《道光志》独著,盖以武威张澍尝与修之也。然澍任县事甚暂,书成廿余年,始经王松刊行,颇有疑刊行之际,经人窜改增补者,是其书亦未尽善也。民国建立以来,迭次重修,稿凡三易,皆不厌众望。乃于卅一年,由县临时参议会提议改作,延陈习删君主其事,而与修之人又皆一时之选,翰墨所资,不烦供亿,坚苦卓绝,以底于成。诸君为地方服务之精神,实有不可企及者也。昔章实斋与戴东原论方志体裁,实斋主宁重文献而轻沿革,良以一地之沿革,往往寓于文献之中,故金石、艺文为修志者所必采也。大足南北二山及宝顶山多唐宋时石刻,习删修志尤注意于此。稿既粗定,邀杨家骆君组织大足石刻考查团,藉以探讨其邑中遗留最早之文献,衡亦与焉,因得遍览诸山胜迹,摩挲金石遗文。其中饶有历史价值者,厥为北山。北山者,龙岗山也,唐末之永昌寨也,为昌州刺史韦君靖所建,有君靖之等身石像,旁刻乾宁二年十二月静南县令胡密所撰《建永昌寨记》,叙述当时东川纷乱之局,及君靖守土之功,文凡千余言,瑰丽可诵,僚属题名者百六十余人(陆耀遹《金石续编》著录)。盖君靖为东川节度使顾彦朗、彦晖兄弟之部属,是时正彦晖与王建交哄,君靖建寨以保境安民,而沉机观变,固犹不失为贤州将也。顾《新旧唐书》失载其名,赖此文以存地方史实,故新旧志多已收入。

其他如唐、五代、宋初之造像记、经幢及游人题名等,随在有之。旧志固不备载,新志亦因断限而有所遗,考查团乃编入《图征》以存之。盖此等文字虽不如《永昌寨记》之重要,苟参互钩稽,未始不能得若干旁证也。此外则南山为宋初道家造像,亦多宋人题名,宝顶山则为宋居士赵智凤所建之毗卢道场,亦研究宗教者仅有之资料。习删既已将三山石刻摄影,择要采入,以作附图,盍再依考查团所编石刻目录,就原石备录全文为补编,以存一地之文献? 金石之寿,有时而穷,著之简册,庶足以延其寿也。习删书来征序,因略陈管见,以备采择。

中华民国卅四年七月鄞马衡序于陪都海棠溪

文献论丛·沈兼士先生纪念刊序

　　故宫所藏清代档案,浩如烟海,昔人以断烂朝报视之,罔知珍惜,毁弃散佚者,不可胜计。迨本院成立,沈兼士先生主持图书馆之文献部,始加以整理。十七年文献馆成立,先生继张溥泉先生任馆长,搜集之档案,日益丰富。先生劳心殚力,督率馆员,从事清厘,复编订整理档案规则,以为分类编目之准绳。自是昔日杂沓散乱者,悉以类相从,分别部居,蔚为研究清代政治典章制度之珍贵史料,对于学术界之贡献,殊非浅鲜。先生治事谨严,用力精勤,以事业为重,个人之健康,则漠然视之,以致因劳成疾,于本年八月,溘然长逝! 此固我学术界莫大之损失,而本院同人骤失典型,悼痛尤深,爰以本期《文献论丛》,为纪念专刊,追怀筚路之功,用励继武之志云尔。

民国三十六年十二月　马衡

汉石经征序

儒家学说是拥护封建制度的,所以历代的封建主——帝王,总是提出"宗经尊孔"的口号,提倡儒家学说,来巩固自己的地盘。儒家学说载于六经,即《诗》《书》《礼》《乐》《易》《春秋》。因为孔子曾经删《诗》《书》,定《礼》《乐》,作《春秋》,所以人们都把六经尊作孔子所手订,奉为人人必读之书。自汉以来,设太学,立五经(《乐》本无经)博士,须以发策决科。从此以后,无论怎么改朝换代,没有不以经义取士的。

汉朝博士的传经,各依家法,章句互有异同,并且只凭口授,展转传写。年深月久,就不免发生流弊了。到东汉末年,"经籍去圣久远,文字多谬,俗儒穿凿,疑误后学";"诸博士试甲乙科,争第高下,更相告言,至有行贿,定兰台漆书经字,以合其私文者"。于是有正定文字,刻石太学之举。"及碑始立,其观视及摹写者,车乘日千余两,填塞街陌"。凡是太学博士所传之经,都以就碑校对以防止争执,也就是版本的起源。因其是刻石,所以称作石经;又因为是熹平四年开始刻的,所以后来又称作《熹平石经》。

当时所刻的,有《诗》《书》《礼》《易》《春秋》五经,《公羊》《论语》二传。依照东汉立于学官的五经博士,《诗》有鲁、齐、韩三家;《书》有欧阳、大小夏侯三家;《礼》有大小戴二家;《易》有施、孟、梁丘、京四家;《春秋》只公羊一家,而《公羊》有严、颜二家。合成十四博士。《论语》为专经者所兼习,不立博士。

宋时所发现者为《诗》《书》《礼》《公羊》《论语》,而不知有《易》与《春秋》。知有五经二传如以上所述者,为一九二二年以后之事。盖一九二二年冬,洛阳朱圪垱村(汉太学故址)居民于无意中掘得魏石经碑,附近之人乃注意搜求。遍地皆有碎石,碎石中间有文字。有古、篆、隶三体者,有隶书一体者。初仅二三残字,零落不成文,其后始见大石成篇段者,则《礼》《易》与《春秋》是也。宋黄伯思、洪适所录《诗》《书》《礼》《公羊》《论语》五经,除《仪礼》字数较少,且多漫漶外,其余多有大石。此次所出,在十余年中陆续发现,七经文字皆备,而《礼》《易》《春秋》三经皆有大石,足补宋时之阙。一九三二年,余草《从实验上窥见汉石经之一斑》一文时,以为残石之出,方兴未艾,整理之事,犹有期待。今又二十余年矣,闻朱圪垱村已搜掘殆遍,不可能更有发现。为封建统治工具的六经的最初版本作一总结,此其时矣。爰将九百年来(自十二世纪至二十世纪)先后所发现之汉石经遗字,分别各经,依其篇章之可知者,汇录成编,厘为若干卷。宋代原拓已不可得,旧传宋拓两种,佥认为会稽蓬莱阁或成都西楼之摹刻本者。今日以原石经文对勘,字体乖舛,不类当时所摹。无已,只有就洪适《隶释》《隶续》所录经文,以新出各经字体及刘球《隶韵》所收诸字,参酌写定。但行款为洪书所略,不能悉有依据。其新出各经,则以原拓本影印,依各经篇章次第排比,制为图版,与说别行。其有未检出属于何经,及字数太少太残,无从检寻者,则附于图版之末,以俟博雅之指正焉。

432

杂　文

三千年前的龟甲和兽骨

我在未讲以前，先要声明一句，我对于本题——龟甲和兽骨，并没有什么特别的发明。不过因为这是最近在中国的一个大发现，世界上的人们还有许多不知道的，或者有因为文字的障碍无从着手研究的，并且还有些人们对于这东西根本怀疑的。所以我把这东西发现的始末，以及他本身的历史，和现在的人们研究的成绩，很忠实的报告一番。并且介绍于喜欢考古的人们，以引起他们研究的兴趣。至于这里头有未见到的地方，或是错误的地方，恐怕是不能免的，还望大家指教。

距今二十五年前，公历一八九九年的时候，河南安阳县（从前的彰德府，现在京汉路线上）西北五里叫小屯的地方——东西北三面皆有洹水环绕，发现了许多的龟甲和兽骨，上头都有文字。北京的古玩商人也不晓得它是什么东西，就带回几块给王懿荣看——在那个时候，北京的研究金石文字的人，王懿荣要算是一个了。他见了之后，非常的得意，就把这几块买下来了，并且打听出土的地方。商人想在这上头发些财，那里肯说实话？就随便说是汤阴县出土的。后来陆续的带些来，都卖给王懿荣一个人，别人连知道的都很少。到了第二年拳匪乱起，王懿荣自尽死了，这些甲骨都归了刘鹗，才把文字拓出来，印了一部书，叫《铁云藏龟》。于是大家才知道有这么一种东西发现。后来又被罗振玉打听明白，这些东西是出在安阳,并不是汤阴,而且所出的数量非常之多,不止这一点。于是专派了人去,住在那里收买,就得了几万块。这几万块也不过是其中的一部分,其全数究竟有多少,那可不知道了。

其出土地方的情形,据罗振玉说:"询之土人,出甲骨之地约四十余亩。……其地种麦及棉,乡人每以刈棉后即事发掘。其穴深者二丈许,掘后即填之,复种植焉。"可见得这些发现的甲骨,是有一定的地点,不是散见于各处的。那末这四十多亩地一定是古代的库藏,就是藏这些用过的甲骨的。况且这里头所出的,不止有字的甲骨,还有许多兽齿、兽角、蚌壳的原料,和制成的小器物。我们现在断定他是库藏,大概是不为无理吧。

这些东西究竟是什么时代的呢?我们现在依据出土的地点,和文字所纪载的人名,可以断定他是商朝的。

据地理上说,现在的安阳县洹水的南边,古时候叫做殷虚。《史记·项羽本纪》说:"章邯使人见项羽,欲约。……项羽乃与期洹水南殷虚上。"《水经注·洹水篇》也说:"洹水出山,东迳殷虚北。"所以洹水的南边,地名叫做殷虚,是可以无疑的了。"虚"和"墟"古字本来通用,就是丘墟的意思。古时候凡称已经荒废的都城,都叫做"某某之墟"。殷虚就是殷的故都。殷迁都的事,古史上也有许多不同的纪载,现在依据《史记·殷本纪》和《帝王世纪》(原书已亡,这一条是王应麟《诗地理考》所引的)两部书所说的,大概是从武乙迁到此地——殷虚,到帝乙的时候,又从此地迁到朝歌。那末在此地建都的,有武乙、太丁、帝乙三世。

又从甲骨上所纪祭祀的事,考见他们所纪祖先的名字,都是商朝的皇帝,大半与古史所载的相合。所以我们现在可以断定这是商朝武乙以后帝乙以前的东西。他的年代是在纪元前一千二百年光景。那末离现在已经有三千年以上了。

这些东西的用处,可以说是完全是用来卜的。什么叫作卜呢?就是遇到了有疑难不决的事情,用一种方法来问之于鬼神,以决吉凶,以定从违。这一种事情就叫做卜——就同现在占卦一样,不过方法不同罢了。

据古书上说，凡是卜的事都用龟甲，但是我们现在所发现的，除了龟甲之外，还有许多兽骨——也许兽骨还要比龟甲多些。龟甲是不用上头的背甲，而用底下的腹甲，同《周礼·大卜注》及《史记·龟策列传》所说的相同。兽骨是用腿骨，尺寸很大，现在还没有人考出是什么兽的骨。

他们用这些甲骨的时候，都是把他做成薄片。龟甲本来是片子，所以不用改做。兽骨本来是圆的，他们把它对剖开，由骨节以下把反面都刮平了，使他也成为片子。卜的时候，先在甲骨片子的反面凿孔。凿孔的方法，是用刀从左右斜切下去，成为椭圆形，底下却不透到正面去。如果是片子比较厚些的地方，则先钻成平底的圆孔，由这个圆孔上，再凿椭圆形的孔。这种凿孔的名称，就是《诗经·大雅》所谓"爰契我龟"的"契"。契就是刻的意思。契了之后，就在这孔的一边用火来烧。这就是《史记·龟策列传》所说的"灼龟"。灼完之后，则正面现出两条裂纹，一条是直的，就是依照椭圆孔的底而裂的，一条是横的，是在火烧的这一边，从直裂纹上裂开来的。这种裂纹，就叫做"兆"。造字的时候，"卜"字就是象兆形的，后来就把"契灼以问吉凶"的这件事叫做"卜"。你看这些甲骨上，没有一块没有契和灼的痕迹的；有契和灼的地方，没有一处没有兆的。他们判断吉凶，就是凭这个兆。但是怎么样算是吉？怎么样算是凶？我们还没有精密的研究，现在尚无从知道。现在就我们所见的甲骨文字总核起来，似乎都是吉的，从来不见有"凶"字。据我个人的推测，凡有一个兆，就是问一件事。那末应该一个兆有一段纪载才是。但并不是全有纪载的。这或者是吉的事情，就把他纪载下来，依照着去做。如果遇到不吉的时候，就把这事中止进行，没有纪载的必要，或者改天再卜，也未可知。

这些甲骨，本来应该都是整的。就是因为有兆的缘故，都从有兆的地方断了碎了，再也拼不全了。但是他的文字简单，每一段纪载，大概不过十几个字。因此这些碎块子上的文字，也还自成篇段。

这上头的纪载是些什么事呢？第一是祭祀，第二是征伐，第三是田渔，第四是问年岁之丰欠，第五是问风雨之有无。其中最多的要算祭祀，其余也多与祭祀有关，不但是祭的日期要取决于卜，连所用的牺牲和酒醴的数目，都要取决于卜的。古代的人固然迷信鬼神，而商朝为尤甚。从前司马迁说："夏之政忠。忠之敝小人以野，故殷承之以敬。敬之敝小人以鬼，故周承之以文。文之敝小人以僿。"可见得商人信鬼，是不错的。

自从这样东西发现之后，我们认为中国古史上一宗最真确最有价值的材料。但是因为文字太古，不能尽识，所以二十几年以来，研究的人还是不多。现在整理的渐渐有些头绪了。从祭祀的纪载里考出商朝的历代帝王的名字和他的世系，从田渔的纪载里找出许多的地名，从征伐的纪载里找出许多的国名。这些都不过是部分的成绩，将来若把许多部分的成绩总合起来，或者可以整理出一部比较真确些的商朝史吧。

我们若是要求研究的成绩，最要紧的就是先以材料供给人家。这个东西在地下埋藏了三千年，它的质地都脆了，那里经得起几回的摩挲？我们如果研究它的质地或是用法，自然不能不看实物。若是单为研究所纪的事实，那最好用拓墨及影照的方法，一则装订成书，翻阅时便利，二则保持它本身的命运比较长久些。现在用这种方法供给材料的：在中国方面，有刘鹗的《铁云藏龟》，罗振玉的《殷虚书契前后编》《殷虚书契菁华》《铁云藏龟之余》，在日本方面，有林泰辅的《龟甲兽骨文字》，在西洋方面，有广仓学宭的《戬寿堂所藏殷虚文字》，明义士（James Mellon Menzies）的《殷虚卜辞第一集》。出土的数量既如此之多，而出版物仅有这一点，实在还令人感觉材料缺乏。

至于考证事实和审释文字的成绩，现在也不多，已经出版的，有孙诒让的《契文举例》，罗振玉的《殷商贞卜文字考》《殷虚书契考释》《殷虚书契待问编》，王国维的《戬寿堂殷虚文字考释》《殷卜辞中所见先公先王考》《殷周制度论》，王襄的《簠室殷契类纂》，商承祚的《殷虚文字类编》，叶玉森的《殷契钩沉》《说契》《研契枝谭》，吴桂华的《学文溯源》。二十几年以来，成绩仅有这一点，可见研究之难了。

　　我现在很希望学术界的人们通力合作。第一,先用科学的方法,使它的质地化为坚实,能够永久的保存。第二,凡有见到这一类的材料,要随时介绍,想方法多多的流传,使研究的人们多得到些材料。庶几乎不辜负这一次的大发现了。

　　(本文系马衡于协和医校讲演稿,原载《京报副刊》第 20 号,1924 年 12 月 25 日出版。)

我所知道的王静安先生①

    我和王静安先生相识将近三十年,但是一向疏阔得很,直至民国一年②,他从日本回国之后,我与他同时都住在上海,才有往来,并且过从甚密。后来我和他先后都到北京来,仍是时常见面,到现在也有十几年了。他平生的交游很少,而且沉默寡言,见了不甚相熟的朋友,是不愿意多说话的,所以有许多的人都以为他是个孤僻冷酷的人。但是其实不然,他对于熟人很爱谈天,不但是谈学问,尤其爱谈国内外的时事。他对于质疑问难的人是知无不言,言无不尽。偶尔遇到辩难的时候,他也不坚持他的主观的见解,有时也可抛弃他的主张。真不失真正学者的态度。

    他最初研究哲学,后来研究文学,最后乃致力于考古学。他所以研究考古学的原因,是完全因为材料见得多,引起他研究的兴味。他从戊戌(一八九八)年以后,和罗振玉总是在一起,从来没有离开过,罗是喜欢

---

① 编者按:本文旧署"殷南"。篇首原有储皖峰所撰附识,文曰:"这篇文,是我的先生——著名的考古学者——作的。他同王先生有三十年的交情,而且研究学问的途径和兴趣,也有大部分相同。年来王先生掌教清华研究院,彼此商榷学术,往还更加亲密。他对于王先生的性格及学术思想,都彻底了解。这回本报出专号,我请他作文,他正当摒挡南旋之际,百忙中写了这篇,就随便署了一个名。我恐怕读者们把他草草的看过,所以在这儿郑重的说几句话。"
② 编者按:应为民国五年。

440

考古的,所以收藏古器物碑版及各种书籍拓本非常之多。尤其是在那时候,中国有几种考古学材料的大发见,如安阳之商朝甲骨,敦煌之汉魏简牍,千佛洞之唐宋典籍文书等。罗氏都首先见到。他处在这个时代和环境之中,那整理和研究的工作,他当然免不了参加的。于是这垦荒的事业就引起他特别的兴趣,到后来竟有很大的收获了。但这个环境也就不知不觉把他造成一个遗老。偏偏在去年秋天,既有长子之丧,又遭挚友之绝,愤世嫉俗,而有今日之自杀。这不但是人家替他扼腕惋惜,也是他自己深抱隐痛的一点。岂明君说他自杀的原因,是因为思想的冲突与精神的苦闷(《语丝》一三五期《闲话拾遗》第四十则),我以为是能真知王先生的。

他在考古学上的贡献,当然很多,但是最伟大的成绩,要算一篇《殷周制度论》,是他研究甲骨文学的大发明。他能不为纲常名教所囿,集合许多事实,以客观的态度判断之。即如他说:“大王之立王季也,文王之舍伯邑考而立武王也,周公之继武王而摄政称王也,自殷制言之皆正也。”这种思想,岂是卫道的遗老们所能有的?即使有这种思想,也是不敢写的。清朝多尔衮之娶顺治的母亲,遗老们因为礼教的关系一定替他讳言,其实自满洲风俗言之亦正也。我有一次和他谈这件事,他也首肯。所以我说他的辫子是形式的,而精神上却没有辫子。

他研究学问,常常循环的更换,他说:“研究一样东西,等到感觉沉闷的时候,就应该暂时搁开,作别样的工作,等到过一些时,再拿起来去作,那时就可以得到一种新见解,新发明。否则单调的往一条路上走去,就会钻进牛角尖里去,永远钻不出来的。”照他这话看来,他是思想不受束缚而且生怕受束缚的人,不应该不发觉他一时的错误。既然发觉,而又为环境所压迫,不能轻易变更,这就是他隐痛所在。一到时机危迫的时候,就除死别无他法。你看他那身边的遗嘱,何尝有一个抬头空格的字?殉节的人岂是这样子的?

我说这一番话,有人或者以为我给王先生辩护,有人或者以我为厚诬王先生。但是这些我都不计,我是因为知道他的环境,知道他的背景,又听到他不便告人的话,所以根据事实,把他死的原因,略略纪载一点,并无丝毫褒贬的意思在里头。王先生有知,或者也以为知言吧!

　　(本文原载《国学月报》第 2 卷第 8、9、10 号合刊,1927 年 10 月 31 日出版。)

中国字体之变迁

宇宙间一切事物，无论是创造或是改革，总是由渐而来，成于众人之手，以适应环境之需要，决非一手一足之功。古书里所说的"某人作某物"，往往归功于一人，实在是不尽可信的。即如文字就是一例。提到文字之创造者，无人不知为黄帝之史仓颉。其实在结绳时代，事物渐繁，人人感觉到不够用，于是在结绳的符号之外又加上画的符号，见了日就画一个⊙，见了月就画一个☽，后来沿用既久，为大家所公认，于是乎文字就代替了结绳制度。当这时候，就有仓颉之流出来整理一下，或是补充了许多字，人们就认为是他的创造了。后来所传说的李斯作小篆，也是事同一律，许慎说："七国时，文字异形。秦始皇帝初兼天下，丞相李斯乃奏同之，罢其不与秦文合者，所谓小篆者也。"可知小篆就是秦文，李斯要废六国异形之字，用秦文来统一他，并没有另造小篆。仓颉之创造文字，与李斯之作小篆，恐怕是一样的传说吧。我们要先明白这一点，才可以讲到各时代字体之变迁。

什么叫做字体，就是文字之形体，其名称有"真""草""隶""篆"等种种之别。这一类的变迁，一定是相习成风，先成了一种体而后才有一个名称，并且因随意命名的结果，以致名称纷歧迭出，不能画一。所以某种字体确为某种名称，实在有厘订的必要。这种纷歧可分纵横两方面来说。纵的呢,是自古及今递变之各体:一曰篆,二曰隶,三曰草,四曰行。篆之中又有大篆小篆之别,古文籀文之别,隶之中又有汉隶今隶之别,草之中又有章草今草之别。横的呢,是指同时的字体而有不同的名称:如汉隶谓之八分,今隶谓之楷,又谓之真,又或谓之正,或谓之正楷,今草又谓之狂草,行书又谓之行楷,又谓之行草。兹列表于左而分篆、隶、草、行四节说明之。

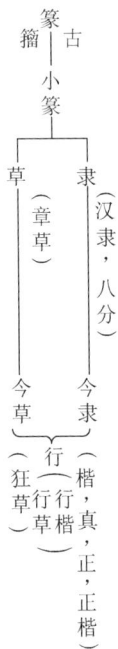

```
                     古
                    篆籀
                    小篆
            ┌─────────┴─────────┐
            草                  隶
          (章草)            (汉隶,八分)

            今草               今隶
          ┌─┴─┐          ┌──┴──┐
         狂草 行        今隶(楷,真,
           (行草        正,正楷)
            行楷)
```

篆　我们要知道大篆小篆之分,古文籀文之别,要先看《说文叙》。《说文叙》说:"周宣王大史籀箸《大篆》十五篇,与古文或异。"又说:"秦始皇帝初兼天下,丞相李斯作《仓颉篇》,中车府令赵高作《爰历篇》,太史令胡毋敬作《博学篇》,皆取史籀大篆或颇省改,所谓小篆者也。"他前一段说大篆,后一段说小篆。后一段的纪载,书名与字体分得很清楚,是毫无疑义。前一段的纪载,书名与字体相混。其实这十五篇书就是《汉书·艺文志》的"《史籀》十五篇"。《汉志》注里说:"周宣王太史作,《大篆》十五篇,建武时亡六篇矣。"书名谓之《史籀篇》,字体则谓之大篆。许慎以其字体既与古文或异,又非后来之小篆,故即以大篆名其书。李斯等三人所箸之书,后来总名为《仓颉篇》,又称为《三仓》,也见于《汉书·艺文志》。至于古文籀文的分别,籀文就是大篆已如上述,不过要别于小篆而言,所以籀文又名大篆。他所谓古文的,《叙》里说:"孔子书六经,左丘明述《春秋传》,皆以古之。"又说:"壁中书者,鲁恭王坏孔子宅而得《礼记》《尚书》《春秋》《论语》《孝经》;又北平侯张仓献《春秋左氏传》;郡国往往于山川得鼎彝,其铭即前代之古文;皆自相似。"他认为壁中书是孔子手写的,左丘明所述的《春秋传》固与之相似,即鼎彝铭亦自相似。这几种字体都谓之古文。我们把他所说的大篆小篆、古文籀文辨明白了,然后对书里所引"篆文作某""籀文作某""古文作某"等才可得明确的解释:篆文是《仓颉篇》里的字,籀文是《史籀篇》里的字,古文是指壁中书、《春秋传》及鼎彝之文。还有仅出书名者亦是古文,就是《叙》里说的"《易》孟氏,《书》孔氏,《诗》毛氏,礼《周官》,《春秋》左氏,《论语》《孝经》,皆古文也"。这些所采用的字,为求其较为完备,当以最近的《仓颉篇》——小篆为主,而古文籀文有不同者则采以补充。所以《叙》里说"今叙篆文,合以古籀"也。我们现在讲到篆书,也就包括(一)古文,(二)籀文,(三)小篆而言。古文之传于今者,有魏《三体石经》之第一体,碑书《尚书》及《春秋经》。第一体为古文,第二体为小篆,第三体为隶书,故号《三体石经》,为曹魏正始年间立,又号《正始石经》。此体即许慎所采取之古文经也。小篆除石经之第二体外,有秦琅邪台刻石,泰山刻石,峄山刻石,皆李斯所书。惟峄山久佚,今传者为宋初郑文宝重摹本。《史籀篇》在东汉初只存九篇,今久亡佚,可见者只有《说文》里所采取者而已。现存之石鼓,从前人以为周宣王时物,认为史籀所书,其实是秦穆公时的作品。其字体多半与《说文》之籀文相合,我们姑且把他当作籀文或大篆吧。还有许多铜器上的字也可当作大篆。

隶 《说文叙》说:"秦烧灭经书,涤除旧典,大发隶卒,兴役戍,官狱职务繁,初有隶书,以趣约易,而古文由此绝矣。"这是说隶书之兴,由渐而成,为自然的趋势,并没有举出创造之人。到后来王僧虔说:"秦狱吏程邈善大篆,得罪系云阳狱,增绝大篆,去其繁复,始皇帝善之,出为御史,名其书曰隶书。"就成为"求其人以实之"的传统观念了。《汉书·艺文志》谓"起于官狱多事,苟趋省易,施之于徒隶",故谓之隶书也。

八分之名不知始于何时,旧说多以有挑法者谓之隶,无挑法者谓之八分。又有谓割程邈字八分,取二分,割李篆字二分,取八分,故谓之八分。其说皆不可信。盖八分为隶书之别名,或今隶盛行之后,以隶书为今隶之名,遂目汉隶为八分耳。唐之书家如欧、虞、褚、薛辈,史皆称其善隶书,即指今隶,亦即现在所称为楷书真书者。汉隶之变为今隶,不过更省去若干挑法,其方整仍与汉隶无别,魏晋间碑刻如《谷朗碑》《爨宝子碑》等皆其代表,所以仍谓之隶。其后与汉隶的距离渐渐的远了,普通的称谓所以又谓之楷书或真书。现在的汉碑都是隶书,也就是所谓八分。至于今隶,则从刚才说的《谷朗碑》起,历南北朝一直到现在,都是通用的,可以不必举例了。

草　草书成立的时代,与隶书相先后,也是由篆书演变出来的。所以《说文叙》说:"汉兴有草书。"最初的草书,也像隶书之有挑法,惟笔画更比隶书简省,每字自为起讫,不似今草之蝉联直下。其名谓之章草。有人说:"汉杜操作草,章帝贵其迹,诏上章表,故号章草。"又有人说:"汉元帝时,黄门令史游作《急就章》,解散隶体。"这两说恐怕都未必确,时代都嫌晚些。到东汉之末,又有今草,至晋而极盛。唐怀素、张旭等草书奔放,又谓之狂草。故章草法度谨严,而今草则渐放纵也。章草流传不多,石刻有松江府学本的《急就篇》。还有中华书局印的宋克所书《急就篇》。亦是完全章草。近来出土的汉简,其中隶书之外也有章草。晋人的书札现在刻在阁帖里的多半都是。最著名的今草,如晋王羲之的《十七帖》,唐孙过庭的《书谱》都是的。

行　隶书虽比篆书简约,但还嫌板重,不容易速成。草书虽易速成,但有些偏旁容易相混,辨识起来不很容易。所以今隶与今草混合起来,便成了行书。隶的成分多的就叫行楷,草的成分多的就叫行草。这种体也成于魏晋之间,因为便利的缘故,所以行用亦最广。王羲之的字多半是这一种,他写的《兰亭叙》是生平的杰作,后来唐怀仁《圣教序》也是集王字刻成的。

今就各体之变迁举例如下:

古　　籀　　小篆　隶　今隶　草　今草　行

(本文系马衡1941年1月8日于重庆三元读书会讲演稿,原载《说文月刊》第3卷第2、3期合刊,1941年9月15日出版。)

故宫博物院参加美展会之书画

政府此次征集各处公私收藏之美术品，在首都地方公开展览，以增进国人对于民族文化之兴趣，鼓励今后作家之猛进，无论在那一方面，意义都是非常重大。向来收藏家对于自己的藏品，因为加意爱护而严密的宝藏，不肯轻易示人，于是历代许多名家精神所寄的作品，往往只为极少数的人所赏鉴宝玩，而大部分的人不能问津。这种情形可以说是我国向来的一种痼疾，艺术界因此也蒙了莫大的损失。像这样的公开展览会，颇有打破这样痼疾与挽救这样损失的力量。

至于故宫博物院所藏，乃历代帝王的藏品，从前所谓天府秘笈，更是一般人所不能望见的。清乾隆帝以帝王之富，从事搜罗，一般臣工迎合意旨，一遇庆典，即以书画进献。所以许多的流传名迹都进到宫中，外面所能看见的古人真迹愈加少了。

此次故宫博物院出品之书画，皆选择最为重要最为精美的，如晋王羲之《快雪时晴帖》，唐褚遂良《儿宽传赞》，唐孙虔礼《书谱》，唐颜真卿《祭侄文稿》，向来只能看见墨拓本或影印本，现在可以直接看见真迹。宋人的字，普通只晓得苏、黄、米、蔡。苏、黄、米、蔡，固然是宋代大家，可是宋代书法，不是完全不出四家范围以外。此次所出宋人书册，自北宋的徐铉、李建中、杜衍、范仲淹，以至南宋的吴说、范成大、朱熹、陆游等，都有他们的真迹。一面可以看见宋人一般的面目,一面从千余年后亲见前代名贤学者的手迹。元、明的鲜于枢、赵孟頫、宋克、李东阳、祝允明、文徵明、王宠,自然是最著名的。其余也有虞集、郭畀、马治、余阙、陈璧、王鏊、王守仁、黄道周夫妇、崇祯皇帝诸人,不甚常见的。大约自宋以后,寻常书翰的本来面目,在此次展览,都可见其大概。唐以前的墨迹,本来流传甚少,即有数件,未足以表现一切。此事不能全赖墨迹,希望将来再有一个有沿革的书法展览会。从殷商甲骨文字,两周吉金文字,秦刻石,汉木简,汉、晋、南北朝、隋、唐的碑版,大规模的陈列出来。则唐以前书法的自然统系,充分表现出来了。

画之名贵,又甚于书,他的真正精神不是间接可以得到的。远如商、周的书法,可以从拓本上看见,汉唐碑版尚有精旧拓本,不过下真迹一等,结体笔法无大差讹,现在用影印方法,比从前更为进步,不难得其真相。画则全赖本身,无论是绢是纸,都是容易毁灭,不能如金石寿命之长。曹、吴、顾、陆的真迹,在宋朝已经杳茫恍惚了,遑论现在。其幸而流传到现在的古画,虽然可以用影印方法化身千万,但与真迹比较,还是相去极远。那末更非要直接在原迹上求其真相不可了。故宫出品中的荆、关、董、巨诸画,都是流传有绪的。经前人题识定为真迹的荆、关、董、巨、黄、王、倪、吴、文、沈、唐、仇、四王、吴、恽,以及历代大名家,可以说应有尽有。不过宋以前画家,大都不署款,即有款亦在不显著的地方,如此次出品中的王诜《瀛山图》,款细如蝇头,在山石中,崔白《双喜图》,款在树干上,李唐《万壑松风》,款在远山上。有款的如此,还有那索兴不署款而后人按其笔法定为某人,也就不能百无一失。一向收藏家对于考订上,也是忽略的多。即如此次出品中的朱锐《赤壁图》,在明朝项子京家的时候,已经呼之为朱锐了,画之本身却未署款,图后有金赵秉文大书赤壁词,亦不言画者为谁。朱豫卿君偶在《元遗山集》中见《题赵闲闲书赤壁词》,末云,"赤壁图,武元直所画,门生元某谨书"。始知此图之真正作者为武元直。元直亦金人,明昌中名士,以时以地皆无不合。从前之定为朱锐的是全无根据了。

诸如此类,在故宫书画中一定甚多,正讹定误,是所望于国内鉴古之学者。

（本文原载滕固编《教育部第二次全国美术展览会专刊》,教育部第二次全国美术展览会筹备委员会 1937 年 4 月印行。）

国立北平故宫博物院概况

导言

国立北平故宫博物院原为导扬文化，研究学术，辅助社会教育之机关，凡所庋藏之文物，多为明清两朝之史实，先民艺术之结晶。不仅系学术文化之渊泉，抑亦民族精神之所寄，盖我国四千年来文化之迹兆，历史所渊源，几多数□中于故宫。凡此先民所贻留，在昔君主时代，皆非国人所易窥见，学者所得探讨。自民国十三年移宫事定，始有故宫博物院之设置，公开展览，影印流通，声闻于世，并非徒供媚大者摩挲赏鉴，以偿快睹之私，实有赖于□研覃思，绍述流传，发扬光大，始足以副保存之原旨。乃自博物院成立以来，时局不宁，护持匪易，风雨飘摇，几无宁岁。爰略述组织沿革，庋藏概要，工作任务诸端，以备国人致意于斯者得益知于文物历史之外，更动梧桊之思，共图垂之于无穷，而后先民之伟迹，可以长存，永耀天地，用为国光。

组织沿革

故宫博物院成立迄今，已垂廿载。就中经过错综纷纭，自民国十三

年北京摄阁会议决定收归国有,由李石曾、鹿钟麟、张璧诸先生执行铲
除帝制残余,入宫陈说,修正优待清室条件,废除尊号,移出宫禁。议
定,清废帝溥仪即将国玺及全部宫殿及文物,奉还民国。由国务院聘
李石曾、吴稚晖、蔡元培、张溥泉、陈垣、沈兼士诸先生等(尚有清室方
面绍英、世续诸氏参加在内)二十一人任委员,组织办理清室善后委员
会,以主其事,开始清查点收。维时清室尚冀死灰复燃,别图中伤阻挠
之策。委员会知非提前公开,不足以谋制止,即于十四年双十国庆纪
念日开放,成立故宫博物院。至十五年三一八案起,政潮所被,委员多
有离去,既而又有直鲁联军及奉军之逼,院务因而解体。复由在平教
育界人士组织维持会,护持保管。至十七年国军底定燕京,始由国民
政府明令接收,颁布组织法,组织理事会,改为国立,直隶于国民政府,
内分古物、图书、文献三馆。廿三年修改组织法,改隶行政院,自是规
模具备,章制渐臻完密。二十年九一八寇侵东北,榆关告警时,曾选有
关文化之品于廿二年春大举南迁,寄顿上海,时逾三年,终觉储非其
地,乃勘定南京朝天宫旧址,鸠工庀材,修建保存库,其构筑设备防空
工程,悉取科学方法,异常完美,二十五年落成,即尽移南迁物品,入储
新库,成立南京分院,各项主要事业,如印刷出版,亦同时移京办理。
二十六年卢沟事变,淞沪战起,畿辅震动,乃复举库节节西移,连同内
政部保管之古物,分从鄂陕桂辗转以达后方。除于重庆设置总办事
处,指挥监督综理一切事宜外,并就各库所分置临时办事处,专司典守
保管整理之责,其机构布置,虽因配合战时动荡环境,力求简单紧缩变
革,而一切章制,则仍悉沿旧规,以昭慎重,而资严密。人员经费,亦经
紧缩,不及战前三分之一。

庋藏概要

故宫文物,浩如渊海,自清室善后委员会至博物院成立时□起,即经
随时查点检收,编有报告,逐项罗列。至二十二年复经通盘筹划,拟具改

善方案,呈准实施,重行清厘查点,严密善藏,清理整治编订一切管理规章,无不纲举目张,成效丕□,而平沪两地同时举行之清查点收艰巨工作,至二十五年底亦如期同告完成。编成点收,一草一木,皆有明细记录,品名质量,无不罗列,纤细靡遗,加具标识,查对勾稽,一目了然,以资垂久,而昭征信。二十六年京库储藏辗转西移,历时既久,尤虑日久封存,难免中无损伤。年来乃于疏运安定以后,即行次第开箱,清查整理,虽图书字画,间见蠹蚀脱落,尚无重大损失,即对于尚未完备移交手续暂行保管中之内政部古物,亦未敢引嫌搁置,仍代择要翻检晾晒,保持其完整。惟西南气候,湿度特重,加以鼠啮蚁蚀,实非适宜保存之地,而惧潮易霉之品,更必须终年不断检视翻晒整理,仓库鼠蚁蕃息,尤必勤加检查,耗时费力,工作繁重,尤莫逾于此。

工作任务

故宫收藏除古物文献图书以外,即其宫殿之建置,亦复为文化之表征。至若美术意境之精严,工艺技术之优美,尤莫不兴观止之叹,诚无愧称东方文化宝藏之誉。惟其搜集天下之珍奇,历代之法物,若一细加搜讨,则一事一物,咸足以资艺□学者之□楷,藉供精进者之研究。及治社会科学与历史制度,亦多取材于此。质言之,中国数千年来政治递衍之征象,皆可由是以求之。三馆工作原分古物、文献、图书三部,分门别类,如□所专,古物馆则整治磁铜玉器金石书画,鉴辨正伪,研究考订,编刊定期□不定期刊物,流传宇内,前后已达五千余种,凡此皆于考古学□有莫大之贡献。图书馆则提存集中,编次目录,鉴别善本,整□旧籍。文献馆则志在搜集史料,考订流传,其工作中最称繁重□为整理旧藏档案,零乱错杂,非先编次,无以贯串:如军机处内阁大库档案实录,圣训起居注,均无不为重要史料,经整理完□编辑出版者,亦已达数十种之多。以言院务,在战前除保管整□展览开放之外,已由整理进入研究时期,同时并特注重国外宣□,交换出版物品,以谋国际文化之沟通。至卢沟事变,文物西移以后,困于物力,维持现状,未能积极规复旧观,但如关于传布研究诸端,仍尽可能范围努力以赴,而期配合国策,以从事于文化复兴之建设。

（本文原载《社会教育季刊》第 1 卷第 4 期,1943 年 12 月 31 日出版。）

故宫影印《书谱》释文校记

礼乐射御书数古称六艺，为人生基本技能，抑且有裨于身心之修养。故保氏之教国子，先以六艺。书学研究会之设，盖以此也。近年于右任先生复主用简代繁，提倡标准草书，则以时代之推移，求事实之适应，以言今日之书学，亦一要关。窃以为草书之最标准者，允推唐孙过庭之《书谱》。其书法度谨严，无犷悍粗野之习。且全帖三千余言，独体偏旁，诸式略备，后学新进，足资采撷。顾自来释文，颇有异同，最后出之故宫影印本释文，虽择善而从，仍未臻于尽善也。

世传《书谱》刻本有二：一为宋薛绍彭刻，后以为《大观续帖》，置之于太清楼下，世谓之太清楼本，亦称薛本。一为清安仪周所刻，世谓之安刻本。长洲文氏停云馆，海宁陈氏玉烟堂，皆自薛本出。涿州本，维扬本，则自安本出。薛本虽亦只刻上卷，而文字完全无阙。安本则"汉末伯英"下阙百六十六字，"心不厌精"下阙三十字，此二本之不同也。故宫所藏之真迹，为清孙承泽、梁清标、安仪周递藏，后入清廷，乾隆间，刻入《三希堂法帖》。卷中钤有政和、宣和及双龙圆玺，签题"唐孙过庭书谱序"七字，亦出徽宗手。其中阙字与安刻本同，盖即安刻所据之原本也。

故宫影印本释文，如"功宣礼乐"之宣，与恒字之偏旁相同，实非定字。"互相陶染"之染，与下文"染于俗吏"之染完全相同，实非淬字。"趋吏适时"之吏,与前后变字迥殊,而实是吏字。"趋吏适时行书为要"者,亦犹隶书之便于徒隶也。此宜订正者一也。草书简略,往往不辨所从,通假之字,偏旁亦常互异。释之者宜就其原写之偏旁,写为真书,使学者易于辨认。如殁字从水,隶书之隶作隷,总字从手从忽,密字不从宀,导字从禾,修字从肉,豪厘之厘从毛,挺埴之挺从手,罔字写作古文,方幅之幅作畐,包括之括从木,纵横之纵作从,图貌之貌从艮,秘字从示,觏缕之觏从爾,遗迹之迹从辵,肇字从戈,朔字作𦍙,郁字作欝,笑字作喉,驱字从丘,槎枒之枒从卒,刚很之很从彳,崛强之崛从手,澁字从三止,艳字从色,陵字从水,体字有从骨从身之别,惟字有从心从口之差。苟如尺椟之椟,史谍之谍等字之例,依其所书者释之,则一望而辨其所从之偏旁,即知为通假之字。此宜修正者二也。又草书使转迅疾,容有笔误。如劲字卷中凡四见;前二字从刃,后二改从力。尤字上画既自右起,则点为赘疣。蘂字下从木而书作糸。灼字点应在内而移置于下。皆为笔误。此又宜心知其误而不可妄从者也。

(本文原载《书学》第 5 期,1945 年 9 月出版。)

为广西石刻展览会进一言

往读叶昌炽《卧游访碑记》有云：唐宋题名之渊薮，以桂林为甲。其次即五溪矣。良以南荒僻壤，为古名臣迁谪之所，而桂林山水甲于天下，居其地者，辄藉以游目骋怀，或托诸吟咏，以遣穷愁；或选胜留题，以志游迹。后之人低回景仰，地以人传，著之志乘，辉映山川。清嘉庆间谢启昆巡抚广西，继修通志，命胡虔遍征全省金石文字，仿《隶释》之例，录其全文，成《金石略》十四卷。刻以单行，于是广西金石，始有专书。顾自晋至元，只得四百八十余种。而桂林诸岩洞，竟居十之八九，其他各县，殆多未备。今主席黄旭初先生，主桂政十余年，思欲继斯而有作，历年搜集，得千数百种，视谢之所收，殆已倍蓰。惜倭寇侵桂，向所著录，间有毁于兵燹者。顷承惠寄墨本四种，多为劫前所传拓，其中如范成大《鹿鸣燕》诗刻，已付劫灰，良可慨也！夫金石之寿，有时赖楮墨以延之。是则此书之成，更不容缓。余护持文物，避居黔蜀者九年，以典守有责，终未能一揽桂林山水之胜，每以为憾！他日手此一编，以当卧游，岂不快哉。

（本文原载林半觉编《广西石刻展览特刊》，广西省政府秘书处编译室 1946 年 10 月印行。）

抗战期间故宫文物之保管

　　去年我从后方回到南京北平,有好些朋友和新闻记者,向我访问抗战期间保管文物的情形;甚而至于有人问到抗战前在英伦展览的文物,是否已完全回国。可见国人对于吾国数千年的文化,尤其故宫所藏文物的安全,表示十分的关切。今天北平广播电台黄台长要我讲演,我就把抗战期间故宫文物怎样保管的情形,藉此机会,报告于国人。我想关心文化的同胞们,一定是渴想知道的。

　　现在要说抗战时文物之保管,必先说"九一八"后文物之南迁。自从民国二十年日本人占领我东北以后,北平的屏障,完全失掉。中央对于华北的防务,积极准备;同时令故宫博物院,选择文物精品,装箱准备南迁。经过一年多的筹备,挑选了一万九千箱(连同古物陈列所等文物在内)。于二十二年春天,分五批装火车,经平汉、陇海、津浦、京沪等路,运到上海。在法租界租了一所仓库,暂时保存起来。同时由理事会议决议,在南京建筑保存库。经于二十四年,勘定朝天宫冶山为库址,于二十五年春季兴工建筑,至秋季完成。对于防空防湿防火防盗等设备都设计得很周密。同年十二月,将存在上海的文物,经京沪铁路分批运存京库,设立故宫博物院南京分院。

　　到二十六年,卢沟桥侵略战发生以后,中央正在商决国策的时候,本院以职守所在，从京库存品中挑选最精之品，装入英伦运回特制的箱子，撤去面积庞大的装潢囊匣等，尽量装足，共装八十箱。于八月十一日提经理事会议决议，移存长沙湖南大学保存。第二天装船离京，而"八一三"抗战，就在上海开始了。这一批八十箱文物，运到汉口，当即经由粤汉铁路运至长沙，寄存于湖南大学新建的图书馆中。寄存了四个多月，而南京撤守，觉得长沙也不是安全的所在，乃又用汽车将此批文物，经由桂林，于二十七年二月运到贵阳，在北门内租屋存储。直至同年十一月，由我亲往视察，觉得终欠安全。最安全的莫如山洞。但天下事有利必有弊，凡是山洞，无有不潮湿的，若是因受潮而霉烂，是爱之适以害之了。贵州境内，大小山洞，到处都有，费了七八天的工夫，看了几十处山洞，才知道洞口轩敞的，潮湿程度比较好些。结果在安顺县南门外五里找到一个华严洞。洞外还有庙，可以住人，是当地的名胜。附近都是汉人苗人的村落，有公路直达洞口，尚属合乎理想的地方。于是请了工程师设计，在洞内搭盖两所板房，上盖瓦顶以泻滴水，下铺地板以隔潮气，于二十八年一月，由贵阳移存其中。每到夏天，内外气温相差太甚，洞口即有雾状的水气。幸板房内湿度尚不甚高，而且此种特制之箱，缝口相当严密，文物尚未受到影响。到三十二年冬季，贵阳受到敌军的威胁，在紧张情势之下，将安顺所存八十箱抢运出险，于十二月间到达巴县南乡距重庆市约五十公里之资源委员会仓库中存储。

现在要谈到南京保存库全部文物了。当淞沪战事进行正烈的时候，我们原可从容移运于安全地带。但是库存数量有一万九千箱之多，一旦兴师动众，移运出京，对于士气人心都要动摇了。我们不便这么做，只有处以镇定，每天督率员工挑选重要箱件，尽量往秘库移存。因为秘库建在冶山的腹心，对于敌机的空袭，是有相当保障的。这工作做了三个月，而迁都命令下来了。在军事紧急的时候，一切交通工具，都征为军用，虽后方勤务部亦爱莫能助。幸蒙中英庚款董事会、南京市政府等之协助，租船征车，昼夜抢运。最后又奉紧急命令，将津浦路车皮调至下关装运。计由水路运出者两船，共九千余箱。由陆路运出者三列车，共七千余箱。

皆系秘库所存，先行抢运。尚有二千余箱次要之品，亦皆运至江边，预备装入预定的太古洋行轮船。其时已为十二月三日，敌机轰炸更烈，难民候船的又更加拥挤，太古船看此情形，不肯靠近码头。再三交涉，终无效果。此二千余箱之文物，无法驳运上船。直等到轮船开走，不得已再运回保存库，以待最后机会。至十二月五六日，秩序一天一天的更形紊乱，机会已至绝望。只得会同市政府将保存库封锁。这二千余箱，在胜利后，才全部收回。水路运出的九千余箱，先到了汉口，租定平和洋行仓库暂存，不上二十天，又奉令西移。先由汉口运至宜昌，又由宜昌运至重庆。时已在二十七年的五月了。到二十八年青天，重庆将要受到敌机的威胁，就决定向岷江上游移运，勘定乐山南乡安谷镇，有十几个祠堂可以借用。但是岷江的水浅，重庆宜宾之间，终年有小火轮通行，而宜宾乐山之间，非等夏季水涨不能通航。只得将重庆所存的九千余箱，限期用轮船先运到宜宾，租临时库房，暂存候水。至六月水涨，再向上运。照例，愈往上去，轮船愈小，来回载运，费时愈多。直到九月间才运完。疏散于七个祠堂，距离最远的库，有到十里左右。那陆路运出的三列车七千余箱，在下关装车后，过江经津浦转陇海路直达宝鸡。至二十七年春天，用汽车运至南郑，分存于城内文庙及郊外民房。一方面在成都找到东门内大慈寺作为仓库。雇用汽车，陆续由南郑向南移运。至二十八年春天，在峨眉县的城外，勘定大佛寺及武庙两处，又由公路将成都存物移往存储。峨眉乐山两处仓库，相距仅数十里。于是这水陆两路运出的文物，又分而复合了。

抗战败利以后，我们首先在重庆南岸的向家坡，将前贸易委员会的房屋接收过来，预备将各处的文物集中，以便复员东下。先将巴县存物八十箱，于三十五年一月，移至向家坡。又经过几个月的筹备，于同年五月，开始移运峨眉存物，因为抗战之后，轮船较少，宜宾又须换船转驳，人力物力，皆不经济，万一在涨水时期不能运完，又须待至明年。所以决计对于乐山峨眉的运输，改用车运。中间因公路桥梁时被雨水冲坏，至九月间才运完。峨眉运完之后，接着就运乐山的文物，到今年二月，完全集中重庆。

在二十六年迁都抢运的时候，最后的二千多箱文物，其中以档案为最多，因为船不靠岸，运回原库封存。不知是那一年被敌人打开库门，竟把这批文物运出，分存于中央研究院、地质调查所等处，与别的机关的文物保存在一起。等到胜利以后，于三十四年九月，派员飞到南京，一方面探听这批文物的下落，一方面交涉收回保存库。同年十二月，由教育部会同本院人员及有关机关组织清点委员会。于三十五年一月开始清点，至五月底运回原库，尚无重大损失。但是印刷所的机件器材，都完全损失了。

本年五月间，将集中重庆的文物开始用登陆艇分批东运。当日由陆路运出的七千余箱之中，有十一箱是国子监的石鼓，在西北兜了一个圈子，始终都是用车运的。因为分量太重，搬运的工人，时有受伤情事。重庆的码头，地面与船舱的高低相差十来丈，若是由二三百级的台阶抬下去，深怕容易出险。所以只有这一批重大的箱子，装了十辆大汽车，由公路运京。但是事有出人意外的，车到南昌以后，得到报告，前途的桥梁，有好几处被水冲坏，一时不能修复。于是改道九江，装船运京。因为九江码头与重庆不同，大轮船上又有起重的设备，所以不至于出险的。这批复员还都的文物，直到八月底为止，已将近一万箱运到南京了。上头说过的南京朝天宫的保存库，因为建筑得坚固，未被敌人破坏。但是很讲究的库门，及防湿通风的设备，都被敌人拆走了。现在正谋恢复防湿通风的设备。这一批文物能够回到南京分院，只算做到一半的复员工作。假使运回北平，回复到"九一八"以前的状态，那才算是完成复员工作。这就要看今后的交通情形了。

在"九一八"以后文物播迁的时期中间，我们也做过几次宣扬文化的工作。在国外的，有英伦、苏联的两次展览。在国内的，有上海、南京、重庆、贵阳、成都的几次展览。英伦的展览，是从二十四年十二月到二十五年三月，在伦敦举行的。参加的文物，有铜器、瓷器、玉器、字画等七百余件。未出国以前，先在上海预展，回国以后，又在南京展览。到二十六年春季,教育部在南京开全国美术展览会,本院也有字画瓷器等品参加在里面。抗战以后,文物到了后方,苏联要开艺术展览会,要求中国出品,本院又选出字画铜器共一百件,前往参加。二十九年一月,先在莫斯科举行,后来又在列宁格勒举行,到第二年秋天,运回重庆。十二月里又将这一百件出品,在重庆展览一次。三十一年十二月到三十二年一月,重庆开过一次书画展览会。这出品系从安顺库里提选的,到四月间运回安顺的时候,顺路在贵阳展览。三十五年十一月,因为文物将要出川,应四川省政府的请求,选出字画一百多件,运往成都展览。这国内外的展览,结果都很圆满,参观的人非常拥挤。

要谈到后方的保存问题,这是一件最伤脑筋的事。我们为的是避免敌机的空袭,不得不疏散到比较偏远的地方,而且都在郊外,或是乡下,这就要顾虑到治安问题了。四川的房子,多半是竹木的建筑,一遇火警,往往延烧数百家,这就要顾虑到火警问题了。关于前一点,我们请求军队驻扎各库附近,一方面联络地方上的感情,所以都能相安无事。关于后一点,我们选择四面凌空,不和民居毗连的大庙或是祠堂,作为仓库。里头绝对禁止烟火,购备消防工具及灭火器,并且按时演习。所以有一次峨眉大火,烧去半个城,我们不但不遭波及,并且调齐员工士兵,帮助他们救火。所以这两种困难,都还不难克服。比较严重的,是西南的气候问题。四川在一年里头,有几个月是雨季,几个月是雾季,空气含着水分,到处感到潮湿。晴朗有日光的时候,平均不过半年。我们把怕潮湿的东西,终年检查,或是晒晾。周而复始,从不间断。还有四川的老鼠特别的多而且大,老鼠本是昼伏夜动的,独有四川老鼠,是昼夜公开活动。并且四川的猫能力薄弱,有时还会受老鼠之窘,寿命也比较短,有人说老鼠有毒,猫吃了就会生病,恐怕也有道理。还有白蚂蚁,是到处都有,尤其是重庆特别多。其害甚于老鼠百倍。常有箱柜里的东西被吃光,而外面看不出来的。所以更是防不胜防。我们对这两种害虫,只有勤加检查,每一库每星期至少查两次。查老鼠的方法,人都知道的。白蚂蚁的检查,似乎不比老鼠难。只要知道他的路线,就容易扑灭的。因为白蚂蚁扒上箱子，一定依附着别的东西，当做阶梯。我们堆积箱子，总是五面凌空，只有箱底附着于箱架。而架子的每根腿落地时，中间垫一石块。架子腿与石块上都涂上桐油，就可避免他由地面钻上箱架了。此外还可在地面上找他的踪迹，如果发现地面上有一条黄土的线，堆积起来，那就是他的路线。拨开黄土，蠕蠕蠢动的，尽是白蚂蚁。今年春天，在重庆检查库房，忽发现箱架底下有一堆黄土，已积有数寸高，形如宝塔。如果再过两三天不理会，就可钻入箱架，次第蔓延到箱子里了。可见这种小生物，也有他的相当智慧。我以上所说防盗、防火、防湿、防鼠、防蚁的困难，仅是存库时的工作。若在移运时候，翻车、撞车、淋雨等等危害，其机会就更多了。

这抗战八年的中间，文物虽没有受到敌机的轰炸，但是可能性实在太多了。最感到危险的，是那九千多箱由重庆运出，寄存宜宾，分批往乐山运的时候。其时重庆已经受到"五三""五四'的惨状，只要天晴，必有空袭。而在沿岷江一带，有三大城市，上游是乐山，下游是泸县，中间就是宜宾。我们因为便于转船的关系，所有的文物都存在沿江的大仓库中。那一年，乐山泸县皆受到燃烧弹的轰炸，都烧了小半个城。独有这宜宾没有受到轰炸。还有长沙湖南大学的图书馆，在我们搬出以后，不到四个月，被炸毁了。重庆的几个仓库，在搬出不到一个月，那空房也被炸了。南郑的文庙，目标甚大，南郑成都的距离又远，又要翻过剑门关等险道，看来是来不及搬完了。我就在中途的广元，借了一个庙，设一个腰站。将南郑文庙的存物，先抢运出来。运完才十二天，那文庙在一天里就落了七个炸弹，又炸的是空房。像这一类的奇迹，简直没有法子解释，只有归功于国家的福命了。

末了我要说到北平文物的保管了。在北平沦陷以后，我们留守的全部人员，处境极为艰困。当时我在南京，请示于行政院。经提出第三三五次院会决议，令于可能范围内尽力维持。当时虽没有"地下工作"的名词，实际上就是奉令维持。在这八年之中，前五年，完全由留守人员苦心孤诣的妥为应付。后三年，虽伪政府派有主持的人，实际上仍由留守人员保管。不幸有一部分的铜缸,被敌伪劫掠以去,其余文物幸得保全。

　　总结起来,抗战期间故宫文物,承理事会的主持,各方面的协助,虽然大致无恙,但经过长途之运输,遭遇恶劣的环境,是不是可以免去损失,这要等复员以后,仔细的清理,才能有正确的报告。

　　　　　　　　　　（本文系马衡1947年9月3日于北平广播电台讲演稿。）

附录　马衡先生年谱简编

1881 年（光绪七年）　1 岁

6 月 20 日,出生于江苏吴县县衙内宅。

1886 年（光绪十二年）　6 岁

2 月,叶瀚应聘授馆于马家,马衡向其学习四书五经等儒家经典以及金石、篆刻之学。

1893 年（光绪十九年）　13 岁

与上海"五金大王"叶澄衷次女叶薇卿订婚。

1895 年（光绪二十一年）　15 岁

7 月 26 日,其父马海曙病逝于宝山知县任上,享年 70 岁。马衡随家人迁出县衙,扶灵回到故乡宁波马衙街宅邸。

1899 年（光绪二十五年）　19 岁

春,应童子试,考取秀才。

9 月,赴上海报考南洋公学,考入南洋公学中院预科二班就读。

11 月 5 日,岳父叶澄衷病逝,享年 60 岁。

1901 年(光绪二十七年)　21 岁

1 月,南洋公学肄业。

1902 年(光绪二十八年)　22 岁

春,与叶薇卿完婚,并出任叶氏企业董事。

1903 年(光绪二十九年)　23 岁

3 月 28 日,长女马珍出生。

1905 年(光绪三十一年)　25 岁

结识吴昌硕,参与西泠印社筹建工作,并请吴昌硕题写"凡将斋"
匾额。

1906 年(光绪三十二年)　26 岁

1 月 6 日,长子马太龙出生。

1907 年(光绪三十三年)　27 岁

7 月 5 日,次子马彦祥出生。

1908 年(光绪三十四年)　28 岁

赴日本探望正在留学的马裕藻,并旁听章太炎讲课。

1909 年(宣统元年)　29 岁

5 月(农历),得翁方纲藏《鼋池五瑞图》拓本,并跋之。
同年,次女马琮出生。

1910 年（宣统二年） 30 岁

夏，西泠印社开建山川雨露图书室，马衡捐赠大洋五十圆，及磬式茶几四张、靠背一字椅八张、大方几桌一张、圆桌面一张等物品。

12 月 3 日，跋隋《邓州大兴国寺舍利塔铭》拓本，并将其别为一册，以为临写之本。

1911 年（宣统三年） 31 岁

夏，跋齐武平五年残碑拓本。

7 月（农历），跋《郑固碑》拓本。

10 月 27 日，跋《隋河东郡首山栖岩道场舍利塔碑》拓本。

秋，跋汉《祀三公山碑》拓本。

10 月（农历），跋汉《武荣碑》拓本。

11 月（农历），跋汉《领校巴郡太守樊敏碑》清道光拓本，并将其剪装成册。

冬，得《魏修太公庙碑》旧拓本，并跋之。

同年，三子马寿黎出生，后因肺病早夭。

1912 年（民国元年） 32 岁

9 月初，赴杭州浙江省立第一中学探望马裕藻。

10 月（农历），跋汉《大吉买山地摩崖》拓本、汉《领校巴郡太守樊敏碑》清拓本。

12 月 2—3 日，招待由杭来沪访友散心的钱玄同、沈尹默。

1913 年（民国二年） 33 岁

1 月 13 日，与吴昌硕、吴隐、丁辅之、叶铭、王福庵、鲁坚、楼邨、胡宗城、周承德、沈光莹、邹建侯、丁上左、王同烈、叶希明等西泠诸友同游杭州孤山，参与筹备西泠印社十周年大庆会议。

夏，于上海购得《刘君残碑》旧拓本，并跋之。

同年,三女马晶出生。

1914 年(民国三年) 34 岁

3 月(农历),得汉《延光残碑》拓本。

闰 5 月(农历),跋北魏《中岳嵩高灵庙碑》清拓本。

9 月(农历),跋《晋明威将军南乡太守郛休碑》拓本。

10 月 10 日,于上海一枝香饭店出席南洋公学同学会,并当选同学会董事。

冬,跋北魏《曹望憘造像》原石拓本。

同年,四女马瑛出生。

1916 年(民国五年) 36 岁

四子马文冲出生。

1917 年(民国六年) 37 岁

8 月,移居北京,任北京大学国史编纂处征集员,后兼任马术教员。寄寓于地安门内东板桥 50 号马裕藻家中。

10 月 24 日,跋汉熹平残石拓本。

12 月 12 日,于厂肆购得清吴荣光《筠清馆金石文字》原版初印本(道光二十二年南海吴氏刊本)。次日,题跋之。

12 月,北京大学书法研究会成立,马衡受蔡元培委托担任导师,并为书法研究会成立作《论汉碑书体》一文。

12 月,与蔡元培、李石曾、沈尹默、马裕藻、钱玄同等人于北京东城方巾巷华法教育会会址创办孔德学校,后长期担任学校常务董事,负责筹划学校经费、制定办学方针等事。

同年底,受蔡元培委托,致信王国维,邀请其来京担任北大文科教授,为王国维婉拒。

1918 年（民国七年）　38 岁

2 月 25 日，于北大书法研究会第一次讲演会上讲《隶书之源流及变迁》。

同年，任北京大学国文系讲师。

同年，五女马璟出生。

1919 年（民国八年）　39 岁

1 月 2 日，与钱玄同谈象形文字。

5 月，抄校汪日桢《疑年表》，并跋之。

12 月 9 日，被北大评议会聘为图书委员会委员。

同年，于上海蟫隐庐购得魏杨衒之撰，清吴若准集证《洛阳伽蓝记》（道光十四年钱塘吴氏刊本）。

1920 年（民国九年）　40 岁

4 月 18 日，与马裕藻、朱希祖、沈士远拜访鲁迅，得鲁迅所赠新疆石刻拓片三种。

12 月 12 日，致信王国维，请其寄示所译伯希和文稿。

12 月 22 日，致信王国维，再请寄示伯希和文章译稿，同时将所编金石学讲义总目寄呈就正，并请教灵鹣阁、石莲山房两家问题。

同年底，受蔡元培之托，致信王国维，邀请其担任北大函授教授，又为王国维婉拒。

同年，任北京大学史学系讲师。

1921 年（民国十年）　41 岁

1 月初，得王国维所寄伯希和《近日东方古言语学及史学上之发明与其结论》一文译稿，后登载于《国立北京大学国学季刊》1923 年第 1 卷第 1 号。

1 月 12 日，致信王国维，将所编金石学讲义文稿数页寄呈就正。

2月,跋《永明造像题记》拓本。

6月3日,至孔德学校,召集钱玄同、沈兼士等人开会讨论学校七年级生为功课事罢课之应对办法。

9月29日,于沁芳楼为沈尹默饯行,钱玄同作陪。

10月2日,与钱玄同、沈士远、沈兼士、马裕藻、马鑑、单不庵等人于京汉车站食堂为沈尹默饯行。

11月2日,致信王国维,请其将所订敦煌本《切韵》雇人抄录一本见示,并请教《修文御览》真伪问题。

11月30日,复信王国维,请其先将敦煌本《切韵》寄示,待录副后寄回。

12月13日,复信王国维,允诺集资印行其抄录校订的敦煌出唐写本《切韵》残卷三种共五百部。

12月14日,被北大评议会聘为体育委员会委员。

12月25日,复信王国维,讨论《切韵》出版事宜。

12月31日,致信王国维,拟聘其担任即将成立的北大研究所国学门通讯导师,并邀请其加入中华史学会。

同年,加入冰社。

1922年(民国十一年)　42岁

1月11日,致信王国维,请其与中华书局协商,待《切韵》出版后尽速运抵北京。

1月21日,跋魏《正信弟子巩伏龙造四面像记》拓本。

2月7日,复信王国维,告知寄京《切韵》百部收到,已分致同人,并请教近日出土隋虎符真伪问题。

2月,任北京大学研究所国学门考古学研究室主任。

3月9日,于明湖村宴请罗振玉,马裕藻、沈士远、沈兼士、钱玄同等作陪。

3月初,得王国维所赠吴县曹氏藏敦煌出土曹元忠刻《毗沙门天王像》影印本二纸。

3 月 12 日，复信王国维，告以隋虎符文字，并请再赐曹元忠造像影印本数纸。正式邀请王国维担任新成立的北大研究所国学门通讯导师，并告知罗振玉已接受导师之聘，日内顾颉刚将赴沪面陈。

3 月 14 日，致信王国维，再次邀请其担任北大研究所国学门通讯导师，后得王国维应允。

4 月 16 日，复信王国维，告以日内即将导师聘书寄呈，并代北大研究所国学门所编《国学季刊》《文艺季刊》向王国维约稿，请其审定前译伯希和《近日东方古言语学及史学上之发明与其结论》文稿。

4 月，撰成《石鼓为秦刻石考》，并于次年 1 月发表于《国立北京大学国学季刊》第 1 卷第 1 号。

4 月，得王国维所赠曹元忠造像影印本三十纸。

5 月 26 日，至孔德学校参加校务讨论会。会议决定将校务讨论会改为常务董事会，马衡当选常务董事。

5 月，经北洋政府教育部许可，马衡与朱希祖、沈兼士代表北京大学赴历史博物馆接收明清内阁档案，并运回北大研究所国学门整理编订。

6 月 12 日，与马裕藻、马廉、沈尹默、沈兼士、沈士远、钱玄同于东华饭庄宴请孔德学校全体教员。

7 月 15 日，与钱玄同谈甲骨文、金文。

7 月 28 日，委托友人张嘉甫向王国维转呈北大导师薪金二百元。致信王国维，告知清内阁档案整理进展情况，并请寄示日本所藏唐尺摹本，以便依样仿制。王国维拒受薪金，请张嘉甫带还。

8 月 17 日，委托张嘉甫再次转交薪金。致信王国维，并附沈兼士函，恳请其万勿推辞，又赠以张广建藏秦公敦拓片。

8 月，升任北京大学史学系教授。

夏，迁居北京小雅宝胡同 48 号。

9 月 19 日，至孔德学校参加常务董事会。

9 月 27 日，复信王国维，讨论秦公敦所作时间及铭文问题，并请寄示古尺摹本。

9月,得王国维寄登《国学季刊》的《五代监本考》一文及所书扇面,并托友人张嘉甫向其转呈北大导师薪金二百元。

10月5日,得沈尹默所赠清叶昌炽辑《邠州石室录》三卷(吴兴刘氏嘉业堂校刊本)。

10月20日,与马裕藻、马鑑、马廉于东华饭庄宴请马叙伦,谭熙鸿、李大钊、钱玄同、沈尹默、沈兼士、沈士远、邵裴子作陪。

12月7日,被北大评议会聘为图书委员会委员。

同年,六女马瑜出生。

1923年(民国十二年)　43岁

1月1日,与钱玄同讨论近人研究甲骨文、金文之得失。

2月初,得王国维所赠日本藏唐尺照片六种。

2月6日,参加《国立北京大学国学季刊》编委会会议,讨论第2期编辑事宜。

2月8日,托友人张嘉甫向王国维转呈北大导师薪金三百元,并致信王国维,讨论石鼓文字问题。

4月9日,跋魏石经《尚书·多士》及《春秋》文公残石初拓本。

4月,偶过印铸局,闻将销毁清代旧印,亟请唐醉石、王福庵为其钤拓,集为《清代官印集存》。

5月4日,托友人张嘉甫向王国维转呈北大导师薪金二百九十八元,并致信王国维,询问其来京日期,告知自己将赴洛阳考察。

5月23日,与马裕藻、沈尹默、沈兼士、沈士远、钱玄同、章钦、朱希祖于东兴楼宴请黄百新。

5月24日,北京大学研究所国学门考古学研究室下设古迹古物调查会成立,马衡任会长。

6月底至7月,与徐森玉赴洛阳考察,得魏石经《尚书》《春秋》残碑未凿本及晋《当利里社碑》初拓本等。

6 月 28 日,致信王国维,告以此次赴洛所见魏石经情况。

7 月 14 日,致信王国维,托其代访《毗伽公主墓志》拓本,并寄示新得汉魏石经残石拓本。

7 月 21 日,与王国维面晤论学。

7 月,因先前在洛阳时腿部不慎擦伤感染而开刀治疗。

7 月,赠王国维魏石经《尚书》《春秋》残碑未凿本,并请其题识。

7 月,于《国立北京大学国学季刊》第 1 卷第 3 号发表《汉熹平石经〈论语·尧曰篇〉残字跋》。

8 月 13 日,与王国维面晤论学。

8 月 15 日,复信王国维,讨论魏石经问题,并寄示"木暨"残石拓本。

9 月 20 日至 10 月 1 日,赴河南调查新郑、孟津两县出土古物情况。21 日抵郑县,22 日至新郑,24 日赴洛阳。其间致北大研究所国学门主任沈兼士三函,及回京后所作《调查河南新郑出土古器报告书》《调查河南孟津县出土古器报告书》,俱载于 1923 年 10 月 18—31 日《晨报副刊》专件《北京大学研究所国学门调查河南新郑孟津两县出土古物纪事》。后两份报告书亦登载于《国立北京大学国学季刊》第 1 卷第 4 号。

9 月 21 日,致信王国维,告以在郑县所见新出土青铜器情况。

11 月 1 日,至北大一院参加孔德学校董事与北大教育系教员联席会议,讨论以孔德学校为北大教育系代用试验学校事宜。

12 月 25 日,与顾颉刚等谈新郑出土青铜器。

冬,跋清曹载奎编《怀米山房吉金图》(日明治十五年京都文石堂重刊本),并补录原刻本二跋,订正其次第。

同年底,《观堂集林》印成出版,由马衡介绍在北大销售。

同年,任北京大学研究所国学门委员会委员,兼任北大图书部古物美术品主任。

同年,撰成《中国金石学概要》,作为北大史学系金石学课程讲义,次年由北京大学铅印。

1924 年（民国十三年）　44 岁

1 月 25 日，于《东方杂志》第 21 卷第 2 号发表《新郑古物出土调查记》。

1 月，赴洛阳考察。

5 月 19 日，北大研究所国学门古迹古物调查会召开会议，宣布更名为考古学会，并讨论会章及进行事宜。马衡仍任学会主席，并到会作了报告。

6 月 8 日，至龙树寺参加北大研究所国学门委员会会议。

6 月 11 日，至孔德学校参加常务董事会。

8 月，赴洛阳北邙山调查出土古物。

11 月，受聘于清室善后委员会，参加故宫物品的检查、点收工作。

12 月 25 日，于《京报副刊》第 20 号发表《三千年前的龟甲和兽骨》。

1925 年（民国十四年）　45 岁

1 月 31 日，赴东兴楼周作人、张凤举之宴，为陶孟和夫妇回京接风，并为郁达夫赴武昌大学任教饯行。

2 月 2 日，与马裕藻、钱玄同、沈尹默、沈兼士、李宗侗、徐炳昶、陈大齐、杨树达、邓以蛰于森隆饭庄宴请陶孟和、郁达夫、林语堂、马其昶、江绍原、周作人、胡适、王星拱、皮宗石、杨振声等人。

2 月 15 日，至北大三院参加国学门为欢送陈万里参加美国考察队赴甘肃敦煌考察举行的欢送会，并在会上致欢送辞。

2 月 16 日，至北京西车站为陈万里送行。

3 月 21 日，序容庚《金文编》。

3 月 31 日，与沈兼士、单不庵、朱希祖于东华饭庄宴请周子扬等人，胡适、钱玄同、李宗侗、陈垣、徐炳昶等作陪。

春，跋魏石经《尚书》《春秋》残碑未凿本。

7 月至 8 月初，赴洛阳考察，为北大购得汉魏石经残石数十种。

8 月 11 日，复信王国维，告以此次赴洛考察情况，并请其对已考取清华国学院研究生备取资格的何士骥予以关照。

9月初,赠王国维赵建武猿戏柱石孔拓本。

9月7日,托何士骥将洛阳所得及前购石经残石拓本近七十种及卣文影印本一纸转呈王国维,并于次日作书告之。

9月14日,致信王国维,讨论魏石经及山西新近出土虎符问题。

9月19日,复信王国维,继续讨论魏石经及山西虎符问题,并寄赠石经残石拓本。

9月27日,复信王国维,讨论魏石经及古兵器问题。

9月29日,被清室善后委员会推举为故宫博物院临时理事会理事。

10月15—20日,受滨田耕作与原田淑人之邀,赴朝鲜参观乐浪郡汉墓发掘及出土古物情况。

10月21日,于《北京大学研究所国学门周刊》第1卷第2期发表《汉司空袁敞碑跋》。

11月2日,致信王国维,告以日前赴朝鲜参观考古发掘情况。

11月4日,于《北京大学研究所国学门周刊》第1卷第4期发表《参观朝鲜古物报告》。

11月19日,赴黎锦熙之宴,为汪怡回京接风。

1926年(民国十五年)　46岁

1月25日,于《京报副刊》第395号发表《考古与迷信》。

1月,于山西古董商人处以四千元抢购回山西稷山县兴化寺被盗宋代壁画五十九方。

3月1日,于《社会日报·生春红副刊》第87号发表《北魏虎符跋》,后又登载于《考古通讯》1956年第4期。

4月10日,序陈万里《西行日记》。

6月,在马衡、滨田耕作、原田淑人等人倡议下,经各方协商,北京大学研究所国学门考古学会与日本东亚考古学会合作组建东方考古学协会。30日,于北大第二院召开东方考古学协会第一次总会暨成立大会。

6月,于《图书馆学季刊》第 1 卷第 2 期发表《中国书籍制度变迁之研究》。

7月 17 日,赴京郊拜访王国维。

7月 20 日,与王福庵、唐醉石、庄严、齐树平、陈仲益等人于漪澜堂为顾颉刚赴厦门大学任教饯行。

7月 21 日,复信王国维,询问其 26 日拟于燕京大学所作讲演情况,并请代觅清华国学研究院章程。

7月 26 日,至燕京大学华文学校听王国维所作"中国历代之尺度"讲演,赠王国维仿制铜量尺,并允诺为其拓印嘉靖牙尺。

7月,序黄立猷《石刻名汇》。

8月 1 日,致信王国维,寄呈嘉靖牙尺拓本三纸。

8月 3 日,赴袁同礼之宴,为顾颉刚饯行。

8月 4 日,赴福全馆李宗侗之宴,为顾颉刚饯行。

8月 20 日,复信王国维,讨论书籍制度问题,并为友人向其代购《观堂集林》二部。

8月 26 日,复信王国维,讨论魏石经问题,并告以仿制新嘉量已成,请遣人来取。

9月初,得王国维所赠《元代史料校注》四册,并因仿制新嘉量获清华国学研究院致函感谢。

9月 9 日,复信王国维,讨论魏石经问题。

9月,经亨颐邀请马衡至中山大学开办考古学系,未应允。

10月 20 日,于《北京大学研究所国学门月刊》第 1 卷第 1 号发表《壁画考语跋》《魏李相海造象碑跋》《保定莲花池六幢考跋》《关于河南沁阳九十人造象碑之通信》(与何值三)《关于朝鲜乐浪古墓发掘之通信》(与原田淑人)。

12月,任故宫博物院维持会常务委员。

同年,举荐王福庵、唐源邺等西泠印社社员参加故宫博物院重拓内府藏古玺印《金薤留珍》的钤拓工作。

1927 年(民国十六年)　47 岁

1 月 10 日,与张承武、沈尹默、钱玄同、吴郁周等人于森隆饭庄宴请王淑周、�云鹤、梁蕴藏作陪。

2 月 15 日,与王国维面晤论学。

2 月 16 日,致信王国维,请教"安州六器"及雍公缄鼎铭文问题。

2 月 26 日,复信王国维,讨论雍公缄鼎铭文及东后魏尺长度问题。

2 月,序故宫博物院古物馆辑《毓庆宫藏汉铜印》。

3 月 5 日,因瑞典地理学家、探险家斯文·赫定博士来华组织探险队欲前往新疆、甘肃等地进行探险考察活动,北京大学研究所国学门召集北京重要学术团体开会讨论,决议由到会各团体组织北京学术团体联席会议,筹划发掘采集国内各种学术材料,反对外人私入中国采集诸事宜。马衡与沈兼士、刘复等人代表北大研究所国学门出席会议。10 日,斯文·赫定与安特生同到北京大学拜访,表示愿与中国学术团体合作,由沈兼士、马衡、徐炳昶接见。19 日,召开第三次联席会议,决议将北京学术团体联席会议更名为中国学术团体协会,并呈报教育部立案。4 月 17日,召开第八次会议,由主席推定徐炳昶、马衡、刘复三人起草中瑞双方合作办法。后经双方协商交涉,最终达成"中国学术团体协会为组织西北科学考察团事与瑞典国斯文赫定博士定订合作办法"十九条,并于 4月 26 日在北大研究所国学门举行签字仪式。

3 月,与沈兼士、罗庸赴日参加东方考古学协会第二次总会及东亚考古学会成立大会,并参观帝室博物馆、东洋文库等学术机构。27 日,于东京帝国大学发表讲演《中国之铜器时代》,后登载于日本《民族》第 3 卷第5 号,《考古学论丛》1928 年第 1 册,以及《北京大学研究所国学门月刊》1927 年第 1 卷第 6 号,《史学杂志》1929 年第 1 卷第 3 期。

4 月上旬,取道朝鲜回国,途经汉城(首尔),参观京城大学、朝鲜总督府博物馆、李王职雅乐部。

4 月下旬至 5 月中旬,日本东亚考古学会和关东厅博物馆联合对旅大地区貔子窝附近的单砣子等史前时代遗址进行考古发掘,马衡与陈垣、罗庸、董光忠等人受邀前往参观,并在其中一处地点亲自参与发掘。

9月,清华国学研究院拟聘马衡继任王国维原任部分课程。

10月31日,化名殷南,于《国学月报》第2卷第8、9、10号合刊发表《我所知道的王静安先生》,悼念王国维之丧。

10月,被聘为故宫博物院管理委员会干事兼古物馆副馆长。

11月27日,跋王国维遗著《三字石经考》(马衡抄本)。

同年,撰《〈隋书·律历志〉十五等尺模型说明书》,由北大研究所国学门铅印成册。

1928年(民国十七年) 48岁

1月3日,于《国立第一中山大学语言历史学研究所周刊》第1集第10期发表《本校筹备考古学系之计画》。

1月5日,与钱玄同谈金文,并赠以叶玉森《殷契钩沉》。

2月26日,赴大仓洋行长泽规矩也、智原喜太郎之宴。

3月,被大学院聘为中央古物保管委员会委员,后任古物保管委员会北平分会主任。

4月28—29日,与刘复、阚铎等人赴日参加东亚考古学会第二次总会,会上观看了貔子窝遗址发掘及朝鲜庆州古迹调查实况电影,又至京都帝国大学考古学研究室参观貔子窝遗址出土古物,并于京都帝国大学发表讲演《戈戟之研究》。

5月,国民革命军攻克济南,驻守北京的奉军退出关外,马衡与沈兼士、刘复、徐森玉、陈垣、周肇祥、常惠、台静农、庄严等人于北京大学研究所国学门内组织成立北京文物维护会,以保护北京的文物古迹安全。

6月20日,撰成《集拓新出汉魏石经残字序》,并于《艺林旬刊》1928年第28—31期发表。

6月21日,受接收北平故宫博物院委员易培基委派,马衡与沈兼士、俞同奎、吴瀛、萧瑜一同代表南京国民政府办理接管故宫工作。

7月8日,因不满国民政府通过经亨颐提出的故宫文物为逆产、废除故宫博物院、拍卖或移置院内一切物品的议案,马衡与沈兼士、俞同奎、吴瀛、萧瑜五人联名撰写传单,要求保全故宫博物院,并借次日招待会之机,向参访故宫的国民政府军政要员散发。

7月,孙殿英率部武装盗掘清东陵。马衡闻讯后,与徐森玉、常惠等人亲赴现场勘查,并向社会各界及政府当局检举通报,呼吁政府严惩盗匪,追回赃物,保护古迹。

9月28日,与马裕藻、马鑑、马廉、周作人、钱玄同在孔德学校为陆仲安饯行。

9月,因美国人安德鲁斯率领的中亚考察团及其采集品在张家口被驻军扣留,马衡代表古物保管委员会偕北平文物维护会主席刘复与其谈判,最终达成《处置安得思先生一千九百二十八年在蒙古所采标本之办法》,并于10月20日在北平协和医学校签订协议。

10月14、15日,及12月30日,于《新晨报·文化特刊》发表《集拓新出汉魏石经残字目》。

10月,被推举为故宫博物院理事会理事。

11月,任北京大学史学系主任(当时北大隶属国立北平大学)。

12月13日,庄严于北平团城发起成立圆台印社,邀请马衡、王福庵为导师。马衡当场刻一秦玺式"圆台印社"印。

同年,兼任清华国学研究院特别讲师,教授金石学课程。

同年,辑自刻印成《凡将斋印存》二册。

1929年(民国十八年)　49岁

1月13日,参加中国史学会成立会议,并当选委员。

1月28日,与马裕藻、马廉于厚德福宴请胡适。

2月23日,与马廉、钱玄同于厚德福为沈麟伯出国留学饯行。

2月26日,国民政府行政院令,批准马衡任故宫博物院古物馆副馆长。

2月,卸任北大史学系主任。

2月,美国纽约自然历史博物馆组织的中亚考察团欲在中国蒙古进行第五次探险考察,并与教育部古物保管委员会接洽。古物保管委员会随即开会商讨应对办法,并由马衡与翁文灏、刘复提出一份协议草案,与考察团代表安德鲁斯进行谈判,结果因采集品的归属问题致谈判破裂。次年3月,经过激烈交锋,中美双方就合组考察团一事达成一致,由马衡与安德鲁斯在北平团城签订协议。

3月2日,跋《大明弘治元年岁次戊申大统历》。

3月,任北京大学图书部主任,后于暑假间邀请武昌文华大学图书馆专科高年级学生帮助整理积压的西文书籍,并公布新拟定的《图书馆借书规则》,整顿读者借阅混乱的状况,组织出版《北大图书部月刊》。

3月,跋魏石经《尚书》《春秋》残碑未凿本。

6月3日,王国维逝世两周年忌日,清华国学研究院师生集资募款在校园内树立"海宁王静安先生纪念碑"。纪念碑由陈寅恪撰文,林志钧书丹,马衡篆额,梁思成拟式。

6月14日,以考古学家身份至审判"东陵盗宝案"所设特别军事法庭鉴定赃物并作证。

6月,于《燕京学报》第5期发表《戈戟之研究》,后又登载于日本《考古学论丛》1930年第2册。

9月,序顾燮光《顾氏金石舆地丛书》。

10月,北平中国大学修建操场时发现唐仵钦墓,函请探视,马衡偕傅振伦前往调查。

11月20—28日,偕傅振伦、常惠至河北易县燕下都遗址调查。后作《燕下都城垣遗址》概括说明,印成明信片,分赠友好。此外,马衡还在易县发现了汉文帝后三年封丞相申屠嘉侯国故安城遗址,并访问了当地收藏家陈紫蓬,参观其城外别墅"半城半郭半农半圃之园"及其藏品。

12月9日,序容媛《古器物书目》。

12月20日,于《北大图书部月刊》第1卷第2期发表《汉熹平石经〈周易〉残字跋》。

同年,任《国立北京大学国学季刊》编委会委员。

同年,为保护西泠印社社址,在印社设立全国古物保管委员会浙江分会。

1930 年(民国十九年)　50 岁

3 月 6 日,主持召开北大考古学会干事会,讨论燕下都遗址发掘问题。9 日,于东兴楼宴请易县中学校长王观光、沈尹默、陈大齐、李书华、李宗侗、常耀奎、傅振伦、陈云诰等人作陪,磋商考古发掘的具体事宜。13 日,于团城主持召开会议,由北大考古学会与古物保管委员会、北平研究院合组燕下都考古团,马衡任团长。

3 月 30 日,赴北大第三院参加单不庵追悼会。

4 月 7 日,于北大第二院大讲堂讲演《燕下都考古调查及发掘计划》,讲稿刊载于 16 日《北大日刊》第 2385 号。考古团全体成员于平汉食堂集会、公宴。

4 月 22 日,率考古团全体成员由北海团城乘车出发,当晚抵达易县,住于城东南十八里的练台村。

4 月 27 日,于燕下都故城北郊的老姆台上举行开工典礼,易县县政府以下各机关均有代表参加。次日,正式对老姆台遗址进行发掘。

6 月,因遭孙殿英威胁报复及易县当地地痞骚扰破坏,马衡被迫停止燕下都考古发掘工作,在友人的协助下离开北平,经由天津乘船回南方避难,并由胡适亲自护送至上海。

8 月,序范寿铭、顾燮光《河朔访古新录》。

冬,序方介堪《古玉印汇》。

1931 年(民国二十年)　51 岁

1 月 23 日,与马裕藻、马廉于东兴楼宴请张伯岸。

1 月,辞去北京大学图书部主任。

2 月 1 日,与钱玄同校订汉石经。

2月4日,与马裕藻、马廉、孙人和、钱玄同、吴承仕、杨树达等人于东亚春宴请吉川幸次郎与高步瀛。

2月20日,于北大研究所国学门讲演《从实验上窥见汉石经之一斑》。

3月,患肝炎,住小营医院治疗。22日出院。

4月3日,与钱玄同校订汉石经。

6月2日,至周作人家,与周作人、钱玄同商讨孔德学校马廉与沈尹默交恶事之解决办法。

6月8日,马廉与沈尹默于周作人家面谈孔德学校事,马衡亦往。因商谈无果,马廉遂辞去校务主任之职。

6月25日,与马裕藻、马鑑、马廉于东兴楼宴请蔡元培,并约李石曾、周作人、钱玄同共谈马廉辞职之事。饭后偕蔡元培至孔德学校参观。

6月,撰成《记古师龚父器》,并于《浙江省立西湖博物馆馆刊》1933年第1号发表。

7月9日,至孔德学校,与马廉、沈尹默、周作人、钱玄同讨论马廉辞职后续问题。

7月,赠吴乃琛晋《当利里社碑》初拓本,并跋之。

8月2日,与沈尹默、钱玄同、周作人因孔德学校立案事于东兴楼宴请北平市教育局程樵圻。

9月6日,与马裕藻、刘复、樊际昌于东兴楼宴请来北平的陈大齐,钱玄同、胡适、张颐、胡政东等人作陪。

10月31日,跋宋宋庠《国语补音》(清曲阜孔继涵刻微波榭遗书本)。

10月,序《石鼓为秦刻石考》。

12月,序《封泥存真》。

同年,修订重印《中国金石学概要》《石鼓为秦刻石考》。

同年,孙女马伦(马彦祥长女)出生。

1932年(民国二十一年)　52岁

3月12日,与马裕藻、钱玄同拜访因"一·二八事变"而来北平避难的章太炎,谈学甚乐。

3 月,于《国立北京大学国学季刊》第 3 卷第 1 号发表《记汉"居延笔"》,后又登载于《艺林月刊》1934 年第 56 期。

6 月 15 日,赠钱玄同《泰山刻石》十字拓本及周公东征鼎相片。

夏,于洛阳故城南朱圪垱村考察,见晋《盛德隆熙颂碑》,命工精拓数本。

10 月,与江瀚、刘复、徐炳昶等北平文教界三十余人联名向国民政府建议,明定北平为文化城,将一切军事设备撤除,挪往保定。

秋,开始着手进行故宫博物院古物馆藏精品文物的装箱南迁工作。

12 月 11 日,至北平研究院参加《北平志》编纂委员会会议。

12 月 22 日,跋汉石经《周易》残碑合拓本,并装裱完成。

12 月 30 日,至法国公使馆参加欢迎伯希和宴会。

冬,跋魏石经《尚书》《春秋》残碑未凿本,并将其装裱。

同年,修订重印《〈隋书·律历志〉十五等尺模型说明书》,并改题为《〈隋书·律历志〉十五等尺》。

同年,辑自刻印成《鄦庐印稿》三册。

1933 年(民国二十二年) 53 岁

1 月,于中央研究院历史语言研究所编《庆祝蔡元培先生六十五岁论文集》发表《从实验上窥见汉石经之一斑》。

2 月 2 日,与马裕藻、马鑑等人于东兴楼宴请回北平探望母病的沈士远。

2 月 6 日,故宫博物院文物精品开始分批南迁。

2 月 8 日,至沈宅吊唁沈士远、沈尹默、沈兼士母亲之丧。

4 月 19 日,故宫博物院第四批南迁文物起运,共计四千六百三十五箱又二包,由马衡等人监运,27 日抵达上海。

6 月 11 日,与周诒春、陈垣、蒋梦麟夫妇、任鸿隽、孙洪芬、江绍原等人至车站为胡适赴美送行。

7—8月,易培基因涉盗卖故宫文物案辞去故宫博物院院长之职,经国民党中央政治会议及行政院议决通过,由马衡暂代院长职务。

8月9日,故宫博物院驻沪办事处及临时监察委员会于上海一品香饭店召开招待会,介绍故宫建院历史及文物南迁情况,马衡出席并致辞。

10月15日,新组成的第二届故宫博物院理事会于南京召开会议,公推马衡担任代理院长。

11月7日,马衡由南京返回北平,就代理院长职,并办理交接手续。

1934年(民国二十三年) 54岁

1月1日,至来今雨轩参加唐兰婚礼,并担任证婚人。

3月28日,代表故宫博物院于团城宴请蒋梦麟、顾颉刚、黄郛、王正廷、黄晦闻等人。

4月4日,故宫博物院组成第三届理事会,推举马衡为院长。

4月19日,至北大与钱玄同讨论孔德校务,主张召开董事会处理校务主任杨晦离校出走之善后事宜。

4月22日,至孔德学校参加董事会。会议决定追认蓝少铿为继任校务主任,并电催蓝少铿速来就职。

5月7日,国民政府行政院正式任命马衡为故宫博物院院长。

5月16日,与马裕藻、马廉、周作人、钱玄同、沈兼士、陈旧、徐祖正、刘复等人于东兴楼宴请马叙伦,为其庆贺五十寿辰。

6月2日,代表故宫博物院于团城宴请居正、陈立夫、蒋梦麟、顾颉刚、黄晦闻、沈兼士、王觉之、李润章等人。

6月,于北平尊古斋购得新莽时期的铜权、衡各一件,入藏故宫博物院。

7月18日,经马衡提议,故宫博物院理事会第二次常务理事会议决,聘请徐森玉为古物馆馆长,袁同礼为图书馆馆长,沈兼士为文献馆馆长。

8月3日,其母李氏逝世。31日,于聚贤堂开吊。

10月23日,中国学术团体协会西北科学考察团于北京大学召开第二次全体理事会,马衡于会上报告了居延汉简的整理情况,并提议由向达、贺昌群、劳榦、傅振伦四人偕同考释。

10月,伦敦中国艺术国际展览会筹备委员会成立,马衡担任委员。

秋,与北平图书馆副馆长兼故宫博物院图书馆馆长袁同礼、中央博物院筹备委员傅斯年、李济等人联络博物馆界,于北平图书馆内筹备组织中国博物馆协会。

11月20日,与马廉、钱玄同、周作人、蓝少铿、徐祖正、李召贻、沈麟伯、王淑周、陈哲涵等人于撷英番菜馆宴请沈尹默等人。

同年,改任北京大学名誉教授。

同年,于《文社月刊》第4期发表《汉袁敞碑跋》。

1935年(民国二十四年) 55岁

1月14日,与徐森玉、袁同礼、沈兼士代表故宫博物院于东兴楼宴客。

1月26日,至黄晦闻家吊丧。

2月19日,九弟马廉去世。21日,于官菜园上街观音院开吊。

2月24日,参加西北科学考察团理事会第四次全体理事会议。

4月8日至5月5日,组织故宫博物院赴英参展文物于上海外滩中国银行大楼内举行预展。

4月,故宫博物院南京分院"保存库建筑工程委员会"成立,马衡任委员。

5月18日,中国博物馆协会于北平景山公园绮望楼举行成立大会,推举马衡为主席,并选举马衡、袁同礼、朱启钤、沈兼士、叶恭绰、李济、傅斯年、丁文江等十五人为执行委员。

7月5日,因北平市长袁良禁止中学男女生同班同校,马衡与马裕藻、钱玄同、周作人、沈兼士等孔德学校董事及校务主任蓝少铿于东兴楼商讨应对办法,并拟致蔡元培校长函稿。

7月22日,至孔德学校,与马裕藻、钱玄同、周作人、沈兼士、蓝少铿续商男女生分校之事,并商董事会寄蒋信稿。

8月,任吴越史地研究会评议。

10月15日,赴北平研究院史学研究所参观并晚宴。

11月28日至次年3月7日,组织七百三十五件故宫文物精品于英国伦敦皇家艺术学院参加"伦敦中国艺术国际展览会"。

12月1日,《湖社月刊》第97册所载《周代镇海鑑之节略》文末附有马衡所撰鉴定。

同年,跋中华书局珂罗版《北宋拓周石鼓文》。

1936年(民国二十五年) 56岁

1月24日,为钱玄同写"饼斋"之匾。

4月15日,于南京参加故宫博物院南京分院保存库奠基仪式。

5月,于《西北文物展览会特刊》发表《汉代的木简》。

6月1—22日,组织故宫博物院赴英参展归国文物于南京考试院明志楼举行复展。

7月20日,于青岛科学馆大礼堂参加中国博物馆协会第一届年会及中华图书馆协会第三届年会。

7月,任浙江文献展览会设计委员会会长。

7月,于《国立北平故宫博物院年刊》创刊号发表《新嘉量考释》。

8月,跋新权衡。

9月26日,于南京出席故宫博物院南京分院保存库落成典礼。

10月12日,与马裕藻于东兴楼宴请钱玄同,为其五十岁生日祝寿,沈兼士、徐祖正、周作人、许寿裳等作陪。

10月16日,于《新苗》11卷1号发表《南京朝天宫发现之古迹》。

11月3日,序李培基《古鉴斋藏印》。

11月,于杭州参加浙江文献展览会,并选送故宫书画照片若干份参展。

12月9日,故宫博物院南迁存沪文物开始分批运往南京新建库房。22日运毕。

同年,赴开封考察,与方介堪同游黄河,并邀请其至故宫博物院参加法书、玺印的鉴定、编辑工作。

1937 年(民国二十六年)　57 岁

1 月 1 日,故宫博物院南京分院正式成立。18 日,马衡于朝天宫宴请顾颉刚、傅斯年、刘哲、蒋作宾、王世杰、翁文灏、罗家伦、张道藩等人。

1 月 16 日,被国民经济建设运动委员会聘为该会全国手工艺品展览会筹备委员会委员。

2 月 16 日,与沈兼士、徐森玉、张柱中等人于东兴楼宴请陈垣、孟森、福开森、章鸿钊、姚从吾、赵万里、赵儒珍、傅增湘、容庚、柯昌泗等人。

2 月 17 日,因日前孔德学校与华北学院发生房产纠纷,华北学院方面请警察至孔德学校张贴布告,声言五日内将来接收。马衡与蓝少铿、马裕藻、钱玄同、周作人、沈兼士等人聚于东兴楼,商讨应对办法。决定由马衡拜访华北学院院长何其巩,钱玄同、蓝少铿、周作人、沈兼士拜访查良钊,托其设法向法院协商。

2 月 23 日,与钱玄同、周作人、沈兼士、蓝少铿等人于墨蝶林宴请查良钊、戴修瓒、纪清漪,商讨孔德学校与华北学院纠纷事。

3 月 16 日,应邀赴新闻专科学校欢迎法国记者魏达士之茶话会,与李石曾谈孔德、华北纠纷事。

3 月 17 日,与沈兼士、周作人、钱玄同、蓝少铿等人于承华园宴请何其巩、王巍、沈家彝、李石曾,商谈孔德学校与华北学院和解事。

3 月 22 日,至孔德学校,与钱玄同、周作人、沈兼士等人续商孔德与华北之事。

4 月 1—23 日,组织故宫博物院三百九十六件藏品参加教育部在南京举办的第二届全国美术展览会,并于《教育部第二次全国美术展览会专刊》发表《故宫博物院参加美展会之书画》。其书后于 1938 年修订重印,更名为《中国艺术论丛》。

5 月 5 日,与胡适同赴商务印书馆,与王云五谈汉简事。

5 月 18 日,至中央大学参加中国艺术史学会成立大会。

5 月 28 日,赴松公府参加孟森七十寿辰纪念会。

6 月 4 日,于东兴楼宴请蒋梦麟、沈兼士、顾颉刚、容庚、张柱中、徐森玉、樊际昌、郑天挺等人。

6 月,于胡适、蔡元培、王云五主编《张菊生先生七十生日纪念论文集》发表《关于鉴别书画的问题》(朱家济代笔)。

8 月 14 日,开始指挥故宫博物院南京分院存放的南迁文物分批西迁。

11 月,赴长沙视察南路故宫西迁文物的存放情况。

12 月,赴汉口视察中路故宫西迁文物的存放情况。

1938 年(民国二十七年)　58 岁

3 月 28 日,于四川大学文学院大礼堂发表讲演。

9 月,与李济赴成都、汉中视察北路故宫西迁文物的转运、安置情况。

11 月,赴贵阳视察南路故宫西迁文物的保存情况,并为文物寻访存放新址。

1939 年(民国二十八年)　59 岁

4 月上旬,与朱希祖、常任侠等人考察重庆盘溪汉阙。

1940 年(民国二十九年)　60 岁

1 月至次年 3 月,组织一百件故宫文物精品赴苏联莫斯科参加"中国艺术展览会",后又移至列宁格勒(圣彼得堡)继续展出。

4 月 10 日,与郭沫若、常任侠、卫聚贤等人于重庆嘉陵江北岸调查汉墓。

9 月 18 日,其妻叶薇卿于上海去世,享年 57 岁。

1941 年(民国三十年)　61 岁

1 月 8 日,于重庆三元读书会发表讲演《中国字体之变迁》,后登载于

《说文月刊》第 3 卷第 2、3 期合刊。

1942 年(民国三十一年)　62 岁

9 月,跋隋《始建县界碑》拓本。

秋,得马鑑所赠郭沫若《石鼓文研究》。

12 月 25 日至次年 1 月 10 日,组织赴苏参展归国文物参加于重庆举办的第三届全国美术展览会。

1943 年(民国三十二年)　63 岁

1—2 月,为庆祝《中美新约》和《中英新约》签订,国民党中央组织部、全国大学暨工矿党部决定铸造九鼎向蒋介石致敬,由马衡主持设计,并撰写九鼎设计缘起。

6 月 30 日,于《社会教育季刊》第 1 卷第 2 期发表《中国书法何以被视为美术品》。

12 月 31 日,于《社会教育季刊》第 1 卷第 4 期发表《国立北平故宫博物院概况》。

12 月至次年 1 月,组织一百四十二件书画精品于重庆中央图书馆举办故宫博物院书画展览会。

同年,教育部筹设国立中央美术馆,马衡被聘为筹备委员。

同年,长孙马思猛(马彦祥长子)出生。

1944 年(民国三十三年)　64 岁

4 月 12—30 日,组织故宫赴渝参展文物于贵阳贵州艺术馆举办"故宫博物院书画在筑展览"。

5 月,于《说文月刊》第 4 卷合刊发表《谈刻印》。

9 月,于《书学》第 3 期发表《跋唐玄宗投紫盖仙洞告文铜简》。

10 月,于重庆文风书局出版《我教你写字》。

同年,孙女马企昕(马太龙之女)出生。

1945 年(民国三十四年)　65 岁

4 月 23 日,参加国学整理委员会会议。

4 月 24 日,与顾颉刚、何遂、傅振伦等人至合川县考察汉墓群。

4 月 25 日至 5 月 7 日,与顾颉刚、何遂、张静秋、庄严、傅振伦、朱锦江、冯四知、梅健鹰、雷震、何康、苏鸿恩、程椿蔚、吴显齐等人参与中国学典馆馆长杨家骆组织的大足石刻考察团,赴四川大足县北山、宝顶等处考察。

7 月,序《重修大足县志》。

9 月,于《书学》第 5 期发表《故宫影印〈书谱〉释文校记》《题晋宁新出古碑》。

10 月,委托留守北平的故宫博物院总务处处长张庭济会同文献馆馆长、教育部平津区特派员沈兼士共同办理北平故宫本院的接收工作。

12 月 26 日,国民政府行政院指示原"战区文物保存委员会"更名为"清理战时文物损失委员会",并于次年初确定委员会成员名单,马衡任副主任委员。1947 年"清损会"平津区代表沈兼士去世后,马衡又兼管平津区办公室的工作。

1946 年(民国三十五年)　66 岁

1 月 21 日,开始组织故宫西迁文物分批回迁东归。

5 月,孙子马明(马文冲之子)出生。

8 月,为广西石刻展览会撰《为广西石刻展览会进一言》,并赠字条一幅。该文后收录于广西省政府秘书处编译室编印《广西石刻展览特刊》。

11 月 12—26 日,应四川省政府之请,在文物离川前,组织一百余件故宫书画精品在成都举办告别展览会。

12 月 3 日,跋《尊古斋印谱》。

同年,所撰《大足石刻〈古文孝经〉校释》刊于《民国重修大足县志》卷首附载《大足石刻图征初编》。

1947 年（民国三十六年）　67 岁

5 月，与徐森玉同访吴湖帆于四欧堂，观其所藏黄公望《剩山图》，并劝其让与故宫，以便与故宫所藏《富春山居图》复合，惜未果。

9 月 3 日，应邀于北平广播电台发表专题讲演《抗战期间故宫文物之保管》。

10 月 22 日，于杭州西泠印社参加补行建社 40 周年纪念大会，并被公推为社长。

11 月，中国学术团体协会西北科学考察团理事会复员后召开第一次理事会议，讨论理事会改组事宜，决议聘请马衡及徐森玉、胡适、徐炳昶、袁复礼五人为常务理事。

12 月，序故宫博物院文献馆编《文献论丛·沈兼士先生纪念刊》。该刊于次年 10 月出版。

1948 年（民国三十七年）　68 岁

2 月，跋秦石鼓元明间拓本。

5 月 29 日至 6 月 8 日，故宫博物院与中央博物院筹备处在新落成的中央博物院陈列室举办联合展览，马衡与曾昭燏分别代表两部门负责人陪同蒋介石等人参观。

6 月，中国博物馆协会在北京复会，修订了《中国博物馆协会组织大纲草案》，马衡再次当选理事长，并在故宫传心殿主持复会后的第一届会员大会。

6 月，于中研院《历史语言研究所集刊》第 20 本上册发表《宋范祖禹书〈古文孝经〉石刻校释》。此文系由《大足石刻〈古文孝经〉校释》改订，8 月又撰一附识。

11 月，跋汉《贤良方正允残碑》与汉《子游残石》初拓本，并将二者合装。

12 月 16 日，至北大参观敦煌文物及古兵器、漆器陈列室。

12 月 17 日，至北大参加 50 周年校庆纪念会。得杭立武电报，促其南行,遂托梅贻琦转达婉拒之意。

12月29日,为启功跋初拓松江本《急就篇》。

12月底,校《急就篇》。

同年,跋王国维辑《达古斋藏印》。

1949年(民国三十八年) 69岁

1月2日,跋《天玺纪功刻石》拓本。

1月12日,傅作义邀请何思源、马衡、吕复、袁敦礼、杨振声、周炳琳、陈振汉、朱光潜、王捷三、冀朝鼎等北平学者、名流晚宴,征询和战意见。马衡于席上谈及北平战局和古物保护问题。

1月14日,致信杭立武,以病后健康未复为由再次婉拒离平赴南京,并劝说杭立武停止继续迁运文物赴台。

1月22日,应傅作义之请赴中南海春藕斋开会。傅作义于会上宣布准备放下武器,与中共和谈,并诵读停战协议十四条。

1月,华北剿总借太庙储存大量炮弹军械,马衡极力反对,反复与华北剿总副秘书长焦蕴华等人交涉。

2月5日,赴御河桥北平联合办事处开会,与徐冰、张宗麟、钱俊瑞及各校代表商讨北平过渡时期各院校及文化机关之应急问题。

2月13日,赴北平图书馆参加中国博物馆协会与图书馆协会联席会议,通过《从事图书馆博物馆及考古工作者的意见》,俾建议于文化接管委员会。

2月19日,与尹达、王冶秋同至团城,办理北平文物整理委员会接管事宜,马衡留任主任委员。

2月20日,应中共当局之邀赴北京饭店晚餐,林彪、董必武、邵力子、聂荣臻、叶剑英等先后发言,席终观看解放东北电影。

2月,与尹达等人商议办理故宫博物院接管事宜。

3月4日,陪同李济深等民主人士参观故宫。

3月6日,北平市军事管制委员会正式接管故宫博物院,马衡留任院长。

　　3月16日,赴北京饭店参加文化接管委员会召开的文物座谈会,主要讨论故宫博物院与北平图书馆改进业务问题,并对国民党将南京六机关文物运往台湾表示抗议。会议指派郭沫若、王重民、马衡起草抗议书。

　　3月,跋北魏《元景造像记》拓本与汉《贤良方正允残碑》初拓本。

　　4月15日,接顾燮光讣告。26日,唁顾燮光之子肄雅,附挽联一副。

　　4月18日,陪同朱德、林彪参观故宫。

　　4月21日,赴北京饭店参加文化界拥护巴黎和平大会座谈会。

　　4月22—23日,主持召开故宫博物院被接管后的第一次院务会议。

　　4月30日,参加贺孔才捐赠文物预展会。

　　5月3日,偕王冶秋、王重民至达古斋掌柜霍明志家,观其拟捐赠国家之文物。

　　5月5日,应文管会之邀赴北京饭店开会,同北平学术界人士交流对于今后中国学术工作的意见。

　　5月14日,至北平图书馆出席《赵城金藏》展览会。

　　5月19日,陪同时敏行、李杰三参观故宫铜器,并为之讲解。

　　5月28日,与梁思成、王冶秋讨论文物整理委员会机构设置问题。下午至故宫传心殿招待各界参观新设的革命史料陈列室,并报告设置经过。

　　6月11日,至图书馆参加图书馆、博物馆、考古工作者协会第一次筹备会。

　　6月24日,刘蕙孙来告知天津海关发现瑞士领事馆人员行李中夹带商周铜器四十一箱,多系精品,遂转告王冶秋,请其加以注意。

　　6月26日,与徐炳昶、黄仲良于欧美同学会午餐,讨论西北科学考察团所属文物资料的接管办法,同时有王冶秋及北大等校代表出席。

　　7月1日,中国新史学研究会筹备会于北平成立,马衡作为发起人之一赴北京饭店参加会议。

　　7月2日,赴怀仁堂参加中华全国文学艺术工作者代表大会开幕典礼,并与汤用彤谈西北科学考察团事。

7月3日,至北平艺专参观艺术展览会。

7月7日,得知吴湖帆欲将所藏黄公望《剩山图》等文物十余种捐献政府,遂请王冶秋电告上海军管会与徐森玉取得联络,并访郑振铎告以此事,请其函告徐森玉,借此北来。

7月11日,为胡先骕书"静生生物调查所"等门榜两方。晚赴北京饭店开会,与马夷初、郭沫若、郑振铎、王冶秋讨论古物保管委员会组织办法。

7月14—15日,赴勤政殿参加中国社会科学工作者代表会发起人会议。

7月16日,赴怀仁堂参加中苏友好协会会议。

7月19日,赠郦承铨《法书大观》一册,托王淦昌带至杭州。

7月20日,应邀与周恩来、林伯渠等人晚餐,饭后讨论教育问题。

7月22—27日,参加教育工作者代表会筹备委员会会议。

7月28日,于故宫绛雪轩招待教育工作者代表。晚赴北京饭店出席茶会,听周恩来演讲。

8月14日,写纪念冯玉祥文。

8月16日,赴华北政府参加高教会召开的各大学及文物机关会议,讨论课程、经费及人事问题。

8月18日,至历史博物馆审查古物。

8月19日,赴北京饭店参加筹设印铸局谈话会,主张一律用方印,约二寸余见方,字体仍用篆文。

8月21日,得丁洁平书,知其父丁辅之去世。24日,发函吊唁。

8月31日,赴工商局参加特种手工艺座谈会,讨论今后北平特种手工艺品的生产问题。

9月1日,参加冯玉祥追悼会。

9月4日,应邀与清华国学研究院旧同学七人在上林春午餐。午后于故宫传心殿招待前来参观新辟陈列室预展的成仿吾、范文澜、郑振铎、裴文中、邓初民等人。

9月6日,应邀前往历史博物馆参观石家庄运来古物。

9月8日,跋秦《泰山刻石》廿九字清初拓本一册。

9月13日至10月21日,接待由沪来平的徐森玉,并多次劝其重返故宫复任古物馆馆长,徐氏婉拒。

9月15日,招待来故宫参观的政协代表。

9月17日,应邀前往文物整理委员会参观古建筑法式展览会。

10月2—3日,赴怀仁堂参加中国保卫世界和平大会成立大会。

10月4日,招待国际友人参观故宫,并报告故宫博物院成立经过及其组织与概况等。

10月5日,赴怀仁堂参加中苏友好协会会议。

10月6日,往六国饭店接张元济及其子张树年,又往北京饭店接郑振铎,同至绛雪轩参观故宫藏书。

10月7日,至北京饭店参加教育工作者座谈会。

10月10日,于神武门楼召开故宫博物院成立二十四周年纪念会,下午赴北京饭店参加中苏教育座谈会。

10月15日,接待程潜、方叔章、程星龄等人及世界工联、国际妇女等代表参观故宫。

11月4日,于故宫神武门礼堂接见奉调来院工作的北大工警人员,并致辞勖勉。下午至北平艺专参观清华大学举办的少数民族文物展览会。

11月19日,招待苏联防疫队第二队参观故宫,并感谢其协助防疫工作。下午至北大参观博物。

11月23日,招待亚澳工会代表团参观故宫。

11月25日,参加西北科学考察团常务理事会议,决定请求中国科学院接管。

11月26日,陪同郭沫若及苏联外交官费德林游览故宫。

11月29日,招待亚澳工会代表参观故宫。晤马寅初,接受其携来张元济捐赠故宫的壬辰殿试卷头。

12月15日,招待亚洲妇女代表会议代表参观故宫。

12月21日,赴中国科学院开会,决议结束西北科学考察团,由科学院接收考察团文物案卷。

12月25日,偕故宫古物馆同人赴义和成铜胎画珐琅工厂参观。

12月26日,签注政务院《禁运古物出口》及《保护各地区名胜古迹文物图书》两令稿意见。

12月29日,致信启功,告以明典礼纪察司半印之由来。

1950年　70岁

1月2日,跋唐墓志二种及骨筹刻辞拓本一册。

1月9日,招待波兰代办及商务代表团参观故宫。

1月16日,与章元善联名召开北京市特种手工艺座谈会,讨论艺术与手工结合问题。

1月19日,与王冶秋、梁蔼然招待苏联档案学家米留申参观故宫文献馆、实录大库及革命史料陈列室等处。

1月22日,参加梁启超逝世二十一周年纪念会。

1月26日,与王冶秋、张景华、沈洪江等人赴北京西车站,接运首批南京分院留存南迁文物返京。

1月31日,招待捷克斯洛伐克大使及使馆馆员参观故宫。

2月10日,赠单庆麟《〈隋书·律历志〉十五等尺》及小册子。

2月15日,招待朝鲜大使参观故宫。

2月28日,至文物局观看刘铭传曾孙刘肃曾捐献的虢季子白盘开箱,后入藏故宫博物院,并指导其传拓工作。

3月8日,赴轻工业部参加手工业生产座谈会。

3月10日,至辅仁大学礼堂听苏联史学家吉谢列夫讲苏联历史科学与历史教学。

3月11日,赴轻工业部开会,报告苏联、捷克斯洛伐克重视我国手工艺品,将来在东欧及苏联之市场颇可注意。

3月13日,主持召开故宫博物院院务会议,修订《组织条例》,并取消文物分类委员会,改由联合提集组于提集时当场办理分类。

3月15日,将赴捷克斯洛伐克参加"中国月"展览展品于乾清宫举行预展,马衡陪同捷克斯洛伐克大使夫妇及郭沫若、丁瓒、阳翰笙等人参观。

3月17日,至北京大学理学院听吉谢列夫讲苏联的考古研究。

3月18日,至北大孑民堂参加吉谢列夫考古座谈会。

3月21日,招待匈牙利公使夫妇及使馆人员参观故宫。

3月23日,招待罗马尼亚公使参观故宫。

3月30日,陪同留美归国的胡先晋参观虢季子白盘。下午赴文化部开会,听取全国文物情况及接收报告,讨论《禁运文物图书出口》与《保护全国各地公私有古迹文物图书》两法令草案及《珍贵图书禁止出口》《保护有关革命历史文化之建筑物》《古文化遗址及古墓葬之调查发掘》三暂行办法草案。

4月1日,赴中央美术学院参加庆祝成立典礼。

4月3日,于欧美同学会为其子马彦祥与罗钜壎(云燕铭)婚礼主婚。

4月5日,至文物局鉴定外交部送来古画,并函郑振铎、王冶秋,反对外交部以此赠送友邦,主张征求现代作品储备赠送。

4月6日,至北京饭店参加捷克斯洛伐克"中国月"展览展品预展。

4月28日,偕张景华至北京剧场听胡哲人演讲"农村中的几个问题"。

4月29日,派人赴白云观接收《道藏》二千九百余册。下午偕郑振铎至于省吾家看其欲售铜器,又至草豆胡同十八号看汉永和五年(140)石羊。

5月3日,至文化部听李毅讲"从猿到人"。

5月6日,至故宫文献馆点收朱氏捐赠的明岐阳王李氏文物。下午至北大文科研究所参观汉代被压迫人民的画像及李自成等农民起义史料展览。

5月7日,以封泥十函易于省吾藏"河南半升"铜器。

5月12日,赴曲园酒楼参加文物局为来京捐献能原镈的熊述匋所设接风晚宴。次日,又赴文物局观看能原镈,并断为春秋末期或以后之越器。

5月22日,与许协澄、杭承旲赴中山公园音乐堂听周恩来总理报告。

5月22、25日,赴文物局鉴定诸姛兕觥,断为伪造。

5月30日,参观北京市特种工艺品公市开幕式。

5月31日,至通古斋看战国铜权,后由故宫收购。又至北京图书馆参观国际儿童节预展。

6月10日,参加新史学研究会座谈会。

6月11日,访陈紫蓬,唁其子陈永锡之丧。

6月18日,为林行规夫人书林行规墓碑。

6月26日,与郭沫若、沈雁冰、郑振铎、丁西林、周扬、王冶秋等人于故宫接收能原镈。

6月28日,赴文物局开会,商讨赴苏联"中国艺术品展览会"出品事,反对以带有帝国主义文物掠夺色彩的石刻佛头参展。

7月1日,赴积谷山房看北朝造像,又于文物局与唐兰同看青岛捐献的其次勾鑃。

7月2日,再次为林行规夫人书林行规墓碑。

7月6日,应邀赴中南海紫光阁参观兵器展览。

7月8日,马彦祥于玉华台设宴庆贺马衡七十寿辰,陈敬第、张晋、郭沫若、丁西林、郑振铎、王冶秋、阳翰笙、徐悲鸿、陈铭德等人赴宴。

7月17日,于文物整理委员会召集故宫建筑物史艺价值鉴定委员会议,商讨普查故宫建筑物事。

7月24日,以唐代造像捐献故宫博物院。

7月28日,赴文物局开会,听取南京博物院院长曾昭燏与南京图书馆馆长贺昌群业务报告,并参加文物局招待晚宴。

7月29日，于故宫太和殿招待董必武、徐特立、邵力子等人参观赴苏联"中国艺术品展览会"展品预展。

8月1日，于故宫太和门参加八一建军节大会，听毛泽东主席、朱德总司令发表讲话。

8月4日，陪同李济深及其家人游览故宫。

8月12日，于文物整理委员会召开会议，邀请有关机关商讨抢修北京城楼问题。

8月13日，偕叶恭绰至中国科学院考古研究所观看安阳新出土文物。

8月14日，邀请曾昭燏及故宫博物院、历史博物馆、革命博物馆相关负责人员于故宫绛雪轩召开座谈会。

8月15日，赴文物局参加故宫整修工程座谈会。

8月17日，因徐悲鸿上书抗议，马衡于故宫太和殿陪同周恩来总理等人重新审查、挑选赴苏参展的现代绘画作品。

8月18日，赴文物局参加保护全国古迹座谈会。

8月22日，赴文物局开会，讨论全国博物馆分配计划及博物馆业务等问题。

8月25日，得王制五所赠元蒙文官印一方，拟以其名义捐赠故宫。

8月28日，于故宫文献馆邀请朱士嘉演讲美国档案馆之组织。下午至文物局开会，商讨三年计划，并集体前往天安门参观军事卫生展览。

8月29日，偕张景华至文化宫参观卫生展览会。

8月30日，赴文物局开会，商讨民族博物院筹备事宜。

8月31日，应政务院秘书厅之邀，赴北京饭店参加米留申送别晚宴。

9月1日，偕朱家濂赴前青厂胡同吊陆宗达之父陆雨亭之丧。

9月3日，校吴《天发神谶刻石》。

9月7日，赴文物局开兄弟民族文物展览筹备会。

9月9日，招待缅甸大使参观故宫。

9月12日，参加兄弟民族文物展览筹备委员会。

9月17日,赴顶银胡同吊陈仲年之丧。

9月18日,与张文教召集"战斗英雄""劳动模范"与"民族文物"三展览会负责人举行座谈会,组织国庆特展联合委员会,以加强联系。

9月19日,马子云拓虢季子白盘全形告成,马衡盛赞其"开铜器拓本之新纪元"。晚晤陶祖光,得其所赠汉《芗他君石祠堂题记》拓本。

9月21日,至文化宫参观罗马尼亚展览会。

9月22日,校阅欧阳道达所编《故宫文物避寇记》。26日,校阅毕。

9月24日,赴南河沿听徐特立讲"历史学在社会科学中的地位"。

9月29日,招待乌兰夫等来宾参观民族文物展览会,下午赴文物局参观文物展览。

9月30日,赴北海参观出版事业展览会。

10月4日,招待少数民族代表参观兄弟民族文物展览会。赠徐森玉《金石学讲义》。

10月5日,招待芬兰青年代表团参观故宫,并接受访问。

10月10日,陪同赵望云、王修、方壮猷、马耕渔参观故宫各陈列室及文物库房。下午招待苏联电影及艺术家参观文华殿陈列室,并至文献馆观看图册。晚间开会庆祝故宫博物院成立二十五周年纪念,并报告故宫二十五年之发展经过。

10月11日,赴华北大学工学院听吴有训演讲新德国文化状况。

10月14日,于故宫绛雪轩参加文物局召开的文物工作者座谈会,强调调查古迹、防止盗掘、防止出口三事。

10月15日,赴金钩胡同参加新史学研究会举办的太平军起义百周年纪念会,并介绍沈士远入会。

10月21日,于故宫文献馆参加戏剧资料展览筹备会,下午参加中苏友好协会故宫支会成立会。

10月29日,赴金钩胡同听冯友兰讲新哲学。

10月30日,集体赴文化宫公奠任弼时。

11月5日,吊俞平伯之父俞阶青之丧,下午赴文化部听沈雁冰讲抗美援朝政策。

11 月 10 日,赴金钩胡同参加图书馆、博物馆、文物工作者座谈会,商讨抗美援朝共同宣言,并致函慰问朝鲜图博工作者。下午赴文物局参加"抗美援朝保家卫国"展览筹备会。

11 月 24 日,主持召开故宫博物院院务会议,组织文物提集委员会,由马衡、张景华、张允亮、常惠、单士魁、王世襄等七人组成,领导联合提集组,加强文物提集工作。

11 月 27 日,赴文化部参加全国戏曲工作会议。

11 月 28 日,于故宫绛雪轩参加文物局招待局方各机关从革命大学学习归来同志欢迎会并发言,会后陪往畅音阁参观戏剧资料展览会。

11 月 30 日,整理朝鲜碑版。

12 月 19 日,赴文化部听捷克斯洛伐克文化代表团团员赫德利奇卡讲捷克斯洛伐克之文化机构。

12 月 20 日,于故宫招待来宾参观抗美援朝展览会预展。

12 月 24 日,与裴文中招待捷克斯洛伐克文化代表团参观故宫。

1951 年　71 岁

1 月 6 日,赴历史博物馆参观原始共产社会展览。

1 月 16 日,赠沈士远羊毫、狼毫等笔,贺其七十生日。

1 月 21 日,因日前接张元济寄来《庚寅岁暮告存》二绝句,遂次韵和之,写以寄之。

1 月 23 日,于故宫召开文物提集委员会会议,推举马衡、张景华、常惠为常委,崔仪为秘书。

2 月 3 日,赴文化部开会,商讨博物馆、图书馆改革及工作计划。

2 月 4 日,为许光宇题魏石经整本。

2 月 8 日,赴新史学研究会开会。

2 月 12 日,赴中国科学院开科学史编审座谈会,晚应邀于故宫礼堂参加抗美援朝展览会同人联欢会。

2月15日,应民盟征文,作《爱祖国的文化》一文送去。

2月16日,赴中央美术学院参加接收捷克斯洛伐克文化代表团赠送艺术作品典礼。

2—3月,整理所藏六朝墓志。4月1日毕事。

3月6日,校薛慎微所藏《唐马夫人墓志》。

3月11日,得许光宇所赠六朝墓志。

3月13—16日,赴文化部参加全国文化行政工作会议,并听取各地工作报告。

3月18日,招待参会的各大行政区及各省市文化行政工作者参观故宫抗美援朝展览。

3月25日,赴新史学研究会听王静如讲"中国古代耕犁的发展"。

3月27日,陪同周恩来总理参观故宫中路宫殿及抗美援朝展览。

3月28日,于故宫神武门楼参加文物局夜校开学典礼。

4月5日,至历史博物馆参观敦煌艺术展览,并看燕下都文物之布置。

4月16日,王冶秋之母安葬,与张景华、刘耀山同往送葬。

4月18日,赴中央美术学院参加抗美援朝书画义卖会。

4月22日,赴华北大学工学院听郭沫若报告拥护五大国和平公约。

4月30日,赴文化部开大会,由周扬作"爱国主义"报告,并全体签名于世界和平公约。

5月1日,至天安门广场参加"五一"大会,并观看游行。

5月3日,得陈伯衡所赠《唐天祐乙丑王大王造庵子及作水池记》木刻拓本。

5月6日,以旧书画十一件、铜器全形拓本二件、自书二件及张晋所捐旧墨十锭交叶恭绰,为抗美援朝书画义卖之用。

5月8日,招待班禅一行游览故宫。

5月9—10日,主持召开故宫博物院机构改组后第一次院务会议,商讨改组应办各事。18日,正式实行新组织,成立保管、陈列、群工三部及图书馆、行政处,原设之古物馆撤销,文献馆改为档案馆。原古物馆及文献馆之史料、物品均移交保管部,各陈列室移交陈列部。

5月10日,受命于清朝档案中查找班禅觐见仪节及册封典礼,以供政府参考。

5月14日,偕常书鸿赴文物整理委员会,与赵正之讨论修整敦煌千佛洞事。

5月30日,偕王世襄赴教育部讨论博物馆学课程。

6月3日,至故宫与唐兰谈大学历史系博物馆组古文字学课程及古代馆陈列事。

6月7日,应邀参加敦煌艺术研究所颁奖典礼。

6月10日,至中山公园看文物展览,并于中山堂听翦伯赞讲"从武训谈到其他人物"。晚赴来今雨轩为马裕藻之子马泰主婚。

6月27日,参加中国科学院考古研究所安阳发掘展览,后赴民族事务委员会开会,商讨展览事宜。

6月29日,于故宫神武门楼召开庆祝中共建党三十周年纪念会,后开故宫博物院组织条例草案审查会。

7月20日,偕常惠赴市政府开会,讨论北京文物调查工作。

7月25日,赠香港大学陈君葆篆书联,并以古铜熊座托其转交马鑑。

7月30日,至午门参观北京近郊出土文物。

8月4日,赴文物局参加"伟大祖国艺术"展览筹备会。

8月12日,赴北京图书馆参观《永乐大典》预展会。

8月22日,赴怀仁堂听周恩来总理报告:一、开城停战谈判情况;二、巩固国防;三、民主专政;四、财经情况;五、修正学制,培养人才。

8月31日,与郑振铎赴政务院参加礼品管理委员会会议,商讨国家礼品处理方法。

9月9日,接周萼生重庆来书,复书赠以藏石拓本四种。

9月17日,与王冶秋招待苏联作家爱伦堡夫妇及智利诗人聂鲁达夫妇参观故宫。

9月20日,赴中国科学院开会,听取语言、考古、社会、近代史四研究所报告。后赴北京东车站,为文化部印度访问团送行。

9月23日,赴正昌饭店为濮绍戡之侄克先证婚。

9月24日,招待印尼华侨观光团参观故宫。

9月26日,至中山公园中山堂听宦乡作时事报告,分析开城停战谈判及旧金山会议情况。

9月28日,于故宫参加"伟大祖国建筑"展览会预展。

9月29日,于故宫太和殿参加"伟大祖国艺术"展览会预展,并招待李济深等来宾。晚间于神武门楼参加故宫国庆晚会,并作报告。

10月1日,至天安门广场观看国庆典礼及阅兵仪式。

10月2日,招待苏联、印度等国代表团参观故宫。

10月4日,招待少数民族代表及德国文化代表团代表参观故宫。

10月5日,招待越南等国代表团参观故宫。

10月7日,赴中国史学会参加扩大常务理事会,讨论学会章程及编辑计划。

10月9日,招待全国劳动模范参观故宫。

10月14日,招待贺龙、刘伯承、邓小平、陈毅、饶漱石等各大行政区首长参观故宫。

10月15日,偕王冶秋赴阜成门内西三条胡同参观鲁迅故居。

10月17日,应邀赴北京图书馆参观鲁迅生活作品展览会预展。

10月19日,赴首都电影院参加鲁迅逝世十五周年纪念会。

10月25日,招待英国代表德利本参观故宫。

10月28日,观徐森玉所示上海博物馆新购保卤墨本,断为周初之物,大约在武王、成王之际,并摹一帧留作参考。

11月5日,赴文化部参加社会文化事业管理局会议。晚间于故宫神武门参加庆祝十月革命晚会,致辞后又与俞同奎、于坚、罗歌赴首都电影院参加苏联影片展览晚会。

11月6日,与王冶秋陪同刘伯承参观故宫。

11月23日,故宫博物院成立精简节约委员会,由马衡等九人组成,开展"三反"运动。

11月,根据周恩来总理批示,与王冶秋、徐森玉南下商议收购王献之《中秋帖》与王珣《伯远帖》事宜,最终以重金将二帖赎回,入藏故宫博物院。其间,马衡与王冶秋于11日乘车离京;15日抵达广州,与徐森玉会合;18日同抵澳门,因赴香港受阻,遂遣徐鹿君、徐伯郊与裴延九相机偷渡香港,与物主郭昭俊交涉,三人则于22日返回广州,与中央政府及香港方面协调联络。23日,马衡参观广州光孝寺及市立博物馆;24日,谒黄花岗七十二烈士墓,并至中山大学访冯乃超副校长,晤刘节、商承祚,由商承祚陪同进城看九曜石;25日,赴岭南大学访陈寅恪,并至文物馆参观,后晤容庚,同往商承祚家看楚漆器,又参观海幢公园;26日,与王冶秋、徐森玉赴文教厅访萧启先,观看新收及海关没收文物,下午游览南海神庙,归后接徐伯郊电话,知"二希"已完成收购;27日,赴朱光副市长家看其收藏书画;28日,晤文教厅杜国庠厅长,后至市立图书馆晤康殷主任并观所藏善本,复至省立图书馆晤杜定友馆长并参观书库,下午赴番禺中学参观毛泽东办农民讲习所旧址,又至北郊三元里看平英团遗迹,归途游览六榕寺,至车站候接"二希";29日,与王冶秋乘车离开广州,经武汉,于12月3日返回北京。

12月4日,草拟此次收购"二希"经过报告。

12月8日,招待东北、华东少数民族代表参观故宫。下午于绛雪轩主持召开故宫陈列计划会议,确定采用时代综合陈列、原状陈列、专门陈列、临时陈列四种方式,并以时代综合陈列为主。

12月17日,文化部社会文化事业管理局召开扩大会议,成立节约检查委员会,马衡被推举为主任委员。

12月20日,陪同张钫、傅铜、徐炳昶游览故宫。

12月23日,至团城陪同沈钧儒、陈敬第、李济深、章伯钧等人观看《中秋》《伯远》二帖。

同年,将宁波老家的房屋、土地捐献政府。

同年,孙女马思敬(马彦祥次女)出生。

1952 年　72 岁

1月3日,赴团城参加社会文化事业管理局节约检查委员会总会,报告故宫博物院"三反"运动开展情况,并听取各单位报告以交流经验。

1月5日,赴北京剧场参加文化部节约检查大会。

1月12日,会同对外事务联络局及张全新等人开箱检视赴苏联参展归国文物,并筹备故宫文华殿展览。

1月18日,向文物局申请将近日南海潘氏捐献的宝礼堂藏书中的《宝庆四明续志》拨交故宫博物院保管,以与故宫所藏《四明志》合成全帙。

2月8日,赴团城参加茶会,接受捷克斯洛伐克大使捐赠故宫的商甗及陶俑等文物。

2月28日,接到上级通知,故宫博物院"三反"运动扩大,由公安部门介入,将全体职工分为两批,集中到白云观与东岳庙两处公安干校进行"三反"学习,故宫博物院同时闭馆。马衡当晚亦被带至白云观,不久后即开始隔离审查。

3月1日,参加故宫博物院节约检查委员会改组后的第一次会议,丁西林、范长江、郑振铎出席,商定"三反"学习计划,并分配工作。

3月28日,得容庚寄来栾书缶拓本。次日审释。

5月,卸任故宫博物院院长。

6月16日,正式结束隔离审查,被允许回家居住,等待组织结论与工作安排。

7月2日,赠张晋吴攘之临《书谱》四条屏。

7月9日,跋晋《盛德隆熙颂碑》拓本。

7月16日,跋北魏《元景造像记》拓本。

7月19日,再跋《元景造像记》拓本。

7月22日,开始整理汉石经拓本。至1954年底撰成《汉石经征》初稿,后经陈梦家等人编辑校补,题为《汉石经集存》,于1957年在科学出版社出版。

8月21日,偕唐兰参观北大文科研究所所藏石刻。

8月22—25日,至北大红楼为文化部社会文化事业管理局、中国科学院考古研究所和北京大学联合举办的第一届全国考古工作人员训练班授课,讲古代铭刻之石刻部分。其讲稿后题为《石刻》,登载于《考古通讯》1956年第1期。

8月26日,陪同考古训练班学员参观北大文科研究所,为之指导说明。

9月23日,张晋偕张鲁庵来访,得张鲁庵所赠自制印泥一盒,报以何震刻印。

9月26日,张鲁庵来访,以黄山墨一盒见赠,报以藏石拓本六种。

10月20日,赴北海公园参观市政府组织的北京出土文物展览。

10月27日,与唐兰讨论故宫陈列计划及石鼓年代问题。

10月28日,梁蔼然受余心清之嘱前来,请马衡书写冯玉祥墓碑刻诗。次日书之。

10—11月,参加故宫工会学习及整党学习。

11月11日,接文物局通知,可赴北京文物整理委员会工作。次日即至文整会开始工作。

12月29日,祁英涛以河北各地调查报告见示,为其改正所载石刻错误处。

12月,审阅俞同奎所著《北京》书稿。

同年,将所藏甲骨、碑帖四百余件以及青铜器七件、陶瓷十五件、工艺品类二十九件捐赠故宫博物院。

同年,撰《石经词解》《汉石经〈易〉用梁丘本证》。

同年,孙马思敦(马彦祥次子)出生。

1953年　73岁

1月4日,李培基、许成琼来访,借得许氏所藏汉石经拓本,中有罗振玉《六经堪藏汉熹平石经残字》一册为此前未见。

2月1日，为李培基题雷峰塔经卷。

2月8日，因故宫商代馆布置需要商器，以所藏铜器五件送交故宫任其选择。

2月14日，捐赠《安清泰诗卷》一轴，请侯塝转交北京市政府文物组。

3月7日，赴社会文化事业管理局参加斯大林追悼会筹备委员会会议。

3月12日，赴故宫参加商代馆陈列座谈会。

3月18日，赴北京剧场参加文化部反官僚主义检查会。

3月19日，赴历史博物馆参加座谈会，为布置宋元时代陈列室计划草案交换意见。

3月，跋《鷬庐印稿》。

4月6日，赴北京图书馆听艾思奇讲"斯大林思想和事业的几个问题"。

4月27日，赴北京市政府参加首都历史与建设博物馆筹建座谈会。

5月30日，参加民族政策学习。对于李维汉报告中主张对仅有语言而无文字之民族应帮助其创造文字，马衡不以为然，认为如此徒增内外部麻烦，不如使用注音符号，就其语言加以注音，更为直截了当。

6月3日，由文渊阁书铺介绍至关祖章家看建筑模型，并劝其履行前诺，将清宫旧藏郎世宁画捐赠故宫。

6月17日，赴历史博物院参观楚文物展览。

6月26日，听侯仁之讲"首都都市的发展"。

6月28日，至中国科学院听科学院赴苏访问团代表刘大年报告。

7月1日，至地质学院听科学院赴苏访问团代表梁思成、曹言行报告。

7月2日，中南海以拆除云绘楼、清音阁修建医务处事遣王苓偕都市计划委员会张海泉至文物整理委员会征询意见，马衡表示反对，认为此乃具有特殊艺术价值之建筑，若必不得已，可移建他处，以资保存。

7月3日，赴故宫神武门楼听唐兰讲"中国青铜器文化"。

7月20日，接邵章讣告，作书致其子邵茗生唁之。

7月24日，得容庚赠所著《颂斋吉金续录》。

8月20日，偕俞同奎赴北京市政府参加关于首都古文物建筑保护问题座谈会。

8月21日，听刘敦桢讲"中国建筑的艺术性"。

8月29日，因聘朱启钤为北京文物整理委员会委员，偕俞同奎、祁英涛、夏纬寿、纪思等人赴其寓所晋谒。

9月4日，偕马太龙、马彦祥往祝张晋六十九岁生日。

9月6日，陪同文物整理委员会古建筑实习班学员赴蓟县参观独乐寺。

9月11日，书衍祥门匾额。

9月12日，出席文整会第一届古建筑实习班结业仪式，并参加聚餐及晚会。

9月20日，史树青偕冯国瑞来访，冯国瑞以新从西北访得《麦积山沙门法生造像记》见示。

10月11日，李培基、许成琼来访。李培基以《殷历谱后记》见还，许成琼以《马姜墓记》初稿本及汉石经《春秋》拓本属题。

10月14日，赴中华门人民英雄纪念碑筹备处参观设计模型，并提修改意见。

10月18日，赴北京图书馆听郭沫若讲屈原。

10月25日，偕马太龙赴故宫参观绘画馆。

11月3日，王毓铨来访，请教权衡制度，因告以天平与称之别。次日，王毓铨又以楚权拓本寄示。

11月7日，赴故宫神武门楼参加社会文化事业管理局所属中苏友好协会大会，并听刘大年作访苏报告。晚间赴自然博物馆参加自然博物馆、革命博物馆与文物整理委员会三机关庆祝苏联十月革命三十六周年晚会。

11月9日，罗哲文以赵县通济桥下所得石刻见示，爰为之考证。

12月7日，赴首都电影院听杜润生作"农民社会主义改造问题"报告。

12月28日，赴北京市政府参加关于首都古代建筑处理问题座谈会，讨论各处牌楼存废问题。马衡于会上强调"市"之重要性，主张保留东西四牌楼。

12月31日，至文整会参加自然博物馆、革命博物馆与文物整理委员会三机关联欢晚会并作讲话。

1954年　74岁

1月8日，王毓铨以长沙出土楚玺拓本八种见示。

1月19日，应叶恭绰之邀赴中央美术学院，加入中国美术家协会古典美术研究会。

1月30日，陪同叶恭绰参观大慈延福宫。晚间参加杨烈与梁超婚礼，并为其证婚。

2月5日，向达来访，以日本茶壶赠之。

2月14日，访叶恭绰，讨论长沙楚墓出土竹简。

2月21日，为李培基题《赵宽碑》拓本。

3月底，校勘所藏玉烟堂本《急就章》，并跋之。

5月1日，开始重新整理汉石经拓本。

5月21日，赴故宫文华殿参观资源展览会。

6月25日，因政务院欲知中国印信问题，遂草成一文交王冶秋。

7月16日，偕马文冲、余莉珍、马思猛游览中山公园，参观蒙古国文化建设图片展。

10月9日，以《朝鲜古迹图谱》第十一册及《满洲旧迹志》正续三册捐赠文物整理委员会。

10月24日，徐恕来访，以新购汉石经拓片见示，并赠以《易经》拓本。

10月27日，访张国淦，得其所赠《汉石经碑图》。

11月1日，至隆福寺修绠堂访徐恕，以《汉石经集拓序目》及若干石经拓片留赠之。

11 月 5 日,撰《汉石经征序》初稿成。

11 月 6 日,赴北京图书馆看汉石经拓片。

11 月 13 日,赴濮宅悼濮绍戡之丧,并赠以溥仪。

11 月 24 日,为马鑑临汉石经隶书与魏石经篆书各一纸。

11 月底,撰成《汉石经征七经提要》。

12 月 29 日,整理陈汉第所赠《伏庐印谱》以备装订。

1955 年　75 岁

1 月 2 日,开始校阅《汉石经征》文稿。

1 月 18 日,傅振伦来访,请题所著《中国伟大发明——瓷器》封面。

1 月 23 日,访张国淦,请其校阅《汉石经征》文稿。

1 月 27 日,写《汉石经征序》。

1 月 31 至 2 月 5 日,撰《汉石经概述》。

2 月 9 日,访张国淦,讨论《汉石经征》稿。

2 月 10 日,开始整理魏石经拓本。

2 月 11 日,许成琼送来其友人王益知所藏罗振玉《六经堪藏汉熹平石经残字》,后以萍乡文氏藏《易经》残石拓本赠王益知以为交换。

3 月初,撰《魏石经概述》。

3 月 9 日,郭沫若来访,以矢篹拓本见示,并谈及陕西出土之禹鼎。下午又遣人送禹鼎拓本照片来。

3 月 26 日,于北京病逝,享年 75 岁。29 日,故宫博物院在北海后门嘉兴寺举行公祭仪式。后家属遵照遗愿,将其毕生收藏的金石、碑帖、图书、书画、陶瓷、印章等一万四千余件文物悉数捐赠故宫博物院。

启　事

　　20 世纪初短暂存在过的清华国学院,已成为令后学仰视与神往的学术丰碑。而三年前本院浴火重生,继续秉承"独立之精神,自由之思想",且更强调"中国主体"与"世界眼光"的平衡,亦广受海内外关注与首肯。

　　本院从复建之日起,即以"清华国学书系"为"院史工程",亟欲缀集早期院友之研究成果,通过分册整理,真切展示昔年历程之艰辛与辉煌。现据手头之不完备资料,本套"书系"中分册出版文存四十九种,以整理下述前贤之著述:

　　梁启超、王国维、陈寅恪、赵元任、李济、吴宓、梁漱溟、钢和泰、马衡、林志钧、梁廷灿、赵万里、浦江清、杨时逢、蒋善国、王力、姜亮夫、高亨、徐中舒、陆侃如、刘盼遂、谢国桢、吴其昌、刘节、罗根泽、蓝文徵、姚名达、朱芳圃、王静如、戴家祥、周传儒、蒋天枢、王庸、冯永轩、徐景贤、卫聚贤、吴金鼎、杨筠如、冯国瑞、杨鸿烈、黄淬伯、裴学海、储皖峰、方壮猷、杜钢百、程憬、王耘庄、何士骥。

　　本"书系"拟另辟汇编本两册,收录章昭煌、余永梁、张昌圻、汪吟龙、黄绶、门启明、刘纪泽、颜虚心、闻惕生、王竞、赵邦彦、王镜第、朱右白、陈守实等先贤之著述。

　　本"书系"已被列入国家"十二五"重点出版规划。为使其中收入的每部文存,皆成为有关该作者的"最佳一卷本",除本院同仁将殚精竭虑外,亦深盼各界同好与贤达,不吝惠赐"书系"所涉之资料、线索,尤其是迄未付梓或散落民间的文字资料、照片、遗物等。此外,亦望有缘并有志之士,能够以各种灵活之形式,加入此项工程,主动承担某部文存的汇集与研究。如此,则不光是清华国学院之幸,更会是中国学术文化之幸。

惟望本"书系"能继先贤之绝学,传大师之薪火,为创造中国文化的现代形态,收到守先待后之功。

清华大学国学研究院

2012 年 8 月 11 日